普通高等教育规划教材
经济与管理类专业系列

政府会计
——行政事业单位会计（第二版）

刘学华　韩璐　刘泽平　王京／编著

图书在版编目(CIP)数据

政府会计:行政事业单位会计 / 刘学华等编著. —2版. —上海:立信会计出版社,2023.12(2025.7重印)
ISBN 978-7-5429-7439-6

Ⅰ.①政… Ⅱ.①刘… Ⅲ.①行政事业单位—预算会计—中国—高等学校—教材 Ⅳ.①F812.3

中国国家版本馆CIP数据核字(2023)第187270号

责任编辑　王秀宇
美术编辑　吴博闻

政府会计——行政事业单位会计(第二版)
ZHENGFU KUAIJI XINGZHENG SHIYE DANWEI KUAIJI

出版发行	立信会计出版社		
地　　址	上海市中山西路2230号	邮政编码	200235
电　　话	(021)64411389	传　　真	(021)64411325
网　　址	www.lixinaph.com	电子邮箱	lixinaph2019@126.com
网上书店	http://lixin.jd.com		http://lxkjcbs.tmall.com
经　　销	各地新华书店		
印　　刷	常熟市人民印刷有限公司		
开　　本	787毫米×1092毫米	1/16	
印　　张	21.25		
字　　数	518千字		
版　　次	2023年12月第2版		
印　　次	2025年7月第4次		
书　　号	ISBN 978-7-5429-7439-6/F		
定　　价	49.00元		

如有印订差错,请与本社联系调换

第二版前言

2017年以来,财政部曾相继颁布了存货、投资、固定资产、无形资产、公共基础设施、政府储备物资6项政府会计具体准则以及固定资产准则应用指南、《政府会计准则——基本准则》(以下简称《基本准则》)、《政府会计制度——行政事业单位会计科目和报表》(以下简称《政府会计制度》),这标志着具有中国特色的政府会计标准体系初步建成。据此,我们编写了《政府会计——行政事业单位会计》。此后,为了完善政府会计标准体系,财政部又先后颁布了5项政府会计具体准则(负债、会计调整、财务报表编制和列报、政府和社会资本合作项目合同、文物资源)、1项应用指南(政府和社会资本合作项目合同应用指南)、6项政府会计准则制度解释(第1号~第6号)、35个应用案例(投资3个、固定资产4个、公共基础设施2个、负债5个、转拨资金4个、科技成果转化3个、报告3个、PPP项目2个、公立医院成本核算5个、预算管理一体化1个、专用基金3个)、18个会计处理实施问答(应收账款3个、存货3个、投资4个、固定资产5个、无形资产2个、预算管理一体化1个)、2个具体业务的核算通知(公路水路公共基础设施、水利基础设施),以及事业单位的1项财务规则、8项财务制度(高等学校、中小学校、科学、文化、广播电视等)、成本核算的1项基本指引和3项具体指引(公立医院、科学事业单位、高等学校)。此外,为推动深化预算管理制度改革,2019年以来财政部在全国积极部署推进预算管理一体化建设,目前各地方已基本实现全面覆盖,2022年,预算管理一体化在中央部门也全面推广实施。2021年,在深入研究预算管理一体化相关规范的基础上,政府会计规范制定者积极应对预算管理一体化对会计核算的影响,并通过政府会计准则制度"实施问答"回应了预算管理一体化下国库集中支付流程变化对相关会计处理的影响。2022年,财政部会同中国人民银行制定了《中央财政预算管理一体化资金支付管理办法(试行)》(财库〔2022〕5号附件),对预算管理一体化资金支付管理作了进一步规范,核心变化是不再区分财政直接支付和财政授权支付,统一为国库集中支付。为此,2022年9月21日,财政部发布了《政府会计准则制度解释第5号》,对预算管理一体化下的有关会计处理进行了具体规定。上述政府会计准则制度、财务规则制度和预算管理制度改革工作取得的重要成果,对充实、完善和规范政府会计核算实践具有重要影响。

为了及时反映政府会计改革的最新成果,作者严格按照前述财政部颁布的《基本准则》

《政府会计制度》、具体准则、准则制度解释、财务规则制度以及预算管理一体化对会计核算的影响,对《政府会计——行政事业单位会计》进行了修订再版。与第一版相比,修订后的第二版主要变化如下。

1. 使用时效最新的政府会计规范

本书充分纳入了第一版出版之后最新的相关政府会计与财务规范,尤其是预算管理一体化对会计核算的影响,全书不再使用"零余额账户用款额度"科目,"财政应返还额度"科目和"资金结存——财政应返还额度"科目下也不再设置"财政直接支付""财政授权支付"两个明细科目。

2. 增加立体化资源

本书将财政部近几年新颁布的应用案例全部丰富充实到相关章节举例(或二维码)之中,充分反映了政府会计实务改革的新成果。

3. 充实配套资源

本书全面充实了章后练习题,并配备了参考答案,还配有精心制作的PPT课件,供读者参考。

4. 具备价值引领

本书以党的二十大精神为指引,力求在培育会计类知识型人才的同时,帮助学生树立正确的法制观念,培养工作责任心、耐心,并树立良好的职业道德。

本书由刘学华、韩璐、刘泽平、王京编著。该书主要为高等学校会计学专业和其他财经类专业的学生学习"政府会计——行政事业单位会计"课程而编写,同时也可作为在职会计人员尤其是在职政府会计人员指导实际工作、业余学习和培训的参考用书。

在本书编写过程中,我们参阅了大量的文献资料,在此对相关作者表示诚挚的感谢!由于编者的学识限制,本书很可能存在不足或疏漏,恳请读者批评指正!在第一版发行的这几年,我们陆续收到了多位读者的热心反馈,这些反馈也在第二版的修订中体现,帮助我们更加优化、完善了本书,在此也向这些读者表示由衷的感谢!

编者

2023 年 11 月

扫描下方二维码可获取有关本书政策更新内容:

补充资料

第一版前言

中共十八届三中全会提出了"建立权责发生制政府综合财务报告制度"的重大改革举措,我国新修订的《中华人民共和国预算法》,对各级政府提出按年度编制以权责发生制为基础的政府综合财务报告的新要求。但是,现行政府会计标准体系一般采用收付实现制,主要以提供反映预算收支执行情况的决算报告为目的,无法准确、完整地反映政府资产负债的"家底",以及政府的运行成本等情况,难以满足编制权责发生制政府综合财务报告的信息需求。为此,财政部按照《国务院关于批转财政部权责发生制政府综合财务报告制度改革方案的通知》(国发〔2014〕63号)要求,近年来,相继出台了《政府会计准则——基本准则》(本前言简称《基本准则》)和《政府会计准则第1号——存货》《政府会计准则第2号——投资》《政府会计准则第3号——固定资产投资》《政府会计准则第4号——无形资产》《政府会计准则第5号——公共基础设施》《政府会计准则第6号——政府储备物资》《政府会计准则第7号——会计调整》《政府会计准则第8号——负债》和《政府会计准则第9号——财务报表编制和列报》9项政府会计具体准则,以及《〈政府会计准则第3号——固定资产〉应用指南》。2017年10月24日,财政部又印发了《政府会计制度——行政事业单位会计科目和报表》(财会〔2017〕25号,本前言简称《制度》),自2019年1月1日起施行。这些准则和制度的出台,标志着我国政府会计准则体系和制度建设取得了积极的进展,初步建成了统一、科学、规范的政府会计核算标准体系,夯实了政府财务报告的编制基础。为了及时反映、积极宣传和认真贯彻执行我国政府会计核算标准体系改革的最新成果,满足高等院校政府会计教学和政府会计实务工作者学习和培训的需要,作者编著了《政府会计——行政事业单位会计》一书。

本书根据《基本准则》、政府会计具体准则及相关应用指南和《制度》,对行政事业单位的资产、负债、收入、费用、净资产以及预算收入、预算支出、预算结余等业务的会计核算进行了全新的解读。《制度》的颁布和实施,是建立政府会计核算标准体系的重要成果。《制度》按照《基本准则》的要求,构建了"财务会计和预算会计适度分离并相互衔接"的会计核算模式。所谓"适度分离",是指适度分离政府预算会计和财务会计功能,决算报告和财务报告功能,全面反映政府会计主体的预算执行信息和财务信息。这主要体现在以下几个方面:①"双功能":在同一会计核算系统中实现财务会计和预算会计双重功能,通过资产、负债、净资产、收入、费用五个要素进行财务会计核算,通过预算收入、预算支出和预算结余三个要素进行预算会计核算。②"双基础":财务会计采用权责发生制,预算会计采用收付实现制,国务院另有规定的,依照其规定。③"双报告":通过财务会计核算形成财务报告,通过预算会计核算形成决算报告。所谓"相互衔接",是指在同一会计核算系统中政府预算会计要素和相关财务会计要素相互协调,决算报告和财务报告相互补充,共同反映政府会计主体的预算执行信息和财务信息。它主要体现的是对纳入部门预算管理的现金收支进行"平行记账"。对于纳入部门预算管理的现金收支业务,在进行财务会计核算的同时也应当进行预算会计核算。对于其他业务,仅需要进行财务会计核算。这种会计核算模式既兼顾了现行部门决算报告制度的需要,又能满足部门编制权责发生制财务报告的要求,对于规范政府会计行为,夯实政府会计主体预算和财务管理基础,强化政府绩效管理具有深远的影响。

在本书编写过程中,我们参阅了大量的文献资料,在此对相关作者表示诚挚的谢意!同时,我们还要向中央财经大学、河北经贸大学、中华女子学院的相关教师和专家对本教材在结构、内容等方面提出的宝贵意见表示衷心感谢!最后,还要真诚感谢立信会计出版社蔡莉萍编辑的辛勤工作!

由于作者的学识和水平限制,本书若存在不足、疏漏之处,恳请读者提出批评和建议。

作者
2020 年春

目 录

第一章 行政事业单位会计概述 ... 1
- 第一节 行政事业单位会计的概念与特点 ... 1
- 第二节 行政事业单位会计核算的基本前提 ... 5
- 第三节 行政事业单位会计信息质量要求与记账基础 ... 6
- 第四节 行政事业单位会计要素及其确认与计量原则 ... 8
- 第五节 行政事业单位会计科目与会计报表 ... 13
- 复习思考题 ... 19

第二章 行政事业单位的资产 ... 20
- 第一节 货币资金 ... 20
- 第二节 短期投资 ... 31
- 第三节 应收及预付款项 ... 33
- 第四节 存货 ... 50
- 第五节 长期投资 ... 62
- 第六节 固定资产 ... 77
- 第七节 在建工程 ... 89
- 第八节 无形资产 ... 97
- 第九节 公共基础设施 ... 105
- 第十节 政府储备物资 ... 112
- 第十一节 文物资源 ... 115
- 第十二节 保障性住房 ... 119
- 第十三节 PPP项目资产 ... 122
- 第十四节 受托代理资产 ... 127
- 第十五节 长期待摊费用 ... 128

第十六节　待处理财产损溢 129
　　复习思考题 136

第三章　行政事业单位的负债 137
　　第一节　流动负债 137
　　第二节　非流动负债 162
　　复习思考题 167

第四章　行政事业单位收入与预算收入 168
　　第一节　财政拨款（预算）收入 168
　　第二节　事业（预算）收入 175
　　第三节　上级补助（预算）收入 180
　　第四节　附属单位上缴（预算）收入 182
　　第五节　经营（预算）收入 185
　　第六节　债务预算收入 188
　　第七节　非同级财政拨款（预算）收入 190
　　第八节　投资（预算）收益 193
　　第九节　捐赠收入、利息收入、租金收入、其他收入与其他预算收入 198
　　复习思考题 206

第五章　行政事业单位费用与预算支出 207
　　第一节　行政单位业务活动费用与行政支出 207
　　第二节　事业单位的业务活动费用、单位管理费用与事业支出 220
　　第三节　经营费用（支出） 230
　　第四节　上缴上级费用（支出） 236
　　第五节　对附属单位补助费用（支出） 237
　　第六节　投资支出 239
　　第七节　债务还本支出 241
　　第八节　资产处置费用 243
　　第九节　所得税费用 246
　　第十节　其他费用（支出） 247
　　复习思考题 252

第六章　行政事业单位净资产 ... 253
第一节　净资产的核算程序与内容分析 ... 253
第二节　本期盈余与本年盈余分配 ... 254
第三节　专用基金 ... 258
第四节　权益法调整、无偿调拨净资产与以前年度盈余调整 ... 262
第五节　累计盈余 ... 266
复习思考题 ... 268

第七章　行政事业单位预算结余 ... 269
第一节　预算结余年末结转程序概述 ... 269
第二节　资金结存 ... 271
第三节　财政拨款结转 ... 275
第四节　财政拨款结余 ... 281
第五节　非财政拨款结转 ... 285
第六节　非财政拨款结余 ... 289
第七节　专用结余、经营结余、其他结余与非财政拨款结余分配 ... 292
复习思考题 ... 298

第八章　行政事业单位会计报表 ... 299
第一节　行政事业单位财务会计报表 ... 299
第二节　行政事业单位预算会计报表 ... 317
第三节　行政事业单位合并财务报表 ... 324
复习思考题 ... 328

第一章　行政事业单位会计概述

行政事业单位会计是政府会计的重要组成部分。本章根据《政府会计基本准则——基本准则》，简要介绍了行政事业单位会计的基本概念框架，如概念与特点、会计核算的基本前提、会计信息质量要求、记账基础、会计要素的确认与计量、以及会计科目与会计报表等。

第一节　行政事业单位会计的概念与特点

一、行政事业单位及其种类

（一）行政单位及其种类

在行政单位会计中，行政单位是进行国家行政管理、组织经济建设和文化建设、维护社会公共秩序的单位，主要包括国家权力机关、行政机关、政协机关、司法机关、检察机关以及实行预算管理的政党组织、社会团体等。具体种类如表 1-1 所示。

表 1-1　　　　　　　　　　　　行政单位的种类

序号	名称	具体内容
(1)	国家权力机关	即各级人民代表大会及其常务委员会机关，例如，全国人民代表大会及其常务委员会、各级地方人民代表大会及其常务委员会
(2)	国家行政机关	即各级人民政府及其所属工作机构，例如，中央人民政府、地方各级人民政府。再如，国务院所属各部门，如外交部、国防部、国家发展和改革委员会、教育部、科学技术部、工业和信息化部、国家民族事务委员会、公安部、国家安全部、民政部、司法部、财政部、人力资源和社会保障部、自然资源部、生态环境部、住房和城乡建设部、交通运输部、水利部、农业农村部、商务部、文化和旅游部、国家卫生和健康委员会、退役军人事务部、应急管理部、中国人民银行、审计署；国务院直属特设机构、国务院直属机构、国务院办事机构、国务院部委管理的国家局等；地方各级人民政府所属各部门，相关部门与国务院层面设置的部门类似，如省财政厅、省公安厅、市财政局、市公安局等
(3)	国家政协机关	即中国人民政治协商会议各级委员会机关，例如，中国人民政治协商会议全国委员会、中国人民政治协商会议各级地方委员会
(4)	国家监督机关	即各级检察机关，例如，最高人民检察院、地方各级人民检察院
(5)	国家司法机关	即各级审判机关，例如，最高人民法院、地方各级人民法院
(6)	执政党各级机关	即中国共产党各级机关，例如，中国共产党中央委员会、中国共产党各级地方委员会
(7)	参政党各级机关	即各民主党派和工商联的各级机关，例如，中国国民党革命委员会、中国民主同盟、中国民主建国会、中国民主促进会、中国农工民主党、中国致公党、九三学社、台湾民主自治同盟以及工商联的各级机关
(8)	相关社团	即列为行政编制并接受财政拨款的社会团体，如共青团、妇联等

总体来说，行政单位承担着经济调节、市场监管、社会管理、公共服务等各种职能，尽管名称不尽相同，但它们有一个共同的特点，就是它们都属于社会非物质生产部门，不能在市

场上通过货物或服务的交换获得足够的资金,它们开展业务活动所需的资金主要由财政预算安排。为此,对行政单位来说,执行单位预算,按照预算取得和使用财政资金,使财政资金发挥其应有的社会效益,是进行财务管理和组织会计核算时必须遵循的基本要求。

(二)事业单位及其种类

在事业单位会计中,事业单位泛指由政府举办的各级各类向社会提供公益服务的组织,如教育、医疗卫生、文化文物、科学、广播电视、体育等。在现行实务中,按照不同的行业,常见的事业单位主要种类包括如表1-2所示。

表1-2　　　　　　　　　　　　　常见的事业单位种类

序号	名称		具体内容
(1)	教育事业单位	中小学校	主要指由各级人民政府举办的普通中小学校、成人中学、成人初等学校等。如人民大学附属中学、北京市四中等
		高等学校	主要指由各级人民政府举办的全日制普通高等学校、成人高等学校。如北京大学、清华大学、复旦大学、上海交通大学等
(2)	医疗卫生事业单位	医院	主要指各级各类公立医院,包括综合医院、中医院、专科医院等。如北京医院、北京中医医院、中国医学科学院北京协和医院、上海市第一人民医院
		基层医疗卫生机构	主要指由政府举办的城市社区卫生服务中心、乡镇卫生院等
(3)	文化事业单位		主要指各级各类公共图书馆、文化馆、纪念馆以及由文化及其他部门主管的剧场、剧团等。如国家图书馆、中国美术馆、中国交响乐团、上海图书馆等
(4)	文物事业单位		主要指各级各类公共博物馆、博物院等。如故宫博物院、中国国家博物馆、上海自然博物馆等
(5)	科学事业单位		主要指由各级政府举办的各级各类科学院、研究院、研究所等。如中国科学院、中国社会科学院、中国工程院、上海社会科学院、上海科技馆等
(6)	广播电视事业单位		主要指由各级政府举办的广播台、电视台等。如中央人民广播电台、中央电视台、北京人民广播电台、北京电视台等
(7)	体育事业单位		主要指由各级政府举办的体育馆、体育场等。如北京工人体育场、上海市东方体育中心、上海市江湾体育场等

事业单位是经济社会发展中提供公益服务的主要载体。根据职责任务、服务对象和资源配置方式等情况,从事公益服务的事业单位可细分为两类:承担义务教育、基础性研究、公共文化、公共卫生及基层的基本医疗服务等基本公益服务,不能或不宜由市场配置资源的,划分为公益一类;承担高等教育、非营利医疗等公益服务,可部分由市场配置资源的,划分为公益二类。

事业单位的主要特点是具有公益属性。即事业单位不具有行政职能,不从事社会管理工作,从而区别于行政单位;事业单位不以营利为目的,不从事生产经营活动,从而区别于营利性企业;事业单位以成本或者低于成本的价格向社会公众提供公益性服务,所需资金部分来源于财政补助,部分来源于公益性服务收费。此外,事业单位一般都由政府举办,其开展业务活动所需资金纳入政府预算,由此,事业单位也区别于民间非营利组织或社会组织。与民间非营利组织相对比,事业单位有时也称公立非营利组织。

在实务中,大多数事业单位有其主管行政单位,或者是相应主管行政单位的附属单位。

例如,教育事业单位的主管行政单位通常是教育行政单位,文化事业单位的主管行政单位通常是文化行政单位,等等。尽管如此,事业单位仍具有独立的法人资格,对所从事的事业活动独立地承担法律责任。政府通过举办事业单位,可以更好地向社会公众提供公益服务。事业单位从事的社会公益活动是政府职能的延伸。从这一意义上讲,事业单位也是广义的政府组织。

二、行政事业单位会计及其特点

行政事业单位会计是适用于各级各类单位财务活动的一门专业会计。行政事业单位会计核算应当具备财务会计与预算会计双重功能,实现财务会计与预算会计适度分离并相互衔接,全面、清晰反映单位财务信息和预算执行信息。单位财务会计核算实行权责发生制;单位预算会计核算实行收付实现制,国务院另有规定的,依照其规定。单位会计核算的目标是向会计信息使用者提供与单位财务状况、事业成果、预算执行情况等有关的会计信息,反映单位受托责任的履行情况,有助于会计信息使用者进行管理、监督和决策。单位会计信息使用者包括人民代表大会、政府及其有关部门、单位自身和其他会计信息使用者。据此,单位会计具有如下主要特点。

1. 单位会计的主体——各级各类行政事业单位

单位应当对其自身发生的经济业务或者事项进行会计核算。单位自身发生的经济业务或事项与同级财政总预算发生的经济业务或事项之间,既有重叠的地方,也有相互独立的地方。例如,同级政府财政为单位支付日常人员经费,同级政府财政总会计应确认支出,单位会计也确认支出。但如果同级财政为单位支付购办公设备的款项,同级政府财政总会计应记录支出,单位会计在记录支出的同时,还应记录固定资产。单位对设备计提折旧,同级政府财政总会计没有相应的经济业务或事项,但单位需要记录相应的经济业务或事项。又如,事业单位利用取得的事业收入支付日常办公经费,事业单位会计形成支出,但财政总会计不形成支出。事业单位取得的非财政资金收入和发生的非财政资金支出,事业单位会计应确认相应的收入和支出,但对财政总会计来说,既没有收入,也没有支出。

2. 单位预算会计——反映单位预算执行情况

单位预算会计在反映单位预算执行情况时,采用的会计核算方法需要与相应的预算编制方法一致,只有这样,预算数与会计核算的决算数才具有可比性,会计核算的结果才能反映预算执行情况。由于单位预算区分基本支出预算和项目支出预算,基本支出预算又区分人员经费预算和日常公用经费预算,各种预算又分别安排财政拨款收入和其他相关收入。单位预算会计需要按照预算管理的相应要求,分别为各种预算组织会计核算,以分别反映各种预算的执行情况。单位预算会计核算单位预算执行情况,若没有相应的预算,也就没有相应的单位预算会计核算。

3. 单位财务会计——反映单位财务状况

单位财务会计中的资产、负债和净资产三个会计要素构筑了单位财务状况。单位的资产不仅包括库存现金、银行存款、应收账款等货币性资产,还包括存货、固定资产、在建工程、无形资产等非货币性资产。有些行政单位的资产还包括政府储备物资、公共基础设施等特殊种类的资产。有些事业单位的资产还包括短期投资、长期投资等种类。单位的负债包括应缴财政款、应付职工薪酬、应交增值税、其他未交税金、应付及暂存款项、预提费用等。有些事业单位还包括短期借款、长期借款等。事业单位的净资产不仅包括累计盈余、无偿调拨净资产,还包括专用基金、权益法调整等。这与财政总会计的资产、负债和净资产的种类有很大的不同。单位财务会计如实反映单位的财务状况,有利于加强对单位资产、负债和净资产的管理。

4. 会计核算模式——财务会计和预算会计适度分离并相互衔接

所谓"适度分离",是指适度分离行政事业单位预算会计和财务会计功能,决算报告和财务报告功能,全面反映行政事业单位的预算执行信息和财务信息。主要体现在"双功能""双基础""双报告"。所谓"双功能"是指在同一会计核算系统中实现财务会计和预算会计双重功能,通过资产、负债、净资产、收入、费用五个要素进行财务会计核算,通过预算收入、预算支出和预算结余三个要素进行预算会计核算;所谓"双基础"是指财务会计采用权责发生制,预算会计采用收付实现制,国务院另有规定的,依照其规定;所谓"双报告"是指通过财务会计核算形成财务报告,通过预算会计核算形成决算报告。

所谓"相互衔接",是指在同一会计核算系统中,行政事业单位预算会计要素和相关财务会计要素相互协调,决算报告和财务报告相互补充,共同反映行政事业单位的预算执行信息和财务信息。主要体现在"平行记账"方法。所谓"平行记账"方法是指单位对于纳入部门预算管理的现金收支业务,在采用财务会计核算的同时应当进行预算会计核算;对于其他业务,仅需进行财务会计核算。例如,某行政单位以财政集中支付方式购入一项固定资产,在财务会计中,借记"固定资产"科目,贷记"财政拨款收入"科目;同时,在预算会计中,借记"行政支出"科目,贷记"财政拨款预算收入"科目。而对于不涉及现金预算执行情况的其他业务或事项,单位仅需要在财务会计中记录。例如,单位计提固定资产折旧时,在财务会计中,借记"业务活动费用"科目,贷记"固定资产累计折旧"科目,因不涉及现金预算执行情况,在预算会计不记录。

"平行记账"方法针对的是纳入部门预算管理的现金收支业务。这里的现金是指单位的库存现金以及其他可以随时用于支付的款项,包括库存现金、银行存款、其他货币资金、财政应返还额度,以及通过财政集中支付方式支付的款项。据此,实务中的经济业务或事项是否需要采用"平行记账",可以按照以下两点判断:一是业务是否是现金收支业务。二是业务是否纳入部门预算管理。只有同时满足以上两点,才需要采用"平行记账"。在实务中,典型的不纳入部门预算管理的现金收支业务,如受托代理的款项、应当上缴国库或财政专户的款项、应当转拨其他单位的款项、暂收款业务等,这些款项收支时不需要"平行记账",仅在财务会计中记录即可。

仅就事业单位而言,有些事业单位有经营收入和经营支出的核算内容,如公共博物馆经销旅游纪念品、自营咖啡馆等;有些事业单位有长期股权投资的核算内容,如事业单位投资入股企业;事业单位一般都有专用基金的核算内容,如职工福利基金等;有些事业单位有上级补助收入、附属单位上缴收入、上缴上级费用、对附属单位补助费用等核算内容;还有些事业单位有短期和长期借款的核算内容,如此等等。事业单位的上述业务活动或经济活动内容直接决定了其会计核算的特点。总体来讲,事业单位会计的大多数核算方法与行政单位会计相似,有一部分核算方法与企业会计相似,还有一部分核算方法为事业单位会计特有。

第二节　行政事业单位会计核算的基本前提

行政事业单位会计的基本前提,也称行政事业单位会计的基本假设,是指组织行政事业单位会计核算工作必须具备的前提条件。行政事业单位会计核算的前提条件有:会计主体、持续运行、会计分期和货币计量。

一、会计主体

会计主体是指行政事业单位会计为之服务的特定单位或组织,即行政事业单位会计核算的空间范围。行政事业单位会计主体应当对其自身发生的经济业务或者事项进行会计核算。行政事业单位会计主体包括国家各级政府及行政单位、各类事业单位。目前,我国各级、各类行政事业单位通过编制单位决算以及部门决算的方式,向人民代表大会提供单位或部门预算执行情况的信息。同时,各级各类行政事业单位通过编制单位财务报告,并在此基础上编制政府部门财务报告和政府整体财务报告,向有关方面提供相关信息。

二、持续运行

持续运行是指行政事业单位会计主体的经济业务活动将无限期地延续下去,是针对非持续经济业务活动而言的。行政事业单位会计核算应当以行政事业单位会计主体持续运行为前提。也就是说,行政事业单位会计主体通常是以正常的经济活动作为前提条件去处理数据、加工并传递信息的。若没有持续运行的前提条件,一些公认的会计处理方法将失去存在的基础,行政事业单位会计主体也就不能按照正常的会计处理方法进行会计核算。

三、会计分期

会计分期是将行政事业单位会计主体持续运行的时间人为地划分为一定的期间,据以结算账目,编制会计报表,从而及时向有关方面提供会计信息。行政事业单位会计通常以1年作为划分会计期间的标准。以1年为一会计期间称为会计年度。我国的会计年度采用历年制,即每年1月1日至12月31日作为一个会计年度。期间还可以采用月度、季度和半年度。

会计期间的划分对行政事业单位会计核算有着重要的影响。由于有了会计期间,才产生本期与非本期的区别,才产生了权责发生制和收付实现制,才使不同类型的会计主体有了记账的基础。会计期间的划分,有利于及时提供信息,同时,还有利于将各期的会计信息进行比较,从而有利于进行信息分析,提高信息的有用性。

四、货币计量

货币计量是行政事业单位会计核算以人民币作为记账本位币。如果发生外币收支,应当按照中国人民银行公布的人民币外汇汇率折算为人民币核算。对于业务收支以外币为主的行政事业单位,也可以选定某种外币作为记账本位币。但在编制会计报表时,应当按照编报日期的人民币外汇汇率折算为人民币反映。货币计量可以使得各种经济业务在数量上有一个统一的衡量标准,即人民币"元",从而使得相同或者不同的经济业务在数量上可以进行相加或相减,得出富有意义的财务信息。

货币计量是现代会计最基本的前提条件,如果没有这个前提条件,会计就失去了其基本的特征——价值核算。

第三节 行政事业单位会计信息质量要求与记账基础

一、行政事业单位会计信息质量要求

会计信息质量要求是指会计向信息使用者提供的会计信息应当达到的质量标准。行政事业单位会计信息质量的高低直接影响信息使用者能否做出合理、正确的经济和社会等方面的决策。行政事业单位会计信息质量要求通常包括可靠性、全面性、相关性、及时性、可比性、可理解性、实质重于形式等。

（一）可靠性

行政事业单位会计应当以实际发生的经济业务或者事项为依据进行会计核算,如实反映各项会计要素的情况和结果,保证会计信息真实可靠。单位会计不能扭曲经济业务的内容,对相应的经济业务做出不真实、不客观的记录和反映;也不能以尚未发生或可能发生的经济业务为依据,根据人为的估计进行会计核算;更不能故意编造经济业务的内容,并以此为依据进行会计记录和反映。单位会计信息只有真实客观,才能帮助信息使用者做出正确的评价和决策。

（二）全面性

行政事业单位会计应当将发生的各项经济业务或者事项统一纳入会计核算,确保会计信息能够全面反映行政事业单位预算执行情况和财务状况、运行情况、现金流量等。在行政事业单位会计中,既涉及财政拨款资金的来源和使用,也涉及非财政拨款资金的来源和使用,如事业单位面向市场取得的事业收入的来源和使用;既涉及基本运行经费的来源和使用,也涉及项目经费的来源和使用;既需要反映预算执行情况,也需要反映财务状况和运行成本。故行政事业单位会计需要全面反映财政拨款资金收支、非财政拨款资金收支等情况,全面反映财务状况、运行成本等情况。

（三）相关性

行政事业单位会计提供的会计信息,应当与反映行政事业单位会计主体公共受托责任履行情况以及会计报告使用者决策或者监督、管理的需要相关,这有助于报告使用者对行政事业单位会计主体过去、现在或者未来的情况执行评价或者预测。近年来,我国行政事业单位预算管理方法取得很大进步,预算管理水平不断提高,行政事业单位收支综合预算、基本支出预算和项目支出预算等预算内容和方法不断呈现和完善。在此过程中,行政事业单位会计也不断进行改革和发展,提供的信息基本满足了相关信息使用者评价和考核行政事业公共受托责任履行情况的需要,并为信息使用者做出相应的经济和社会决策提供了有力的信息支持。

（四）及时性

行政事业单位会计对已经发生的经济业务或者事项,应当及时进行会计核算,不得提前

或者延后。会计信息的价值在于帮助会计信息使用者做出相关决策,具有时效性。即使是可靠、相关的会计信息,若不及时提供,就失去了时效性,对于使用者的效用就大大降低,甚至不再具有实际意义。

(五) 可比性

行政事业单位会计主体提供的会计信息应当具有可比性。具体讲,同一行政事业单位会计主体不同时期发生的相同或者相似的经济业务或者事项,应当采用一致的会计政策,不得随意变更。确需变更的,应当将变更的内容、理由及其影响在附注中予以说明。不同行政事业单位会计主体发生的相同或者相似的经济业务或者事项,应当采用一致的会计政策,确保行政事业单位会计信息口径一致,相互可比。可比的单位会计信息将增加其评价和决策的有用性。

(六) 可理解性

可理解性是指行政事业单位会计提供的会计信息应当清晰明了,便于会计报告使用者理解和使用。单位会计信息只有易于为信息使用者理解,才能帮助信息使用者评价行政事业单位受托责任的履行情况,并做出相应的决策。可理解性除了要求单位会计信息本身通俗易懂、清晰明了,还假设相关信息使用者具有相应的单位会计专业知识。

(七) 实质重于形式

行政事业单位会计应当按照经济业务或者事项的经济实质进行会计核算,不限于以经济业务或者事项的法律形式为依据。

经济业务的经济实质和法律形式在大多数情况下是相互一致的,但有时也会存在不一致的情况。例如,行政事业单位融资租入固定资产的业务,尽管在法律形式上行政事业单位只拥有融资租入固定资产的使用权,不拥有融资租入固定资产的所有权,但行政事业单位实际控制融资租入的固定资产及其服务能力或经济利益,因此,在会计核算上将融资租入固定资产视同自有固定资产一样确认、计量和报告。按照实质重于形式的质量要求提供的单位会计信息,比纯粹按照法律形式提供的单位会计信息更加具有相关性,从而可以更好地帮助单位会计信息的使用者做出合理、正确的决策。

二、行政事业单位会计记账基础

会计基础是指会计确认、计量和报告的基础,主要分为收付实现制和权责发生制两种。其中,收付实现制是指以现金的实际收付为标志来确定本期收入和支出的会计核算基础。凡在当期实际收到的现金收入和支出,均应作为当期的收入和支出;凡是不属于当期的现金收入和支出,均不应当作为当期的收入和支出。权责发生制是指以取得收取款项的权利或支付款项的义务为标志来确定本期收入和费用的会计核算基础。凡是当期已经实现的收入和已经发生的或应当负担的费用,不论款项是否收付,都应当作为当期的收入和费用;凡是不属于当期的收入和费用,即使款项已在当期收付,也不应当作为当期的收入和费用。

行政事业单位会计由预算会计和财务会计构成。预算会计是指以收付实现制为基础对单位会计主体预算执行过程中发生的全部收入和全部支出进行会计核算,主要反映和监督预算收支执行情况的会计;财务会计是指以权责发生制为基础对政府会计主体发生的各项经济业务或者事项进行会计核算,主要反映和监督单位会计主体财务状况、运行情况和现金流量等的会计。

预算会计以如实反映预算执行情况作为主要会计目标,因此,行政事业单位预算会计采用收付实现制基础进行会计核算;财务会计以如实反映单位财务状况和运行情况为主要目标,因此,行政事业单位财务会计采用权责发生制基础进行会计核算。行政事业单位会计同时采用收付实现制基础和权责发生制基础,实行平行记账的会计核算方法。

第四节 行政事业单位会计要素及其确认与计量原则

行政事业单位会计的对象是指行政事业单位会计核算和监督的内容。行政事业单位会计要素是对行政事业单位会计对象的具体分类,也是行政事业单位会计报表的构成要素。行政事业单位会计要素具体分为预算会计要素和财务会计要素。

一、预算会计要素及其确认和计量原则

预算会计要素包括预算收入、预算支出与预算结余。

(一)预算收入

预算收入是指行政事业单位在预算年度内依法取得的并纳入预算管理的现金流入。预算收入一般在实际收到时予以确认,以实际收到的金额计量。

行政事业单位的预算收入具体内容如表1-3所示。

表1-3　　　　　　　　　行政事业单位预算收入的具体内容

名称	特有内容	共有内容
行政单位	—	财政拨款预算收入、非同级财政拨款预算收入、其他预算收入
事业单位	事业预算收入、上级补助预算收入、附属单位上缴预算收入、债务预算收入、投资预算收益	

(二)预算支出

预算支出是指行政事业单位在预算年度内依法发生并纳入预算管理的现金流出。预算支出一般在实际支付时予以确认,以实际支付的金额计量。

行政事业单位的预算支出具体内容如表1-4所示。

表1-4　　　　　　　　　行政事业单位预算支出的具体内容

名称	特有内容	共有内容
行政单位	行政支出	其他支出
事业单位	事业支出、经营支出、上缴上级支出、对附属单位补助支出、债务还本支出、投资支出	

(三)预算结余

预算结余是指行政事业单位预算年度内预算收入扣除预算支出后的资金余额,以及历年滚存的资金余额。预算结余包括结余资金和结转资金。其中,结余资金是指年度预算执行终了,预算收入实际完成数扣除预算支出和结转资金后剩余的资金。结转资金是指预算安排项目的支出年终尚未执行完毕或者因故未执行,且下年需要按原用途继续使用的资金。

行政事业单位的预算收入具体内容如表1-5所示。

表1-5　　　　　　　　　行政事业单位预算结余的具体内容

名称	特有内容	共有内容
行政单位	—	财政拨款结转、非财政拨款结转
事业单位	专用结余、经营结余、非财政拨款结余分配	财政拨款结转、非财政拨款结转、其他结余

预算会计要素之间的平衡关系为：

$$预算收入 - 预算支出 = 预算结余$$

符合预算收入、预算支出和预算结余定义及其确认条件的项目应当列入政府决算报表。

（四）行政事业单位预算

行政事业单位预算是行政事业单位的年度收支计划，是行政事业单位可以发生相应收支业务的基本依据。行政事业单位预算由收入预算和支出预算组成。如行政事业单位存在上年结转结余，则本年收入预算来源包括上年结转结余和当年预算收入两部分。

1. 行政单位预算

行政单位预算包括收入预算和支出预算两部分，其编制形式和内容的简要形式如表1-6所示。

表1-6　　　　　　　　　行政单位预算的编制形式和内容

预算收入	预算支出
一、财政拨款预算收入	一、行政支出
二、非同级财政拨款预算收入	1. 基本支出
三、其他预算收入	2. 项目支出
	二、其他支出

按照行政单位财务管理的相关规定，行政单位不得以任何形式用占有或者使用的国有资产对外投资或举办经济实体。除了法律、行政法规规定的情况，行政单位不得举借债务，不得对外提供担保。由此，行政单位开展业务活动的资金来源主要是依靠财政拨款预算收入。同时，根据行政单位财务规则的相关规定，财政部门对行政单位实行收支统一管理、定额、定项拨款，超支不补，结转和结余按规定使用的预算管理办法。

2. 事业单位预算

事业单位预算也包括收入预算和支出预算两部分，其编制形式和内容的简要形式如表1-7所示。

表1-7　　　　　　　　　事业单位预算的编制形式和内容

预算收入	预算支出
一、财政拨款预算收入	一、事业支出
二、事业预算收入	1. 基本支出
三、上级补助预算收入	2. 项目支出
四、附属单位上缴预算收入	二、经营支出

(续表)

预算收入	预算支出
五、经营预算收入	三、上缴上级支出
六、债务预算收入	四、对附属单位补助支出
七、非同级财政拨款预算收入	五、投资支出
八、投资预算收益	六、债务还本支出
九、其他预算收入	七、其他支出

与行政单位预算收支相比较而言，事业单位预算收支内容比较复杂，但也并不是所有的事业单位都会有以上全部的预算收支内容。例如，公益一类事业单位（如中小学校、基层医疗卫生机构、公共文化馆、图书馆、纪念馆、博物馆、科技馆、公园等）预算收入的主要内容为财政拨款预算收入，同时可能有少量的事业预算收入和其他预算收入；公益二类事业单位（如高等学校、医院等）预算收支内容相对比较复杂一些，可能有诸如经营预算收支、投资预算收支、债务预算收支、上缴上级支出、对附属单位补助支出等预算收支内容。

根据事业单位财务规则的相关规定，财政部门对事业单位实行核定收支、定额或者定项补助、超支不补、结转和结余按规定使用的预算管理办法。

在此还应明确，在行政事业单位预算中，行政支出和事业支出还具体分为基本支出、项目支出等内容。基本支出收支预算资金与项目支出收支预算资金之间不能相互混淆，各项目支出收支预算资金之间也不能相互混淆。行政事业单位在预算执行过程中确需调剂使用预算资金的，应当经财政部门批准。另外，行政事业单位对于财政拨款收支还需要单独编制预算。行政事业单位预算经财政部门批复后，应当严格按照预算执行。

二、财务会计要素

财务会计要素包括资产、负债、净资产、收入和费用。

（一）资产

1. 资产的概念

资产是指行政事业单位过去的经济业务或者事项形成的，由行政事业单位控制的，预期能够产生服务潜力或者带来经济利益流入的经济资源。其中，服务潜力是指行政事业单位利用资产提供公共产品和服务以履行政府职能的潜在能力。经济利益流入表现为现金及现金等价物的流入，或者现金及现金等价物流出的减少。

2. 资产的分类

行政事业单位的资产按照流动性，分为流动资产和非流动资产。其中，流动资产是指预计在1年内（含1年）耗用或者可以变现的资产，包括货币资金、短期投资、应收及预付款项、存货等。非流动资产是指流动资产以外的资产，包括固定资产、在建工程、无形资产、长期投资、公共基础设施、政府储备资产、文物资源、保障性住房和自然资源资产等。

行政事业单位资产的具体内容如表1-8所示。

表 1-8　　　　　　　　　行政事业单位资产的具体内容

名称	特有内容	共有内容
行政单位	—	库存现金、银行存款、其他货币资金、财政应返还额度、应收账款、其他应收款、存货、待摊费用、固定资产、无形资产、公共基础设施、政府储备物资、文物资源、保障性住房、受托代理资产、长期待摊费用、待处理财产损溢
事业单位	短期投资、应收票据、应收股利、应收利息、坏账准备、长期股权投资、长期债券投资	

3. 资产的确认

符合资产定义的经济资源，在同时满足以下条件时，确认为资产：①与该经济资源相关的服务潜力很可能实现或者经济利益很可能流入行政事业单位；②该经济资源的成本或者价值能够可靠地计量。

4. 资产的计量

资产的计量属性主要包括历史成本、重置成本、现值、公允价值和名义金额。其中，在历史成本计量下，资产按照取得时支付的现金金额或者支付对价的公允价值计量。在重置成本计量下，资产按照现在购买相同或者相似资产所需支付的现金金额计量。在现值计量下，资产按照预计从其持续使用和最终处置中所产生的未来净现金流入量的折现金额计量。在公允价值计量下，资产按照市场参与者在计量日发生的有序交易中，出售资产所能收到的价格计量。无法采用上述计量属性的，采用名义金额（即人民币 1 元）计量。

行政事业单位在对资产进行计量时，一般应当采用历史成本。采用重置成本、现值、公允价值计量的，应当保证所确定的资产金额能够持续、可靠计量。

（二）负债

1. 负债的概念

负债是指行政事业单位过去的经济业务或者事项形成的，预期会导致经济资源流出行政事业单位的现时义务。其中，现时义务是指行政事业单位在现行条件下已承担的义务。未来发生的经济业务或者事项形成的义务不属于现时义务，不应当确认为负债。

2. 负债的分类

行政事业单位的负债按照流动性，分为流动负债和非流动负债。其中，流动负债是指预计在 1 年内（含 1 年）偿还的负债，包括应付及预收款项、应付职工薪酬、应缴款项等。非流动负债是指流动负债以外的负债，包括长期应付款、应付政府债券和政府依法担保形成的债务等。

行政事业单位负债的具体内容如表 1-9 所示。

表 1-9　　　　　　　　　行政事业单位负债的具体内容

名称	特有内容	共有内容
行政单位	应付政府补贴款	应交增值税、其他应交税费、应付账款、应缴财政款、应付职工薪酬、其他应付款、预提费用、受托代理负债、长期应付款、预计负债
事业单位	短期借款、应付票据、应付利息、预收账款、长期借款	

3. 负债的确认

符合负债定义的义务，在同时满足以下条件时，确认为负债：①履行该义务很可能导致含有服务潜力或者经济利益的经济资源流出行政事业单位；②该义务的金额能够可靠地计量。

4. 负债的计量

负债的计量属性主要包括历史成本、现值和公允价值。在历史成本计量下,负债按照因承担现时义务而实际收到的款项或者资产的金额,或者承担现时义务的合同金额,或者按照为偿还负债预期需要支付的现金计量。在现值计量下,负债按照预计期限内需要偿还的未来净现金流出量的折现金额计量。在公允价值计量下,负债按照市场参与者在计量日发生的有序交易中,转移负债所需支付的价格计量。

行政事业单位会计主体在对负债进行计量时,一般应当采用历史成本。采用现值、公允价值计量的,应当保证所确定的负债金额能够持续、可靠计量。

(三)净资产

净资产是指行政事业单位资产扣除负债后的净额。净资产金额取决于资产和负债的计量。

行政事业单位净资产的具体内容如表 1-10 所示。

表 1-10　　　　　　　　　行政事业单位净资产的具体内容

名称	特有内容	共有内容
行政单位	—	累计盈余、本期盈余、无偿调拨净资产、以前年度盈余调整
事业单位	专用基金、权益法调整	

(四)收入

收入是指报告期内导致行政事业单位净资产增加的、含有服务潜力或者经济利益的经济资源的流入。

收入的确认应当同时满足以下条件:与收入相关的含有服务潜力或者经济利益的经济资源很可能流入行政事业单位;含有服务潜力或者经济利益的经济资源流入会导致行政事业单位资产增加或者负债减少;流入金额能够可靠地计量。

行政事业单位收入的具体内容如表 1-11 所示。

表 1-11　　　　　　　　　行政事业单位收入的具体内容

名称	特有内容	共有内容
行政单位	—	财政拨款收入、非同级财政拨款收入、捐赠收入、利息收入、租金收入、其他收入
事业单位	事业收入、经营收入、上级补助收入、附属单位上缴收入、投资收益	

(五)费用

费用是指报告期内导致行政事业单位净资产减少的、含有服务潜力或者经济利益的经济资源的流出。

费用的确认应当同时满足以下条件:与费用相关的含有服务潜力或者经济利益的经济资源很可能流出行政事业单位会计主体;含有服务潜力或者经济利益的经济资源流出会导致行政事业单位会计主体资产减少或者负债增加;流出金额能够可靠地计量。

行政事业单位费用的具体内容如表 1-12 所示。

表 1-12　　　　　　　　　　行政事业单位费用的具体内容

名称	特有内容	共有内容
行政单位	—	业务活动费用、资产处置费用、其他费用
事业单位	单位管理费用、经营费用、上缴上级费用、对附属单位补助费用、所得税费用	

在财务会计要素中,资产、负债、收入和费用要素都有特定的内涵。净资产要素没有特定的内涵,它只是资产减负债后的差额。资产、负债和净资产之间的平衡关系为:

$$资产 - 负债 = 净资产$$

在业务运作的过程中,行政事业单位会取得一定数额的收入,同时也会发生一定数额的费用。收入减去费用后的差额为盈余或亏损。盈余或亏损是净资产的组成部分。

$$收入 - 费用 = 盈余或亏损(净资产的增加或减少)$$

符合资产、负债定义和确认条件的项目与净资产,应当列入资产负债表;符合收入、费用定义和确认条件的项目,应当列入收入费用表。

综上,行政事业单位会计要素共有 8 个,其中预算会计要素 3 个,财务会计要素 5 个。3 个预算会计要素构成政府预算会计报表或政府决算报表,5 个财务会计要素构成政府财务会计报表。

第五节　行政事业单位会计科目与会计报表

一、行政事业单位会计科目

(一)行政事业单位会计科目表

行政事业单位会计科目是对行政事业单位会计要素进一步分类的一种方法。它是行政事业单位会计设置账户、核算和归集经济业务的依据,也是汇总和检查行政事业单位资金活动情况及其结果的依据。行政事业单位会计要素包括财务会计要素和预算会计要素。财务会计要素包括资产、负债、净资产、收入和费用。预算会计要素包括预算收入、预算支出和预算结余。按照行政事业单位会计要素的类别,行政事业单位会计科目可分为财务会计科目和预算会计科目。各级各类行政事业单位统一适用的财务会计和预算会计科目表如表 1-13 和表 1-14 所示。

表 1-13　　　　　　　　　　财务会计科目

序号	科目编号	科目名称	序号	科目编号	科目名称
		一、资产类	4	1101	短期投资
1	1001	库存现金	5	1201	财政应返还额度
2	1002	银行存款	6	1211	应收票据
3	1021	其他货币资金	7	1212	应收账款

(续表)

序号	科目编号	科目名称	序号	科目编号	科目名称
8	1214	预付账款	44	2305	预收账款
9	1215	应收股利	45	2307	其他应付款
10	1216	应收利息	46	2401	预提费用
11	1218	其他应收款	47	2501	长期借款
12	1219	坏账准备	48	2502	长期应付款
13	1301	在途物品	49	2601	预计负债
14	1302	库存物品	50	2901	受托代理负债
15	1303	加工物资		三、净资产类	
16	1401	待摊费用	51	3001	累计盈余
17	1501	长期股权投资	52	3101	专用基金
18	1502	长期债券投资	53	3201	权益法调整
19	1601	固定资产	54	3301	本期盈余
20	1602	固定资产累计折旧	55	3302	本年盈余分配
21	1611	工程物资	56	3401	无偿调拨净资产
22	1613	在建工程	57	3501	以前年度盈余调整
23	1701	无形资产		四、收入类	
24	1702	无形资产累计摊销	58	4001	财政拨款收入
25	1703	研发支出	59	4101	事业收入
26	1801	公共基础设施	60	4201	上级补助收入
27	1802	公共基础设施累计折旧(摊销)	61	4301	附属单位上缴收入
28	1811	政府储备物资	62	4401	经营收入
29	1821	文物资源	63	4601	非同级财政拨款收入
30	1831	保障性住房	64	4602	投资收益
31	1832	保障性住房累计折旧	65	4603	捐赠收入
32	1891	受托代理资产	66	4604	利息收入
33	1901	长期待摊费用	67	4605	租金收入
34	1902	待处理财产损溢	68	4609	其他收入
	二、负债类			五、费用类	
35	2001	短期借款	69	5001	业务活动费用
36	2101	应交增值税	70	5101	单位管理费用
37	2102	其他应交税费	71	5201	经营费用
38	2103	应缴财政款	72	5301	资产处置费用
39	2201	应付职工薪酬	73	5401	上缴上级费用
40	2301	应付票据	74	5501	对附属单位补助费用
41	2302	应付账款	75	5801	所得税费用
42	2303	应付政府补贴款	76	5901	其他费用
43	2304	应付利息			

表 1-14　　　　　　　　　　　预算会计科目

序号	科目编号	科目名称	序号	科目编号	科目名称
		一、预算收入类	14	7501	对附属单位补助支出
1	6001	财政拨款预算收入	15	7601	投资支出
2	6101	事业预算收入	16	7701	债务还本支出
3	6201	上级补助预算收入	17	7901	其他支出
4	6301	附属单位上缴预算收入			三、预算结余类
5	6401	经营预算收入	18	8001	资金结存
6	6501	债务预算收入	19	8101	财政拨款结转
7	6601	非同级财政拨款预算收入	20	8102	财政拨款结余
8	6602	投资预算收益	21	8201	非财政拨款结转
9	6609	其他预算收入	22	8202	非财政拨款结余
		二、预算支出类	23	8301	专用结余
10	7101	行政支出	24	8401	经营结余
11	7201	事业支出	25	8501	其他结余
12	7301	经营支出	26	8701	非财政拨款结余分配
13	7401	上缴上级支出			

单位应当按照下列规定运用会计科目：

（1）单位应当按照本制度的规定设置和使用会计科目。在不影响会计处理和编制报表的前提下，单位可以根据实际情况自行增设或减少某些会计科目。

（2）单位应当执行本制度统一规定的会计科目编号，以便于填制会计凭证、登记账簿、查阅账目，实行会计信息化管理。

（3）单位在填制会计凭证、登记会计账簿时，应当填列会计科目的名称，或者同时填列会计科目的名称和编号，不得只填列会计科目编号、不填列会计科目名称。

（4）单位设置明细科目或进行明细核算，除了遵循《政府会计制度》规定，还应当满足权责发生制政府部门财务报告和政府综合财务报告编制的其他需要。

（二）行政事业单位财务会计与预算会计"平行记账"之会计科目的对应关系

1. 收入类科目与预算收入类科目的对应关系

单位财务会计的收入类科目与预算会计的预算收入类科目的对应关系如表 1-15 所示。

表 1-15　　　　　　　收入类科目与预算收入类科目的对应关系

财务会计	预算会计
财政拨款收入	财政拨款预算收入
事业收入	事业预算收入
上级补助收入	上级补助预算收入
附属单位上缴收入	附属单位上缴预算收入
经营收入	经营预算收入

(续表)

财务会计	预算会计
非同级财政拨款收入	非同级财政拨款预算收入
投资收益	投资预算收益
捐赠收入、利息收入、租金收入、其他收入	其他预算收入
短期借款、长期借款	债务预算收入

从表1-15中可以看出以下几点：

（1）预算会计的收入类科目的名称只是在财务会计的收入类科目名称上添加了"预算"两字。

（2）预算会计的"其他预算收入"科目同时对应财务会计的"捐赠收入""利息收入""租金收入""其他收入"科目。财务会计将"捐赠收入""利息收入""租金收入"分别设置为一级科目，前提是相关业务发生较多，否则仍可归入"其他收入"科目核算。当然，预算会计也可增设"捐赠预算收入""利息预算收入""租金预算收入"科目，与财务会计的"捐赠收入""利息收入""租金收入"科目相对应。

（3）在财务会计中，单位将举借的短期借款和长期借款确认为负债类要素，这符合财务会计惯例；而在预算会计中，单位将短期借款和长期借款确认为"债务预算收入"，这与政府预算编制和预算管理相吻合。

2. 费用类科目与预算支出类科目的对应关系

行政事业单位财务会计费用类科目与预算会计预算支出类科目的对应关系如表1-16所示。

表1-16　　　　　费用类科目和预算支出类科目的对应关系

财务会计	预算会计
业务活动费用	行政支出、事业支出
单位管理费用	事业支出
经营费用	经营支出
上缴上级费用	上缴上级支出
对附属单位补助费用	对附属单位补助支出
所得税费用	非财政拨款结余——累计结余
其他费用	其他支出
短期投资、长期股权投资、长期债券投资	投资支出
短期借款、长期借款	债务还本支出

从表1-16中可以看出以下几点：

（1）预算会计支出类科目的名称只是将财务会计费用类科目名称的"费用"调整为"支出"（"所得税费用"科目除外），这与财务会计和预算会计的会计要素分类相吻合。

（2）预算会计没有将财务会计的"所得税费用"调整为"所得税支出"，这与预算会计对事业单位实际缴纳单位所得税直接冲减"非财政拨款结余——累计结余"的会计处理相一致。

（3）预算会计中将事业单位因发生短期投资、长期股权投资和长期债权投资所流出的货币资金以"投资支出"来予以确认，这是收付实现制原则的体现。

（4）事业单位因归还短期借款和长期借款而流出的货币资金确认为"债务还本支出"，则是与将因举借短期借款和长期借款而流入的货币资金确认为"债务预算收入"相对应的。

3. 货币资金类科目与资金结存类科目的对应关系

行政事业单位财务会计货币资金类科目与预算会计资金结存类科目的对应关系如表1-17所示。

表1-17　　　　　货币资金类科目与资金结存类科目的对应关系

财务会计	预算会计
库存现金	资金结存——货币资金
银行存款	
其他货币资金	
财政应返还额度	资金结存——财政应返还额度

从表1-15中可以看出，财务会计设置了"库存现金""银行存款""其他货币资金"和"财政应返还额度"等货币资金类会计科目，在预算会计核算相关预算收入和预算支出时，也应当有相应的资金类会计科目来对应。预算会计设置了"资金结存"这一货币资金会计科目来应对，并在"资金结存"科目下分别设置"货币资金""财政应返还额度"两个明细科目。预算会计这样设置货币资金类会计科目，与行政事业单位会计应清晰反映预算资金管理模式的做法一致，同时也与财务会计相关货币资金类科目相呼应。

综上，行政事业单位会计采用"平行记账"时，其财务会计科目与预算会计科目的对应关系可概括如下。

第一，取得纳入预算管理的现金收入时，在财务会计中，借记货币资金类科目，贷记相关收入类科目、相关应收项目及相关负债类科目；同时，在预算会计中，借记资金结存类科目，贷记相关预算收入类科目。

第二，发生纳入预算管理的现金支出时，在财务会计中，借记相关费用类科目、相关非现金资产类科目及相关负债类科目，贷记货币资金类科目；同时，在预算会计中，借记相关预算支出类科目，贷记资金结存类科目。

第三，对于其他业务，仅需进行财务会计核算，主要包括以下业务：

（1）赊购资产类业务。单位赊购资产时，在财务会计中，借记有关资产类科目，贷记有关负债类科目。此类业务，因不涉及纳入预算管理的现金收支，在预算会计中不需要进行会计处理。

（2）计提归集费用类业务。单位计提归集相关费用时，在财务会计中，借记有关费用类科目，贷记有关资产、负债、累计折旧（摊销）等有关科目。单位计提相关人员薪酬、领用存货、为使用的固定资产或无形资产计提折旧或摊销、计提利息、计提坏账、摊销或预提相关费用、计算相关税费、预计可能发生的损失时，在预算会计中，不进行账务处理。

（3）受托代理资产类业务。单位在收到代理款项时，在财务会计中，借记"库存现金——受托代理资产""银行存款——受托代理资产"科目,贷记"受托代理负债"科目;收到其他代理资产时,借记"受托代理资产"科目,贷记"受托代理负债"科目;交付代理款项或其他代理资产时,做相反的会计分录。单位收到受托代理代管款项,其所有权、控制权仍归属原单位,不属于单位纳入部门预算管理的现金收支,仅在财务会计中确认为受托代理负债,预算会计无需进行账务处理。

(4) 应缴财政款项业务。单位应缴财政款项,确认时,在财务会计中,借记"银行存款"等科目,贷记"应缴财政款"科目;上缴时,在财务会计中,借记"应缴财政款"科目,贷记"银行存款"科目。应缴财政款应上缴财政国库,其所有权不归属于单位,不纳入单位的预算收支管理,故预算会计不进行账务处理。

(5) 无偿调入、调出各类非现金资产业务。调入时,在财务会计中,借记相关非现金资产类科目,贷记"无偿调拨净资产"科目;调出时,在财务会计中,借记"无偿调拨净资产"[无偿调入固定资产、无形资产、公共基础设施、保障性住房的还应借记"××累计折旧(摊销)"]科目,贷记相关资产科目。预算会计无需进行账务处理。

(6) 盘盈、盘亏或者毁损、报废各类非现金资产业务。将盘盈的各类非现金资产转入待处理财产时,在财务会计中,借记相关非现金资产类科目,贷记"待处理财产损溢"科目。预算会计无需进行账务处理。

将盘亏或者毁损、报废的各类非现金资产转入待处理财产时,在财务会计中,借记"待处理财产损溢"科目[盘亏、毁损、报废固定资产、无形资产、公共基础设施、保障性住房的还应借记"××累计折旧(摊销)"]科目;贷记相关资产类科目。预算会计无需进行账务处理。

行政事业单位会计采用"平行记账"时,在财务会计中,只涉及资产、负债、净资产、收入和费用五类科目,不涉及预算会计要素类科目;在预算会计中,只涉及预算收入、预算支出和预算结余三类科目,不涉及财务会计类科目。

二、行政事业单位会计报表

行政事业单位会计报表是反映行政事业财务状况、运行情况以及预算执行情况等信息的书面文件,由单位财务报表和预算会计报表构成。行政事业单位应当至少按照年度编制财务报表和预算会计报表。其中,财务报表由会计报表及其附注构成。会计报表一般包括资产负债表、收入费用表和净资产变动表。单位可根据实际情况自行选择编制现金流量表。预算会计报表至少包括预算收入支出表、预算结转结余变动表和财政拨款预算收入支出表。

财务报表的编制主要以权责发生制为基础,以单位财务会计核算生成的数据为准;预算会计报表的编制主要以收付实现制为基础,以单位预算会计核算生成的数据为准。

行政事业单位编制会计报表应遵循如下要求:

(1) 单位应当根据制度规定编制真实、完整的财务报表和预算会计报表,不得违反制度规定随意改变财务报表和预算会计报表的编制基础、编制依据、编制原则和方法,不得随意改变制度规定的财务报表和预算会计报表有关数据的会计口径。

(2) 财务报表和预算会计报表应当根据登记完整、核对无误的账簿记录和其他有关资料编制,做到数字真实、计算准确、内容完整、编报及时。

(3) 财务报表和预算会计报表应当由单位负责人和主管会计工作的负责人、会计机构负责人(会计主管人员)签名并盖章。

本章小结

复习思考题

1. 什么是行政单位？它具体包括哪些组织？
2. 什么是事业单位？它具体包括哪些组织？
3. 什么是单位会计？它有哪些主要特点？
4. 行政事业单位会计有哪四个基本前提？其具体内容是什么？
5. 行政事业单位会计信息有哪些质量要求？它们分别是什么？
6. 行政事业单位会计要素有哪几个？它们分别是什么？各要素之间的平衡关系是怎样的？
7. 行政事业单位会计科目分为哪几类？它具体包括哪些内容？使用这些会计科目时应当遵循哪些要求？
8. 行政事业单位财务会计与预算会计"平行记账"方法之会计科目的对应关系如何？
9. 行政事业单位应编制哪些会计报表？编制会计报表应遵循哪些要求？

练习题

第二章 行政事业单位的资产

资产是指行政事业单位过去的经济业务或者事项形成的,由行政事业单位控制的,预期能够产生服务潜力或者带来经济利益流入的经济资源。行政事业单位的资产按照流动性,分为流动资产和非流动资产。其中,流动资产是指预计在1年内(含1年)耗用或者可以变现的资产,包括货币资金、短期投资、应收及预付款项、存货等。非流动资产是指流动资产以外的资产,包括固定资产、在建工程、无形资产、长期投资、公共基础设施、政府储备资产、文物资源、保障性住房、自然资源资产等。

第一节 货币资金

在企业财务会计中,货币资金通常包括库存现金、银行存款和其他货币资金三种形态。但在行政事业单位财务会计中,资金结存除了包含上述三者,还包括一个视同货币资金的形态,即财政应返还额度,这与我国预算资金的支付方式相关。第一章已述及,单位预算会计为了反映单位纳入部门预算管理资金的流入、流出、调整和滚存情况,设置"资金结存"总账科目,并在总账科目下设置"货币资金""财政应返还额度"两个明细科目,以体现不同形态的预算资金,并与财务会计中货币资金存在形态相呼应。

一、库存现金

(一)库存现金的概念与核算科目的设置

库存现金是指单位存放在财务部门的资金,是货币资金的一种存在形态,简称现金。单位应当严格按照国家有关现金管理的规定收支现金,并按规定核算现金的各项收支业务。随着公务卡的普遍推行与使用,单位的库存现金业务相应减少。

为核算库存现金业务,单位财务会计应设置"库存现金"总账科目。本科科目应当设置"受托代理资产"明细科目,核算单位受托代理、代管的现金。本科目期末借方余额,反映单位实际持有的库存现金。

为了核算资金结存业务,单位预算会计应设置"资金结存"总账科目。本科目设置"货币资金"明细科目,用来核算单位纳入预算管理的以库存现金、银行存款、其他货币资金形态存在的资金。本明细科目年末借方余额,反映单位尚未使用的货币资金。"资金结存"总账科目年末借方余额,反映单位预算资金的累计滚存情况。

(二)收到库存现金

单位从银行等金融机构提取现金,按照实际提取的金额,借记"库存现金"科目,贷记"银行存款"科目;将现金存入银行等金融机构,按照实际存入金额,借记"银行存款"科目,贷记"库存现金"科目。根据规定,从单位账户提取现金,应按照实际提取的金额,在财务会计中,借记"库存现金"科目,贷记"财政拨款收入"科目(使用本年度预算指标,后同)或"财政应返还额度"科目(使用以前年度预算指标,后同);同时,在预算会计下,借记"资金结存——货币资金"科目,贷记"财政拨款预算收入"科目(使用本年度预算指标,后同)或"资金结存——财政应返还额度"科目(使用以前年度预算指标,后同)。

单位因提供服务、物品或者其他事项收到现金时,按照实际收到的金额,在财务会计中,借记"库存现金"科目,贷记"事业收入""应收账款"等相关科目;同时,在预算会计中,借记"资金结存——货币资金"科目,贷记"事业预算收入"科目。涉及增值税业务的,相关账务处理参见"应交增值税"科目。

【例 2-1】 某事业单位发生如下业务:

(1) 使用以前年度预算指标,从单位零余额账户中提取现金 1 200 元,以备日常零星使用。该事业单位应编制的会计分录为:

在财务会计中:

借:库存现金　　　　　　　　　　　　　　　　　　　　　　　1 200
　　贷:财政应返还额度　　　　　　　　　　　　　　　　　　　　1 200

同时,在预算会计中:

借:资金结存——货币资金　　　　　　　　　　　　　　　　　1 200
　　贷:资金结存——财政应返还额度　　　　　　　　　　　　　　1 200

(2) 因提供服务收到零星现金 350 元(不涉及增值税)。该事业单位应编制如下会计分录:

在财务会计中:

借:库存现金　　　　　　　　　　　　　　　　　　　　　　　　350
　　贷:事业收入　　　　　　　　　　　　　　　　　　　　　　　350

同时,在预算会计中:

借:资金结存——货币资金　　　　　　　　　　　　　　　　　　350
　　贷:事业预算收入　　　　　　　　　　　　　　　　　　　　　350

(三)支付库存现金

因单位内部职工出差等原因借出的现金,按照实际借出的现金金额,借记"其他应收款"科目,贷记"库存现金"科目。出差人员报销差旅费时,按照实际报销的金额,在财务会计中,借记"业务活动费用""单位管理费用"等科目,按照实际借出的现金金额,贷记"其他应收款"科目,按照其差额,借记或贷记"库存现金"科目;同时,在预算会计中,借记"行政支出""事业支出"等科目,贷记"资金结存——货币资金"科目。

单位因购买服务、物品或者其他事项支付现金时,按照实际支付的金额,在财务会计中,借记"业务活动费用""单位管理费用""库存物品"等相关科目,贷记"库存现金"科目;同时,在预算会计中,借记"行政支出""事业支出""经营支出"等科目,贷记"资金结存——货币资金"科目。涉及增值税业务的,相关账务处理参见"应交增值税"科目。

单位以库存现金对外捐赠,按照实际捐出的金额,在财务会计中,借记"其他费用"科目,贷记"库存现金"科目;同时,在预算会计中,借记"其他支出"科目,贷记"资金结存——货币资金"科目。

【例 2-2】 某行政单位职工李华出差预借差旅费 5 000 元,以现金支付。出差回来后报

销,实际开支 4 780 元,退回多余现金 220 元。该行政单位应编制的会计分录为:

(1) 李华预借差旅费时。

在财务会计中:

借:其他应收款——李华　　　　　　　　　　　　　　　　　5 000
　　贷:库存现金　　　　　　　　　　　　　　　　　　　　　　　5 000

在预算会计中不做账务处理。

(2) 李华出差回来后报销,退回多余现金时。

在财务会计中:

借:业务活动费用　　　　　　　　　　　　　　　　　　　　4 780
　　库存现金　　　　　　　　　　　　　　　　　　　　　　　　220
　　贷:其他应收款——李华　　　　　　　　　　　　　　　　　5 000

同时,在预算会计中:

借:行政支出　　　　　　　　　　　　　　　　　　　　　　4 780
　　贷:资金结存——货币资金　　　　　　　　　　　　　　　　4 780

对于暂付款项业务,如职工预借的差旅费、拨付给内部有关部门的备用金等,拨付款项时,在财务会计中,作为其他应收款记录,预算会计不进行账务处理。若在当年结算或报销,按照结算或报销的金额,在财务会计中,确认业务活动费用,转销其他应收款;同时,在预算会计中,确认相关预算支出,冲减预算资金结存。更详细的规定请参阅有关"其他应收款"的核算。

【例 2-3】 某事业单位以库存现金支付一笔款项 35 元,具体内容为日常业务活动发生的邮电费。该事业单位应编制的会计分录为:

在财务会计中:

借:业务活动费用　　　　　　　　　　　　　　　　　　　　　35
　　贷:库存现金　　　　　　　　　　　　　　　　　　　　　　　35

同时,在预算会计中:

借:事业支出　　　　　　　　　　　　　　　　　　　　　　　　35
　　贷:资金结存——货币资金　　　　　　　　　　　　　　　　　35

上述现金支出业务既要在财务会计中核算,也要在预算会计中核算。在财务会计核算中,根据不同的业务内容,与"库存现金"科目相对应的科目可以有"业务活动费用""单位管理费用""库存物品""其他费用"等科目。但在预算会计中,与"资金结存"科目相对应的科目有"行政支出"(行政单位)、"事业支出"(事业单位)、"经营支出"(事业单位非独立核算经营活动支出)、"其他支出"科目。

对于纳入预算管理的现金收支业务,财务会计与预算会计实行的是平行记账的方法。

(四) 受托代理、代管的现金

单位收到受托代理、代管的现金,按照实际收到的金额,借记"库存现金"科目(受托代理资产),贷记"受托代理负债"科目;支付受托代理、代管的现金,按照实际支付的金额,借记"受托代理负债"科目,贷记"库存现金"科目(受托代理资产)。

【例 2-4】 某行政单位收到受托代理的一笔现金 50 000 元。根据委托人要求,该笔现金应当转赠给有关的受赠人。之后，该行政单位按照委托人的要求，将受托代理的现金支付给了有关的受赠人。该行政单位应编制会计分录为：

（1）收到受托代理的现金时。

在财务会计中：

借：库存现金——受托代理资产　　　　　　　　　　　　　　　　50 000
　　贷：受托代理负债　　　　　　　　　　　　　　　　　　　　　50 000

在预算会计中不做账务处理。

（2）支付受托代理的现金时。

在财务会计中：

借：受托代理负债　　　　　　　　　　　　　　　　　　　　　　50 000
　　贷：库存现金——受托代理资产　　　　　　　　　　　　　　　50 000

在预算会计中不做账务处理。

单位收到货币资金形式的受托代理、代管资产，其所有权、控制权仍归属原单位，在财务会计中确认为受托代理负债，其不属于单位纳入部门预算的现金收付业务，预算会计无需进行账务处理。

实务中，单位现金收支业务大部分都是纳入预算管理，需要在预算会计中核算的。典型的不纳入预算管理的现金收支业务包括：货币资金形式受托代理代管资产业务、应缴财政款业务、暂收款业务等。

（五）单位收取的差旅伙食费和市内交通费

接待单位按规定收取出差人员差旅伙食费和市内交通费并出具相关票据的，根据单位是否承担支出责任进行不同的会计账务处理。

1. 单位不承担支出责任

单位不承担支出责任时，财务会计主要在实际收到款项，以及向其他会计主体转付款时进行核算；由于该部分资金不纳入部门预算管理，预算会计不做账务处理。

单位在收到款项时，应当按照收到的款项金额，借记"库存现金"等科目，贷记"其他应付款"科目或"其他应收款"科目（前期已垫付资金的）；向其他会计主体转付款时，借记"其他应付款"科目或"其他应收款"科目（垫付资金的），贷记"库存现金"等科目。

2. 单位承担支出责任

单位承担支出责任时，在实际收到款项时，财务会计冲减相关费用科目，预算会计冲减相关支出科目。

单位在收到款项时，应当按照收到的款项金额，在财务会计中，借记"库存现金"等科目，贷记相关费用科目；同时，在预算会计中，借记"资金结存"科目，贷记相关支出科目。

【例2-5】 2022年8月10日，某事业单位因工作需要，作为接待单位按规定为外来单位3位出差人员安排饭店盒饭作为工作餐，收取出差人员交纳的伙食费150元（50元/份）。8月31日，单位与饭店进行盒饭费用结算。该事业单位单位不承担支出责任。该事业单位应编制的会计分录为：

（1）收到伙食费时。

在财务会计中：

借：库存现金   150
    贷：其他应付款   150

（2）与饭店结算盒饭费用时。

在财务会计中：

借：其他应付款   150
    贷：库存现金   150

在预算会计中不做账务处理。

单位如因开具税务发票承担增值税等纳税义务的，按照《政府会计制度》相关规定处理。

（六）库存现金清查

每日终了结算现金收支，核对库存现金时发现有待查明原因的现金短缺或溢余，应通过"待处理财产损溢"科目核算。属于现金溢余的，应当按照实际溢余的金额，在财务会计中，借记"库存现金"科目，贷记"待处理财产损溢"科目，同时，在预算会计中，借记"资金结存"科目，贷记"其他预算收入"科目；属于现金短缺的，应当按照实际短缺的金额，在财务会计中，借记"待处理财产损溢"科目，贷记"库存现金"科目，同时，在预算会计中，借记"其他支出"科目，贷记"资金结存"科目。待查明原因后应及时进行账务处理，相关业务内容请参阅本章有关"待处理财产损溢"的核算。

（七）库存现金的明细核算

单位应当设置"现金日记账"，由出纳人员根据收付款凭证，按照业务发生顺序逐笔登记。每日终了，应当计算当日的现金收入合计数、现金支出合计数和结余数，并将结余数与实际库存数核对，做到账款相符。

现金收入业务繁多、单独设有收款部门的单位，收款部门的收款员应当将每天所收现金连同收款凭据一并交财务部门核收记账，或者将每天所收现金直接送存开户银行后，将收款凭据及向银行送存现金的凭证等一并交财务部门核收记账。

库存现金的主要账务处理可概括如表 2-1 所示。

从表 2-1 中，可以比较直观的看到"平行记账"的具体做法，即对于单位纳入部门预算管理的现金收支业务，在财务会计中核算的同时也应当在预算会计中进行核算；对于其他业务，仅需进行财务会计核算。

表 2-1   库存现金的主要账务处理

业务事项和内容		财务会计	预算会计
提存现金	提现	借：库存现金 　　贷：银行存款等	—
	存现	借：银行存款等 　　贷：库存现金	—
差旅费	职工出差等借出现金	借：其他应收款 　　贷：库存现金	—
	出差人员报销差旅费	借：业务活动费用/单位管理费用等（实际报销金额） 　　库存现金（实报金额小于借款金额的差额） 　　贷：其他应收款 　　　　库存现金（实报金额大于借款金额的差额）	借：行政支出/事业支出等 　　（实际报销金额） 　　贷：资金结存——货币资金

(续表)

业务事项和内容		财务会计	预算会计
其他涉及现金的业务	因开展业务等其他事项收到现金	借：库存现金 　贷：事业收入/应收账款等	借：资金结存——货币资金 　贷：事业预算收入等
	因购买服务、商品或其他事项支出现金	借：业务活动费用/单位管理费用/其他费用/应付账款等 　贷：库存现金	借：行政支出/事业支出/其他支出等 　贷：资金结存——货币资金
	对外捐赠现金资产	借：其他费用 　贷：库存现金	借：其他支出 　贷：资金结存——货币资金
受托代理、代管现金	收到	借：库存现金——受托代理资产 　贷：受托代理负债	—
	支付	借：受托代理负债 　贷：库存现金——受托代理资产	—
收取差旅费和市内交通费	单位不承担支出责任	收到时： 借：库存现金 　贷：其他应付款或其他应收款 支付时做相反的会计分录。	
	单位承担支出责任	借：库存现金 　贷：相关费用	借：资金结存 　贷：相关支出

二、银行存款

（一）银行存款的概念与核算科目的设置

银行存款是单位存放在开户银行或其他金融机构的各种存款。单位应当严格按照国家有关支付结算办法的规定办理银行存款收支业务，并按单位会计制度的规定核算银行存款的各项收支业务。随着财政国库集中收付制度的推行，单位的财政资金的收付业务都直接通过财政国库单一账户体系办理，单位银行存款的业务越来越少。

为核算银行存款业务，单位财务会计应设置"银行存款"科目。本科目应当设置"受托代理资产"明细科目，核算单位受托代理、代管的银行存款。本科目期末借方余额，反映单位实际存放在银行或其他金融机构的款项。

（二）收到银行存款

单位将款项存入银行或者其他金融机构时，按照实际存入的金额，在财务会计中，借记"银行存款"科目，贷记"库存现金""应收账款""事业收入""经营收入""其他收入"等相关科目；同时，在预算会计中，借记"资金结存——货币资金"科目，贷记"事业预算收入""经营预算收入""其他预算收入"科目。涉及增值税业务的，相关账务处理参见"应交增值税"科目。单位收到银行存款利息，按照实际收到的金额，在财务会计中，借记"银行存款"科目，贷记"利息收入"科目；同时，在预算会计中，借记"资金结存——货币资金"科目，贷记"其他预算收入"科目。

【例2-6】 某事业单位在开展专业业务活动中取得一项事业收入5 000元，款项已存入银行。该事业单位应编制的会计分录为：

在财务会计中：

借：银行存款　　　　　　　　　　　　　　　　　　　　　　　5 000
　　贷：事业收入　　　　　　　　　　　　　　　　　　　　　　　　5 000

同时，在预算会计中：

借：资金结存——货币资金　　　　　　　　　　　　　　　　　5 000
　　贷：事业预算收入　　　　　　　　　　　　　　　　　　　　　　5 000

（三）支付银行存款

以银行存款支付相关费用，在财务会计中，按照实际支付的金额，借记"业务活动费用""单位管理费用""其他费用"等相关科目，贷记"银行存款"科目；同时，在预算会计中，借记"行政支出""事业支出""其他支出"等科目，贷记"资金结存——货币资金"科目。涉及增值税业务的，相关账务处理参见"应交增值税"科目。以银行存款对外捐赠时，按照实际捐出的金额，在财务会计中，借记"其他费用"科目，贷记"银行存款"科目；同时，在预算会计中，借记"其他支出"科目，贷记"资金结存——货币资金"科目。

【例2-7】 某事业单位通过银行存款支付一笔款项800元，具体内容为开展专业业务过程中发生的一项业务费用。该事业单位应编制的会计分录为：

在财务会计中：

借：业务活动费用　　　　　　　　　　　　　　　　　　　　　800
　　贷：银行存款　　　　　　　　　　　　　　　　　　　　　　　　800

同时，在预算会计中：

借：事业支出　　　　　　　　　　　　　　　　　　　　　　　800
　　贷：资金结存——货币资金　　　　　　　　　　　　　　　　　　800

（四）受托代理、代管的银行存款

行政事业单位收到受托代理、代管的银行存款时，按照实际收到的金额，借记"银行存款"科目（受托代理资产），贷记"受托代理负债"科目；支付受托代理、代管的银行存款，按照实际支付的金额，借记"受托代理负债"科目，贷记"银行存款"科目（受托代理资产）。举例请参照受托代理、代管的库存现金。

（五）单位归垫资金的账务处理

归垫资金业务是指行政事业单位按规定报经财政部门审核批准，在财政集中支付之前，用本单位实有资金账户资金垫付相关支出，再通过财政集中支付将资金归还原垫付资金账户。

（1）用本单位实有资金账户资金垫付相关支出时，财务会计按照垫付的资金金额，借记"其他应收款"科目，贷记"银行存款"科目。预算会计不进行账务处理。

（2）通过财政集中支付方式或授权支付方式将资金归还原垫付资金账户时，财务会计按照归垫的资金金额，借记"银行存款"科目，贷记"财政拨款收入"科目，并按照相同的金额，借记"业务活动费用"等科目，贷记"其他应收款"科目；同时，在预算会计中，按照相同的金额，借记"行政支出""事业支出"等科目，贷记"财政拨款预算收入"科目。

【例2-8】 2022年4月，某事业单位因财政集中支付用款计划未下达，按规定报经财政部门审批后采用单位实有资金账户资金垫付某重大紧急突发事项支出100 000元。5月,用款计划下达后归还该笔垫付资金。该事业单位应编制的会计分录为:

(1) 用单位实有资金账户资金垫付时。

在财务会计中:

借:其他应收款　　　　　　　　　　　　　　　　　　100 000
　　贷:银行存款　　　　　　　　　　　　　　　　　　　　　100 000

在预算会计中不做账务处理。

(2) 归还垫付资金时。

在财务会计中:

借:银行存款　　　　　　　　　　　　　　　　　　　100 000
　　贷:财政拨款收入　　　　　　　　　　　　　　　　　　　100 000

借:业务活动费用　　　　　　　　　　　　　　　　　　100 000
　　贷:其他应收款　　　　　　　　　　　　　　　　　　　　100 000

同时,在预算会计中:

借:借:事业支出　　　　　　　　　　　　　　　　　　100 000
　　贷:财政拨款预算收入　　　　　　　　　　　　　　　　　100 000

(六) 向本单位实有资金账户划转财政资金

行政事业单位在某些特定情况下按规定向本单位实有资金账户划转财政资金用于后续相关支出的,可在"银行存款"或"资金结存——货币资金"科目下设置"财政拨款资金"明细科目,或采用辅助核算等形式,核算反映财政资金转入实有资金账户的资金金额,并按照以下规定进行账务处理:

(1) 向实有资金账户划转财政资金时,在财务会计中,按照划转的资金金额,借记"银行存款"科目,贷记"财政拨款收入"科目或"财政应返还额度"科目;同时,在预算会计下,借记"资金结存——货币资金"科目,贷记"财政拨款预算收入"科目或"资金结存——财政应返还额度"科目。

(2) 划转到本单位实有资金账户中的财政资金用于相关支出时,在财务会计中,按照实际支付的金额,借记"应付职工薪酬""其他应交税费"等科目,贷记"银行存款"科目。同时,在预算会计中,借记"行政支出""事业支出"等支出科目下的"财政拨款支出"明细科目,贷记"资金结存——货币资金"科目。

【例2-9】 某事业单位将本月养老保险单位部分15 000元转存到基本存款账户或工商银行社保专户,并通过第三方协议缴纳本月养老保险22 500元(其中,单位部分为15 000元,个人部分为7 500元)。该事业单位应编制的会计分录为:

(1) 转存养老保险单位部分到基本户时。

在财务会计中:

借:银行存款——财政拨款资金　　　　　　　　　　　　15 000
　　贷:财政拨款收入　　　　　　　　　　　　　　　　　　　15 000

同时,在预算会计中:

借:资金结存——货币资金——财政拨款资金　　　　　　　　　　　　15 000
　　贷:财政拨款预算收入　　　　　　　　　　　　　　　　　　　　　　　　15 000

(2)缴纳养老保险单位部分和个人部分时。

在财务会计中:

借:应付职工薪酬——社会保险费——养老保险　　　　　　　　　　　22 500
　　贷:银行存款——财政拨款资金　　　　　　　　　　　　　　　　　　　15 000
　　　　　　　　——其他资金　　　　　　　　　　　　　　　　　　　　　　7 500

同时,在预算会计中:

借:事业支出——财政拨款支出　　　　　　　　　　　　　　　　　　15 000
　　　　　　——其他支出　　　　　　　　　　　　　　　　　　　　　7 500
　　贷:资金结存——货币资金——财政拨款资金　　　　　　　　　　　　15 000
　　　　　　　　　　　　　　——其他资金　　　　　　　　　　　　　　　7 500

(七)银行存款的核对

单位应当按照开户银行或其他金融机构、存款种类及币种等,分别设置"银行存款日记账",由出纳人员根据收付款凭证,按照业务的发生顺序逐笔登记,每日终了应结出余额。"银行存款日记账"应定期与"银行对账单"核对,至少每月核对一次。月度终了,单位银行存款日记账账面余额与银行对账单余额之间如有差额,应当逐笔查明原因并进行处理,按月编制"银行存款余额调节表",调节相符。

随着财政国库集中收付制度的推行,单位的财政资金的收付业务都直接通过财政国库单一账户体系办理,单位银行存款的业务越来越少。

银行存款的主要账务处理可概括如表2-2所示。

表2-2　　　　　　　　　　　　　　银行存款的主要账务处理

业务事项和内容		财务会计	预算会计
将款项存入银行或其他金融机构		借:银行存款 　贷:库存现金/事业收入/其他收入等	借:资金结存——货币资金 　贷:事业预算收入/其他预算收入
从银行账户提现		借:库存现金 　贷:银行存款	—
从银行账户支付款项		借:业务活动费用/单位管理费用/其他费用等 　贷:银行存款	借:行政支出/事业支出/其他支出等 　贷:资金结存——货币资金
收到银行存款利息		借:银行存款 　贷:利息收入	借:资金结存——货币资金 　贷:其他预算收入
支付银行手续费等		借:业务活动费用/单位管理费用等 　贷:银行存款	借:行政支出/事业支出等 　贷:资金结存——货币资金
受托代理、代管银行存款	收到时	借:银行存款——受托代理资产 　贷:受托代理负债	—
	支付时	借:受托代理负债 　贷:银行存款——受托代理资产	—

三、零余额账户用款额度

预算管理一体化资金支付管理办法不再区分财政直接支付和财政授权支付,统一为国库集中支付,为此,行政事业单位应注销原零余额账户用款额度。根据《政府会计准则制度解释第5号》的规定,预算单位在转为预算管理一体化资金支付方式时,应注销原零余额账户用款额度,按照零余额账户用款额度的金额,在财务会计中,借记"财政拨款收入"科目(本年度预算指标)或"财政应返还额度"科目(以前年度预算指标),贷记"零余额账户用款额度"科目;同时,在预算会计中,借记"财政拨款预算收入"科目(本年度预算指标)或"资金结存——财政应返还额度"科目(以前年度预算指标),贷记"资金结存——零余额账户用款额度"科目。

四、其他货币资金

(一) 其他货币资金的概念与核算科目的设置

其他货币资金是指单位的外埠存款、银行本票存款、银行汇票存款、信用卡存款等各种形式的货币资金。单位应当加强对其他货币资金的管理,及时办理结算,对于逾期尚未办理结算的银行汇票、银行本票等,应当按照规定及时转回,并按照规定进行相应账务处理。

为了核算其他货币资金业务,单位财务会计应设置"其他货币资金"总账科目。本科目应当设置"外埠存款""银行本票存款""银行汇票存款"的"信用卡存款"等明细科目,进行明细核算。本科目期末借方余额,反映单位实际持有的其他货币资金。

(二) 其他货币资金的主要账务处理

单位形成其他货币资金,即取得银行本票、银行汇票、信用卡时,在财务会计中,借记"其他货币资金——银行本票存款/银行汇票存款/信用卡存款"科目,贷记"银行存款"科目;发生支付时,即用银行本票、银行汇票、信用卡支付货款时,按实际支付的金额,在财务会计中,借记"在途物品""库存物品"等科目,贷记"其他货币资金——银行本票存款/银行汇票存款/信用卡存款"等科目,在预算会计中,借记"事业支出"等科目,贷记"资金结存——货币资金"科目。银行本票、银行汇票、信用卡的余款退回时,借记"银行存款"科目,贷记"其他货币资金——银行本票存款/银行汇票存款/信用卡存款"科目。

【例2-10】 某事业单位在其开户银行办理银行汇票存款100 000元,并持有该银行汇票前往甲市采购物品。所购物品已到达,验收合格,实际成本为98 000元。多余款项已退回。该事业单位应编制的会计分录为:

(1) 该单位取得银行汇票时。

在财务会计中:

借:其他货币资金——银行汇票存款	100 000
贷:银行存款	100 000

在预算会计中不做账务处理。

(2) 使用银行汇票所购物品到达验收合格时。

在财务会计中:

借:库存物品	98 000
贷:其他货币资金——银行汇票存款	98 000

同时,在预算会计中:

借:事业支出 98 000
　　贷:资金结存——货币资金 98 000

(3) 退回余款时。

在财务会计中:

借:银行存款 2 000
　　贷:其他货币资金——银行汇票存款 2 000

在预算会计中不做账务处理。

根据《政府会计准则制度解释第1号》的规定,单位通过支付宝、微信等方式取得相关收入的,对于尚未转入银行存款的支付宝、微信收付款等第三方支付平台账户的余额,应当通过"其他货币资金——在途资金"科目核算。

具体账务处理为:单位在支付方完成支付时,在财务会计中,借记"其他货币资金——在途资金"科目,贷记相关科目;在预算会计中不进行账务处理。待次日或一段时间后,第三方支付机构将代收资金转入单位账户时,在财务会计中,借记"银行存款"科目,贷记"其他货币资金——在途资金"科目,如果收到的资金纳入部门预算管理,同时,在预算会计中,借记"资金结存——货币资金"科目,贷记相关预算收入科目。

【例2-11】 东方医院在门诊和住院部采用微信、支付宝结算方式。2022年7月1日,医院当天实现门急诊收入1 200 000元,其中,病人通过微信支付800 000元,通过支付宝支付400 000元。7月2日,微信、支付宝通过合作银行将以上款项转入医院账户。该医院应编制的会计分录为:

(1) 7月1日,病人通过微信、支付宝完成支付时。

在财务会计中:

借:其他货币资金——在途资金——微信 800 000
　　　　　　　　　　　　　　——支付宝 400 000
　　贷:事业收入——医疗收入——门急诊收入 1 200 000

在预算会计中不做账务处理。

(2) 7月2日,医院账户实际收到款项时。

在财务会计中:

借:银行存款 1 200 000
　　贷:其他货币资金——在途资金——微信 800 000
　　　　　　　　　　　　　　——支付宝 400 000

同时,在预算会计中:

借:资金结存——货币资金 1 200 000
　　贷:事业预算收入——医疗预算收入——门急诊收入 1 200 000

单位在开展行政事业活动收取相关款项时,若支付方通过银行卡、微信、支付宝等第三方机构支付方式进行支付,第三方支付机构作为代收方,将代收的资金放到专门的资金池,再按照事先约定,遵守 T+1 或 T+N 的规则,将一天或一段时间内代收的资金一次性转入单位账户。这样,这部分资金在支付方支付后与单位实际收到前即以在途资金的形式形成单位货币资金,应在"其他货币资金"科目下设置"在途资金"明细科目进行专门核算,并根据业务类别、第三方支付机构等进行进一步的明细核算。该科目期末借方余额,反映单位尚未收到的在途资金。

第二节 短期投资

一、短期投资的概念与核算科目的设置

投资是指事业单位按规定以货币资金、实物资产、无形资产等方式形成的债权或股权投资。按照投资性质不同,投资分为债权性投资和权益性投资;按照目的不同,投资分为短期投资和长期投资。短期投资是指事业单位按照规定取得的,持有时间不超过 1 年(含 1 年)的投资。投资对象主要是国债。行政单位没有短期投资业务。

事业单位应当严格遵守国家法律、行政法规以及财政部门、主管部门关于对外投资的有关规定,不得使用财政拨款及其结余进行对外投资,不得从事股票、期货、基金、企业债券等投资,国家另有规定的除外。

为了核算短期投资业务,事业单位财务会计应设置"短期投资"总账科目。本科目应当按照投资的种类等进行明细核算。本科目期末借方余额,反映事业单位持有短期投资的成本。

二、短期投资的主要账务处理

(一)取得短期投资

事业单位取得短期投资时,按照确定的投资成本,在财务会计中,借记"短期投资"科目;贷记"银行存款"等科目;同时,在预算会计中,借记"投资支出"科目,贷记"资金结存——货币资金"科目。收到取得投资时实际支付价款中包含的已到付息期但尚未领取的利息,按照实际收到的金额,在财务会计中,借记"银行存款"科目,贷记"短期投资"科目,同时在单位预算会计中,借记"资金结存——货币资金"科目,贷记"投资支出"科目。

【例 2-12】20×2 年 7 月 2 日,某事业单位购入 20×2 年 1 月 1 日发行的国库券,面值 100 000 元,还本期为 1 年,年利率为 3.6%,每半年支付一次利息,实际支付购入价格及税费为 101 850 元,其中含有已到付息期但尚未领取的利息 1 800 元。该事业单位应编制的会计分录为:

(1)购入短期投资时。

在财务会计中:

借:短期投资——债券投资　　　　　　　　　　　　　　　101 850
　　贷:银行存款　　　　　　　　　　　　　　　　　　　　101 850

同时,在预算会计中:

借:投资支出　　　　　　　　　　　　　　　　　　　　　101 850
　　贷:资金结存——货币资金　　　　　　　　　　　　　　101 850

(2) 收到购入时含有的已到付息期但尚未领取的利息时。

在财务会计中：

借：银行存款 1 800
　　贷：短期投资——债券投资 1 800

同时，在预算会计中：

借：资金结存——货币资金 1 800
　　贷：投资支出 1 800

(二) 短期投资持有期间收到利息

事业单位收到短期投资持有期间的利息时，按照实际收到的金额，在财务会计中，借记"银行存款"科目，贷记"投资收益"科目；在预算会计中，借记"资金结存"科目，贷记"投资预算收益"科目。

【例 2-13】 承[例 2-12]，20×3 年 1 月 5 日收到持有期间的半年利息 1 800 元 (100 000×3.6%÷2)。该事业单位应编制的会计分录为：

在财务会计中：

借：银行存款 1 800
　　贷：投资收益 1 800

同时，在预算会计中：

借：资金结存——货币资金 1 800
　　贷：投资预算收益 1 800

(三) 出售短期投资或到期收回短期投资本息

事业单位出售短期投资或到期收回短期投资本息，在财务会计中，按照实际收到的金额，借记"银行存款"科目，按照出售或收回短期投资的账面余额，贷记"短期投资"科目，按照其差额，借记或贷记"投资收益"科目；在预算会计中，按照实际收到的金额，借记"资金结存"科目，按照出售或收回短期投资的账面余额，贷记"投资支出"或"其他结余"科目，按照其差额，借记或贷记"投资预算收益"科目。

【例 2-14】 承[例 2-12]和[例 2-13]，20×3 年 3 月 1 日，该事业单位将该项债券投资出售，取得价款 100 850 元该事业单位应编制的会计分录为：

在财务会计中：

借：银行存款 100 850
　　贷：短期投资——债券投资 100 050
　　　　投资收益 800

同时，在预算会计中：

借：资金结存——货币资金 100 850
　　贷：其他结余 100 050
　　　　投资预算收益 800

在该项业务中，"投资支出"科目在取得投资当年已经结转"其他结余"科目，因此，第二年出售投资时，应当贷记"其他结余"科目，而不是贷记"投资支出"科目，即冲销已转入至其他结余的投资支出,恢复其他结余的原有余额。

短期投资业务的主要账务处理可概括如表 2-3 所示。

表 2-3　　　　　　　　　　　　短期投资业务的主要账务处理

业务事项和内容	财务会计	预算会计
取得短期投资时	借:短期投资 　贷:银行存款等	借:投资支出 　贷:资金结存——货币资金
收到购买时已到付息期但尚未领取的利息时	借:银行存款 　贷:短期投资	借:资金结存——货币资金 　贷:投资支出
短期投资持有期间收到利息	借:银行存款 　贷:投资收益	借:资金结存——货币资金 　贷:投资预算收益
出售短期投资或到期收回短期投资(国债)本息	借:银行存款(实际收到的金额) 　投资收益(借差) 　贷:短期投资(账面余额) 　　投资收益(贷差)	借:资金结存——货币资金(实收款) 　投资预算收益(实收款小于投资成本的差额) 　贷:投资支出(出售或收回当年投资的)/其他结余(出售或收回以前年度投资的)投资预算收益(实收款大于投资成本的差额)

第三节　应收及预付款项

一、财政应返还额度

(一)财政应返还额度的概念与核算科目的设置

财政应返还额度是指实行国库集中支付的行政事业单位应收财政返还的资金额度。在财政国库集中支付制度下,年度终了,当单位发生的实际支付资金额度数小于预算资金额度数,单位就存在尚未使用的财政资金用款额度。由此,当年尚未使用的用款额度,即构成行政事业单位的财政应返还额度。

为核算财政应返还额度的业务,行政事业单位财务会计应设置"财政应返还额度"总账科目。该科目期末借方余额,反映单位应收财政返还的资金额度。

(二)财政应返还额度的主要账务处理

在国库集中付方式下,年末,预算单位根据本年度预算指标数大于当年实际支付数的差额,在财务会计中,借记"财政应返还额度"科目,贷记"财政拨款收入"科目;同时,在预算会计中,借记"资金结存——财政应返还额度"科目,贷记"财政拨款预算收入"科目。

次年度,单位实际使用以前年度预算额度发生支出时,在财务会计中,借记"业务活动费用""单位管理费用"等科目,贷记"财政应返还额度"科目;同时,在预算会计中,借记"行政支出""事业支出"科目,贷记"资金结算——财政应返还额度"科目。

【例 2-15】　某行政单位本年度财政国库集中支付预算指标数为 898 000 元,财政集中支付实际支出数为 885 000 元,两者差额为 13 000 元(898 000－885 000)。次年,经批准使用以前年度财政应返还额度支付日常公用经费为 2 000 元。该行政单位应编制的会计分录为：

（1）年末，确认财政应返还额度时。

在财务会计中：

借：财政应返还额度　　　　　　　　　　　　　　　　　　　13 000
　　贷：财政拨款收入　　　　　　　　　　　　　　　　　　　　13 000

同时，在预算会计中：

借：资金结存——财政应返还额度　　　　　　　　　　　　　13 000
　　贷：财政拨款预算收入　　　　　　　　　　　　　　　　　　13 000

（2）次年，经批准使用以前年度财政应返还额度时。

在财务会计中：

借：业务活动费用　　　　　　　　　　　　　　　　　　　　 2 000
　　贷：财政应返还额度　　　　　　　　　　　　　　　　　　　 2 000

同时，在预算会计中：

借：行政支出　　　　　　　　　　　　　　　　　　　　　　 2 000
　　贷：资金结存——财政应返还额度　　　　　　　　　　　　 2 000

这里需要指出的是，市县级财政国库集中支付结余不再按权责发生制列支，相关单位年末不再进行上述财务处理。

二、应收票据

（一）应收票据的概念、种类与核算科目的设置

应收票据是指事业单位因开展经营活动销售产品、提供有偿服务等收到的商业汇票。商业汇票是由出票人签发的、指定付款人在一定日期支付一定金额给收款人或持票人的票据。行政单位没有应收票据业务。

商业汇票按其承兑人不同，分为商业承兑汇票和银行承兑汇票。商业承兑汇票是由付款人承兑的汇票，它可以由收款人签发，也可以由付款人签发，但必须由付款人承兑；银行承兑汇票是由收款人或承兑申请人签发，并由承兑申请人向银行申请，银行审查同意承兑的票据。

为了核算应收票据业务，事业单位财务会计应设置"应收票据"总账科目。本科目应按开出、承兑商业汇票的单位等进行明细核算。本科目期末余额在借方，反映事业单位持有的商业汇票票面金额。

（二）应收票据的主要账务处理

1. 收到应收票据

因销售产品、提供服务等收到商业汇票，在财务会计中，按照商业汇票的票面金额，借记"应收票据"科目，按照确认的收入金额，贷记"经营收入"等科目；在预算会计中不做账务处理。涉及增值税业务的，相关账务处理参见"应交增值税"科目。

【例 2-16】　某事业单位（系小规模纳税人）所属非独立核算部门开展一项经营活动，内

容为对外销售一批日常体育用品给乙公司,产品已发出,发票上注明的价款为 2 000 元,应交增值税为 60 元。收到乙公司交来的一张银行承兑汇票,期限为 3 个月,面值为 2 060 元。该事业单位应编制的会计分录为:

在财务会计中:

借:应收票据——乙公司　　　　　　　　　　　　　　　　　　　　2 060
　　贷:经营收入　　　　　　　　　　　　　　　　　　　　　　　　　　　　2 000
　　　　应交增值税　　　　　　　　　　　　　　　　　　　　　　　　　　　　60

在预算会计中不做账务处理。

2. 应收票据贴现

事业单位持有的应收票据,在到期前可以用背书形式转让给银行。银行同意接受时,要预扣自贴现日至到期日的利息,将其余额即贴现净值支付给企业。这种利用票据向银行融资的做法,被称为应收票据贴现。

在贴现业务中,银行所预扣的利息,称贴现利息。银行计算贴现利息使用的利率,称贴现率。贴现单位从银行获得的票据到期额中扣除贴现利息后的货币资金被称为贴现所得净额。贴现所得净额的计算公式如下:

$$贴现期 = 票据期限 - 票据已持有期限$$
$$贴现息 = 票据到期价值 \times 银行贴现率 \times 贴现期$$
$$贴现所得净额 = 票据到期价值 - 贴现利息$$

按照中国人民银行《支付结算办法》的规定,贴现所得按票面金额扣除贴现日至汇票到期前一日的利息计算,承兑人在异地的,贴现期及贴现利息的计算应另加 3 天的划款时间。为便于计算,本书下面的举例未遵守该规定。

事业单位持有的未到期的商业汇票向银行贴现,在财务会计中,按照实际收到的金额(即票据到期值减去贴现利息后的净额),借记"银行存款(实际收到金额)"科目;按照贴现息,借记"经营费用(贴现息)"等科目;按照商业汇票的票面金额,贷记"应收票据(票面金额)"科目(无追索权)或"短期借款"科目(有追索权)。附追索权的商业汇票到期未发生追索事项的,按照商业汇票的票面金额,借记"短期借款"科目,贷记"应收票据"科目。在预算会计中,按照实际收到的金额,借记"资金结存"科目,贷记"经营预算收入"科目。

【例 2-17】 承[例 2-16],假定该体育事业单位持有该票据 1 个月后到银行贴现,贴现率 6%,则贴现息为 20.6 元(2 060×6%×2÷12),贴现所得净额为 2 039.4 元(2 060-20.6)。该事业单位应编制的会计分录为:

在财务会计中:

借:银行存款　　　　　　　　　　　　　　　　　　　　　　　　　　2 039.4
　　经营费用——贴现利息支出　　　　　　　　　　　　　　　　　　　　　20.6
　　贷:应收票据——乙公司　　　　　　　　　　　　　　　　　　　　　2 060.0

同时,在预算会计中:

借:资金结存——货币资金　　　　　　　　　　　　　　　　　　　　　2 039.4
　　贷:经营预算收入　　　　　　　　　　　　　　　　　　　　　　　　2 039.4

3. 应收票据背书转让

事业单位可以将自己持有的商业汇票背书转让,将汇票的权利转让给他人。背书是指在商业汇票背面或者在粘单上记载有关事项并签章的票据行为。背书人背书转让汇票后,即承担保证其后手所持汇票承兑和付款的责任。

将持有的商业汇票背书转让以取得所需物资时,在财务会计中,按照取得物资的成本,借记"库存物品"等科目;按照商业汇票的票面金额,贷记"应收票据"科目,如有差额,借记或贷记"银行存款"等科目。在预算会计中,按支付的差额,借记"经营支出"科目,贷记"资金结存"科目。涉及增值税业务的,相关账务处理参见"应交增值税"科目。

【例2-18】 承[例2-16],假定该体育事业单位于20×2年3月1日将持有的乙公司票据(到期日为20×2年6月1日)背书转让给丙公司以取得所需材料,该批材料的价款为2 060元,以现金支付材料运杂费40元。假定不考虑相关税费。该事业单位应编制的会计分录为:

在财务会计中:

借:库存物品　　　　　　　　　　　　　　　　　　　　　　　　2 100
　　贷:应收票据——乙公司　　　　　　　　　　　　　　　　　　　　2 060
　　　　库存现金　　　　　　　　　　　　　　　　　　　　　　　　　　40

同时,在预算会计中:

借:经营支出　　　　　　　　　　　　　　　　　　　　　　　　　　40
　　贷:资金结存——货币资金　　　　　　　　　　　　　　　　　　　　40

4. 应收票据到期

商业汇票到期时,应当分别以下情况处理:收回票款时,在财务会计中,按照实际收到的商业汇票票面金额,借记"银行存款"科目,贷记"应收票据"科目;在预算会计中,借记"资金结存"科目,贷记"经营预算收入"科目。因付款人无力支付票款,收到银行退回的商业承兑汇票、委托收款凭证、未付票款通知书或拒付款证明等,按照商业汇票的票面金额,在财务会计中,借记"应收账款"科目,贷记"应收票据"科目;在预算会计中不做账务处理。

【例2-19】 承[例2-16],假定3个月后票据到期,收回票款2 060元,款项存入银行。该事业单位应编制的会计分录为:

在财务会计中:

借:银行存款　　　　　　　　　　　　　　　　　　　　　　　　2 060
　　贷:应收票据——乙公司　　　　　　　　　　　　　　　　　　　　2 060

同时,在预算会计中:

借:资金结存——货币资金　　　　　　　　　　　　　　　　　　　2 060
　　贷:经营预算收入　　　　　　　　　　　　　　　　　　　　　　2 060

事业单位应当设置"应收票据备查簿",逐笔登记每一应收票据的种类、号数、出票日期、到期日、票面金额、交易合同号和付款人、承兑人、背书人姓名或单位名称、背书转让日、贴现日期、贴现率和贴现净额、收款日期、收回金额和退票情况等。应收票据到期结清票款或退票后,应当在备查簿内逐笔注销。

应收票据的主要账务处理可概括如表 2-4 所示。

表 2-4　　　　　　　　　　　应收票据的主要账务处理

业务事项和内容		财务会计	预算会计
收到商业汇票	销售产品、提供服务等收到商业汇票时	借：应收票据 　贷：经营收入等	—
商业汇票向银行贴现	持未到期的商业汇票向银行贴现	借：银行存款(贴现净额) 　　经营费用等(贴现利息) 　贷：应收票据(不附追索权)/ 　　　短期借款(附追索权)	借：资金结存——货币资金 　贷：经营预算收入等(贴现净额)
	附追索权的商业汇票到期未发生追索事项	借：短期借款 　贷：应收票据	
商业汇票背书转让	将持有的商业汇票背书转让以取得所需物资	借：库存物品等 　贷：应收票据 　　　银行存款(差额)	借：经营支出等(支付的金额) 　贷：资金结存——货币资金
商业汇票到期	商业汇票到期，收回应收票据	借：银行存款 　贷：应收票据	借：资金结存——货币资金 　贷：经营预算收入等
	商业汇票到期，付款人无力支付票款时	借：应收账款 　贷：应收票据	

三、应收账款

(一) 应收账款的概念与核算科目的设置

应收账款是指事业单位提供服务、销售产品等应收取的款项，以及单位因出租资产、出售物资等应收取的款项。应收账款分为收回后不需要上缴财政的应收账款(如事业单位提供服务、销售产品等应收取的款项)和收回后需要上缴财政的应收账款(如单位因出租资产、出售物资等应收取的款项)。单位应视应收账款收回后是否需要上缴财政进行不同的会计处理。对于事业单位收回后不需上缴财政的应收账款应当计提坏账准备，对于收回后需上缴财政的应收账款不计提坏账准备。目前，我国单位会计核算中，仅引入了坏账准备这一资产减值准备项目。除了对事业单位收回后不需上缴财政的应收账款和其他应收款计提坏账准备，对于其他资产均未要求计提减值准备。行政单位不需要计提坏账准备。

为了核算应收账款业务，单位应设置"应收账款"总账科目。本科目应当按照债务单位(或个人)进行明细核算。本科目期末借方余额，反映单位尚未收回的应收账款。事业单位还应当在财务会计中设置"坏账准备"科目，核算收回后不需上缴财政的应收账款和其他应收款提取的坏账准备。

(二) 事业单位收回后不需上缴财政的应收账款的日常核算与年末计提坏账准备

1. 日常核算

对于应收账款收回后不需上缴财政的，事业单位发生应收账款时，按照应收未收金额，借记"应收账款"科目，贷记"事业收入""经营收入""租金收入""其他收入"等科目。收回应收账款时，按照实际收到的金额，在财务会计中，借记"银行存款"等科目，贷记"应收账款"科目；同时，在预算会计中，借记"资金结存"科目，贷记"事业预算收入""经营预算收入"等科目。

【例2-20】 某事业单位开展一项非独立核算的经营活动,期末按规定计算应取得款项10 000元,内容为对外提供有偿服务,款项尚未收到。该事业单位应编制的会计分录为:

(1) 确认应收账款时。

在财务会计中:

借:应收账款　　　　　　　　　　　　　　　　　　　　　　　　10 000
　　贷:经营收入　　　　　　　　　　　　　　　　　　　　　　　　　10 000

在预算会计中不做账务处理。

(2) 收到该笔款项时。

在财务会计中:

借:银行存款　　　　　　　　　　　　　　　　　　　　　　　　10 000
　　贷:应收账款　　　　　　　　　　　　　　　　　　　　　　　　　10 000

同时,在预算会计中:

借:资金结存——货币资金　　　　　　　　　　　　　　　　　　10 000
　　贷:经营预算收入　　　　　　　　　　　　　　　　　　　　　　　10 000

2. 年末计提坏账准备

事业单位应当于每年年末,对收回后不需上缴财政的应收账款和其他应收款进行全面检查,分析其可收回性,对预计可能产生的坏账损失计提坏账准备。坏账准备是指事业单位对收回后不需上缴财政的应收账款预计产生坏账损失而提取的准备金。行政单位无此类业务。

为了核算坏账准备业务,事业单位财务会计应设置"坏账准备"总账科目。本科目应当分别应收账款和其他应收款进行明细核算。提取坏账准备时,借记"其他费用"科目,贷记"坏账准备"科目;冲减坏账准备时,借记"坏账准备"科目,贷记"其他费用"科目。对于账龄超过规定年限并确认无法收回的应收账款、其他应收款,应当按照有关规定报经批准后,按照无法收回的金额,借记"坏账准备"科目,贷记"应收账款""其他应收款"科目。已核销的应收账款、其他应收款在以后期间又收回的,按照实际收回金额,借记"应收账款""其他应收款"科目,贷记"坏账准备"科目;同时,借记"银行存款"等科目,贷记"应收账款""其他应收款"科目,并且在预算会计中,借记"资金结存——货币资金"科目,贷记"非财政拨款结余"科目。"坏账准备"科目期末贷方余额,反映事业单位提取的坏账准备金额。

事业单位可以采用应收款项余额百分比法、账龄分析法、个别认定法等方法计提坏账准备。坏账准备计提方法一经确定,不得随意变更。如需变更,应当按照规定报经批准,并在财务报表附注中予以说明。

当期应补提或冲减的坏账准备金额的计算公式如下:

$$\text{当期应补提或冲减的坏账准备} = \text{按照期末应收账款和其他应收款计算应计提的坏账准备金额} - \text{本科目期末贷方余额（或 + 本科目期末借方余额）}$$

1) 应收账款余额百分比法

应收账款余额百分比法是根据会计期末应收款项的余额和估计的坏账比率估计坏账损失,计提坏账准备的方法。这一方法是基于坏账的发生与应收账款余额之间存在相对稳定的比例关系,根据这个比例关系和当前应收账款的期末余额,估计本期可能发生的坏账损失,并据此提取坏账准备。

【例 2-21】 某事业单位对收回后不需上缴财政的应收账款按其期末余额的1‰提取坏账准备。20×1年年末收回后不需上缴财政的应收账款的余额为100 000元;20×2年2月5日,甲单位应收账款发生了坏账损失1 500元;20×2年年末应收账款为120 000元;20×3年5月8日,已冲销的上年应收账款1 500元又收回;20×3年年末应收账款1 300 000元。假定20×1年年末开始计提坏账准备。根据上述业务,有关账务处理如下所述。

(1) 20×1年12月31日,计提坏账准备1 000元(100 000×1‰)。

在财务会计中:

借:其他费用——计提的坏账准备 1 000
　　贷:坏账准备 1 000

在预算会计中不做账务处理。

(2) 20×2年2月5日,核销坏账1 500元。

在财务会计中:

借:坏账准备 1 500
　　贷:应收账款——甲单位 1 500

在预算会计中不做账务处理。

(3) 20×2年12月31日,计提坏账准备1 700元(120 000×1‰+500)。

在财务会计中:

借:其他费用——计提的坏账准备 1 700
　　贷:坏账准备 1 700

在预算会计中不做账务处理。

(4) 20×3年5月8日,收回上年已核销的应收账款1 500元。

在财务会计中:

借:应收账款——甲单位 1 500
　　贷:坏账准备 1 500

同时:

借:银行存款 1 500
　　贷:应收账款——甲单位 1 500

同时,在预算会计中:

借:资金结存——货币资金 1 500
　　贷:非财政拨款结余 1 500

(5) 20×3年12月31日,冲减坏账准备1 400元(130 000×1‰-2 700)。

在财务会计中:

借:坏账准备 1 400
　　贷:其他费用——计提的坏账准备 1 400

在预算会计中不做账务处理。

2）账龄分析法

账龄分析法是根据应收账款入账时间的长短来估计坏账损失的方法。虽然应收账款能否收回以及能收回多少，不一定完全取决于时间的长短，但一般来说，账款拖欠的时间越长，发生坏账的可能性就越大。

【例 2-22】 假定某事业单位20×2年12月31日收回后不需上缴财政的应收账款账龄及估计坏账损失如表2-5所示。

表 2-5　　　　收回后不需上缴财政的应收账款账龄及估计坏账损失表　　　金额单位：元

应收账款账龄	应收账款金额	估计损失	估计损失金额
6个月以内（含6个月）	90 000	5%	4 500
6个月至1年（含1年）	60 000	10%	6 000
1年至2年（含2年）	45 000	20%	9 000
2年至3年（含3年）	30 000	30%	9 000
3年以上	15 000	50%	7 500
合计	240 000		36 000

如表2-5所示，该单位20×2年12月31日"坏账准备"账户的账面金额应为36 000元，该单位需要根据前期"坏账准备"账户的账面余额，计算本期应计提的坏账准备金。

（1）假设调整前"坏账准备"账户的账面余额为贷方11 000元，则本期应计提的坏账准备金额为25 000元（36 000－11 000）。该事业单位应编制的会计分录为：

在财务会计中：

借：其他费用——计提的坏账准备　　　　　　　　　　　　　　　　　　　　25 000
　　贷：坏账准备　　　　　　　　　　　　　　　　　　　　　　　　　　　　　　25 000

在预算会计中不做账务处理。

（2）假设调整前"坏账准备"账户的账面余额为借方11 000元，则本期应计提的坏账准备金额为47 000元（36 000＋11 000）。该事业单位应编制的会计分录为：

在财务会计中：

借：其他费用——计提的坏账准备　　　　　　　　　　　　　　　　　　　　47 000
　　贷：坏账准备　　　　　　　　　　　　　　　　　　　　　　　　　　　　　　47 000

在预算会计中不做账务处理。

3）个别认定法

个别认定法是根据每一项应收款项的情况来估计坏账损失的方法。在采用余额百分比法、账龄分析法等方法的同时，如果某项应收款项的可收回性与其他各项应收款项存在明显的差别，导致该项应收款项如果按照与其他应收款项同样的方法计提坏账准备将无法真实地反映其可收回金额的，可对该项应收款项采用个别认定法计提坏账准备。在某一会计期末运用个别认定法的应收款项，应从用其他方法计提坏账准备的应收款项中剔除。

（三）行政事业单位收回后需要上缴财政的应收账款的日常核算与年末计价

1. 日常核算

对于应收账款收回后需上缴财政的，单位发生应收账款时，在财务会计中，按照应收未收金额,借记"应收账款"科目,贷记"应缴财政款"科目;收回应收账款时,按照实际收到的金额,借记"银行存款"等科目,贷记"应收账款"科目;将款项上缴财政时,借记"应缴财政款"科目,贷记"银行存款"科目。在预算会计中不做账务处理。

【例 2-23】 某行政单位经批准将将暂时闲置的某一房屋出租,每年租金为 105 000 元,年末收取。计算确认第一年的租金为 105 000 元,款项尚未收到。按规定款项收到后应上缴财政。此类业务预算会计不进行账务处理。该行政单位应编制的会计分录为:

(1) 确认租金时。

在财务会计中:

借:应收账款 105 000
    贷:应缴财政款 105 000

在预算会计中不做账务处理。

(2) 收到上述租金时。

在财务会计中:

借:银行存款 105 000
    贷:应收账款 105 000

在预算会计中不做账务处理。

2. 年末计价

单位应当于每年年末,对收回后应当上缴财政的应收账款进行全面检查。对于账龄超过规定年限、确认无法收回的应收账款,按照规定报经批准后予以核销。按照核销金额,借记"应缴财政款"科目,贷记"应收账款"科目。已核销的应收账款在以后期间又收回的,按照实际收回金额,借记"银行存款"等科目,贷记"应缴财政款"科目。

【例 2-24】 承[例 2-23],出租第 2 年,没有收到租金,并且由于各种原因,租赁合同取消,租金难以收回,出租资产收回。按规定报经批准后,第 2 年的应收租金为 105 000 元予以核销。根据以上经济业务,该行政单位应编制的会计分录为:

(1) 第 2 年年末确认应收未收租金时。

在财务会计中:

借:应收账款 105 000
    贷:应缴财政款 105 000

在预算会计中不做账务处理。

(2) 确认无法收回第 2 年的应收账款,报经批准核销应收账款时。

在财务会计中:

借:应缴财政款 105 000
    贷:应收账款 105 000

在预算会计中不做账务处理。

这里需要明确的是,仅事业单位收回后不需要上缴财政的应收账款年末计价时,如发生不能收回的迹象,应当计提坏账准备;对于单位收回后需要上缴财政的应收账款年末计价时,若确认无法收回,应按照规定报经批准后予以核销,不需要计提坏账准备。

应收账款的主要账务处理可概括如表 2-6 所示。

表 2-6　　　　　　　　　　　应收账款的主要账务处理

业务事项和内容		财务会计	预算会计
发生应收账款时	应收账款收回后不需上缴财政	借：应收账款 贷：事业收入/经营收入/其他收入	—
	应收账款收回后需上缴财政	借：应收账款 贷：应缴财政款	—
收回应收账款时	应收账款收回后不需上缴财政	借：银行存款等 贷：应收账款	借：资金结存——货币资金等 贷：事业预算收入/经营预算收入/其他预算收入等
	应收账款收回后需上缴财政	借：银行存款等 贷：应收账款	—
逾期无法收回应收账款	报批后予以核销	借：坏账准备/应缴财政款 贷：应收账款	—
	事业单位已核销不需上缴财政的应收账款在以后期间收回	借：应收账款 贷：坏账准备 借：银行存款等 贷：应收账款	借：资金结存——货币资金 贷：非财政拨款结余等
	单位已核销需上缴财政的应收账款在以后期间收回	借：银行存款等 贷：应缴财政款	—

四、应收股利

（一）应收股利的概念与核算科目的设置

应收股利是指事业单位因持有长期股权投资应当收取的现金股利或应当分得的利润。

为核算应收股利业务，事业单位应设置"应收股利"总账科目。该科目应当按照被投资单位等进行明细核算。本科目期末借方余额，反映事业单位应当收取但尚未收到的现金股利或利润。

（二）应收股利的主要账务处理

事业单位取得长期股权投资，在财务会计中，按照支付的价款中所包含的已宣告但尚未发放的现金股利，借记"应收股利"科目，按照确定的长期股权投资成本，借记"长期股权投资"科目；按照实际支付的金额，贷记"银行存款"等科目；在预算会计中，按照实际支付的金额，借记"投资支出"科目，贷记"资金结存"科目。收到取得投资时实际支付价款中所包含的已宣告但尚未发放的现金股利时，按照收到的金额，在财务会计中，借记"银行存款"科目，贷记"应收股利"科目；在预算会计中，借记"资金结存"科目，贷记"投资支出"科目。

在长期股权投资持有期间，被投资单位宣告发放现金股利或利润的，按照应享有的份额，借记"应收股利"科目，贷记"投资收益"（成本法下）或"长期股权投资"（权益法下）科目。实际收到现金股利或利润时，按照收到的金额，在财务会计中，借记"银行存款"等科目，贷记"应收股利"科目；同时，在预算会计中，借记"资金结存"科目，贷记"投资预算收益"科目。

【例 2-25】 某事业单位以货币资金对甲公司进行投资,拥有甲公司 60%的股权,有权决定甲公司的财务和经营政策,相应的长期股权投资采用权益法核算。某日,甲公司宣告发放现金股利 500 000 元,该事业单位应享有的份额为 300 000 元(500 000×60%)。次月,该事业单位收到甲公司发放的现金股利 300 000 元,款项已存入开户银行。该事业单位应编制的会计分录为:

(1) 甲公司宣告发放现金股利时。

在财务会计中:

借:应收股利　　　　　　　　　　　　　　　　　　　　　300 000
　　贷:长期股权投资　　　　　　　　　　　　　　　　　　　　300 000

在预算会计中不做账务处理。

(2) 收到甲公司发放的现金股利时。

在财务会计中:

借:银行存款　　　　　　　　　　　　　　　　　　　　　300 000
　　贷:应收股利　　　　　　　　　　　　　　　　　　　　　　300 000

同时,在预算会计中:

借:资金结存——货币资金　　　　　　　　　　　　　　　300 000
　　贷:投资预算收益　　　　　　　　　　　　　　　　　　　　300 000

五、应收利息

(一) 应收利息的概念与核算科目的设置

应收利息是指事业单位长期债券投资应当收取的利息。

为核算应收利息业务,事业单位应设置"应收利息"总账科目。事业单位购入的到期一次还本付息的长期债券投资持有期间的利息,应当通过"长期债券投资——应计利息"科目核算,不通过该科目核算。该科目应当按照被投资单位等进行明细核算。本科目期末借方余额,反映事业单位应收未收的长期债券投资利息。

(二) 应收利息的主要账务处理

事业单位取得长期债券投资,按照确定的投资成本,借记"长期债券投资"科目,按照支付的价款中包含的已到付息期但尚未领取的利息,借记"应收利息"科目;按照实际支付的金额,贷记"银行存款"等科目;在预算会计中,按照实际支付的金额,借记"投资支出"科目,贷记"资金结存"科目。收到取得投资时实际支付价款中所包含的已到付息期但尚未领取的利息时,按照收到的金额,在财务会计中,借记"银行存款"等科目,贷记"应收利息"科目;在预算会计中,借记"资金结存"科目,贷记"投资支出"科目。

按期计算确认长期债券投资利息收入时,对于分期付息、一次还本的长期债券投资,按照以票面金额和票面利率计算确定的应收未收利息金额,在财务会计中,借记"应收利息"科目,贷记"投资收益"科目。实际收到应收利息时,在财务会计中,按照收到的金额,借记"银行存款"等科目,贷记"应收利息"科目;同时,在预算会计中,借记"资金结存"科目,贷记"投资预算收益"科目。

【例2-26】 某事业单位持有一项长期债券投资。某月末,该事业单位按照债券票面金额和票面利率计算确定的应收未收利息金额为8 500元。次月初,该事业单位收到相应债券的利息收入8 500元,款项存入开户银行。该债券为分期付息、一次还本的债券。该事业单位应编制的会计分录为:

(1) 计算确定应收未收利息金额时。

在财务会计中:

借:应收利息　　　　　　　　　　　　　　　　　　　　　　　　　8 500
　　贷:投资收益　　　　　　　　　　　　　　　　　　　　　　　　　　8 500

在预算会计中不做账务处理。

(2) 收到债券利息收入时。

在财务会计中:

借:银行存款　　　　　　　　　　　　　　　　　　　　　　　　　8 500
　　贷:应收利息　　　　　　　　　　　　　　　　　　　　　　　　　　8 500

同时,在预算会计中:

借:资金结存——货币资金　　　　　　　　　　　　　　　　　　　8 500
　　贷:投资预算收益　　　　　　　　　　　　　　　　　　　　　　　　8 500

六、预付账款

(一) 预付账款的概念与核算科目的设置

预付账款是单位按照购货、服务合同或协议规定预付给供应单位(或个人)的款项,以及按照合同规定向承包工程的施工企业预付的备料款和工程款。单位依据合同规定支付的定金,也属于预付账款的内容范围。单位支付可以收回的订金,不属于预付账款的内容范围,而属于其他应收款的内容范围。预付账款应当在已支付款项且尚未收到物资或服务时确认。

为了核算预付账款业务,单位财务会计应设置"预付账款"总账科目。本科目应当按照供应单位(或个人)及具体项目进行明细核算;对于基本建设项目发生的预付账款,还应当在本科目所属基建项目明细科目下设置"预付备料款""预付工程款""其他预付款"等明细科目,进行明细核算。本科目期末借方余额,反映单位实际预付但尚未结算的款项。

(二) 预付账款的日常核算及年末计价

1. 日常核算

(1) 单位根据购货、服务合同或协议规定预付款项时,按照预付金额,在财务会计中,借记"预付账款"科目,贷记"财政拨款收入""财政应返还额度""银行存款"等科目;同时,在预算会计中,借记"行政支出""事业支出"等科目,贷记"财政拨款预算收入""资金结存"科目。

(2) 收到所购资产或服务时,在财务会计中,按照购入资产或服务的成本,借记"库存物品""固定资产""无形资产""业务活动费用"等相关科目,按照相关预付账款的账面余额,贷记"预付账款"科目,按照实际补付的金额,贷记"财政拨款收入""财政应返还额度""银行存款"等科目;同时,在预算会计中,按照实际补付的金额,借记"行政支出""事业支出"等科目,贷记"财政拨款预算收入""资金结存"科目。涉及增值税业务的,相关账务处理参见"应交增值税"科目。

(3) 根据工程进度结算工程价款及备料款时,在财务会计中,按照结算金额,借记"在建工程"科目,按照相关预付账款的账面余额,贷记"预付账款"科目,按照实际补付的金额,贷记"财政拨款收入""财政应返还额度""银行存款"等科目;同时,在预算会计中,按照实际补付的金额,借记"行政支出""事业支出"等科目,贷记"财政拨款预算收入""资金结存"科目。

(4) 发生预付账款退回的,按照实际退回金额,在财务会计中,借记"财政拨款收入""财政应返还额度""银行存款"等科目,贷记"预付账款"科目;同时,在预算会计中,借记"财政拨款预算收入""资金结存"等科目,贷记"行政支出""事业支出"等科目。

【例 2-27】 某行政单位通过财政集中支付方式支付一笔10 000元的款项,具体内容是向甲公司预付购入专用物资的款项。该单位应编制的会计分录为:

在财务会计中:

借:预付账款——甲公司　　　　　　　　　　　　　　　　　　　　　　　　10 000
　　贷:财政应返还额度　　　　　　　　　　　　　　　　　　　　　　　　　　10 000

同时,在预算会计中:

借:行政支出　　　　　　　　　　　　　　　　　　　　　　　　　　　　　10 000
　　贷:资金结存——财政应返还额度　　　　　　　　　　　　　　　　　　　10 000

【例 2-28】 承[例 2-27],若行政单位已收到专用物资,其成本为8 000元。该行政单位通过单位账户收到退回的当年发生的预付账款,金额为2 000元。该单位应编制的会计分录为:

(1) 专用物资验收入库时。

在财务会计中:

借:库存物品　　　　　　　　　　　　　　　　　　　　　　　　　　　　　8 000
　　贷:预付账款——甲公司　　　　　　　　　　　　　　　　　　　　　　　8 000

(2) 单位账户收到退回的当年支付的预付账款时。

在财务会计中:

借:财政应返还额度　　　　　　　　　　　　　　　　　　　　　　　　　　2 000
　　贷:预付账款——甲公司　　　　　　　　　　　　　　　　　　　　　　　2 000

同时,在预算会计中:

借:资金结存——财政应返还额度　　　　　　　　　　　　　　　　　　　　2 000
　　贷:行政支出　　　　　　　　　　　　　　　　　　　　　　　　　　　　2 000

2. 年末计价

单位应当于每年年末,对预付账款进行全面检查。如果有确凿证据表明预付账款不再符合预付款项性质,或者因供应单位破产、撤销等原因可能无法收到所购货物、服务的,应当先将其转入其他应收款,再按照规定进行处理。

预付账款的主要账务处理可概括如表2-7所示。

表 2-7　　　　　　　　　　　预付账款的主要账务处理

业务事项和内容		财务会计	预算会计
发生预付账款		借：预付账款 　贷：财政拨款收入/财政应返还额度/ 　　　银行存款等	借：行政支出/事业支出等 　贷：财政拨款预算收入/资金结存
收到所购物资或劳务，以及根据工程进度结算工程价款等		借：业务活动费用/库存物品/固定资产/ 　　在建工程等 　贷：预付账款 　　　财政应返还额度/财政拨款收入/ 　　　银行存款等（补付款项）	借：行政支出/事业支出等（补付款项） 　贷：财政拨款预算收入/资金结存
预付账款退回	当年预付账款退回	借：财政拨款收入/财政应返还额度/银 　　行存款等 　贷：预付账款	借：财政拨款预算收入/资金结存 　贷：行政支出/事业支出等
预付账款退回	以前年度预付账款退回	借：财政应返还额度/银行存款等 　贷：预付账款	借：资金结存 　贷：财政拨款结余——年初余额调 　　　整/财政拨款结转——年初余 　　　额调整
逾期无法收回的预付账款		借：其他应收款 　贷：预付账款	—

七、其他应收款

（一）其他应收款的概念与核算科目的设置

其他应收款是指单位除了财政应返还额度、应收票据、应收账款、预付账款、应收股利、应收利息的其他各项应收及暂付款项，如职工预借的差旅费、已经偿还银行尚未报销的本单位公务卡欠款、拨付给内部有关部门的备用金、应向职工收取的各种垫付款项、支付的可以收回的订金或押金、应收的上级补助和附属单位上缴款项等。

为核算其他应收款业务，单位财务会计应设置"其他应收款"科目。本科目应当按照其他应收款的类别以及债务单位（或个人）进行明细核算。本科目期末借方余额，反映单位尚未收回的其他应收款。

（二）其他应收款的日常核算

1. 备用金的日常核算

单位内部实行备用金制度的，有关部门使用备用金以后应当及时到财务部门报销并补足备用金。财务部门核定并发放备用金时，按照实际发放金额，在财务会计中，借记"其他应收款"科目，贷记"库存现金"等科目；预算会计中不做账务处理。根据报销金额用现金补足备用金定额时，在财务会计中，借记"业务活动费用""单位管理费用"等科目，贷记"库存现金"等科目；同时，在预算会计中，借记"行政支出""事业支出"等科目，贷记"资金结存"等科目。

【例 2-29】　某行政单位内部实行备用金制度，财务部门向单位内部相关业务和管理部门核定并发放备用金。年初财务部门核定办公室定额备用金 1 000 元，款项以库存现金支付。数日后，办公室到财务部门报销备用金 950 元，财务部门以现金补足定额备用金。该行政单位应编制的会计分录为：

（1）年初财务部门核定办公室定额备用金时。

在财务会计中：

借：其他应收款——备用金　　　　　　　　　　　　　　　　　　　　　1 000
　　贷：库存现金　　　　　　　　　　　　　　　　　　　　　　　　　　　　　1 000

在预算会计中不做账务处理。

（2）办公室到财务部门报销备用金时。

在财务会计中：

借：业务活动费用　　　　　　　　　　　　　　　　　　　　　　　　　　　950
　　贷：库存现金　　　　　　　　　　　　　　　　　　　　　　　　　　　　　950

同时，在预算会计中：

借：行政支出　　　　　　　　　　　　　　　　　　　　　　　　　　　　　950
　　贷：资金结存——货币资金　　　　　　　　　　　　　　　　　　　　　　　950

2. 单位公务卡报销的日常核算

偿还尚未报销的本单位公务卡欠款时，按照偿还的款项，在财务会计中，借记"其他应收款"科目，贷记"财政拨款收入""财政应返还额度""银行存款"等科目；预算会计中不做账务处理。持卡人报销时，按照报销金额，在财务会计中，借记"业务活动费用""单位管理费用"等科目，贷记"其他应收款"科目；在预算会计中，借记"行政支出""事业支出"等科目，贷记"财政拨款预算收入""资金结存"等科目。

【例2-30】某事业单位某日通过国库集中支付一笔13 500元的款项，具体内容是为尚未报销的单位公务卡偿还款项。数日后，公务卡持卡人持卡报销完毕。该事业单位应编制的会计分录为：

（1）通过国库集中支付未报销的单位公务卡款项时。

在财务会计中：

借：其他应收款　　　　　　　　　　　　　　　　　　　　　　　　　　3 500
　　贷：财政拨款收入　　　　　　　　　　　　　　　　　　　　　　　　　13 500

在预算会计中不做账务处理。

（2）公务卡持卡人报销时。

在财务会计中：

借：业务活动费用　　　　　　　　　　　　　　　　　　　　　　　　　13 500
　　贷：其他应收款　　　　　　　　　　　　　　　　　　　　　　　　　　13 500

同时，在预算会计中：

借：行政支出　　　　　　　　　　　　　　　　　　　　　　　　　　　13 500
　　贷：财政拨款预算收入　　　　　　　　　　　　　　　　　　　　　　　13 500

公务卡相关业务主要包括两种情况：一是向银行偿还公务卡欠款时公务卡持卡人还未报销。二是公务卡持卡人报销时还未向银行偿还公务卡欠款。本例属于第一种情况。

3. 其他各种应收及暂付款项日常核算

单位发生其他各种应收及暂付款项时，按照实际发生金额，在财务会计中，借记"其他应收款"科目，贷记"财政应返还额度""银行存款""库存现金""上级补助收入""附属单位上缴收入"等科目。涉及增值税业务的,相关账务处理参见"应交增值税"科目。收回其他各种应收及暂付款项时,按照收回的金额,在财务会计中,借记"库存现金""银行存款"等科目,贷记"其他应收款"科目;同时,在预算会计中,借记"资金结存"科目,贷记"上级补助预算收入""附属单位上缴预算收入""其他预算收入"等科目。

(三)其他应收款的年末计价

事业单位应当于每年年末,对其他应收款进行全面检查,如发生不能收回的迹象,应当计提坏账准备。对于账龄超过规定年限、确认无法收回的其他应收款,按照规定报经批准后予以核销。按照核销金额,在财务会计中,借记"坏账准备"科目,贷记"其他应收款"科目;在预算会计中不做账务处理。核销的其他应收款应当在备查簿中保留登记。已核销的其他应收款在以后期间又收回的,按照实际收回金额,在财务会计中,借记"其他应收款"科目,贷记"坏账准备"科目,同时,借记"银行存款"等科目,贷记"其他应收款"科目;在预算会计中,借记"资金结存"科目,贷记"其他预算收入"科目。其他应收款"坏账准备"的核算方法与应收账款"坏账准备"的核算方法相同。

行政单位应当于每年年末,对其他应收款进行全面检查。对于超过规定年限、确认无法收回的其他应收款,应当按照有关规定报经批准后予以核销。核销的其他应收款应在备查簿中保留登记。具体来说:经批准核销其他应收款时,按照核销金额,在财务会计中,借记"资产处置费用"科目,贷记"其他应收款"科目;在预算会计中不做账务处理。已核销的其他应收款在以后期间又收回的,按照收回金额,在财务会计中,借记"银行存款"等科目,贷记"其他收入"科目;同时,在预算会计中,借记"资金结存"科目,贷记"其他预算收入"科目。

其他应收款的主要账务处理可概括如表 2-8 所示。

表 2-8　　　　　　　　　其他应收款的主要账务处理

业务事项和内容		财务会计	预算会计
发生暂付款项(包括偿还未报销的公务卡款项)	暂付款项时	借:其他应收款 　贷:银行存款/库存现金/财政应返还额度	—
	报销时	借:业务活动费用/单位管理费用等(实报金额) 　贷:其他应收款	借:行政支出/事业支出等(实报金额) 　贷:资金结存
	收回暂付款项时	借:库存现金/银行存款等 　贷:其他应收款	—
发生其他各种应收款项	确认其他应收款时	借:其他应收款 　贷:上级补助收入/附属单位上缴收入等	—
	收到其他应收款项时	借:银行存款/库存现金等 　贷:其他应收款	借:资金结存——货币资金 　贷:上级补助预算收入/附属单位上缴预算收入/其他预算收入
拨付给内部有关部门的备用金	财务部门核定发放备用金时	借:其他应收款 　贷:库存现金	—
	用现金补足备用金定额时	借:业务活动费用/单位管理费用等 　贷:库存现金	借:行政支出/事业支出等 　贷:资金结存——货币资金

(续表)

业务事项和内容		财务会计		预算会计
逾期无法收回的其他应收款	经批准核销时	借：坏账准备（事业单位） 　　资产处置费用（行政单位） 　贷：其他应收款		—
	已核销的其他应收款在以后期间收回	事业单位： 借：其他应收款 　贷：坏账准备 借：银行存款等 　贷：其他应收款	行政单位： 借：银行存款等 　贷：其他收入	借：资金结存——货币资金 　贷：其他预算收入

八、待摊费用

(一) 待摊费用的概念与核算科目的设置

待摊费用是指单位已经支付，但应当由本期和以后各期分别负担的分摊期在1年以内（含1年）的各项费用，如预付航空保险费、预付租金等。

为了核算待摊费用业务，单位财务会计应设置"待摊费用"总账科目。本科目应当按照待摊费用种类进行明细核算。本科目期末借方余额，反映单位各种已支付但尚未摊销的分摊期在1年以内（含1年）的费用。摊销期限在1年以上的租入固定资产改良支出和其他费用，应当通过"长期待摊费用"科目核算，不通过本科目核算。

(二) 待摊费用的主要账务处理

单位发生待摊费用时，按照实际预付的金额，在财务会计中，借记"待摊费用"科目，贷记"财政拨款收入""财政应返还额度""银行存款"等科目；同时，在预算会计中，借记"行政支出""事业支出""经营支出"等科目，贷记"财政拨款预算收入""资金结存"等科目。按照受益期限分期平均摊销时，按照摊销金额，借记"业务活动费用""单位管理费用""经营费用"等科目，贷记"待摊费用"科目。如果某项待摊费用已经不能使单位受益，应当将其摊余金额一次全部转入当期费用。按照摊销金额，借记"业务活动费用""单位管理费用""经营费用"等科目，贷记"待摊费用"科目。

【例2-31】 某事业单位通过银行存款账户支付一笔待摊费用款项1 800元，具体内容为支付不独立核算经营单位的房屋租赁费，租期6个月。该事业单位应编制的会计分录为：

(1) 支付房屋租赁费时。

在财务会计中：

借：待摊费用——租赁费　　　　　　　　　　　　　　　　　　　1 800
　贷：银行存款　　　　　　　　　　　　　　　　　　　　　　　　1 800

同时，在预算会计中：

借：经营支出　　　　　　　　　　　　　　　　　　　　　　　　1 800
　贷：资金结存——货币资金　　　　　　　　　　　　　　　　　　1 800

(2) 每月摊销房屋租赁费时。

在财务会计中：

借：经营费用　　　　　　　　　　　　　　　　　　　　　　　　　　　　　300
　　贷：待摊费用——租赁费　　　　　　　　　　　　　　　　　　　　　　　300

在预算会计中不做账务处理。

第四节　存　　货

存货是指单位在开展业务活动及其他活动中为耗用或出售而储存的资产，如材料、产品、包装物和低值易耗品等，以及未达到固定资产标准的用具、装具、动植物等。

行政事业单位的存货按照经济内容或经济用途可分为在途物品、库存物品、加工物品等。

一、在途物品

（一）在途物品的概念与核算科目的设置

在途物品是指单位采购材料等物资时货款已付或已开出商业汇票但尚未验收入库的物品。

为了核算在途物品的采购成本，单位财务会计应设置"在途物品"总账科目。本科目可按照供应单位和物品种类进行明细核算。本科目期末借方余额，反映单位在途物品的采购成本。

（二）在途物品的主要账务处理

单位购入材料等物品时，在财务会计中，按照确定的物品采购成本的金额，借记"在途物品"科目，按照实际支付的金额，贷记"财政拨款收入""财政应返还额度""银行存款"等科目。在预算会计中，按实际支付的金额，借记"行政支出""事业支出"等科目，贷记"财政拨款预算收入""资金结存"等科目。涉及增值税业务的，相关账务处理参见"应交增值税"科目。所购材料等物品到达验收入库时，在财务会计中，按照确定的库存物品成本金额，借记"库存物品"科目，按照物品采购成本金额，贷记"在途物品"科目，按照使得入库物品达到目前场所和状态所发生的其他支出，贷记"银行存款"等科目。在预算会计中，按照上述入库物品达到目前场所和状态实际支付的其他支出，借记"其他支出"科目，贷记"资金结存"科目。

【例2-32】　某事业单位采购一批材料，货款3 500元通过银行存款账户支付，物品仍在途中未到达。数日后，该批材料到达并验收入库，确定的库存物品成本为采购成本3 500元。该事业单位应编制的会计分录为：

（1）购入材料时。

在财务会计中：

借：在途物资　　　　　　　　　　　　　　　　　　　　　　　　　　　3 500
　　贷：银行存款　　　　　　　　　　　　　　　　　　　　　　　　　　　3 500

同时，在预算会计中：

借：事业支出　　　　　　　　　　　　　　　　　　　　　　　　　　　3 500
　　贷：资金结存——货币资金　　　　　　　　　　　　　　　　　　　　　3 500

（2）材料到达并验收入库时。

在财务会计中：

借：库存物品 3 500
　　贷：在途物品 3 500

在预算会计中不做账务处理。

二、库存物品

(一) 库存物品的概念与核算科目的设置

库存物品是指单位在开展业务活动及其他活动中为耗用或出售而储存的各种材料、产品、包装物、低值易耗品，以及达不到固定资产标准的用具、装具、动植物等。

为了核算库存物品的成本，单位应设置"库存物品"总账科目。本科目应当按照库存物品的种类、规格、保管地点等进行明细核算。单位储存的低值易耗品、包装物较多的，可以在本科目(低值易耗品、包装物)下按照"在库""在用"和"摊销"等进行明细核算。

使用本科目应注意以下几点：一是已完成的测绘、地质勘察、设计成果等的成本，也通过本科目核算。二是单位随买随用的零星办公用品，可以在购进时直接列作费用，不通过本科目核算。三是单位控制的政府储备物资，应当通过"政府储备物资"科目核算，不通过本科目核算。四是单位受托存储保管的物资和受托转赠的物资，应当通过"受托代理资产"科目核算，不通过本科目核算。五是单位为在建工程购买和使用的材料物资，应当通过"工程物资"科目核算，不通过本科目核算。

(二) 取得库存物品

行政事业单位取得的库存物品，应当按取得时的成本入账。

1. 外购的库存物品

单位外购的库存物品已验收入库，在财务会计中，应按照确定的成本，借记"库存物品"科目，贷记"财政拨款收入""银行存款""应付账款"等科目。在预算会计中，按实际支付的金额，借记"行政支出""事业支出""经营支出"科目，贷记"财政拨款预算收入""资金结存"科目。涉及增值税业务的，相关账务处理参见"应交增值税"科目。

购入的存货，其成本包括购买价款、相关税费、运输费、装卸费、保险费，以及其他使得存货达到目前场所和状态所发生的支出。

【例 2-33】 某行政单位购入一批库存物品，其成本为 7 020 元，款项通过财政授权支付方式支付，库存物品已验收入库。该行政单位应编制的会计分录为：

在财务会计中：

借：库存物品 7 020
　　贷：财政应返还额度 7 020

同时，在预算会计中：

借：行政支出 7 020
　　贷：资金结存——财政应返还额度 7 020

2. 自制的库存物品

自制的库存物品加工完成并验收入库，按照确定的成本，在财务会计中，借记"库存物品"科目，贷记"加工物品——自制物品"科目。预算会计中不做账务处理。

自行加工的存货，其成本包括耗用的直接材料费用、发生的直接人工费用和按照一定方法分配的与存货加工有关的间接费用。

3. 接受捐赠的库存物品

接受捐赠的库存物品验收入库,在财务会计中,按照确定的成本,借记"库存物品"科目,按照发生的相关税费、运输费等,贷记"银行存款"等科目,按照其差额,贷记"捐赠收入"科目。在预算会计中,按照发生的相关税费、运输费等,借记"其他支出"科目,贷记"资金结存"科目。

接受捐赠的库存物品按照名义金额入账的,在财务会计中,按照名义金额,借记"库存物品"科目,贷记"捐赠收入"科目;同时,按照发生的相关税费、运输费等,借记"其他费用"科目,贷记"银行存款"等科目。在预算会计中,按照上述发生的相关税费、运输费等,借记"其他支出"科目,贷记"资金结存"科目。

接受捐赠的存货,其成本按照有关凭据注明的金额加上相关税费、运输费等确定;没有相关凭据可供取得,但按规定经过资产评估的,其成本按照评估价值加上相关税费、运输费等确定;没有相关凭据可供取得、也未经资产评估的,其成本比照同类或类似资产的市场价格加上相关税费、运输费等确定;没有相关凭据且未经资产评估、同类或类似资产的市场价格也无法可靠取得的,按照名义金额入账,相关税费、运输费等计入当期费用。

上述所称"凭据",包括发票、报关单、有关协议等。有确凿证据表明凭据上注明的金额高于受赠资产同类或类似资产的市场价格30%或达不到其70%的,则应当以同类或类似资产的市场价格确定成本。

上述所称"同类或类似资产的市场价格",一般指取得资产当日捐赠方自产物资的出厂价、所销售物资的销售价、非自产或销售物资在知名大型电商平台同类或类似商品价格等。如果存在政府指导价或政府定价的,应符合其规定。

这里关于"凭据"和"同类或类似资产的市场价格"的规定说明同样适用固定资产、无形资产、公共基础设施和政府储备物资的捐赠情况。

4. 无偿调入的库存物品

无偿调入的库存物品验收入库,在财务会计中,按照确定的成本,借记"库存物品"科目,按照发生的相关税费、运输费等,贷记"银行存款"等科目,按照其差额,贷记"无偿调拨净资产"科目。同时,在预算会计中,按照上述发生的相关税费、运输费等借记"其他支出"科目,贷记"资金结存"科目。

无偿调入的存货,其成本按照调出方账面价值加上相关税费、运输费等确定。

【例2-34】 某行政单位收到无偿调入救灾物资一批,相关发票单据注明材料买价2 000 000元、增值税260 000元。另通过银行存款支付运输费20 000元。则库存物品的成本为2 280 000元(2 000 000+260 000+20 000)。该行政单位应编制的会计分录为:

在财务会计中:

借:库存物品　　　　　　　　　　　　　　　　　　　　　　　　　　2 280 000
　　贷:银行存款　　　　　　　　　　　　　　　　　　　　　　　　　　20 000
　　　　无偿调拨净资产　　　　　　　　　　　　　　　　　　　　　2 260 000

同时,在预算会计中:

借:其他支出　　　　　　　　　　　　　　　　　　　　　　　　　　　20 000
　　贷:资金结存——货币资金　　　　　　　　　　　　　　　　　　　20 000

5. 置换换入的库存物品

置换换入的库存物品验收入库,在财务会计中,按照确定的成本,借记"库存物品"科目,按照换出资产的账面余额,贷记相关资产科目(换出资产为固定资产、无形资产的,还应当借记"固定资产累计折旧""无形资产累计摊销"科目),按照置换过程中发生的其他相关支出,贷记"银行存款"等科目,按照借贷方差额,借记"资产处置费用"科目或贷记"其他收入"科目。在预算会计中,按照上述发生的其他相关支出,借记"其他支出"科目,贷记"资金结存"科目。涉及补价的,分别以下情况处理:

(1)支付补价。支付补价的,在财务会计中,按照确定的成本,借记"库存物品"科目,按照换出资产的账面余额,贷记相关资产科目(换出资产为固定资产、无形资产的,还应当借记"固定资产累计折旧""无形资产累计摊销"科目),按照支付的补价和置换过程中发生的其他相关支出,贷记"银行存款"等科目,按照借贷方差额,借记"资产处置费用"科目或贷记"其他收入"科目。在预算会计中,按照上述支付的补价和置换过程中发生的其他相关支出,借记"其他支出"科目,贷记"资金结存"科目。

(2)收到补价。收到补价的,在财务会计中,按照确定的成本,借记"库存物品"科目,按照收到的补价,借记"银行存款"等科目,按照换出资产的账面余额,贷记相关资产科目(换出资产为固定资产、无形资产的,还应当借记"固定资产累计折旧""无形资产累计摊销"科目),按照置换过程中发生的其他相关支出,贷记"银行存款"等科目,按照补价扣减其他相关支出后的净收入,贷记"应缴财政款"科目,按照借贷方差额,借记"资产处置费用"科目或贷记"其他收入"科目。若置换过程中发生的其他相关支出大于收到的补价的,在预算会计中,按照两者的差额,借记"其他支出"科目,贷记"资金结存"科目。若置换过程中发生的其他相关支出小于收到的补价,预算会计中不做账务处理。

通过置换换入的存货,其成本按照换出资产的评估价值,加上支付的补价或减去收到的补价,加上为换入存货支付的其他支出(运输费等)确定。

【例2-35】 甲事业单位经批准以某项专用设备与乙事业单位交换一批库存物品。换出固定资产账面原值为1 000 000元,已计提折旧100 000元。该固定资产资产评估确认的价值800 000元,收到乙单位的补价50 000元。为换入库存物品发生的相关费用为10 000元。则换入库存物品的成本为760 000元(800 000+10 000-50 000)。资产处置费用为140 000元(1 050 000-910 000)甲事业单位应编制的会计分录为:

在财务会计中:

借:库存物品	760 000
银行存款	50 000
固定资产累计折旧	100 000
资产处置费用	140 000
贷:固定资产	1 000 000
银行存款	10 000
应缴财政款	40 000

在预算会计中不做账务处理。

上述甲事业单位收到的补价大于用货币资金支付的相关费用,资金净流入需上缴财政,在预算会计中无需反映；若收到的补价小于用货币资金支付的相关费用，在预算会计中应按两者的差额确认其他支出。

取得库存物品的主要账务处理可概括如表 2-9 所示。

表 2-9　　　　　　　　　　　取得库存物品的主要账务处理

业务事项和内容			财务会计	预算会计
外购的库存物品验收入库			借：库存物品 　贷：财政拨款收入/财政应返还额度/ 　　　银行存款/应付账款等	借：行政支出/事业支出/经营支出等 　贷：财政拨款预算收入/ 　　　资金结存
自制的库存物品加工完成、验收入库			借：库存物品——相关明细科目 　贷：加工物品——自制物品	—
委托外单位加工收回的库存物品			借：库存物品——相关明细科目 　贷：加工物品——委托加工物品	—
置换换入的库存物品	不涉及补价		借：库存物品（换出资产评估价值＋其他相关支出） 　　固定资产累计折旧/无形资产累计摊销 　　资产处置费用（借差） 　贷：库存物品/固定资产/无形资产等（账面余额） 　　　银行存款等（其他相关支出） 　　　其他收入（贷差）	借：其他支出（实际支付的其他相关支出） 　贷：资金结存
	涉及补价的	支付补价的	借：库存物品（换出资产评估价值＋其他相关支出＋补价） 　　固定资产累计折旧/无形资产累计摊销 　　资产处置费用（借差） 　贷：库存物品/固定资产/无形资产等（账面余额） 　　　银行存款等（其他相关支出＋补价） 　　　其他收入（贷差）	借：其他支出（实际支付的补价和其他相关支出） 　贷：资金结存
		收到补价的	借：库存物品（换出资产评估价值＋其他相关支出－补价） 　　银行存款等（补价） 　　固定资产累计折旧/无形资产累计摊销 　　资产处置费用（借差） 　贷：库存物品/固定资产/无形资产等（账面余额）/银行存款等（其他相关支出） 　　　应缴财政款（补价－其他相关支出） 　　　其他收入（贷差）	借：其他支出（其他相关支出大于收到的补价的差额） 　贷：资金结存
接受捐赠的库存物品			借：库存物品（按照确定的成本） 　贷：银行存款等（相关税费） 　　　捐赠收入	借：其他支出（实际支付的相关税费） 　贷：资金结存
无偿调入的库存物品			借：库存物品（按照确定的成本） 　贷：银行存款等（相关税费） 　　　无偿调拨净资产	借：其他支出（实际支付的相关税费） 　贷：资金结存
按照名义金额入账的接收捐赠、无偿调入的库存物品及发生的相关税费、运输费等			借：库存物品（名义金额） 　贷：捐赠收入（接受捐赠）/无偿调拨净资产（无偿调入） 借：其他费用 　贷：银行存款等	— 借：其他支出 　贷：资金结存

(三) 发出库存物品

根据《政府会计准则第1号——存货》的规定,存货发出时,应当根据实际情况采用先进先出法、加权平均法或者个别计价法确定发出存货的实际成本。计价方法一经确定,不得随意变更。对于性质和用途相似的存货,应当采用相同的成本计价方法确定发出存货的成本;对于不能替代使用的存货、为特定项目专门购入或加工的存货,通常采用个别计价法确定发出存货的成本。

1. 开展业务活动领用、自主出售发出或加工发出库存物品

单位开展业务活动等领用、按照规定自主出售发出或加工发出库存物品,按照领用、出售等发出物品的实际成本,在财务会计中,借记"业务活动费用""单位管理费用""经营费用""加工物品"等科目,贷记"库存物品"科目;在预算会计中不做账务处理。

【例2-36】 某行政单位的内部业务部门从存货仓库领用一批库存物品,用于开展日常业务活动,该批物品的实际成本为760元。该行政单位应编制的会计分录为:

在财务会计中:

借:业务活动费用　　　　　　　　　　　　　　　　　　　　　　　760
　　贷:库存物品　　　　　　　　　　　　　　　　　　　　　　　　　　760

在预算会计中不做账务处理。

【例2-37】 某事业单位为开展专业业务活动自主销售库存物品,销售的库存物品的账面余额为6 000元。银行账户收到销售价款7 800元,按规定销售收入纳入单位预算管理。该事业单位应编制的会计分录为:

在财务会计中:

借:业务活动费用　　　　　　　　　　　　　　　　　　　　　　6 000
　　贷:库存物品　　　　　　　　　　　　　　　　　　　　　　　　　6 000

借:银行存款　　　　　　　　　　　　　　　　　　　　　　　　7 800
　　贷:事业收入　　　　　　　　　　　　　　　　　　　　　　　　　7 800

同时,在预算会计中:

借:资金结存　　　　　　　　　　　　　　　　　　　　　　　　7 800
　　贷:事业预算收入　　　　　　　　　　　　　　　　　　　　　　　7 800

采用一次转销法摊销低值易耗品、包装物的,在首次领用时将其账面余额一次性摊销计入有关成本费用,借记有关科目,贷记"库存物品"科目。采用五五摊销法摊销低值易耗品、包装物的,首次领用时,将其账面余额的50%摊销计入有关成本费用,借记有关科目,贷记"库存物品"科目;使用完时,将剩余的账面余额转销计入有关成本费用,借记有关科目,贷记"库存物品"科目。

【例2-38】 某事业单位的后勤管理部门从存货仓库领用一批低值易耗品,用于日常后勤管理活动,该批低值易耗品的实际成本为2 000元,采用五五摊销法摊销其成本,即后勤管理部门领用低值易耗品摊销其成本的50%。该事业单位应编制的会计分录为:

在财务会计中:

借：单位管理费用　　　　　　　　　　　　　　　　　　　　　　　　　　　1 000
　　贷：库存物品——低值易耗品　　　　　　　　　　　　　　　　　　　　　　1 000

在预算会计中不做账务处理。

该批低值易耗品报废时，再摊销其成本的50%，其财务会计编制的会计分录同上。

2. 对外出售(不含可自主出售)发出的库存物品

经批准对外出售的库存物品(不含可自主出售的库存物品)发出时，在财务会计中，按照库存物品的账面余额，借记"资产处置费用"科目，贷记"库存物品"科目；同时，按照收到的价款，借记"银行存款"等科目，按照处置过程中发生的相关费用，贷记"银行存款"等科目，按照其差额，贷记"应缴财政款"科目。在预算会计中，按照上述处置过程中发生的相关费用，借记"其他支出"科目，贷记"资金结存"科目。

【例2-39】　某事业单位经批准对外出售一批库存物品，其账面价值为20 000元，出售价款为22 600元，款项已存入银行，并以银行存款支付相关费用200元。库存物品出售的净收入需要上缴财政。该事业单位应编制的会计分录为：

在财务会计中：

借：资产处置费用　　　　　　　　　　　　　　　　　　　　　　　　　　20 000
　　贷：库存物品　　　　　　　　　　　　　　　　　　　　　　　　　　　　20 000

借：银行存款　　　　　　　　　　　　　　　　　　　　　　　　　　　　22 600
　　贷：银行存款　　　　　　　　　　　　　　　　　　　　　　　　　　　　　200
　　　　应缴财政款　　　　　　　　　　　　　　　　　　　　　　　　　　22 400

同时，在预算会计中：

借：其他支出　　　　　　　　　　　　　　　　　　　　　　　　　　　　　200
　　贷：资金结存——货币资金　　　　　　　　　　　　　　　　　　　　　　　200

3. 对外捐赠发出的库存物品

经批准对外捐赠的库存物品发出时，在财务会计中，按照库存物品的账面余额和对外捐赠过程中发生的归属于捐出方的相关费用合计数，借记"资产处置费用"科目，按照库存物品账面余额，贷记"库存物品"科目，按照对外捐赠过程中发生的归属于捐出方的相关费用，贷记"银行存款"等科目。在预算会计中，按照上述发生的归属于捐出方的相关费用，借记"其他支出"科目，贷记"资金结存"科目。

【例2-40】　某事业单位经批准向希望小学捐赠了一批物资，该批物资账面余额为100 000元，捐赠过程中以银行存款支付了相关税费500元。该事业单位应编制的会计分录为：

在财务会计中：

借：资产处置费用　　　　　　　　　　　　　　　　　　　　　　　　　　100 500
　　贷：库存物品　　　　　　　　　　　　　　　　　　　　　　　　　　　100 000
　　　　银行存款　　　　　　　　　　　　　　　　　　　　　　　　　　　　　500

同时，在预算会计中：

借：其他支出　　　　　　　　　　　　　　　　　　　　　　　　　　　　　500
　　贷：资金结存——货币资金　　　　　　　　　　　　　　　　　　　　　　　500

4. 无偿调出发出的库存物品

经批准无偿调出的库存物品发出时,按照库存物品的账面余额,借记"无偿调拨净资产"科目,贷记"库存物品"科目;同时,按照无偿调出过程中发生的归属于调出方的相关费用,借记"资产处置费用"科目,贷记"银行存款"等科目。在预算会计中,按照上述发生的归属于调出方的相关费用,借记"其他支出"科目,贷记"资金结存"科目。

【例2-41】 某事业单位经批准向当地一所职业学校无偿调拨一批办公用品,该批办公用品的账面余额为150 000元,调出过程中以银行存款支付相关税费3 000元。该事业单位应编制的会计分录为:

在财务会计中:

借:无偿调拨净资产　　　　　　　　　　　　　　　　　　　　150 000
　　贷:库存物品　　　　　　　　　　　　　　　　　　　　　　　　　150 000

借:资产处置费用　　　　　　　　　　　　　　　　　　　　　　3 000
　　贷:银行存款　　　　　　　　　　　　　　　　　　　　　　　　　3 000

同时,在预算会计中:

借:其他支出　　　　　　　　　　　　　　　　　　　　　　　　3 000
　　贷:资金结存——货币资金　　　　　　　　　　　　　　　　　　3 000

此外,经批准置换换出的库存物品,参照"库存物品"科目有关置换换入库存物品的规定进行账务处理。

发出库存物品的主要账务处理可概括如表2-10所示。

表2-10　　　　　　　　　　　发出库存物品的主要账务处理

业务事项和内容	财务会计	预算会计
开展业务活动、按照规定自主出售或加工物品等领用、发出库存物品时	借:业务活动费用/单位管理费用/经营费用/加工物品等 　贷:库存物品(按照领用、发出成本)	—
经批准对外捐赠的库存物品发出时	借:资产处置费用 　贷:库存物品(账面余额) 　　银行存款(归属于捐出方的相关费用)	借:其他支出(实际支付的相关费用) 　贷:资金结存
经批准无偿调出的库存物品发出时	借:无偿调拨净资产 　贷:库存物品(账面余额) 借:资产处置费用 　贷:银行存款等(归属于调出方的相关费用)	借:其他支出(实际支付的相关费用) 　贷:资金结存
经批准对外出售(自主出售除外)的库存物品发出时	借:资产处置费用 　贷:库存物品(账面余额) 借:银行存款等(收到的价款) 　贷:银行存款等(发生的相关税费) 　　应缴财政款	借:其他支出(实际支付的相关费用) 　贷:资金结存
经批准置换换出库存物品	参照置换换入"库存物品"的处理	

（四）库存物品的清查盘点

行政事业单位应当定期对库存物品进行清查盘点，每年至少盘点一次。对于发生的库存物品盘盈、盘亏或者报废、毁损，应当先记入"待处理财产损溢"科目，按照规定报经批准后及时进行后续账务处理。

对盘盈的库存物品，其成本按照有关凭据注明的金额确定；没有相关凭据、但按照规定经过资产评估的，其成本按照评估价值确定；没有相关凭据、也未经过评估的，其成本按照重置成本确定。如无法采用上述方法确定盘盈的库存物品成本的，按照名义金额入账。盘盈的库存物品，按照确定的入账成本，借记"库存物品"科目，贷记"待处理财产损溢"科目。

盘亏或者毁损、报废的库存物品，按照待处理库存物品的账面余额，借记"待处理财产损溢"科目，贷记"库存物品"科目。属于增值税一般纳税人的单位，若因非正常原因导致的库存物品盘亏或毁损，还应当将与该库存物品相关的增值税进项税额转出，按照其增值税进项税额，借记"待处理财产损溢"科目，贷记"应交增值税——应交税金（进项税额转出）"科目。

三、加工物品

（一）加工物品的概念与核算科目的设置

加工物品是指单位自制或委托外单位加工的各种物品。

为了核算加工物品的实际成本，单位应设置"加工物品"总账科目。本科目应当设置"自制物品""委托加工物品"两个一级明细科目，并按照物品类别、品种、项目等设置明细账，进行明细核算。本科目"自制物品"一级明细科目下应当设置"直接材料""直接人工""其他直接费用"等二级明细科目归集自制物品发生的直接材料、直接人工（专门从事物品制造人员的人工费）等直接费用；对自制物品发生的间接费用，应当在本科目"自制物品"一级明细科目下单独设置"间接费用"二级明细科目予以归集；期末，再按照一定的分配标准和方法，分配计入有关物品的成本。

（二）加工物品的主要账务处理

1. 自制物品的主要账务处理

（1）为自制物品领用材料等，按照材料成本，在财务会计中，借记"加工物品"科目（自制物品——直接材料），贷记"库存物品"科目；在预算会计中不做账务处理。

（2）专门从事物品制造的人员发生的直接人工费用，按照实际发生的金额，在财务会计中，借记"加工物品"科目（自制物品——直接人工），贷记"应付职工薪酬"科目。

（3）为自制物品发生的其他直接费用，在财务会计中，按照实际发生的金额，借记"加工物品"科目（自制物品——其他直接费用），贷记"财政应返还额度""银行存款"等科目。在预算会计中，按实际支付的金额，借记"事业支出""经营支出"科目，贷记"资金结存"科目。

（4）为自制物品发生的间接费用，在财务会计中，按照实际发生的金额，借记"加工物品"科目（自制物品——间接费用），贷记"财政应返还额度""银行存款""应付职工薪酬""固定资产累计折旧""无形资产累计摊销"等科目。在预算会计中，按实际支付的金额，借记"事业支出""经营支出"科目，贷记"资金结存"科目。间接费用一般按照生产人员工资、生产人员工时、机器工时、耗用材料的数量或成本、直接费用（直接材料和直接人工）或产品产量等进行分配。单位可根据具体情况自行选择间接费用的分配方法。分配方法一经确定，不得随意变更。

(5) 已经制造完成并验收入库的物品,按照所发生的实际成本(包括耗用的直接材料费用、直接人工费用、其他直接费用和分配的间接费用),在财务会计中,借记"库存物品"科目,贷记"加工物品"科目(自制物品)。

【例 2-42】 某事业单位属于增值税一般纳税人。某月发生业务如下:

(1) 通过银行存款账户支付方式购入一批专用材料,增值税专用发票上载明的货款为 100 000 元,增值税额为 13 000 元,材料已验收入库。材料专门用于加工自制甲和乙两种物品。该事业单位应编制的会计分录为:

在财务会计中:

借:库存物品	100 000
应交增值税——应交税金(进项税额)	13 000
贷:银行存款	113 000

同时,在预算会计中:

借:经营支出	117 000
贷:资金结存——货币资金	117 000

(2) 从仓库领用专用材料共计 60 000 元。其中,甲物品耗用 25 000 元,乙物品耗用 35 000 元。该事业单位应编制的会计分录为:

在财务会计中:

借:加工物品——自制物品(甲)——直接材料	25 000
——自制物品(乙)——直接材料	35 000
贷:库存物品	60 000

在预算会计中不做账务处理。

(3) 生产部门从仓库领用其他直接材料 2 400 元。其中,甲物品耗用 1 000 元,乙物品耗用 1 400 元。该事业单位应编制的会计分录为:

在财务会计中:

借:加工物品——自制物品(甲)——其他直接材料	1 000
——自制物品(乙)——其他直接材料	1 400
贷:库存物品	2 400

在预算会计中不做账务处理。

(4) 根据工资结算单编制的工资费用分配表情况为:甲物品生产工人工资为 34 000 元,乙物品生产工人工资为 26 000 元。该事业单位应编制的会计分录为:

在财务会计中:

借:加工物品——自制物品(甲)——直接人工	34 000
——自制物品(乙)——直接人工	26 000
贷:应付职工薪酬	60 000

在预算会计中不做账务处理。

(5) 生产部门管理人员工资 10 000 元,银行存款支付水电费 2 000 元。该事业单位应编制的会计分录为:

在财务会计中：

借：加工物品——自制物品——间接费用 　　　　　　　　　　　　　12 000
　　贷：应付职工薪酬 　　　　　　　　　　　　　　　　　　　　　10 000
　　　　银行存款 　　　　　　　　　　　　　　　　　　　　　　　 2 000

同时，在预算会计中：

借：经营支出 　　　　　　　　　　　　　　　　　　　　　　　　　 2 000
　　贷：资金结存——货币资金 　　　　　　　　　　　　　　　　　　2 000

（6）管理人员工资及水电费按甲、乙物品耗用材料成本比例分配。该事业单位应编制的会计分录为：

在财务会计中：

借：加工物品——自制物品（甲）——间接费用 　　　　　　　　　　 5 000
　　　　　　　——自制物品（乙）——间接费用 　　　　　　　　　　 7 000
　　贷：加工物品——自制物品——间接费用 　　　　　　　　　　　　12 000

在预算会计中不做账务处理。

（7）甲、乙两种物品完成加工，验收入库，甲物品实际成本合计65 000元，乙物品实际成本合计69 400元。该事业单位应编制的会计分录为：

在财务会计中：

借：库存物品——自制物品（甲） 　　　　　　　　　　　　　　　　65 000
　　贷：加工物品——自制物品（甲）——直接材料 　　　　　　　　　25 000
　　　　　　　　　　　　　　　　　——其他直接材料 　　　　　　　 1 000
　　　　　　　　　　　　　　　　　——直接人工 　　　　　　　　　34 000
　　　　　　　　　　　　　　　　　——间接费用 　　　　　　　　　 5 000

借：库存物品——自制物品（乙） 　　　　　　　　　　　　　　　　69 400
　　贷：加工物品——自制物品（乙）——直接材料 　　　　　　　　　35 000
　　　　　　　　　　　　　　　　　——其他直接材料 　　　　　　　 1 400
　　　　　　　　　　　　　　　　　——直接人工 　　　　　　　　　26 000
　　　　　　　　　　　　　　　　　——间接费用 　　　　　　　　　 7 000

在预算会计中不做账务处理。

（8）月末，通过银行存款账户支付薪酬70 000元。该事业单位应编制的会计分录为：

在财务会计中：

借：应付职工薪酬 　　　　　　　　　　　　　　　　　　　　　　　70 000
　　贷：银行存款 　　　　　　　　　　　　　　　　　　　　　　　 70 000

同时，在预算会计中：

借：经营支出 　　　　　　　　　　　　　　　　　　　　　　　　　70 000
　　贷：资金结存——货币资金 　　　　　　　　　　　　　　　　　 70 000

2. 委托加工物品的主要账务处理

发给外单位加工的材料等，在财务会计中，按照其实际成本，借记"加工物品"科目（委托加工物品),贷记"库存物品"科目;在预算会计中不做账务处理。支付加工费、运输费等费用,按照实际支付的金额,在财务会计中,借记"加工物品"科目(委托加工物品),贷记"财政应返还额度""银行存款"等科目;在预算会计中,借记"事业支出""经营支出"科目,贷记"资金结存"科目。涉及增值税业务的,相关账务处理参见"应交增值税"科目。委托加工完成的材料等验收入库,按照加工前发出材料的成本和加工、运输成本等,在财务会计中,借记"库存物品"等科目,贷记"加工物品"科目(委托加工物品);在预算会计中不做账务处理。

委托加工的存货,其成本包括委托加工前存货成本、委托加工的成本(如委托加工费以及按规定应计入委托加工存货成本的相关税费等),以及使存货达到目前场所和状态所发生的归属于存货成本的其他支出。

【例 2-43】 某行政单位委托外单位加工专用材料成本 20 000 元,通过单位财政集中支付加工费用 8 000 元及材料往返运输费 2 000 元。委托加工材料加工完毕验收入库。该行政单位应编制的会计分录为:

(1) 发出加工的材料时。

在财务会计中:

借:加工物品——委托加工物品　　　　　　　　　　　　　　　　　　　　20 000
　　贷:库存物品　　　　　　　　　　　　　　　　　　　　　　　　　　　　20 000

在预算会计中不做账务处理。

(2) 支付委托加工费、运输费时。

在财务会计中:

借:加工物品——委托加工物品　　　　　　　　　　　　　　　　　　　　10 000
　　贷:财政应返还额度　　　　　　　　　　　　　　　　　　　　　　　　10 000

同时,在预算会计中:

借:行政支出　　　　　　　　　　　　　　　　　　　　　　　　　　　　10 000
　　贷:资金结存——财政应返还额度　　　　　　　　　　　　　　　　　10 000

(3) 委托加工材料验收入库时。

在财务会计中:

借:库存物品　　　　　　　　　　　　　　　　　　　　　　　　　　　　30 000
　　贷:加工物品——委托加工物品　　　　　　　　　　　　　　　　　　30 000

在预算会计中不做账务处理。

加工物品的主要账务处理可概括如表 2-11 所示。

表 2-11　　　　　　　　　　　　加工物品的主要账务处理

业务事项和内容		财务会计	预算会计
自制物品	为自制物品领用材料时	借:加工物品——自制物品(直接材料) 　贷:库存物品(相关明细科目)	—
	专门从事物资制造的人员发生的直接人工费用	借:加工物品——自制物品(直接人工) 　贷:应付职工薪酬	—

(续表)

业务事项和内容		财务会计	预算会计
自制物品	为自制物品发生其他直接费用和间接费用	借：加工物品——自制物品（其他直接费用、间接费用） 贷：财政拨款收入/财政应返还额度/银行存款等	借：事业支出/经营支出等（实际支付金额） 贷：财政拨款预算收入/资金结存
	自制加工完成、验收入库	借：库存物品（相关明细科目） 贷：加工物品——自制物品（直接材料、直接人工、其他直接费用、间接费用）	—
委托加工物品	发给外单位加工的材料	借：加工物品——委托加工物品 贷：库存物品（相关明细科目）	
	支付加工费用	借：加工物品——委托加工物品 贷：财政拨款收入/财政应返还额度/银行存款等	借：行政支出/事业支出/经营支出等 贷：财政拨款预算收入/资金结存
	委托加工完成的物品验收入库	借：库存物品（相关明细科目） 贷：加工物品——委托加工物品	—

第五节 长期投资

长期投资是指事业单位取得的短期投资以外的债权和股权性质的投资。按长期投资性质不同，长期投资分为长期股权投资和长期债券投资。行政单位没有长期投资。

一、长期股权投资

（一）长期股权投资的概念与核算科目的设置

长期股权投资是指事业单位按照规定取得的，持有时间超过1年（不含1年）的股权性质的投资。根据现行《事业单位财务规则》的规定，事业单位不得使用财政拨款及其结余进行对外投资，不得从事股票、期货、基金、企业债券等投资，国家另有规定的除外。可见，事业单位的长期股权投资一般是指直接投资。

为了核算长期股权投资业务，事业单位财务会计应设置"长期股权投资"总账科目。本科目应当按照被投资单位和长期股权投资取得方式等进行明细核算。长期股权投资采用权益法核算的，还应当按照"成本""损益调整""其他权益变动"设置明细科目，进行明细核算。本科目期末借方余额，反映事业单位持有的长期股权投资的价值。

（二）取得长期股权投资

长期股权投资在取得时，应当按照其实际成本作为初始投资成本。

1. 以现金取得的长期股权投资

以现金取得长期股权投资时，在财务会计中，按照确定的投资成本，借记"长期股权投资"科目或"长期股权投资"科目（成本），按照支付的价款中包含的已宣告但尚未发放的现金股利，借记"应收股利"科目，按照实际支付的全部价款，贷记"银行存款"等科目；在预算会计中，按实际支付的价款，借记"投资支出"科目，贷记"资金结存"科目。实际收到取得投资时所支付价款中包含的已宣告但尚未发放的现金股利时,在财务会计中,借记"银行存款"科目,贷记"应收股利"科目;在预算会计中,借记"资金结存"科目,贷记"投资支出"科目。

【例2-44】 某事业单位通过银行存款账户支付一笔款项200 000元,具体内容为对甲单位进行长期股权投资,取得甲单位2%的股权。该事业单位应编制的会计分录为:

在财务会计中:

借:长期股权投资——甲单位(成本)　　　　　　　　　　200 000
　　贷:银行存款　　　　　　　　　　　　　　　　　　　　　　　200 000

同时,在预算会计中:

借:投资支出　　　　　　　　　　　　　　　　　　　　　200 000
　　贷:资金结存——货币资金　　　　　　　　　　　　　　　　200 000

2. 以现金以外的其他资产置换取得的长期股权投资

以现金以外的其他资产置换取得的长期股权投资,参照"库存物品"科目中置换取得库存物品的相关规定进行账务处理。

【例2-45】 某事业单位以一项固定资产对外投资。该项固定资产的评估价值为150 000元,该项固定资产的账面余额为155 000元,已计提累计折旧为45 000元,账面价值为110 000元(155 000-45 000)。在该项固定资产置换业务中实现其他收入40 000元(150 000-110 000)。该事业单位应编制的会计分录为:

在财务会计中:

借:长期股权投资——成本　　　　　　　　　　　　　　150 000
　　固定资产累计折旧　　　　　　　　　　　　　　　　 45 000
　　贷:固定资产　　　　　　　　　　　　　　　　　　　　　　155 000
　　　　其他收入　　　　　　　　　　　　　　　　　　　　　　 40 000

在预算会计中不做账务处理。

3. 以未入账的无形资产取得的长期股权投资

以未入账的无形资产取得的长期股权投资,在财务会计中,按照评估价值加相关税费作为投资成本,借记"长期股权投资"科目,按照发生的相关税费,贷记"银行存款""其他应交税费"等科目,按其差额,贷记"其他收入"科目。在预算会计中,按实际支付的相关税费,借记"其他支出"科目,贷记"资金结存"科目。

4. 接受捐赠的长期股权投资

接受捐赠的长期股权投资,在财务会计中,按照确定的投资成本,借记"长期股权投资"科目或"长期股权投资"科目(成本),按照发生的相关税费,贷记"银行存款"等科目,按照其差额,贷记"捐赠收入"科目。在预算会计中,按实际支付的相关税费,借记"其他支出"科目,贷记"资金结存"科目。

5. 无偿调入的长期股权投资

无偿调入的长期股权投资,在财务会计中,按照确定的投资成本,借记"长期股权投资"科目或"长期股权投资"科目(成本),按照发生的相关税费,贷记"银行存款"等科目,按其差额,贷记"无偿调拨净资产"科目。在预算会计中,按实际支付的相关税费,借记"其他支出"科目,贷记"资金结存"科目。

取得长期股权投资的主要账务处理可概括如表 2-12 所示。

表 2-12　　　　　　　　　取得长期股权投资的主要账务处理

业务事项和内容	财务会计	预算会计
以现金取得长期股权投资时	借：长期股权投资——成本/长期股权投资 　　应收股利(实际支付价款中包含的已宣 　　　告但尚未发放的股利或利润) 　贷：银行存款等(实际支付的价款)	借：投资支出(实际支付的价款) 　贷：资金结存——货币资金
收到取得投资时实际支付价款中所包含的已宣告但尚未发放的股利或利润时	借：银行存款 　贷：应收股利	借：资金结存——货币资金 　贷：投资支出等
以现金以外的其他资产置换取得长期股权投资时	参照"库存物品"科目中置换取得库存物品的账务处理	
以未入账的无形资产取得长期股权投资时	借：长期股权投资 　贷：银行存款/其他应交税费 　　　其他收入	借：其他支出(支付的相关税费) 　贷：资金结存
接受捐赠的长期股权投资	借：长期股权投资——成本/长期股权投资 　贷：银行存款等(相关税费) 　　　捐赠收入	借：其他支出(支付的相关税费) 　贷：资金结存
无偿调入的长期股权投资	借：长期股权投资 　贷：无偿调拨净资产 　　　银行存款等(相关税费)	借：其他支出(支付的相关税费) 　贷：资金结存

(二) 长期股权投资持有期间的计量

长期股权投资持有期间的计量通常采用成本法或权益法。事业单位在持有长期股权投资期间,通常应当采用权益法进行计量。但是,如果事业单位无权决定被投资单位的财务和经营政策或无权参与被投资单位的财务和经营政策决策的,应当采用成本法进行计量。

1. 成本法

在成本法下,若事业单位按规定将长期股权投资持有期间取得的投资收益纳入本单位预算管理,被投资单位宣告发放现金股利或利润时,在财务会计中,按照应收的金额,借记"应收股利"科目,贷记"投资收益"科目;在预算会计中不做账务处理。收到现金股利或利润时,按照实际收到的金额,在财务会计中,借记"银行存款"等科目,贷记"应收股利"科目;在预算会计中,借记"资金结存"科目,贷记"投资预算收益"科目。

【例 2-46】 承[例 2-44],假定事业单位对甲单位的长期股权投资采用成本法核算。甲单位经营获利,宣告向投资者分配利润 2 500 000 元。该事业单位应收利润为 50 000 元 (2 500 000×2%)。该事业单位应编制的会计分录为:

(1) 甲单位宣告分发利润时。

在财务会计中:

借：应收股利　　　　　　　　　　　　　　　　　　　　　　　　　　　50 000
　贷：投资收益　　　　　　　　　　　　　　　　　　　　　　　　　　　50 000

在预算会计中不做账务处理。

(2) 实际收到应收利润时。

在财务会计中：

借：银行存款　　　　　　　　　　　　　　　　　　　　　　　　　　　50 000
　　贷：应收股利　　　　　　　　　　　　　　　　　　　　　　　　　　50 000

同时，在预算会计中：

借：资金结存——货币资金　　　　　　　　　　　　　　　　　　　　　50 000
　　贷：投资预算收益　　　　　　　　　　　　　　　　　　　　　　　　50 000

若事业单位按规定将长期股权投资持有期间取得的投资收益上缴本级财政的，在成本法核算下，在财务会计中，被投资单位宣告发放现金股利或利润时，事业单位按照应收的金额，借记"应收股利"科目，贷记"投资收益"科目；收到现金股利或利润时，借记"银行存款"等科目，贷记"应缴财政款"科目，同时按照此前确定的应收股利金额，借记"投资收益"科目或"累计盈余"科目（此前确认的投资收益已经结转的），贷记"应收股利"科目；将取得的现金股利或利润上缴财政时，借记"应缴财政款"科目，贷记"银行存款"等科目。在预算会计中不做账务处理。

【例 2-47】 承[例 2-46]，假定根据有关规定，该项长期股权投资取得的投资收益需上缴财政，并按期将现金股利上缴财政。该事业单位应编制的会计分录为：

(1) 甲单位宣告分发利润时。

在财务会计中：

借：应收股利　　　　　　　　　　　　　　　　　　　　　　　　　　　50 000
　　贷：投资收益　　　　　　　　　　　　　　　　　　　　　　　　　　50 000

(2) 实际收到现金利润时。

在财务会计中：

借：银行存款　　　　　　　　　　　　　　　　　　　　　　　　　　　50 000
　　贷：应缴财政款　　　　　　　　　　　　　　　　　　　　　　　　　50 000

借：投资收益　　　　　　　　　　　　　　　　　　　　　　　　　　　50 000
　　贷：应收股利　　　　　　　　　　　　　　　　　　　　　　　　　　50 000

(3) 上缴财政时。

在财务会计中：

借：应缴财政款　　　　　　　　　　　　　　　　　　　　　　　　　　50 000
　　贷：银行存款　　　　　　　　　　　　　　　　　　　　　　　　　　50 000

由于该部分收益上缴财政，因此在预算会计中不做账务处理。

2. 权益法

在权益法下，若事业单位按规定将长期股权投资持有期间取得的投资收益纳入本单位预算管理，被投资单位实现净利润的，在财务会计中，按照应享有的份额，借记"长期股权投资"科目（损益调整），贷记"投资收益"科目；被投资单位发生净亏损的，按照应分担的份额，借记"投资收益"科目，贷记"长期股权投资"科目（损益调整），但以"长期股权投资"科目的账面余额减记至0为限;发生亏损的被投资单位以后年度又实现净利润的,按照收益分享额弥补未确认的亏损分担额等后的金额,借记"长期股权投资"科目(损益调整),贷记"投资收益"科目。在预算会计中不做账务处理。

被投资单位宣告分派现金股利或利润的,按照应享有的份额,借记"应收股利"科目,贷记"长期股权投资"科目(损益调整)。收到被投资单位发放的现金股利时,在财务会计中,借记"银行存款"科目,贷记"应收股利"科目;在预算会计中,借记"资金结存"科目,贷记"投资预算收益"科目。

被投资单位发生的净损益和利润分配以外的所有者权益变动的,按照应享有或应分担的份额,在财务会计中,借记或贷记"权益法调整"科目,贷记或借记"长期股权投资"科目(其他权益变动);在预算会计中不做账务处理。

【例2-48】 甲事业单位经批准与乙企业共同成立丙有限责任公司(以下简称丙公司,假定丙公司的注册资本为500万元)。20×0年1月1日,甲事业单位以银行存款100万元出资,占丙公司20%的股权,对丙公司的财务和经营决策具有重大影响。20×0年,丙公司全年实现净利润55万元。20×1年2月,宣告分派现金股利35万元,于5月派发。20×1年,丙公司全年净亏损600万元。20×2年,丙公司全年实现净利润850万元。20×3年1月,丙公司接受捐赠100万元,该捐赠实质上属于资本性投资。20×3年2月,丙公司宣告分派现金股利150万元。根据上述资料,甲事业单位应编制的会计分录为:

(1) 20×0年1月1日投资时。

在财务会计中:

借:长期股权投资——丙公司(投资成本)   1 000 000
    贷:银行存款   1 000 000

同时,在预算会计中:

借:投资支出   1 000 000
    贷:资金结存——货币资金   1 000 000

(2) 20×0年12月31日确认投资收益时。

在财务会计中:

借:长期股权投资——丙公司(损益调整)(55×20%)   110 000
    贷:投资收益   110 000

在预算会计中不做账务处理。

20×0年年末,"长期股权投资——丙公司"科目的账面余额为111(100+11)万元。

(3) 20×1年2月,确认应分派现金股利7万元(35×20%)时。

在财务会计中:

借:应收股利——丙公司   70 000
    贷:长期股权投资——丙公司(损益调整)   70 000

在预算会计中不做账务处理。

宣告分派股利后,甲事业单位"长期股权投资——丙公司"科目的账面余额为104万元(111-7)。

(4) 20×1年5月,实际分派股利时。

在财务会计中:

借:银行存款 70 000
　　贷:应收股利——丙公司 70 000

同时,在预算会计中:

借:资金结存——货币资金 70 000
　　贷:投资预算收益 70 000

(5) 20×1年12月31日,甲事业单位承担的亏损为120万元(600×20%),而"长期股权投资——丙公司"账面余额为104万元。通常情况下,长期股权投资的账面余额减记至0为限,则备查登记中应当记录尚未减记金额-16万元(104-120)。

在财务会计中:

借:投资收益 1 040 000
　　贷:长期股权投资——丙公司(损益调整) 1 040 000

在预算会计中不做账务处理。

20×1年12月31日,甲事业单位"长期股权投资——丙公司"科目的账面余额为0。

(6) 20×2年12月31日,事业单位享有的收益为170万元(850×20%),故可恢复"长期股权投资——丙公司(损益调整)"科目账面价值154万元(170-16)。

在财务会计中:

借:长期股权投资——丙公司(损益调整) 1 540 000
　　贷:投资收益——股权投资收益 1 540 000

在预算会计中不做账务处理。

20×2年12月31日,年末"长期股权投资——丙公司"科目账面余额为154万元。

(7) 20×3年1月,被投资单位发生除净损益和利润分配以外的所有者权益变动的金额为100万元,该事业单位按照应享有的份额调整"长期股权投资——丙公司"科目账面价值20万元(100×20%)。

在财务会计中:

借:长期股权投资——丙公司(其他权益变动) 200 000
　　贷:权益法调整 200 000

在预算会计中不做账务处理。

(8) 20×3年2月,丙公司宣告分派现金股利150万元时。

在财务会计中:

借:应收股利——丙公司(150×20%) 300 000
　　贷:长期股权投资——丙公司(损益调整) 300 000

在预算会计中不做账务处理。

此时,甲事业单位"长期股权投资——丙公司"账面余额为144万元(154+20-30),其中,投资成本100万元,损益调整24万元,其他权益变动20万元。

若事业单位按规定需将长期股权投资持有期间取得的投资收益上缴本级财政的,在权益法下:在财务会计中,被投资单位实现净利润的,按照应享有的份额,借记"长期股权投资——损益调整"科目,贷记"投资收益"科目;被投资单位宣告发放现金股利或利润时,单位按照应享有的份额,借记"应收股利"科目,贷记"长期股权投资——损益调整"科目;收到现金股利或利润时,借记"银行存款"等科目,贷记"应缴财政款"科目,同时按照此前确定的应收股利金额,借记"投资收益"科目或"累计盈余"科目(此前确认的投资收益已经结转的),贷记"应收股利"科目;将取得的现金股利或利润上缴财政时,借记"应缴财政款"科目,贷记"银行存款"等科目。在预算会计中不做账务处理。

【**例 2-49**】 20×2 年 1 月,某事业单位取得一项长期股权投资,持有被投资单位 60% 的股权,采用权益法核算。年末,被投资单位实现净利润 500 万元。20×3 年 3 月,被投资单位宣告发放现金股利 200 万元;4 月收到现金股利。根据有关规定,该项长期股权投资取得的投资收益需上缴财政,5 月单位将该笔现金股利上缴财政。该事业单位应编制的会计分录为:

(1) 20×2 年年末,被投资单位实现净利润。

在财务会计中:

借:长期股权投资——损益调整 3 000 000
　　贷:投资收益 3 000 000

(2) 20×3 年 3 月,宣告发放现金股利。

在财务会计中:

借:应收股利 600 000
　　贷:长期股权投资——损益调整 600 000

(3) 20×3 年 4 月,收到现金股利。

在财务会计中:

借:银行存款 1 200 000
　　贷:应缴财政款 1 200 000

借:累计盈余 1 200 000
　　贷:应收股利 1 200 000

(4) 20×3 年 5 月,上缴财政。

在财务会计中:

借:应缴财政款 1 200 000
　　贷:银行存款 1 200 000

由于投资收益上缴财政,在预算会计中不做账务处理。

3. 成本法与权益法的转换

单位因处置部分长期股权投资等原因而对处置后的剩余股权投资由权益法改按成本法核算的,应当按照权益法下"长期股权投资"科目账面余额作为成本法下"长期股权投资"科目账面余额(成本)。被投资单位宣告分派现金股利或利润时,属于单位已计入投资账面余额的部分,按照应分得的现金股利或利润份额,借记"应收股利"科目,贷记"长期股权投资"科目。

单位因追加投资等原因对长期股权投资的核算从成本法改为权益法的,在财务会计中,应当按照成本法下"长期股权投资"科目账面余额与追加投资成本的合计金额,借记"长期股权投资"科目(成本);按照成本法下"长期股权投资"科目账面余额,贷记"长期股权投资"科目;按照追加投资的成本,贷记"银行存款"等科目。在预算会计中,按追加投资实际支付的金额,借记"投资支出"科目,贷记"资金结存"科目。

【例 2-50】 某事业单位以银行存款 500 000 元对 B 公司进行长期股权投资,并占有 40%的股份,有权参与 B 公司的财务和经营政策,相应的长期股权投资采用权益法核算。①某日,该事业单位经批准转让持有的 B 公司 20%的股份,获得转让收入 300 000 元,款项已存入银行。此时,该事业单位采用权益法核算的相应长期股权投资的成本数额为 500 000 元,损益调整借方余额为 20 000 元。转让收益按规定纳入单位预算。②股份转让后,该事业单位仅持有 B 公司 20%的股份,不再参与 B 公司的财务和经营政策,相应的长期股权投资改按成本法核算。③两年后,B 公司宣告分派现金股利 50 000 元,该事业单位应分得 10 000 元(50 000×20%),其中,属于已计入该事业单位投资账面余额的部分为 6 000 元,股份转让后成本法下应当确认的投资收益为 4 000 元。该事业单位应编制的会计分录为:

(1) 转让 20%的长期股权投资时。

在财务会计中:

借:银行存款 300 000
　　贷:长期股权投资——成本 250 000
　　　　　　　　　　——损益调整 10 000
　　　　投资收益 40 000

同时,在预算会计中:

借:资金结存——货币资金 300 000
　　贷:其他结余 250 000
　　　　投资预算收益 50 000

(2) 股份转让后,由权益法改为成本法时。

在财务会计中:

借:长期股权投资 260 000
　　贷:长期股权投资——成本 250 000
　　　　　　　　　　——损益调整 10 000

在预算会计中不做账务处理。

(3) B 公司宣告分派现金股利时。

在财务会计中:

借:应收股利 10 000
　　贷:长期股权投资 6 000
　　　　投资收益 4 000

在预算会计中不做账务处理。

长期股权投资持有期间相关业务的主要账务处理可概括如表 2-13 所示。

表 2-13 长期股权投资持有期间相关业务的主要账务处理

	业务事项和内容		财务会计	预算会计
成本法下	持有期间的投资收益纳入本单位预算	被投资单位宣告发放现金股利或利润时	借：应收股利 　贷：投资收益	—
		收到被投资单位发放的现金股利时	借：银行存款 　贷：应收股利	借：资金结存——货币资金 　贷：投资预算收益
	持有期间的投资收益上缴财政	被投资单位宣告发放现金股利或利润时	借：应收股利 　贷：投资收益	—
		收到被投资单位发放的现金股利时	借：银行存款 　贷：应缴财政款 同时， 借：投资收益或累计盈余 　贷：应收股利	—
		上缴财政款时	借：应缴财政款 　贷：银行存款	—
权益法下	持有期间的投资收益纳入本单位预算	被投资单位实现净利润的，按照其份额	借：长期股权投资——损益调整 　贷：投资收益	—
		被投资单位发生净亏损的，按照其份额	借：投资收益 　贷：长期股权投资——损益调整	—
		被投资单位发生净亏损，但以后年度又实现净利润的，按规定恢复确认投资收益的	借：长期股权投资——损益调整 　贷：投资收益	—
		被投资单位宣告发放现金股利或利润的，按照其份额	借：应收股利 　贷：长期股权投资——损益调整	—
		被投资单位除净损益和利润分配以外的所有者权益变动时，按照其份额	借：长期股权投资——其他权益变动 　贷：权益法调整 或做相反的会计分录。	—
		权益法下收到被投资单位发放的现金股利	借：银行存款 　贷：应收股利	借：资金结存——货币资金 　贷：投资预算收益
	持有期间的投资收益上缴财政	被投资单位实现净利润的，按照其份额	借：长期股权投资——损益调整 　贷：投资收益	—
		被投资单位宣告发放现金股利或利润的，按照其份额	借：应收股利 　贷：长期股权投资——损益调整	—
		收到被投资单位发放的现金股利时	借：银行存款 　贷：应缴财政款 同时， 借：投资收益或累计盈余 　贷：应收股利	—
		上缴财政款时	借：应缴财政款 　贷：银行存款	—
追加投资成本法改为权益法			借：长期股权投资——成本 　贷：长期股权投资（成本法下账面余额） 　　银行存款等（追加投资）	借：投资支出（实际支付的金额） 　贷：资金结存——货币资金

(续表)

业务事项和内容	财务会计	预算会计
权益法改为成本法	借：长期股权投资 　　贷：长期股权投资——成本 　　　　长期股权投资——损益调整 　　　　长期股权投资——其他权益变动	—

(三) 长期股权投资的处置

1. 出售长期股权投资

事业单位按照规定报经批准出售(转让)长期股权投资时，应当区分长期股权投资取得方式分别进行处理。

(1)事业单位处置以现金取得的长期股权投资，按规定取得的收入全部留归本单位的，在财务会计中，按照实际取得的价款，借记"银行存款"等科目，按照被处置长期股权投资的账面余额，贷记"长期股权投资"科目，按照尚未领取的现金股利或利润，贷记"应收股利"科目，按照发生的相关税费等支出，贷记"银行存款"等科目，按照借贷方差额，借记或贷记"投资收益"科目。在预算会计中，按照取得价款扣减支付的相关税费后的金额，借记"资金结存"科目，按照投资金额贷记"投资支出"或"其他结余"科目，按照两者差额，贷记"投资预算收益"科目。

(2)事业单位处置以科技成果转化形成的长期股权投资，按规定所取得的收入全部留归本单位的，在财务会计中，应当按照实际取得的价款，借记"银行存款"等科目，按照被处置长期股权投资的账面余额，贷记"长期股权投资"科目，按照尚未领取的现金股利或利润，贷记"应收股利"科目，按照发生的相关税费等支出，贷记"银行存款"等科目，按照借贷方差额，借记或贷记"投资收益"科目；同时，在预算会计中，按照实际取得的价款，借记"资金结存——货币资金"科目，按照处置时确认的投资收益金额，贷记"投资预算收益"科目，按照贷方差额，贷记"其他预算收入"科目。

(3)权益法下，事业单位处置由现金以外的其他资产取得的(不含科技成果转化形成的)长期股权投资时，按规定将取得的投资收益(此处的投资收益是指长期股权投资处置价款扣除长期股权投资成本和相关税费后的差额)纳入本单位预算管理的，应分别以下两种情况处理：

第一，长期股权投资的账面余额大于其投资成本的，应当按照被处置长期股权投资的成本，借记"资产处置费用"科目，贷记"长期股权投资——成本"科目；同时，按照实际取得的价款，借记"银行存款"等科目，按照尚未领取的现金股利或利润，贷记"应收股利"科目，按照发生的相关税费等支出，贷记"银行存款"等科目，按照长期股权投资的账面余额减去其投资成本的差额，贷记"长期股权投资——损益调整、其他权益变动"科目(以上明细科目为贷方余额的，借记相关明细科目)，按照实际取得的价款与被处置长期股权投资账面余额、应收股利账面余额和相关税费支出合计数的差额，贷记或借记"投资收益"科目，按照贷方差额，贷记"应缴财政款"科目。在预算会计中，按照取得价款扣减投资账面余额和相关税费后的差额，借记"资金结存"科目，贷记"投资预算收益"科目。

第二,长期股权投资的账面余额小于或等于其投资成本的,应当按照被处置长期股权投资的账面余额,借记"资产处置费用"科目,按照长期股权投资各明细科目的余额,贷记"长期股权投资——成本"科目,贷记或借记"长期股权投资——损益调整、其他权益变动"科目;同时,按照实际取得的价款,借记"银行存款"等科目,按照尚未领取的现金股利或利润,贷记"应收股利"科目,按照发生的相关税费等支出,贷记"银行存款"等科目,按照实际取得的价款大于被处置长期股权投资成本、应收股利账面余额和相关税费支出合计数的差额,贷记"投资收益"科目,按照贷方差额,贷记"应缴财政款"科目。在预算会计中,按照取得价款扣减投资账面余额和相关税费后的差额,借记"资金结存"科目,贷记"投资预算收益"科目。

事业单位按规定应将长期股权投资持有期间取得的投资净收益,以及以现金取得的长期股权投资处置时取得的净收入(处置价款扣除投资本金和相关税费后的净额)上缴本级财政并纳入一般公共预算管理的,在应收或收到上述有关款项时不确认投资收益,应通过"应缴财政款"科目核算。

2. 核销长期股权投资

因被投资单位破产清算等原因,有确凿证据表明长期股权投资发生损失,按照规定报经批准后予以核销时,按照予以核销的长期股权投资的账面余额,借记"资产处置费用"科目,贷记"长期股权投资"科目。

3. 置换转出长期股权投资

拓展练习

报经批准置换转出长期股权投资时,参照"库存物品"科目中置换换入库存物品的规定进行账务处理。

采用权益法核算的长期股权投资的处置,除了进行上述账务处理,还应结转原直接计入净资产的相关金额,在财务会计中,借记或贷记"权益法调整"科目,贷记或借记"投资收益"科目;在预算会计中不做账务处理。

【例2-51】 20×2年1月1日,甲事业单位"长期股权投资"科目余额(假设均为权益法核算)如下:以现金取得的乙公司长期股权投资成本为1 000 000元,损益调整为100 000元,其他权益变动为100 000元;以固定资产置换取得的丙公司长期股权投资成本为4 000 000元,损益调整为500 000元,其他权益变动(贷方)为100 000元;以无形资产对外投资(非持有的科技成果作价投资)取得的丁公司长期股权投资成本为3 000 000元,损益调整(贷方)为50 000元,其他权益变动(贷方)为100 000元。20×2年,甲事业单位发生以下经济业务:

(1) 经批准,甲事业单位于20×2年1月1日出售乙公司股权,取得处置价款1 400 000元,尚未领取的现金股利100 000元一同转让,处置过程中发生其他相关税费支出50 000元,按照规定将处置时取得的投资收益纳入本单位预算管理。

(2) 经批准,甲事业单位于20×2年1月1日出售丙公司股权,取得处置价款4 900 000元,尚未领取的现金股利200 000元一同转让,处置过程中发生其他相关税费支出150 000元,按照规定将处置时取得的投资收益纳入本单位预算管理。

(3) 经批准,甲事业单位于20×2年1月1日出售丁公司股权,取得处置价款

3 150 000元,尚未领取的现金股利30 000元一同转让,处置过程中发生其他相关税费支出50 000元,按照规定将处置时取得的投资收益纳入本单位预算管理。

根据各业务,甲事业单位应编制的会计分录为:

(1) 20×2年1月1日,甲事业单位出售乙公司股权时。

在财务会计中:

借:银行存款(实际取得的价款)	1 400 000
贷:长期股权投资——乙公司——成本	1 000 000
——损益调整	100 000
——其他权益变动	100 000
应收股利(尚未领取的现金股利)	100 000
银行存款(支付的相关税费)	50 000
投资收益(贷差)	50 000
借:权益法调整	100 000
贷:投资收益	100 000

同时,在预算会计中:

借:资金结存——货币资金(取得价款扣减支付的相关税费)	1 350 000
贷:其他结余	1 000 000
投资预算收益	350 000

(2) 20×2年1月1日,甲事业单位处置对丙公司的长期股权投资时。

20×2年1月1日,甲事业单位对丙公司长期股权投资的账面余额为440万元,大于其初始投资成本400万元。在财务会计中确认的投资收益为15万元(490－440－20－15),即取得价款与投资账面余额、应收股利账面余额和相关税费支出合计数的差额;在预算会计中确认的投资预算收益75万元(490－400－15),即取得价款减去投资成本和相关税费后的金额。

在财务会计中:

借:资产处置费用	4 000 000
贷:长期股权投资——丙公司——成本	4 000 000
借:银行存款	4 900 000
长期股权投资——丙公司——其他权益变动	100 000
贷:应收股利	200 000
长期股权投资——丙公司——损益调整	500 000
银行存款	150 000
投资收益	150 000
应缴财政款	4 000 000
借:投资收益	100 000
贷:权益法调整	100 000

同时,在预算会计中:

借：资金结存——货币资金 750 000
　　贷：投资预算收益 750 000

(3) 20×2年1月1日，甲事业单位处置对丁公司的股权投资时。

20×2年1月1日，甲事业单位对丁公司的长期股权投资的账面余额为285万元，小于其投资成本300万元。在财务会计中确认的投资收益为7万元(315－300－3－5)，即取得价款大于投资成本、应收股利账面余额和相关税费支出合计数的差额；在预算会计中确认的投资预算收益为10万元(315－300－5)，即取得价款减去投资成本和相关税费后的金额。

在财务会计中：

借：资产处置费用(投资账面余额) 2 850 000
　　长期股权投资——丁公司——损益调整 50 000
　　　　　　　　——丁公司——其他权益变动 100 000
　　贷：长期股权投资——丁公司——成本 3 000 000

借：银行存款 3 150 000
　　贷：银行存款(相关税费) 50 000
　　　　应收股利(尚未领取的现金股利) 30 000
　　　　投资收益 70 000
　　　　应缴财政款 3 000 000

借：投资收益 100 000
　　贷：权益法调整 100 000

同时，在预算会计中：

借：资金结存——货币资金 100 000
　　贷：投资预算收益(取得价款减去投资成本和相关税费后的金额) 100 000

长期股权投资处置相关业务的主要账务处理可概括如表2-14所示。

表2-14　　　　　　长期股权投资处置相关业务的主要账务处理

业务事项和内容	财务会计	预算会计
处置以现金取得的长期股权投资	借：银行存款(实际取得价款) 　　投资收益(借差) 　贷：长期股权投资(账面余额) 　　　应收股利(尚未领取的现金股利或利润) 　　　银行存款等(支付的相关税费) 　　　投资收益(贷差)	借：资金结存——货币资金(取得价款扣减支付相关税费后的金额) 　贷：投资支出/其他结余(投资款) 　　　投资预算收益
处置以科技成果转化形成的长期股权投资	借：银行存款(实际取得价款) 　　投资收益(借差) 　贷：长期股权投资(账面余额) 　　　应收股利(尚未领取的现金股利或利润) 　　　银行存款等(支付的相关税费) 　　　投资收益(贷差)	借：资金结存——货币资金 　贷：投资预算收益 　　　其他预算收入

(续表)

业务事项和内容		财务会计	预算会计
处置以现金以外的其他资产取得的(不含科技成果转化形成的)长期股权投资	长期股权投资的账面余额大于其投资成本	借：资产处置费用 　　贷：长期股权投资（成本） 借：银行存款（实际取得价款） 　　贷：应收股利（尚未领取的现金股利或利润） 　　　　长期股权投资——损益调整、其他权益变动（也可能在借方） 　　　　银行存款（相关税费） 　　　　投资收益（取得价款与投资账面余额、应收股利账面余额和相关税费支出合计数的差额） 　　　　应缴财政款	借：资金结存——货币资金 　　贷：投资预算收益（取得价款减去投资成本和相关税费后的金额）
	长期股权投资的账面余额小于或等于其投资成本	借：资产处置费用（投资账面余额） 　　长期股权投资——损益调整、其他权益变动（部分明细科目余额也可能在贷方） 　　贷：长期股权投资——成本 借：银行存款 　　贷：应收股利（如有） 　　　　银行存款（相关税费） 　　　　投资收益（取得价款大于投资成本、应收股利账面余额和相关税费支出合计数的差额） 　　　　应缴财政款	借：资金结存——货币资金 　　贷：投资预算收益（取得价款减去投资成本和相关税费后的金额）
其他方式处置长期股权投资	按照规定核销时	借：资产处置费用 　　贷：长期股权投资（账面余额）	
	置换转出时	参照"库存物品"科目中置换取得库存物品的账务处理	
权益法下，处置时结转原直接计入净资产的相关金额		借：权益法调整 　　贷：投资收益 或做相反分录	

二、长期债券投资

（一）长期债券投资的概念与核算科目的设置

长期债券投资是指事业单位按照规定取得的，持有时间超过 1 年(不含 1 年)的债券投资。长期债券投资只能按约定的利率收取利息，到期收回本金。债券投资可以转让，但在债权债务双方约定的期限内一般不能要求债务单位提前偿还本金。

为了核算长期债券投资业务，事业单位财务会计应设置"长期债券投资"总账科目。本科目应当设置"成本"和"应计利息"明细科目，并按照债券投资的种类进行明细核算。本科目期末借方余额，反映事业单位持有的长期债券投资的价值。

（二）取得长期债券投资

长期债券投资在取得时，应当按照其实际成本作为投资成本。事业单位取得的长期债券投资，在财务会计中，按照确定的投资成本，借记"长期债券投资"科目（成本），按照支付的价款中包含的已到付息期但尚未领取的利息，借记"应收利息"科目，按照实际支付的金额，贷记"银行存款"等科目。在预算会计中，按照实际支付的价款，借记"投资支出"科目，贷记"资金结存"科目。实际收到取得债券时所支付价款中包含的已到付息期但尚未领取的利息时，在财务会计中，借记"银行存款"科目，贷记"应收利息"科目；在预算会计中，借记"资金结存"科目,贷记"投资支出"科目。

【例 2-52】 某事业单位于 20×2 年 1 月 1 日以货币资金 30 000 元取得一项长期债券投资,期限为 3 年,票面年利率为 3.6%,到期一次还本付息,准备持有至到期。不考虑其他税费。该事业单位应编制的会计分录为:

在财务会计中:

借:长期债券投资——成本　　　　　　　　　　　　　　　　　　　　　　　　　30 000
　　贷:银行存款　　　　　　　　　　　　　　　　　　　　　　　　　　　　　　30 000

同时,在预算会计中:

借:投资支出　　　　　　　　　　　　　　　　　　　　　　　　　　　　　　　30 000
　　贷:资金结存——货币资金　　　　　　　　　　　　　　　　　　　　　　　　30 000

(三) 确认长期债券投资持有期间的投资收益

事业单位在长期债券投资持有期间,按期以债券票面金额与票面利率计算确认利息收入时,如为到期一次还本付息的债券投资,借记"长期债券投资"科目(应计利息),贷记"投资收益"科目;如为分期付息、到期一次还本的债券投资,借记"应收利息"科目,贷记"投资收益"科目。收到分期支付的利息时,按照实收的金额,在财务会计中,借记"银行存款"等科目,贷记"应收利息"科目;在预算会计中,借记"资金结存——货币资金"科目,贷记"投资预算收益"科目。

【例 2-53】 承[例 2-52],20×2 年 12 月 31 日,计算本年度应计利息 1 080 元(30 000×3.6%×6÷12)时。该事业单位应编制的会计分录为:

在财务会计中:

借:长期债券投资——应计利息　　　　　　　　　　　　　　　　　　　　　　　1 080
　　贷:投资收益　　　　　　　　　　　　　　　　　　　　　　　　　　　　　　1 080

在预算会计中不做账务处理。

(四) 到期收回长期债券投资本息

事业单位到期收回长期债券投资时,在财务会计中,按照实际收到的金额,借记"银行存款"科目,按照长期债券投资的账面余额,贷记"长期债券投资"科目,按照相关应收利息金额,贷记"应收利息"科目,按照其差额,贷记"投资收益"科目,在预算会计中,按照实际收到的价款,借记"资金结存"科目,按照投资成本贷记"投资支出"或"其他结余"科目,按照差额,贷记"投资预算收益"科目。

【例 2-54】 承[例 2-52],20×3 年 12 月 31 日,收回长期债券投资到期本金和利息计 36 480 元(其中本金 30 000 元,利息 6 480 元)。该事业单位应编制的会计分录为:

在财务会计中:

借:银行存款　　　　　　　　　　　　　　　　　　　　　　　　　　　　　　　36 480
　　贷:长期债券投资——成本　　　　　　　　　　　　　　　　　　　　　　　　30 000
　　　　长期债券投资——应计利息　　　　　　　　　　　　　　　　　　　　　　5 400
　　　　投资收益　　　　　　　　　　　　　　　　　　　　　　　　　　　　　　1 080

同时,在预算会计中:

借：资金结存——货币资金　　　　　　　　　　　　　　　　　　　　36 480
　　贷：其他结余　　　　　　　　　　　　　　　　　　　　　　　　　　30 000
　　　　投资预算收益　　　　　　　　　　　　　　　　　　　　　　　　6 480

（四）长期债券投资的出售

事业单位对外出售长期债券投资，在财务会计中，按照实际收到的金额，借记"银行存款"科目，按照长期债券投资的账面余额，贷记"长期债券投资"科目，按照已记入"应收利息"科目但尚未收取的金额，贷记"应收利息"科目，按照其差额，贷记或借记"投资收益"科目。在预算会计中，按照实际收到的价款，借记"资金结存"科目，按照投资成本，贷记"投资支出""其他结余"科目，按照差额，贷记"投资预算收益"科目。涉及增值税业务的，相关账务处理参见"应交增值税"科目。

长期债券投资相关业务的主要账务处理可概括如表2-15所示。

表2-15　　　　　　　　　　长期债券投资相关业务的主要账务处理

业务事项和内容		财务会计	预算会计
取得长期债券投资时		借：长期债券投资——成本 　　应收利息（实际支付价款中包含的已到付息期但尚未领取的利息） 贷：银行存款等（实际支付价款）	借：投资支出（实际支付价款） 贷：资金结存——货币资金
收到取得投资所支付价款中包含的已到付息期但尚未领取的利息时		借：银行存款 贷：应收利息	借：资金结存——货币资金 贷：投资支出等
持有长期债券投资期间	按期以票面金额与票面利率计算确认利息收入时	借：应收利息（分期付息、到期还本）/长期债券投资——应计利息 　　（到期一次还本付息） 贷：投资收益	—
	实际收到分期支付的利息时	借：银行存款 贷：应收利息	借：资金结存——货币资金 贷：投资预算收益
到期收回长期债券投资本息		借：银行存款等 贷：长期债券投资（账面余额）/ 　　应收利息投资收益	借：资金结存——货币资金 贷：投资支出/其他结余（投资成本） 　　投资预算收益
对外出售长期债券投资		借：银行存款等（实际收到的款项） 　　投资收益（借差） 贷：长期债券投资（账面余额） 　　应收利息 　　投资收益（贷差）	借：资金结存——货币资金 贷：投资支出/其他结余（投资成本） 　　投资预算收益

第六节　固　定　资　产

一、固定资产的概念、确认与核算科目的设置

（一）固定资产的概念

固定资产是指单位为满足自身开展业务活动或其他活动需要而控制的，使用年限超过

1年(不含1年)、单位价值在规定标准以上,并在使用过程中基本保持原有物质形态的资产,一般包括房屋及构筑物、专用设备、通用设备等。单位价值虽未达到规定标准,但是使用年限超过1年(不含1年)的大批同类物资,如图书、家具、用具、装具等,应当确认为固定资产。

固定资产应该按照固定资产的类别设置明细科目。一般分为六类:房屋和构筑物、设备、文物和陈列品、图书和档案、家具和用具、特种动植物。

单位应当根据固定资产定义、有关主管部门对固定资产的统一分类,结合本单位的具体情况,制定适合本单位的固定资产目录、具体分类方法,作为进行固定资产核算的依据。

(二) 固定资产的确认

固定资产同时满足下列条件的,应当予以确认:与该固定资产相关的服务潜力很可能实现或者经济利益很可能流入单位;该固定资产的成本或者价值能够可靠地计量。

通常情况下,购入、换入、接受捐赠、无偿调入不需安装的固定资产,在固定资产验收合格时确认;购入、换入、接受捐赠、无偿调入需要安装的固定资产,在固定资产安装完成交付使用时确认;自行建造、改建、扩建的固定资产,在建造完成交付使用时确认。

确认固定资产时,应当考虑以下情况:①固定资产的各组成部分具有不同使用年限或者以不同方式为单位实现服务潜力或提供经济利益,适用不同折旧率或折旧方法且可以分别确定各自原价的,应当分别将各组成部分确认为单项固定资产。②应用软件构成相关硬件不可缺少的组成部分的,应当将该软件的价值包括在所属的硬件价值中,一并确认为固定资产;不构成相关硬件不可缺少的组成部分的,应当将该软件确认为无形资产。③购建房屋及构筑物时,不能分清购建成本中的房屋及构筑物部分与土地使用权部分的,应当全部确认为固定资产;能够分清购建成本中的房屋及构筑物部分与土地使用权部分的,应当将其中的房屋及构筑物部分确认为固定资产,将其中的土地使用权部分确认为无形资产。

(三) 固定资产核算科目的设置

为了核算固定资产业务,单位财务会计应设置"固定资产"总账科目。本科目反映各类固定资产的原价。本科目期末借方余额,反映单位固定资产的原价。本科目应当按照固定资产类别和项目进行明细核算。

固定资产核算时,应当注意以下情况:①购入需要安装的固定资产,应当先通过"在建工程"科目核算,安装完毕交付使用时再转入本科目核算。②以借入、经营租赁租入方式取得的固定资产,不通过本科目核算,应当设置备查簿进行登记。③采用融资租入方式取得的固定资产,通过本科目核算,并在本科目下设置"融资租入固定资产"明细科目。④经批准在境外购买具有所有权的土地,作为固定资产,通过本科目核算,且在本科目下设置"境外土地"明细科目,进行相应明细核算。

二、固定资产的取得

(一) 购入的固定资产

购入不需安装的固定资产验收合格时,在财务会计中,按照确定的固定资产成本,借记"固定资产"科目,贷记"财政拨款收入""财政应返还额度""应付账款""银行存款"等科目。在预算会计中,按实际支付的金额,借记"行政支出""事业支出""经营支出"科目,贷记"财政拨款预算收入""资金结存"科目。固定资产取得时涉及增值税业务的,相关账务处理参见"应交增值税"科目,下同。

外购的固定资产,其成本包括购买价款、相关税费以及固定资产交付使用前所发生的可归属于该项资产的运输费、装卸费、安装费和专业人员服务费等。以一笔款项购入多项没有单独标价的固定资产,应当按照各项固定资产同类或类似资产市场价格的比例对总成本进行分配,分别确定各项固定资产的成本。

购入需要安装的固定资产,在安装完毕交付使用前通过"在建工程"科目核算,安装完毕交付使用时再转入"固定资产"科目。

购入固定资产扣留质量保证金的,应当在取得固定资产时,在财务会计中,按照确定的固定资产成本,借记"固定资产"科目(不需安装)或"在建工程"科目(需要安装);按照实际支付或应付的金额,贷记"财政拨款收入""财政应返还额度""应付账款"(不含质量保证金)"银行存款"等科目;按照扣留的质量保证金数额,贷记"其他应付款"[扣留期在1年以内(含1年)]或"长期应付款"(扣留期超过1年)科目。在预算会计中,按实际支付的金额,借记"行政支出""事业支出""经营支出"科目,贷记"财政拨款预算收入""资金结存"科目。

质保期满支付质量保证金时,在财务会计中,借记"其他应付款""长期应付款"科目,贷记"财政拨款收入""财政应返还额度""银行存款"等科目。在预算会计中,按实际支付的金额,借记"行政支出""事业支出""经营支出"科目,贷记"财政拨款预算收入""资金结存"科目。

【例2-55】 某事业单位通过财政集中支付方式支付一笔款项60 000元,具体内容为购买10台计算机,单位作为固定资产管理使用,货已验收并达到预定使用状态。该事业单位应编制的会计分录为:

在财务会计中:

借:固定资产——办公设备　　　　　　　　　　　　　　　60 000
　　贷:财政拨款收入　　　　　　　　　　　　　　　　　　　　　60 000

同时,在预算会计中:

借:事业支出　　　　　　　　　　　　　　　　　　　　　60 000
　　贷:财政拨款预算收入　　　　　　　　　　　　　　　　　　　60 000

(二)自行建造的固定资产

自行建造的固定资产交付使用时,按照在建工程成本,借记"固定资产"科目,贷记"在建工程"科目。

拓展练习

自行建造的固定资产,其成本包括该项资产至交付使用前所发生的全部必要支出。在原有固定资产基础上进行改建、扩建、修缮后的固定资产,其成本按照原固定资产账面价值加上改建、扩建、修缮发生的支出,再扣除固定资产被替换部分的账面价值后的金额确定。为建造固定资产借入的专门借款的利息,属于建设期间发生的,计入在建工程成本;不属于建设期间发生的,计入当期费用。已交付使用但尚未办理竣工决算手续的固定资产,应当按照估计价值入账,待办理竣工决算后再按实际成本调整原来的暂估价值。

相关业务核算举例请参阅本章有关"在建工程"的核算。

(三)融资租赁方式租入固定资产

融资租入的固定资产,在财务会计中,按照确定的成本,借记"固定资产"科目(不需安装)或"在建工程"科目(需安装),按照租赁协议或者合同确定的租赁付款额,贷记"长期应付款"科目,按照支付的运输费、途中保险费、安装调试费等金额,贷记"财政拨款收入""财政应返还额度""银行存款"等科目。在预算会计中,按上述支付的运输费、途中保险费、安装调试费等金额,借记"行政支出""事业支出""经营支出"科目,贷记"财政拨款预算收入""资金结存"科目。定期支付租金时,在财务会计中,按照实际支付金额,借记"长期应付款"科目,贷记"财政拨款收入""财政应返还额度""银行存款"等科目。在预算会计中,按上述支付的运输费、途中保险费、安装调试费等金额,借记"行政支出""事业支出""经营支出"科目,贷记"财政拨款预算收入""资金结存"科目。

融资租赁取得的固定资产,其成本按照租赁协议或者合同确定的租赁价款、相关税费以及固定资产交付使用前所发生的可归属于该项资产的运输费、途中保险费、安装调试费等确定。

【例2-56】 某事业单位以融资租赁方式租入一台机器设备,租赁合同中的付款额为2 300 000元,合同签订过程中未发生其他支出,融资租赁期为10年,假定每年年初通过财政集中支付租金250 000元。该设备已经验收,并投入事业活动的使用。该事业单位应编制的会计分录为:

(1) 融资租入固定资产时。

在财务会计中:

借:固定资产——融资租入固定资产　　　　　　　　　　　　　　　　2 300 000
　　贷:长期应付款——应付融资租入固定资产款　　　　　　　　　　　　　2 300 000

在预算会计中不做账务处理。

(2) 每年年初通过财政集中支付方式支付租金时。

在财务会计中:

借:长期应付款——应付融资租入固定资产款　　　　　　　　　　　　　　250 000
　　贷:财政拨款收入　　　　　　　　　　　　　　　　　　　　　　　　　　250 000

同时,在预算会计中:

借:事业支出　　　　　　　　　　　　　　　　　　　　　　　　　　　　250 000
　　贷:财政拨款预算收入　　　　　　　　　　　　　　　　　　　　　　　　250 000

按照规定跨年度分期付款购入固定资产的账务处理,参照融资租入固定资产。

(四)接受捐赠的固定资产

接受捐赠的固定资产,在财务会计中,按照确定的固定资产成本,借记"固定资产"科目(不需安装)或"在建工程"科目(需安装);按照发生的相关税费、运输费等,贷记"财政应返还额度""银行存款"等科目;按照其差额,贷记"捐赠收入"科目。在预算会计中,按照上述发生的相关税费、运输费等,借记"其他支出"科目,贷记"资金结存"科目。

接受捐赠的固定资产按照名义金额入账的,在财务会计中,按照名义金额,借记"固定资产"科目,贷记"捐赠收入"科目;按照发生的相关税费、运输费等,借记"其他费用"科目,贷记"财政应返还额度""银行存款"等科目。在预算会计中,按照上述发生的相关税费、运输费等,借记"其他支出"科目,贷记"资金结存"科目。

接受捐赠的固定资产,其成本按照有关凭据注明的金额加上相关税费、运输费等确定;没有相关凭据可供取得,但按规定经过资产评估的,其成本按照评估价值加上相关税费、运输费等确定;没有相关凭据可供取得、也未经资产评估的,其成本比照同类或类似资产的市场价格加上相关税费、运输费等确定;没有相关凭据且未经资产评估、同类或类似资产的市场价格也无法可靠取得的,按照名义金额入账,相关税费、运输费等计入当期费用。如受赠的系旧的固定资产,在确定其初始入账成本时应当考虑该项资产的新旧程度。

【例 2-57】 某事业单位接到国内某出版单位赠送的图书,价值为 60 000 元,该单位使用以前年度预算额度支付运费 2 000 元,该批图书作为固定资产管理。该单位应编制的会计分录为:

在财务会计中:

借:固定资产——图书和档案	60 000
贷:财政应返还额度	2 000
捐赠收入	58 000

同时,在预算会计中:

借:其他支出	2 000
贷:资金结存——财政应返还额度	2 000

(五)无偿调入的固定资产

无偿调入的固定资产,在财务会计中,按照确定的固定资产成本,借记"固定资产"科目(不需安装)或"在建工程"科目(需安装);按照发生的相关税费、运输费等,贷记"财政应返还额度""银行存款"等科目;按照其差额,贷记"无偿调拨净资产"科目。在预算会计中,按照上述发生的相关税费、运输费等,借记"其他支出"科目,贷记"资金结存"科目。

无偿调入的固定资产,其成本按照调出方账面价值加上相关税费、运输费等确定。

按照《政府会计准则制度解释第 1 号》的规定,单位(调入方)接受其他政府会计主体无偿调入的固定资产、无形资产、公共基础设施等资产,其成本按照调出方的账面价值加上相关税费确定。但是,无偿调入资产在调出方的账面价值为 0(即已经按制度规定提足折旧)的,单位(调入方)应当将调入过程中其承担的相关税费计入当期费用,不计入调入资产的初始入账成本。财务会计根据该资产在调出方的账面余额和已计提的折旧或摊销金额进行确认入账,并对在调入过程中发生的相关税费进行核算;预算会计主要对纳入部门预算管理的现金流出进行核算。

无偿调入资产在调出方的账面价值为 0 的,单位(调入方)在进行财务会计处理时,应当按照该项资产在调出方的账面余额,借记"固定资产""无形资产"等科目,按照该项资产在调出方已经计提的折旧或摊销金额(与资产账面余额相等),贷记"固定资产累计折旧""无形资产累计摊销"等科目;按照支付的相关税费,借记"其他费用"科目,贷记"财政应返还额度""银行存款"等科目;同时,在预算会计中,按照支付的相关税费,借记"其他支出"科目,贷记"资金结存"科目。

无偿调入资产在调出方的账面余额为名义金额的,单位(调入方)在进行财务会计处理时,应当按照名义金额,借记"固定资产""无形资产"等科目,贷记"无偿调拨净资产"科目;按照支付的相关税费,借记"其他费用"科目,贷记"财政应返还额度""银行存款"等科目。同时,在预算会计中,按照支付的相关税费,借记"其他支出"科目,贷记"资金结存"科目。

【例 2-58】 某事业单位接受无偿调入的一项固定资产,在调出方单位账面上,该项固定资产的账面余额为 500 000 元,已计提折旧 500 000 元,该事业单位承担调入过程中运输费 5 000 元,使用以前年度预算额度支付。该事业单位应编制的会计分录为:

在财务会计中:

借:固定资产	500 000
贷:固定资产累计折旧	500 000
借:其他费用	5 000
贷:财政应返还额度	5 000

同时,在预算会计中:

借:其他支出	5 000
贷:资金结存——财政应返还额度	5 000

(六)置换取得的固定资产

置换取得的固定资产,参照"库存物品"科目中置换取得库存物品的相关规定进行账务处理。

置换取得的固定资产,其成本按照换出资产的评估价值加上支付的补价或减去收到的补价,加上换入固定资产发生的其他相关支出确定。

【例 2-59】 承[例 2-35],甲事业单位以某项专用设备与乙事业单位交换一批库存物品。乙单位换出的库存物品账面原值为 700 000 元,评估确认的价值为 750 000 元,支付甲事业单位的补价为 50 000 元。为换入固定资产发生的相关费用为 20 000 元。则换入固定资产的成本为 820 000 元(750 000+50 000+20 000)。乙事业单位应编制的会计分录为:

在财务会计中:

借:固定资产	820 000
贷:库存物品	700 000
银行存款	70 000
其他收入	50 000

同时,在预算会计中:

借:其他支出	70 000
贷:资金结存——货币资金	70 000

固定资产取得的主要账务处理可概括如表 2-16 所示。

表 2-16 固定资产取得的主要账务处理

业务事项和内容	财务会计	预算会计

购入不需安装的固定资产时	借:固定资产
	  贷:财政拨款收入/财政应返还额度/应付账款/银行存款等
		借:行政支出/事业支出/经营支出等
		  贷:财政拨款预算收入/资金结存

(续表)

业务事项和内容	财务会计	预算会计
购入需要安装的固定资产时	借：在建工程 　　贷：财政拨款收入/财政应返还额度/应付账款/银行存款等 自行建造的固定资产，工程完工交付使用时： 借：固定资产 　　贷：在建工程	借：行政支出/事业支出/经营支出等 　　贷：财政拨款预算收入/资金结存 —
购入固定资产扣留质量保证金的	借：固定资产（不需安装）/在建工程（需要安装） 　　贷：财政拨款收入/财政应返还额度/应付账款/银行存款等 　　　　其他应付款［扣留期在1年以内（含1年）］ 　　　　长期应付款（扣留期超过1年） 质保期满支付质量保证金时： 借：其他应付款/长期应付款 　　贷：财政拨款收入/财政应返还额度/银行存款	借：行政支出/事业支出/经营支出等（购买固定资产实际支付的金额） 　　贷：财政拨款预算收入/资金结存 借：行政支出/事业支出/经营支出等 　　贷：财政拨款预算收入/资金结存
自行建造的固定资产，工程完工交付使用时	借：固定资产 　　贷：在建工程	—
融资租入（或跨年度分期付款购入）的固定资产	借：固定资产（不需安装）/在建工程（需安装） 　　贷：长期应付款（协议或合同确定的租赁价款） 　　　　财政拨款收入/财政应返还额度/银行存款等（支付的相关税费、运输费等） 定期支付租金（或分期付款）时 借：长期应付款 　　贷：财政拨款收入/财政应返还额度/银行存款	借：行政支出/事业支出/经营支出等（实际支付的相关税费、运输费等） 　　贷：财政拨款预算收入/资金结存 借：行政支出/事业支出/经营支出等 　　贷：财政拨款预算收入/资金结存
接受捐赠的固定资产	借：固定资产（不需安装）/在建工程（需安装） 　　贷：银行存款/财政应返还额度等（发生的相关税费、运输费等） 　　　　捐赠收入（差额）	借：其他支出（支付的相关税费、运输费等） 　　贷：资金结存
接受捐赠的固定资产按照名义金额入账的	借：固定资产（名义金额） 　　贷：捐赠收入 借：其他费用 　　贷：银行存款/财政应返还额度等（发生的相关税费、运输费等）	借：其他支出（支付的相关税费、运输费等） 　　贷：资金结存
无偿调入的固定资产	借：固定资产（不需安装）/在建工程（需安装） 　　贷：银行存款/财政应返还额度等（发生的相关税费、运输费等） 　　　　无偿调拨净资产（差额）	借：其他支出（支付的相关税费、运输费等） 　　贷：资金结存
置换取得的固定资产	参照"库存物品"科目中置换取得库存物品的账务处理	

三、与固定资产有关的后续支出

(一) 符合固定资产确认条件的后续支出

对于符合固定资产确认条件的后续支出,通常情况下,将固定资产转入改建、扩建时,在财务会计中,按照固定资产的账面价值,借记"在建工程"科目,按照固定资产已计提折旧,借记"固定资产累计折旧"科目,按照固定资产的账面余额,贷记"固定资产"科目。为增加固定资产使用效能或延长其使用年限而发生的改建、扩建等后续支出,在财务会计中,借记"在建工程"科目,贷记"财政拨款收入""财政应返还额度""银行存款"等科目;在预算会计中,借记"行政支出""事业支出""经营支出"科目,贷记"财政拨款预算收入""资金结存"科目。固定资产改建、扩建等完成交付使用时,按照在建工程成本,在财务会计中,借记"固定资产"科目,贷记"在建工程"科目。

(二) 不符合固定资产确认条件的后续支出

对于不符合固定资产确认条件的后续支出,为保证固定资产正常使用发生的日常维修等支出,在财务会计中,借记"业务活动费用""单位管理费用"等科目,贷记"财政拨款收入""财政应返还额度""银行存款"等科目;在预算会计中,借记"行政支出""事业支出""经营支出"科目,贷记"财政拨款预算收入""资金结存"科目。

【例2-60】 某事业单位的后勤管理部门对接送职工专用车辆进行修理,共支付修理费3 000元,款项使用以前年度预算额度支付。该事业单位应编制的会计分录为:

在财务会计中:

借:单位管理费用　　　　　　　　　　　　　　　　　　　　　3 000
　　贷:财政应返还额度　　　　　　　　　　　　　　　　　　　　　3 000

同时,在预算会计中:

借:事业支出　　　　　　　　　　　　　　　　　　　　　　　3 000
　　贷:资金结存——财政应返还额度　　　　　　　　　　　　　　　3 000

四、固定资产处置

根据《政府会计准则第3号——固定资产》的规定,行政事业单位按规定报经批准出售、转让固定资产或报废、毁损的,应当将固定资产账面价值转销计入当期费用,并将处置收入扣除税费后的差额按规定作为应缴款项(差额为净收益时)或计入当期费用(差额为净损失)。按照规定报经批准处置固定资产,应当分别以下情况处理。

(一) 出售或转让固定资产

报经批准出售、转让固定资产时,在财务会计中,按照被出售、转让固定资产的账面价值,借记"资产处置费用"科目,按照固定资产已计提的折旧,借记"固定资产累计折旧"科目,按照固定资产账面余额,贷记"固定资产"科目。同时,按照收到的价款,借记"银行存款"等科目,按照处置过程中发生的相关费用,贷记"银行存款"等科目,按照其差额,贷记"应缴财政款"科目。在预算会计中不做账务处理。固定资产处置时涉及增值税业务的,相关账务处理参见"应交增值税"科目,下同。

【例2-61】 某事业单位经批准出售一辆非独立核算经营活动使用过的汽车,其账面原价为 250 000 元,已计提累计折旧 100 000 元,账面价值为 150 000 元(250 000－100 000),出售价款为 103 000 元,款项已存入银行。按照规定,该项出售价款应当上缴财政。假定该事业单位为增值税小规模纳税人,应缴增值税为 2 000 元,其他相关税费为 200 元。该事业单位应编制的会计分录为:

(1) 转销固定资产账面记录时。

在财务会计中:

借:资产处置费用　　　　　　　　　　　　　　　　　　　　　　　　　150 000
　　固定资产累计折旧　　　　　　　　　　　　　　　　　　　　　　　100 000
　　贷:固定资产　　　　　　　　　　　　　　　　　　　　　　　　　　250 000

在预算会计中不做账务处理。

(2) 按税法规定,该单位出售旧固定资产,应按 3% 的税率减按 2% 征收增值税。则

应税销售额＝103 000÷(1＋3%) ＝100 000(元)

应缴增值税＝100 000×2%＝2 000(元)

应缴纳的城市维护建设税＝2 000×7%＝140(元)

应缴纳的教育费附加＝2 000×3%＝60(元)

在财务会计中:

借:银行存款　　　　　　　　　　　　　　　　　　　　　　　　　　　103 000
　　贷:应缴财政款　　　　　　　　　　　　　　　　　　　　　　　　　100 080
　　　　应交增值税　　　　　　　　　　　　　　　　　　　　　　　　　　2 000
　　　　其他应交税费——城市维护建设税　　　　　　　　　　　　　　　　140
　　　　　　　　　　——教育费附加　　　　　　　　　　　　　　　　　　　60

在预算会计中不做财务处理。

(二) 对外捐赠固定资产

报经批准对外捐赠固定资产,在财务会计中,按照固定资产已计提的折旧,借记"固定资产累计折旧"科目,按照被处置固定资产账面余额,贷记"固定资产"科目,按照捐赠过程中发生的归属于捐出方的相关费用,贷记"银行存款"等科目,按照其差额,借记"资产处置费用"科目。在预算会计中,按照上述发生的归属于捐出方的相关费用,借记"其他支出"科目,贷记"资金结存"科目。

【例 2-62】 某事业单位经批准向希望小学捐赠 50 台电脑,账面原值为 200 000 元,已计提折旧 100 000 元,账面余额为 100 000 元(200 000－100 000),捐赠过程中用银行存款支付归属于该单位的运输费用 3 000 元。该事业单位应编制的会计分录为:

在财务会计中:

借:资产处置费用　　　　　　　　　　　　　　　　　　　　　　　　　103 000
　　固定资产累计折旧　　　　　　　　　　　　　　　　　　　　　　　100 000
　　贷:固定资产　　　　　　　　　　　　　　　　　　　　　　　　　　200 000
　　　　银行存款　　　　　　　　　　　　　　　　　　　　　　　　　　　3 000

同时,在预算会计中:

借：其他支出	3 000
贷：资金结存——货币资金	3 000

（三）无偿调拨固定资产

报经批准无偿调出固定资产，在财务会计中，按照固定资产已计提的折旧，借记"固定资产累计折旧"科目，按照被处置固定资产账面余额，贷记"固定资产"科目，按照其差额，借记"无偿调拨净资产"科目。按照无偿调出过程中发生的归属于调出方的相关费用，在财务会计中，借记"资产处置费用"科目，贷记"银行存款"等科目；在预算会计中，借记"其他支出"科目，贷记"资金结存"科目。

【例 2-63】某行政单位按照规定报经批准后，无偿调出一部中巴车辆，账面价值为 120 000 元，已计提折旧 20 000 元，通过银行存款支付属于本单位调出费用 800 元。该行政单位应编制的会计分录为：

在财务会计中：

借：无偿调拨净资产	100 000
固定资产累计折旧	20 000
资产处置费用	800
贷：固定资产	120 000
银行存款	800

同时，在预算会计中：

借：其他支出	800
贷：资金结存——货币资金	800

固定资产处置的主要账务处理可概括如表 2-17 所示。

表 2-17　　　　　　　　　　固定资产处置的主要账务处理

业务事项和内容	财务会计	预算会计
出售、转让固定资产	借：资产处置费用 　　固定资产累计折旧 　　贷：固定资产（账面余额） 借：银行存款（处置固定资产收到的价款） 　　贷：应缴财政款 　　　　银行存款等（发生的相关费用）	—
对外捐赠固定资产	借：资产处置费用 　　固定资产累计折旧 　　贷：固定资产（账面余额） 　　　　银行存款等（属于捐出方的相关费用）	借：其他支出（属于捐出方的相关费用） 　　贷：资金结存
无偿调出固定资产	借：无偿调拨净资产 　　固定资产累计折旧 　　贷：固定资产（账面余额） 借：资产处置费用 　　贷：银行存款等（归属于调出方的相关费用）	借：其他支出（归属于调出方的相关费用） 　　贷：资金结存
置换换出固定资产	参照"库存物品"科目中置换取得库存物品的规定进行账务处理	

五、固定资产折旧

(一)折旧的含义与范围

固定资产折旧是指在固定资产预计使用寿命内,按照确定的方法对应折旧金额进行系统分摊。固定资产应计的折旧额为其成本,计提固定资产折旧时不考虑预计净残值。

单位应按规定对固定资产计提折旧,但下列固定资产除外:文物和陈列品、特殊动植物、图书和档案、单独计价入账的土地、以名义金额入账的固定资产。

(二)折旧年限

行政事业单位根据固定资产的性质和实际使用情况,合理确定其折旧年限。单位在确定固定资产使用年限时,应当考虑下列因素:预计实现服务潜力或提供经济利益的期限;预计有形损耗和无形损耗;法律或者类似规定对资产使用的限制。固定资产的使用年限一经确定,不得随意变更。

省级以上财政部门、主管部门对行政事业单位固定资产折旧年限做出规定的,从其规定。政府会计准则应用指南确定各类应计提折旧的固定资产的折旧年限,如表 2-18 所示。

表 2-18　　　　　　　　行政事业单位固定资产折旧年限表

类别	内容		折旧年限	内容	折旧年限
房屋及构筑物	业务及管理用房	钢结构	不低于 50 年	简易房	不低于 8 年
		钢筋混凝土结构	不低于 50 年	房屋附属设施	不低于 8 年
		砖混结构	不低于 30 年	构筑物	不低于 8 年
		砖木结构	不低于 30 年		
通用设备	计算机设备		不低于 6 年	雷达、无线电和卫星导航设备	不低于 10 年
	办公设备		不低于 6 年	通信设备	不低于 5 年
	车辆		不低于 8 年	广播、电视、电影设备	不低于 5 年
	图书档案设备		不低于 5 年	仪器仪表	不低于 5 年
	机械设备		不低于 10 年	电子和通信测量设备	不低于 5 年
	电气设备		不低于 5 年	计量标准器具及器具、衡器	不低于 5 年
专用设备	探矿、采矿、选矿和造块设备		10~15 年	造纸和印刷机械	10~20 年
	石油天然气开采专用设备		10~15 年	化学药品和中药专用设备	5~10 年
	石油和化学工业专用设备		10~15 年	医疗设备	5~10 年
	炼焦和金属冶炼轧制设备		10~15 年	电工、电子专用生产设备	5~10 年
	电力工业专用设备		20~30 年	安全生产设备	10~20 年
	非金属矿物制品工业专用设备		10~20 年	邮政专用设备	10~15 年
	核工业专用设备		20~30 年	环境污染防治设备	10~20 年
	航空航天工业专用设备		20~30 年	公安专用设备	3~10 年
	工程机械		10~15 年	水工机械	10~20 年
	农业和林业机械		10~15 年	殡葬设备及用品	5~10 年
	木材采集和加工设备		10~15 年	铁路运输设备	10~20 年
	食品加工专用设备		10~15 年	水上交通运输设备	10~20 年

(续表)

类别	内容	折旧年限	内容	折旧年限
专用设备	饮料加工设备	10~15 年	航空器及其配套设备	10~20 年
	烟草加工设备	10~15 年	专用仪器仪表	5~10 年
	粮油作物和饲料加工设备	10~15 年	文艺设备	5~15 年
	纺织设备	10~15 年	体育设备	5~15 年
	缝纫、服饰、制革和毛皮加工设备	10~15 年	娱乐设备	5~15 年
家具、用具及装具	家具	不低于 15 年	用具、装具	不低于 5 年

(三) 折旧方法

行政事业单位一般应当采用年限平均法或工作量法计提固定资产折旧。在确定固定资产的折旧方法时，应当考虑与固定资产相关的服务潜力或经济利益的预期实现方式。固定资产折旧方法一经确定，不得随意变更。

行政事业单位一般应当按月计提固定资产折旧。当月增加的固定资产，当月开始计提折旧；当月减少的固定资产，当月不再计提折旧。固定资产提足折旧后，无论能否继续使用，均不再计提折旧；提前报废的固定资产，也不再补提折旧；已提足折旧的固定资产，可以继续使用的，应当继续使用，规范管理。固定资产因改建、扩建或修缮等原因而提高使用效能或延长使用年限的，应当按照重新确定的固定资产成本以及重新确定的折旧年限，重新计算折旧额。

(四) 固定资产累计折旧的账务处理

为了核算固定资产折旧业务，行政事业单位应设置"固定资产累计折旧"总账科目。公共基础设施和保障性住房计提的累计折旧，应当分别通过"公共基础设施累计折旧（摊销）"科目和"保障性住房累计折旧"科目核算，不通过本科目核算。本科目应当按照所对应固定资产的明细分类进行明细核算。本科目期末贷方余额，反映单位计提的固定资产折旧累计数。

单位计提融资租入固定资产折旧时，应当采用与自有固定资产相一致的折旧政策。能够合理确定租赁期届满时将会取得租入固定资产所有权的，应当在租入固定资产尚可使用年限内计提折旧；无法合理确定租赁期届满时能够取得租入固定资产所有权的，应当在租赁期与租入固定资产尚可使用年限两者中较短的期间内计提折旧。

单位按月计提固定资产折旧时，按照应计提折旧金额，在财务会计中，借记"业务活动费用""单位管理费用""经营费用""加工物品""在建工程"等科目，贷记"固定资产累计折旧"科目；在预算会计中不做账务处理。

【例 2-64】 某事业单位为开展业务活动购入的一辆运货汽车，成本为 600 000 元，预计总行驶里程为 500 000 千米，每月按行驶里程计提折旧，本月行驶 4 000 千米。该辆汽车的月折旧额计算如下：

$$单位里程折旧额 = 600\,000 \div 500\,000 = 1.2(元/千米)$$
$$本月折旧额 = 4\,000 \times 1.2 = 4\,800(元)$$

在事业单位应编制的会计分录为：
在财务会计中：

借：业务活动费用　　　　　　　　　　　　　　　　　　　　　　　4 800
　　贷：固定资产累计折旧　　　　　　　　　　　　　　　　　　　　4 800

在预算会计中不做账务处理。

六、固定资产盘盈和盘亏

单位应当定期对固定资产进行清查盘点，每年至少盘点一次。对于发生的固定资产盘盈、盘亏或毁损、报废，应当先记入"待处理财产损溢"科目，按照规定报经批准后及时进行后续账务处理。

盘盈的固定资产，其成本按照有关凭据注明的金额确定；没有相关凭据、但按照规定经过资产评估的，其成本按照评估价值确定；没有相关凭据、也未经过评估的，其成本按照重置成本确定。如无法采用上述方法确定盘盈固定资产成本的，按照名义金额（人民币1元）入账。

固定资产的盘盈盘亏或毁损报废相关业务的具体举例请参阅本章有关"待处理财产损溢"的核算。

第七节　在　建　工　程

一、在建工程的概念与核算科目的设置

在建工程是指单位已经发生必要支出，但尚未完工交付使用的各种建筑（包括新建、改建、扩建、修缮等）工程、设备安装工程和信息系统建设工程。不能够增加固定资产、公共基础设施使用效能或延长其使用寿命的修缮、维护等，不属于在建工程。

为了核算自行建造的固定资产业务，行政事业单位应设置"在建工程"总账科目。本科目核算单位在建的建设项目工程的实际成本。本科目应当设置"建筑安装工程投资""设备投资""待摊投资""其他投资""待核销基建支出""基建转出投资"等明细科目，并按照具体项目进行明细核算。本科目期末借方余额，反映单位尚未完工的建设项目工程发生的实际成本。

（1）"建筑安装工程投资"明细科目。本科目核算单位发生的构成建设项目实际支出的建筑工程和安装工程的实际成本，不包括被安装设备本身的价值以及按照合同规定支付给施工单位的预付备料款和预付工程款。本明细科目应当设置"建筑工程"和"安装工程"两个明细科目进行明细核算。

（2）"设备投资"明细科目。本科目核算单位发生的构成建设项目实际支出的各种设备的实际成本。

（3）"待摊投资"明细科目。本科目核算单位发生的构成建设项目实际支出的、按照规定应当分摊计入有关工程成本和设备成本的各项间接费用和税费支出。本明细科目的具体核算内容包括以下方面：①勘察费、设计费、研究试验费、可行性研究费及项目其他前期费用。②土地征用及迁移补偿费、土地复垦及补偿费、森林植被恢复费及其他为取得土地使用权、租用权而发生的费用。③土地使用税、耕地占用税、契税、车船税、印花税及按照规定缴纳的其他税费。④项目建设管理费、代建管理费、临时设施费、监理费、招投标费、社会中介

审计(审查)费及其他管理性质的费用。项目建设管理费是指项目建设单位从项目筹建之日起至办理竣工财务决算之日止发生的管理性质的支出,包括不在原单位发工资的工作人员工资及相关费用、办公费、办公场地租用费、差旅交通费、劳动保护费、工具用具使用费、固定资产使用费、招募生产工人费、技术图书资料费(含软件)、业务招待费、施工现场津贴、竣工验收费等。⑤项目建设期间发生的各类专门借款利息支出或融资费用。⑥工程检测费、设备检验费、负荷联合试车费及其他检验检测类费用。⑦固定资产损失、器材处理亏损、设备盘亏及毁损、单项工程或单位工程报废、毁损净损失及其他损失。⑧系统集成等信息工程的费用支出。⑨其他待摊性质支出。本明细科目应当按照上述费用项目进行明细核算,其中有些费用(如项目建设管理费等),还应当按照更为具体的费用项目进行明细核算。

(4)"其他投资"明细科目。本科目核算单位发生的构成建设项目实际支出的房屋购置支出,基本畜禽、林木等购置、饲养、培育支出,办公生活用家具、器具购置支出,软件研发和不能计入设备投资的软件购置等支出。单位为进行可行性研究而购置的固定资产,以及取得土地使用权支付的土地出让金,也通过本明细科目核算。本明细科目应当设置"房屋购置""基本畜禽支出""林木支出""办公生活用家具、器具购置""可行性研究固定资产购置""无形资产"等明细科目。

(5)"待核销基建支出"明细科目。本科目核算建设项目发生的江河清障、航道清淤、飞播造林、补助群众造林、水土保持、城市绿化、取消项目的可行性研究费以及项目整体报废等不能形成资产部分的基建投资支出。本明细科目应按照待核销基建支出的类别进行明细核算。

(6)"基建转出投资"明细科目。本科目核算为建设项目配套而建成的、产权不归属本单位的专用设施的实际成本。本明细科目应按照转出投资的类别进行明细核算。

行政事业单位在建的信息系统项目工程、公共基础设施项目工程、保障性住房项目工程的实际成本,也通过本科目核算。

二、在建工程的主要账务处理

(一)建筑安装工程投资

(1)将固定资产等资产转入改建、扩建等时,在财务会计中,按照固定资产等资产的账面价值,借记"在建工程"科目(建筑安装工程投资),按照已计提的折旧或摊销,借记"固定资产累计折旧"等科目,按照固定资产等资产的原值,贷记"固定资产"等科目。固定资产等资产改建、扩建过程中涉及替换(或拆除)原资产的某些组成部分的,按照被替换(或拆除)部分的账面价值,借记"待处理财产损溢"科目,贷记"在建工程"科目(建筑安装工程投资)。

(2)单位对于发包建筑安装工程,根据建筑安装工程价款结算账单与施工企业结算工程价款时,在财务会计中,按照应承付的工程价款,借记"在建工程"科目(建筑安装工程投资),按照预付工程款余额,贷记"预付账款"科目,按照其差额,贷记"财政拨款收入""财政应返还额度""银行存款""应付账款"等科目。在预算会计中,按照补付的差额,借记"行政支出""事业支出"等科目,贷记"财政拨款预算收入""资金结存"科目。

(3)单位自行施工的小型建筑安装工程,在财务会计中,按照发生的各项支出金额,借记"在建工程"科目(建筑安装工程投资),贷记"工程物资""财政应返还额度""银行存款""应付职工薪酬"等科目。在预算会计中,按照实际支付的金额,借记"行政支出""事业支出"等科目,贷记"资金结存"科目。

(4) 工程竣工,办妥竣工验收交接手续交付使用时,在财务会计中,按照建筑安装工程成本(含应分摊的待摊投资),借记"固定资产"等科目,贷记"在建工程"科目(建筑安装工程投资)。

【例 2-65】 某事业单位锅炉房使用多年转入修缮。该锅炉房原价为 5 000 000 元,已提折旧 3 500 000 元,账面余值为 1 500 000 元。修缮过程中拆除部分设备,其价值占整个锅炉房账面余值的 1/15,即 100 000 元。通过财政集中支付工程公司工程款 600 000 元。修缮完毕后锅炉房转入固定资产。该事业单位应编制的会计分录为:

(1) 锅炉房转入修缮时。

在财务会计中:

借:在建工程——建筑安装工程投资　　　　　　　　　　　1 500 000
　　固定资产累计折旧——锅炉房　　　　　　　　　　　　3 500 000
　　贷:固定资产——锅炉房　　　　　　　　　　　　　　　　　　5 000 000

在预算会计中不做账务处理。

(2) 拆除部分设备时。

在财务会计中:

借:待处理财产损溢　　　　　　　　　　　　　　　　　　　100 000
　　贷:在建工程——建筑安装工程投资　　　　　　　　　　　　　100 000

在预算会计中不做账务处理。

(3) 通过财政集中支付方式支付工程款时。

在财务会计中:

借:在建工程——建筑安装工程投资　　　　　　　　　　　　600 000
　　贷:财政拨款收入　　　　　　　　　　　　　　　　　　　　　　600 000

同时,在预算会计中:

借:事业支出　　　　　　　　　　　　　　　　　　　　　　600 000
　　贷:财政拨款预算收入　　　　　　　　　　　　　　　　　　　600 000

(4) 修缮完毕转入固定资产时。

在财务会计中:

借:固定资产——锅炉房　　　　　　　　　　　　　　　　　2 000 000
　　贷:在建工程——建筑安装工程投资　　　　　　　　　　　　2 000 000

在预算会计中不做账务处理。

(二)设备投资

(1) 购入设备时,在财务会计中,按照购入成本,借记"在建工程"科目(设备投资),贷记"财政拨款收入""财政应返还额度""银行存款"等科目。在预算会计中,按照实际支付的金额,借记"行政支出""事业支出"等科目,贷记"财政拨款预算收入""资金结存"科目。采用预付款方式购入设备的,有关预付款的账务处理参照"在建工程"科目有关"建筑安装工程投资"明细科目的规定。

（2）设备安装完毕，办妥竣工验收交接手续交付使用时，在财务会计中，按照设备投资成本（含设备安装工程成本和分摊的待摊投资），借记"固定资产"等科目，贷记"在建工程"科目（设备投资、建筑安装工程投资——安装工程）。将不需要安装的设备和达不到固定资产标准的工具、器具交付使用时，在财务会计中，按照相关设备、工具、器具的实际成本，借记"固定资产""库存物品"科目，贷记"在建工程"科目（设备投资）。

【例 2-66】 某事业单位向甲公司购入一台燃气锅炉（需要安装），锅炉的价格为 2 260 000 元（含税），运输及保险费为 40 000 元，扣留质量保证金 100 000 元（无故障运行 6 个月后返还），通过财政集中支付款项。通过财政集中支付燃气锅炉安装费用 100 000 元。安装完毕后结转成本为固定资产。到期后通过财政集中支付方式支付质量保证金。该事业单位应编制的会计分录为：

（1）购入燃气锅炉支付款项时。

在财务会计中：

借：在建工程——设备投资——锅炉　　　　　　　　　　　　　2 300 000
　　贷：财政拨款收入　　　　　　　　　　　　　　　　　　　　　2 200 000
　　　　其他应付款　　　　　　　　　　　　　　　　　　　　　　　100 000

同时，在预算会计中：

借：事业支出　　　　　　　　　　　　　　　　　　　　　　　　2 200 000
　　贷：财政拨款预算收入　　　　　　　　　　　　　　　　　　　2 200 000

（2）安装燃气锅炉支付安装费用时。

在财务会计中：

借：在建工程——建筑安装工程投资——安装工程——锅炉　　　　100 000
　　贷：财政拨款收入　　　　　　　　　　　　　　　　　　　　　　100 000

同时，在预算会计中：

借：事业支出　　　　　　　　　　　　　　　　　　　　　　　　　100 000
　　贷：财政拨款预算收入　　　　　　　　　　　　　　　　　　　　100 000

（3）锅炉安装合格交付使用时。

在财务会计中：

借：固定资产——锅炉　　　　　　　　　　　　　　　　　　　　2 400 000
　　贷：在建工程——设备投资——锅炉　　　　　　　　　　　　　2 300 000
　　　　在建工程——建筑安装工程投资——安装工程——锅炉　　　　100 000

在预算会计中不做账务处理。

（4）6 个月后通过财政集中支付质量保证金时。

在财务会计中：

借：其他应付款　　　　　　　　　　　　　　　　　　　　　　　　100 000
　　贷：财政应返还额度　　　　　　　　　　　　　　　　　　　　　100 000

同时，在预算会计中：

借：事业支出　　　　　　　　　　　　　　　　　　　　　　　　　　　100 000
　　贷：资金结存——财政应返还额度　　　　　　　　　　　　　　　　　100 000

（三）待摊投资

建设工程发生的构成建设项目实际支出的，按照规定应当分摊计入有关工程成本和设备成本的各项间接费用和税费支出，先在本明细科目中归集；建设工程办妥竣工验收手续交付使用时，按照合理的分配方法，摊入相关工程成本、在安装设备成本等。

（1）单位发生的构成待摊投资的各类费用，在财务会计中，按照实际发生金额，借记"在建工程"科目（待摊投资），贷记"财政拨款收入""财政应返还额度""银行存款""应付利息""长期借款""其他应交税费""固定资产累计折旧""无形资产累计摊销"等科目。在预算会计中，按照实际支付的金额，借记"行政支出""事业支出"等科目，贷记"财政拨款预算收入""资金结存"科目。

（2）对于建设过程中试生产、设备调试等产生的收入，在财务会计中，按照取得的收入金额，借记"银行存款"等科目，按照依据有关规定应当冲减建设工程成本的部分，贷记"在建工程"科目（待摊投资），按照其差额贷记"应缴财政款"或"其他收入"科目。

（3）由于自然灾害、管理不善等原因造成的单项工程或单位工程报废或毁损，扣除残料价值和过失人或保险公司等赔款后的净损失，报经批准后计入继续施工的工程成本的，按照工程成本扣除残料价值和过失人或保险公司等赔款后的净损失，借记"在建工程"科目（待摊投资），按照残料变价收入、过失人或保险公司赔款等，借记"银行存款""其他应收款"等科目，按照报废或毁损的工程成本，贷记"在建工程"科目（建筑安装工程投资）。

（4）工程交付使用时，按照合理的分配方法分配待摊投资，在财务会计中，借记"在建工程"科目（建筑安装工程投资、设备投资），贷记"在建工程"科目（待摊投资）。

待摊投资的分配方法，可按照下列公式计算：

其一，按照实际分配率分配，适用于建设工期较短、整个项目的所有单项工程一次竣工的建设项目。

$$实际分配率 = \frac{待摊投资明细科目余额}{建筑工程明细科目余额 + 安装工程明细科目余额 + 设备投资明细科目余额} \times 100\%$$

其二，按照概算分配率分配，适用于建设工期长、单项工程分期分批建成投入使用的建设项目。

$$概算分配率 = \frac{概算中各待摊投资项目的合计数 - 其中可直接分配部分}{概算中建筑工程、安装工程和设备投资合计} \times 100\%$$

其三，某项固定资产应分配的待摊投资等于该项固定资产的建筑工程成本或该项固定资产（设备）的采购成本和安装成本合计乘以分配率。

【例2-67】 某事业单位采用发包方式建造一项固定资产工程。通过财政集中支付方式向某施工企业预付部分工程建造款项200 000元。通过财政集中支付项目建设管理费等间接费用10 000元。建筑工程完工，根据建筑安装工程价款结算账单与施工企业结算工程价款，确认应承付工程价款700 000元，扣除预付款项200 000元后，剩余款项500 000元（700 000－200 000）通过财政集中支付方式支付。建筑工程验收合格并交付使用，确定的实际成本为 710 000 元(700 000+10 000)。该事业单位应编制的会计分录为：

(1) 通过财政集中支付方式向某施工企业预付部分工程建造款项时。

在财务会计中：

借：预付账款——预付工程款　　　　　　　　　　　　　　　200 000
　　贷：财政拨款收入　　　　　　　　　　　　　　　　　　　　　200 000

同时，在预算会计中：

借：事业支出　　　　　　　　　　　　　　　　　　　　　　200 000
　　贷：财政拨款预算收入　　　　　　　　　　　　　　　　　　　200 000

(2) 使用以前年度预算额度通过单位财政集中支付项目建设管理费等间接费用时。

在财务会计中：

借：在建工程——待摊投资　　　　　　　　　　　　　　　　10 000
　　贷：财政应返还额度　　　　　　　　　　　　　　　　　　　　10 000

同时，在预算会计中：

借：事业支出　　　　　　　　　　　　　　　　　　　　　　 10 000
　　贷：资金结存——财政应返还额度　　　　　　　　　　　　　　10 000

(3) 建筑工程完工，根据建筑安装工程价款结算账单与施工企业结算工程价款时。

在财务会计中：

借：在建工程——建筑安装工程投资　　　　　　　　　　　　700 000
　　贷：财政拨款收入　　　　　　　　　　　　　　　　　　　　　500 000
　　　　预付账款——预付工程款　　　　　　　　　　　　　　　　200 000

同时，在预算会计中：

借：事业支出　　　　　　　　　　　　　　　　　　　　　　500 000
　　贷：财政拨款预算收入　　　　　　　　　　　　　　　　　　　500 000

(4) 分摊待摊投资时。

在财务会计中：

借：在建工程——建筑安装工程投资　　　　　　　　　　　　 10 000
　　贷：在建工程——待摊投资　　　　　　　　　　　　　　　　　10 000

在预算会计中不做账务处理。

(5) 建筑工程验收合格并交付使用时。

在财务会计中：

借：固定资产　　　　　　　　　　　　　　　　　　　　　　710 000
　　贷：在建工程——建筑安装工程投资　　　　　　　　　　　　　710 000

在预算会计中不做账务处理。

(四) 其他投资

单位为建设工程发生的房屋购置支出，基本畜禽、林木等的购置、饲养、培育支出，办公生活用家具、器具购置支出,软件研发和不能计入设备投资的软件购置等支出,在财务会计中,按照实际发生金额,借记"在建工程"科目(其他投资),贷记"财政拨款收入""财政应返还额度""银行存款"等科目。在预算会计中,借记"行政支出""事业支出"等科目,贷记"财政拨款预算收入""资金结存"科目。工程完成将形成的房屋、基本畜禽、林木等各种财产以及无形资产交付使用时,在财务会计中,按照其实际成本,借记"固定资产""无形资产"等科目,贷记"在建工程"科目(其他投资)。

【例 2-68】 某事业单位为建设某项目进行一项信息系统研发,以财政集中支付方式支付该系统开发建设支出总计 300 000 元。数日后,项目信息系统完工交付运行,假设未发生其他费用。该事业单位应编制的会计分录为:

(1) 以财政集中支付方式支付该系统开发建设支出时。

在财务会计中:

借:在建工程——某项目软件研发　　　　　　　　　　　　300 000
　　贷:财政拨款收入　　　　　　　　　　　　　　　　　　　300 000

同时,在预算会计中:

借:事业支出　　　　　　　　　　　　　　　　　　　　　　300 000
　　贷:财政拨款预算收入　　　　　　　　　　　　　　　　　300 000

(2) 项目信息系统完工交付时。

在财务会计中:

借:固定资产——某项目　　　　　　　　　　　　　　　　　300 000
　　贷:在建工程——某项目软件研发　　　　　　　　　　　　300 000

在预算会计中不做会计处理。

(五)待核销基建支出

(1) 建设项目发生的江河清障、航道清淤、飞播造林、补助群众造林、水土保持、城市绿化等不能形成资产的各类待核销基建支出,按照实际发生金额,在财务会计中,借记"在建工程"科目(待核销基建支出),贷记"财政拨款收入""财政应返还额度""银行存款"等科目。在预算会计中,借记"行政支出""事业支出"等科目,贷记"财政拨款预算收入""资金结存"科目。

(2) 取消的建设项目发生的可行性研究费,按照实际发生金额,在财务会计中,借记"在建工程"科目(待核销基建支出),贷记"在建工程"科目(待摊投资)。

(3) 由于自然灾害等原因发生的建设项目整体报废所形成的净损失,报经批准后转入待核销基建支出,按照项目整体报废所形成的净损失,借记"在建工程"科目(待核销基建支出),按照报废工程回收的残料变价收入、保险公司赔款等,借记"银行存款""其他应收款"等科目;按照报废的工程成本,贷记"在建工程"科目(建筑安装工程投资等)。

(4) 建设项目竣工验收交付使用时,对发生的待核销基建支出进行冲销,在财务会计中,借记"资产处置费用"科目,贷记"在建工程"科目(待核销基建支出)。

【例 2-69】 某水务局于 20×2 年 1 月因建设排水系统需要进行江河清障工作,实际发生支出 150 000 元,采用财政集中支付方式支付。7 月,排水系统建设竣工验收交付使用。

该水务局应编制的会计分录为：

(1) 1月，进行江河清障工作时。

在财务会计中：

借：在建工程——待核销基建支出　　　　　　　　　　　　　　　150 000
　　贷：财政拨款收入　　　　　　　　　　　　　　　　　　　　150 000

同时，在预算会计中：

借：行政支出　　　　　　　　　　　　　　　　　　　　　　　　150 000
　　贷：财政拨款预算收入　　　　　　　　　　　　　　　　　　150 000

(2) 7月，建设项目竣工验收交付使用时。

在财务会计中：

借：资产处置费用　　　　　　　　　　　　　　　　　　　　　　150 000
　　贷：在建工程——待核销基建支出　　　　　　　　　　　　　150 000

在预算会计中不做账务处理。

（六）基建转出投资

为建设项目配套而建成的、产权不归属本单位的专用设施，在项目竣工验收交付使用时，在财务会计中，按照转出的专用设施的成本，借记"在建工程"科目（基建转出投资），贷记"在建工程"科目（建筑安装工程投资）；同时，借记"无偿调拨净资产"科目，贷记"在建工程"科目（基建转出投资）。

以建筑安装工程投资为例，在建工程的主要账务处理可概括如表2-19所示。

表2-19　　　　　　　　在建工程（建筑安装工程投资）的主要账务处理

业务事项和内容	财务会计	预算会计
将固定资产等转入改建、扩建时	借：在建工程——建筑安装工程投资 　　　固定资产累计折旧等 　　贷：固定资产等	—
发包工程预付工程款时	借：预付账款——预付工程款 　　贷：财政拨款收入/财政应返还额度/ 　　　　银行存款等	借：行政支出/事业支出等 　　贷：财政拨款预算收入/资金 　　　　结存
按照进度结算工程款时	借：在建工程——建筑安装工程投资 　　贷：预付账款——预付工程款 　　　　财政拨款收入/财政应返还额度/ 　　　　银行存款/应付账款等	借：行政支出/事业支出等（补付款项） 　　贷：财政拨款预算收入/资金 　　　　结存
自行施工小型建筑安装工程发生支出时	借：在建工程——建筑安装工程投资 　　贷：工程物资/财政应返还额度/银行存款/应付职工薪酬等	借：行政支出/事业支出等（实际支付的款项） 　　贷：资金结存等
改扩建过程中替换（拆除）原资产某些组成部分的	借：待处理财产损溢 　　贷：在建工程——建筑安装工程投资	—
工程竣工验收交付使用时	借：固定资产等 　　贷：在建工程——建筑安装工程投资	—

在建工程的综合案例　　关于代建制项目的账务处理　　代建单位的账务处理

第八节　无　形　资　产

一、无形资产的概念、确认与核算科目的设置

（一）无形资产的概念

无形资产是指不具有实物形态而能为单位提供某种权利的非货币性资产，包括著作权、土地使用权、专利权、非专利技术等。

资产满足下列条件之一的，符合无形资产定义中的可辨认性标准：①能够从单位中分离或者划分出来，并能单独或者与相关合同、资产或负债一起，用于出售、转移、授予许可、租赁或者交换。②源自合同性权利或其他法定权利，无论这些权利是否可以从单位或其他权利和义务中转移或者分离。

（二）无形资产的确认

无形资产同时满足下列条件的，应当予以确认：与该无形资产相关的服务潜力很可能实现或者经济利益很可能流入单位；该无形资产的成本或者价值能够可靠地计量。

在判断无形资产的服务潜力或经济利益是否很可能实现或流入时，应当对无形资产在预计使用年限内可能存在的各种社会、经济、科技因素做出合理估计，并且应当有确凿的证据支持。

单位购入的不构成相关硬件不可缺少组成部分的软件，应当确认为无形资产。

（三）无形资产核算科目的设置

为了核算各项无形资产业务，单位财务会计应设置"无形资产"总账科目。本科目应当按照无形资产的类别、项目等进行明细核算。本科目期末借方余额，反映单位无形资产的成本。

二、无形资产的取得

无形资产在取得时，应当按照取得成本进行初始计量。

（一）外购的无形资产

外购的无形资产，在财务会计中，按照确定的成本，借记"无形资产"科目，贷记"财政拨款收入""财政应返还额度""应付账款""银行存款"等科目。在预算会计中，按实际支付的款项，借记"行政支出""事业支出"等科目，贷记"财政拨款预算收入""资金结存"科目。无形资产取得时涉及增值税业务的，相关账务处理参见"应交增值税"科目。

外购的无形资产，其成本包括购买价款、相关税费，以及可归属于该项资产达到预定用途前所发生的其他支出。

【例 2-70】 某事业单位外购一项专利权,实际成本为 100 000 元,款项以财政集中支付,购入的无形资产已达到预定用途,投入事业活动使用。该事业单位应编制的会计分录为:

在财务会计中:

借:无形资产——专利权　　　　　　　　　　　　　　　　　　　100 000
　　贷:财政应返还额度　　　　　　　　　　　　　　　　　　　　100 000

同时,在预算会计中:

借:事业支出　　　　　　　　　　　　　　　　　　　　　　　　100 000
　　贷:资金结存——财政应返还额度　　　　　　　　　　　　　　100 000

(二) 委托软件公司开发软件

委托软件公司开发软件,视同外购的无形资产进行账务处理。合同中约定预付开发费用的,在财务会计中,按照预付金额,借记"预付账款"科目,贷记"财政拨款收入""财政应返还额度""银行存款"等科目。在预算会计中,按实际支付的款项,借记"行政支出""事业支出"等科目,贷记"财政拨款预算收入""资金结存"科目。

软件开发完成交付使用并支付剩余或全部软件开发费用时,在财务会计中,按照软件开发费用总额,借记"无形资产"科目,按照相关预付账款金额,贷记"预付账款"科目,按照支付的剩余金额,贷记"财政拨款收入""财政应返还额度""银行存款"等科目。在预算会计中,按照支付的剩余金额,借记"行政支出""事业支出"等科目,贷记"财政拨款预算收入""资金结存"科目。

委托软件公司开发的软件,视同外购无形资产确定其成本。

【例 2-71】 20×2 年 4 月,某事业单位委托某软件开发公司开发内部控制系统,合同总价款为 3 000 000 元,按照合同约定,签订合同后先预付 1 000 000 元,采用财政集中支付方式支付。20×2 年 10 月,该系统开发完成并交付使用,采用财政集中支付方式支付剩余价款 2 000 000 元。该事业单位应编制的会计分录为:

(1) 按合同约定预付开发费用时。

在财务会计中:

借:预付账款　　　　　　　　　　　　　　　　　　　　　　　1 000 000
　　贷:财政拨款收入　　　　　　　　　　　　　　　　　　　　1 000 000

同时,在预算会计中:

借:事业支出　　　　　　　　　　　　　　　　　　　　　　　1 000 000
　　贷:财政拨款预算收入　　　　　　　　　　　　　　　　　　1 000 000

(2) 系统开发完成交付使用并支付剩余价款时。

在财务会计中:

借:无形资产　　　　　　　　　　　　　　　　　　　　　　　3 000 000
　　贷:预付账款　　　　　　　　　　　　　　　　　　　　　　1 000 000
　　　　财政拨款收入　　　　　　　　　　　　　　　　　　　　2 000 000

同时,在预算会计中:

借：事业支出	2 000 000
贷：财政拨款预算收入	2 000 000

(三) 自行研究开发的无形资产

自行研究开发的无形资产，按照研究开发项目进入开发阶段后至达到预定用途前所发生的支出总额，借记"无形资产"科目，贷记"研发支出——开发支出"科目。

自行研究开发项目尚未进入开发阶段，或者确实无法区分研究阶段支出和开发阶段支出，但按照法律程序已申请取得无形资产的，按照依法取得时发生的注册费、聘请律师费等费用，在财务会计中，借记"无形资产"科目，贷记"财政拨款收入""财政应返还额度""银行存款"等科目；同时，在预算会计中，借记"行政支出""事业支出"等科目，贷记"财政拨款预算收入""资金结存"科目。

自行开发的无形资产，其成本包括自该项目进入开发阶段后至达到预定用途前所发生的支出总额。

【例2-72】 某事业单位自行研究开发某项专门技术，研发期间计提研制人员薪酬120 000元、消耗材料费60 000元，共计180 000元。该研发确实无法区分研究阶段支出和开发阶段支出，但该专门技术按照法律程序已申请取得国家专利，通过财政国库集中支付申请专利时发生的注册费、聘请律师费共计180 000元。该事业单位会计应编制的会计分录为：

(1) 确认研发期间的相关支出时。

在财务会计中：

借：研发支出	180 000
贷：应付职工薪酬	120 000
库存物品	60 000

在预算会计中不做账务处理。

(2) 将依法取得专利前所发生的研究开发支出结转业务活动费用时。

在财务会计中：

借：业务活动费用	180 000
贷：研发支出	180 000

在预算会计中不做账务处理。

(3) 通过财政国库集中支付申请专利时发生的注册费、聘请律师费时。

在财务会计中：

借：无形资产——专利权	180 000
贷：财政拨款收入	180 000

同时，在预算会计中：

借：事业支出	180 000
贷：财政拨款预算收入	180 000

自行研发支出的主要账务处理可概括如表2-20所示。

表 2-20　　　　　　　　　　　自行研发支出的主要账务处理

业务事项和内容		财务会计	预算会计
自行研究开发项目研究阶段的支出	应当按照合理的方法先归集	借：研发支出——研究支出 　贷：应付职工薪酬/库存物品/财政拨款收入/财政应返还额度/银行存款等	借：事业支出/经营支出等（实际支付的款项） 　贷：财政拨款预算收入/资金结存
	期（月）末转入当期费用	借：业务活动费用等 　贷：研发支出——研究支出	—
自行研究开发项目开发阶段的支出		借：研发支出——开发支出 　贷：应付职工薪酬 　　　库存物品 　　　财政拨款收入/财政应返还额度/银行存款等	借：事业支出/经营支出等（实际支付的款项） 　贷：财政拨款预算收入/资金结存
自行研究开发项目完成，达到预定用途形成无形资产		借：无形资产 　贷：研发支出——开发支出	—
年末经评估，研发项目预计不能达到预定用途		借：业务活动费用等 　贷：研发支出——开发支出	—

（四）接受捐赠的无形资产

接受捐赠的无形资产，在财务会计中，按照确定的无形资产成本，借记"无形资产"科目，按照发生的相关税费等，贷记"财政应返还额度""银行存款"等科目，按照其差额，贷记"捐赠收入"科目。在预算会计中，按实际发生的相关税费等，借记"其他支出"等科目，贷记"资金结存"科目。接受捐赠的无形资产按照名义金额入账的，按照名义金额，借记"无形资产"科目，贷记"捐赠收入"科目；按照支付的相关税费等，在财务会计中，借记"其他费用"科目，贷记"财政应返还额度""银行存款"等科目，同时，在预算会计中，借记"其他支出"等科目，贷记"资金结存"科目。

接受捐赠的无形资产，其成本按照有关凭据注明的金额加上相关税费确定；没有相关凭据可供取得，但按规定经过资产评估的，其成本按照评估价值加上相关税费确定；没有相关凭据可供取得、也未经资产评估的，其成本比照同类或类似资产的市场价格加上相关税费确定；没有相关凭据且未经资产评估、同类或类似资产的市场价格也无法可靠取得的，按照名义金额入账，相关税费计入当期费用。

确定接受捐赠无形资产的初始入账成本时，应当考虑该项资产尚可为单位带来服务潜力或经济利益的能力。

（五）无偿调入的无形资产

无偿调入的无形资产，在财务会计中，按照确定的无形资产成本，借记"无形资产"科目，按照发生的相关税费等，贷记"财政应返还额度""银行存款"等科目，按照其差额，贷记"无偿调拨净资产"科目。在预算会计中，按支付的相关税费等，借记"其他支出"等科目，贷记"资金结存"科目。

无偿调入无形资产在调出方的账面价值为0的，在财务会计中，按照该项资产在调出方的账面余额,借记"无形资产"等科目,按照该项资产在调出方已经摊销金额(与无形资产账面余额相等),贷记"无形资产累计摊销"等科目;按照支付的相关税费,借记"其他费用"科目,贷记"财政应返还额度""银行存款"等科目。同时,在预算会计中,按照支付的相关税费,借记"其他支出"科目,贷记"资金结存"科目。

无偿调入无形资产在调出方的账面余额为名义金额的,在财务会计中,按照名义金额,借记"无形资产"等科目,贷记"无偿调拨净资产"科目;按照支付的相关税费,借记"其他费用"科目,贷记"财政应返还额度""银行存款"等科目。同时,在预算会计中,按照支付的相关税费,借记"其他支出"科目,贷记"资金结存"科目。

无偿调入的无形资产,其成本按照调出方账面价值加上相关税费确定。

(六)置换取得的无形资产

置换取得的无形资产,参照"库存物品"科目中置换取得库存物品的相关规定进行账务处理。

通过置换取得的无形资产,其成本按照换出资产的评估价值加上支付的补价或减去收到的补价,加上换入无形资产发生的其他相关支出确定。

单位为了核算自行研究开发项目研究阶段和开发阶段发生的各项支出,应设置"研发支出"总账科目。该科目应当按照自行研究开发项目,区分"研究支出""开发支出"分别进行明细核算。建设项目中的软件研发支出,应当通过"在建工程"科目核算,不通过"研发支出"科目核算。"研发支出"科目期末借方余额,反映单位预计能达到预定用途的研究开发项目在开发阶段发生的累计支出数。

自行研究开发项目研究阶段的支出,在财务会计中,按照从事研究及其辅助活动人员计提的薪酬,研究活动领用的库存物品,发生的与研究活动相关的管理费、间接费和其他各项费用,在财务会计中,借记"研发支出"科目(研究支出),贷记"应付职工薪酬""库存物品""财政拨款收入""财政应返还额度""固定资产累计折旧""银行存款"等科目;同时,在预算会计中,按实际支付的金额,借记"行政支出""事业支出"等科目,贷记"财政拨款预算收入""资金结存"科目。期(月)末,应当将"研发支出"科目归集的研究阶段的支出金额转入当期费用,在财务会计中,借记"业务活动费用"等科目,贷记"研发支出"科目(研究支出)。

自行研究开发项目开发阶段的支出,在财务会计中,按照从事开发及其辅助活动人员计提的薪酬,开发活动领用的库存物品,发生的与开发活动相关的管理费、间接费和其他各项费用,在财务会计中,借记"研发支出"科目(开发支出),贷记"应付职工薪酬""库存物品""财政拨款收入""财政应返还额度""固定资产累计折旧""银行存款"等科目;同时,在预算会计中,按实际支付的金额,借记"行政支出""事业支出"等科目,贷记"财政拨款预算收入""资金结存"科目。自行研究开发项目完成,达到预定用途形成无形资产的,按照"研发支出"科目归集的开发阶段的支出金额,在财务会计中,借记"无形资产"科目,贷记"研发支出"科目(开发支出)。预算会计不做账务处理。

单位应于每年年度终了评估研究开发项目是否能达到预定用途,如预计不能达到预定用途(如无法最终完成开发项目并形成无形资产的),应当将已发生的开发支出金额全部转入当期费用,在财务会计中,借记"业务活动费用"等科目,贷记"研发支出"科目(开发支出)。预算会计不做账务处理。

三、与无形资产有关的后续支出

拓展练习

与无形资产有关的后续支出,符合无形资产确认条件的,应当计入无形资产成本;不符合确认条件的,应当在发生时计入当期费用或者相关资产成本。

(一)符合无形资产确认条件的后续支出

对于符合无形资产确认条件的后续支出,为增加无形资产的使用效能对其进行升级改造或扩展其功能时,如需暂停对无形资产进行摊销的,按照无形资产的账面价值,在财务会计中,借记"在建工程"科目,按照无形资产已摊销金额,借记"无形资产累计摊销"科目,按照无形资产的账面余额,贷记"无形资产"科目。无形资产后续支出符合无形资产确认条件的,按照支出的金额,在财务会计中,借记"无形资产"科目(无需暂停摊销的)或"在建工程"科目(需暂停摊销的),贷记"财政拨款收入""财政应返还额度""银行存款"等科目;在预算会计中,借记"行政支出""事业支出"等科目,贷记"财政拨款预算收入""资金结存"科目。暂停摊销的无形资产升级改造或扩展功能等完成交付使用时,按照在建工程成本,在财务会计中,借记"无形资产"科目,贷记"在建工程"科目。

【例2-73】 某事业单位于20×2年11月对原有的内部控制系统进行升级改造,该无形资产原值为800 000元,已摊销金额为200 000元。升级改造过程中用银行存款支付400 000元。该无形资产于20×2年12月升级改造完成。该事业单位应编制的会计分录为:

(1) 无形资产转入升级改造状态时。

在财务会计中:

借:在建工程 600 000
    无形资产累计摊销 200 000
  贷:无形资产 800 000

在预算会计中不做账务处理。

(2) 支付升级改造款时。

在财务会计中:

借:在建工程 400 000
  贷:银行存款 400 000

同时,在预算会计中:

借:事业支出 400 000
  贷:资金结存——货币资金 400 000

(3) 升级改造完成时。

在财务会计中:

借:无形资产 1 000 000
  贷:在建工程 1 000 000

在预算会计中不做账务处理。

(二)不符合无形资产确认条件的后续支出

对于不符合无形资产确认条件的后续支出,为保证无形资产正常使用发生的日常维护等支出,在财务会计中,借记"业务活动费用""单位管理费用"等科目,贷记"财政拨款收入"

"财政应返还额度""银行存款"等科目。在预算会计中,借记"行政支出""事业支出"等科目,贷记"财政拨款预算收入""资金结存"科目。

【例2-74】 20×2年8月,某事业单位对内部控制系统进行日常维护,使用财政集中支付方式支付维护费用5 000元。该事业单位应编制的会计分录为:

在财务会计中:

借:业务活动费用　　　　　　　　　　　　　　　　　　　　　　　5 000
　　贷:财政拨款收入　　　　　　　　　　　　　　　　　　　　　　　　5 000

同时,在预算会计中:

借:事业支出　　　　　　　　　　　　　　　　　　　　　　　　　5 000
　　贷:财政拨款预算收入　　　　　　　　　　　　　　　　　　　　　　5 000

根据《政府会计准则制度解释第2号》的规定,单位应当按照《政府会计准则第4号——无形资产》的规定,将依法取得的专利权确认为无形资产,并进行后续摊销。在以后年度,单位按照相关规定发生的专利权维护费,应当在发生时计入当期费用,原确定的无形资产摊销年限不据此调整。

四、无形资产摊销

无形资产摊销是指在无形资产使用年限内,按照确定的方法对应摊销金额进行系统分摊。单位应当对使用年限有限的无形资产进行摊销,但已摊销完毕仍继续使用的无形资产和以名义金额计量的无形资产除外。

(一)无形资产摊销年限的确定

行政事业单位应当于取得或形成无形资产时合理确定其使用年限。无形资产的使用年限为有限的,应当估计该使用年限。无法预见无形资产为单位提供服务潜力或者带来经济利益期限的,应当视为使用年限不确定的无形资产。

对于使用年限有限的无形资产,单位应当按照以下原则确定无形资产的摊销年限:①法律规定了有效年限的,按照法律规定的有效年限作为摊销年限。②法律没有规定有效年限的,按照相关合同或单位申请书中的受益年限作为摊销年限。③法律没有规定有效年限、相关合同或单位申请书也没有规定受益年限的,应当根据无形资产为政府会计主体带来服务潜力或经济利益的实际情况,预计其使用年限。④非大批量购入、单价小于1 000元的无形资产,可以于购买的当期将其成本一次性全部转销。

使用年限不确定的无形资产不应摊销。

(二)无形资产摊销方法和应摊销金额的确定

行政事业单位应当采用年限平均法或者工作量法对无形资产进行摊销,应摊销金额为其成本,不考虑预计残值。单位应当自无形资产取得当月起,按月计提摊销;无形资产减少的当月,不再计提摊销。因发生后续支出而增加无形资产成本的,对于使用年限有限的无形资产,应当按照重新确定的无形资产成本以及重新确定的摊销年限计算摊销额。

(三)无形资产摊销的账务处理

为了核算使用年限有限的无形资产摊销业务,行政事业单位应设置"无形资产累计摊销"总账科目。该科目应当按照无形资产的类别、项目等进行明细核算。行政事业单位按月对无形资产进行摊销时,按照应摊销金额,借记"业务活动费用""单位管理费用""加工物品""在建工程"等科目,贷记"无形资产累计摊销"科目。该科目期末贷方余额,反映单位计提的无形资产摊销累计数。

【例 2-75】 某事业单位对一批外文著作的著作权进行摊销,该著作权为单位履职活动中使用的无形资产,摊销金额为 12 000 元,应计入单位业务活动费用。该事业单位应编制的会计分录为:

在财务会计中:

借:业务活动费用　　　　　　　　　　　　　　　　　　　　　　　　　12 000
　　贷:无形资产累计摊销　　　　　　　　　　　　　　　　　　　　　　12 000

在预算会计中不做账务处理。

五、无形资产的处置

按照规定报经批准处置无形资产,应当分别以下情况处理。

(一) 出售或转让无形资产

单位报经批准出售、转让无形资产,按照被出售、转让无形资产的账面价值,在财务会计中,借记"资产处置费用"科目,按照无形资产已计提的摊销,借记"无形资产累计摊销"科目,按照无形资产账面余额,贷记"无形资产"科目。同时,按照收到的价款,借记"银行存款"等科目,按照处置过程中发生的相关费用,贷记"银行存款"等科目,按照其差额,贷记"应缴财政款"(按照规定应上缴无形资产转让净收入的)或"其他收入"(按照规定将无形资产转让收入纳入本单位预算管理的)科目。若按照规定将无形资产转让收入纳入本单位预算管理的,在预算会计中,借记"资金结存"等科目,贷记"其他预算收入"科目。

(二) 对外捐赠无形资产

单位报经批准对外捐赠无形资产,在财务会计中,按照无形资产已计提的摊销,借记"无形资产累计摊销"科目,按照被处置无形资产账面余额,贷记"无形资产"科目,按照捐赠过程中发生的归属于捐出方的相关费用,贷记"银行存款"等科目,按照其差额,借记"资产处置费用"科目。在预算会计中,按上述发生的归属于捐出方的相关费用,借记"其他支出"等科目,贷记"资金结存"科目。

(三) 无偿调出无形资产

报经批准无偿调出无形资产,在财务会计中,按照无形资产已计提的摊销,借记"无形资产累计摊销"科目,按照被处置无形资产账面余额,贷记"无形资产"科目,按照其差额,借记"无偿调拨净资产"科目;同时,按照无偿调出过程中发生的归属于调出方的相关费用,借记"资产处置费用"科目,贷记"银行存款"等科目。在预算会计中,按无偿调出过程中发生的归属于调出方的相关费用,借记"其他支出"等科目,贷记"资金结存"科目。

(四) 置换换出无形资产

报经批准置换换出无形资产,参照"库存物品"科目中置换换入库存物品的规定进行账务处理。

(五) 核销无形资产

无形资产预期不能为单位带来服务潜力或经济利益,按照规定报经批准核销时,在财务会计中,按照待核销无形资产的账面价值,借记"资产处置费用"科目,按照已计提摊销,借记

"无形资产累计摊销"科目,按照无形资产的账面余额,贷记"无形资产"科目。

无形资产处置时涉及增值税业务的,相关账务处理参见"应交增值税"科目。

【例2-76】 2022年3月,甲高校将A团队完成的"M选煤设备"发明专利,转让至乙公司,双方合同约定转让费为150万元,并签订了合同。甲高校将双方签订的合同到该市技术市场管理办公室办理了技术合同认定登记手续。2022年3月,双方到专利局办理了专利权归属变更手续,甲高校收到乙公司银行汇款150万元,并按约定向乙公司开具零税率增值税普通发票。假定转让过程中未发生其他费用。截至2022年3月,甲高校转让的"M选煤设备"专利基本情况如表2-21所示。

表2-21　　　　　　　　　　"M选煤设备"专利基本情况

专利号	专利名称	申请年月	有效期	面值(元)	累计摊销(元)	净值(元)
20201＊＊＊	M选煤设备	2012.3	20年	107 000	53 500	53 500

甲高校应编制的会计分录为:

(1) 甲高校收到乙公司150万元款项时。

在财务会计中:

借:银行存款　　　　　　　　　　　　　　　　　　　　　　　1 500 000
　　贷:其他收入　　　　　　　　　　　　　　　　　　　　　　　　1 500 000

同时,在预算会计中:

借:资金结存——货币资金　　　　　　　　　　　　　　　　　1 500 000
　　贷:其他预算收入　　　　　　　　　　　　　　　　　　　　　　1 500 000

(2) 甲高校将转让的"M选煤设备"专利无形资产核销时。

在财务会计中:

借:资产处置费用　　　　　　　　　　　　　　　　　　　　　　53 500
　　无形资产累计摊销　　　　　　　　　　　　　　　　　　　　　53 500
　　贷:无形资产　　　　　　　　　　　　　　　　　　　　　　　　107 000

在预算会计中不做账务处理。

七、无形资产的清查盘点

单位应当定期对无形资产进行清查盘点,每年至少盘点一次。单位资产清查盘点过程中发现的无形资产盘盈、盘亏等,参照"固定资产"科目相关规定进行账务处理。具体有关业务请参见本章"待处理财产损溢"。

第九节　公共基础设施

一、公共基础设施的概念与核算科目的设置

按照《政府会计准则第5号——公共基础设施》的规定,公共基础设施是指单位为满足

社会公共需求而控制的,同时具有以下特征的有形资产:①是一个有形资产系统或网络的组成部分。②具有特定用途。③一般不可移动。公共基础设施主要包括市政基础设施(如城市道路、桥梁、隧道、公交场站、路灯、广场、公园绿地、室外公共健身器材,以及环卫、排水、供水、供电、供气、供热、污水处理、垃圾处理系统等)、交通基础设施(如公路、航道、港口等)、水利基础设施(如大坝、堤防、水闸、泵站、渠道等)和其他公共基础设施。独立于公共基础设施、不构成公共基础设施使用不可缺少组成部分的管理维护用房屋建筑物、设备、车辆等,应作为单位的固定资产核算,不作为公共基础设施。

对于确认为公共基础设施的单独计价入账的土地使用权,应作为无形资产核算,不作为公共基础设施。

公共基础设施同时满足下列条件的,应当予以确认:①与该公共基础设施相关的服务潜力很可能实现或者经济利益很可能流入单位。②该公共基础设施的成本或者价值能够可靠地计量。

通常情况下,符合上述确认条件的公共基础设施,应当由按规定对其负有管理维护职责的单位予以确认。多个单位共同管理维护的公共基础设施,应当由对该资产负有主要管理维护职责或者承担后续主要支出责任的单位予以确认。分为多个组成部分由不同单位分别管理维护的公共基础设施,应当由各个单位分别对其负责管理维护的公共基础设施的相应部分予以确认。负有管理维护公共基础设施职责的单位通过政府购买服务方式委托企业或其他会计主体代为管理维护公共基础设施的,该公共基础设施应当由委托方予以确认。

在购建公共基础设施时,能够分清购建成本中的构筑物部分与土地使用权部分的,应当将其中的构筑物部分和土地使用权部分分别确认为公共基础设施;不能分清购建成本中的构筑物部分与土地使用权部分的,应当整体确认为公共基础设施。

为了核算公共基础设施业务,单位财务会计应当设置"公共基础设施"科目,并按照公共基础设施的类别和项目进行明细核算。公共基础设施应当在对其取得占有权利时确认。本科目期末借方余额,反映单位管理的公共基础设施的实际成本。单位应当结合本单位的具体情况,制定适合于本单位管理的公共基础设施目录、分类方法,作为进行公共基础设施核算的依据。

二、公共基础设施的取得

(一)外购的公共基础设施

外购的公共基础设施,按照确定的成本,在财务会计中,借记"公共基础设施"科目,贷记"财政拨款收入""财政应返还额度""银行存款"等科目。在预算会计中,借记"行政支出""事业支出"科目,贷记"财政拨款预算收入""资金结存"科目。

外购的公共基础设施,其成本包括购买价款、相关税费以及公共基础设施交付使用前所发生的可归属于该项资产的运输费、装卸费、安装费和专业人员服务费等。

对于包括不同组成部分的公共基础设施,其只有总成本、没有单项组成部分成本的,可以按照各单项组成部分同类或类似资产的成本或市场价格比例对总成本进行分配,分别确定公共基础设施中各单项组成部分的成本。

(二)自行建造的公共基础设施

自行建造的公共基础设施完工交付使用时,在财务会计中,按照在建工程的成本,借记

"公共基础设施"科目,贷记"在建工程"科目;在预算会计中不做账务处理。

自行建造的公共基础设施,其成本包括完成批准的建设内容所发生的全部必要支出,包括建筑安装工程投资支出、设备投资支出、待摊投资支出和其他投资支出。

【例2-76】 某行政单位根据市政规划自行建造一项公共基础设施。该项目自公共基础设施至交付使用前所完成的全部必要支出是800 000元,现已完工交付使用。该行政单位应编制的会计分录为:

在财务会计中:

借:公共基础设施　　　　　　　　　　　　　　　　　　　　　　　　　　800 000
　　贷:在建工程　　　　　　　　　　　　　　　　　　　　　　　　　　　800 000

在预算会计中不做账务处理。

(三) 无偿调入的公共基础设施

接受其他单位无偿调入的公共基础设施,在财务会计中,按照确定的成本,借记"公共基础设施"科目,按照发生的归属于调入方的相关费用,贷记"财政拨款收入""财政应返还额度""银行存款"等科目,按照其差额,贷记"无偿调拨净资产"科目。无偿调入的公共基础设施成本无法可靠取得的,按照发生的归属于调入方的相关费用,借记"其他费用"科目,贷记"财政拨款收入""财政应返还额度""银行存款"等科目。在预算会计中,按照发生的归属于调入方的相关费用,借记"其他支出"科目,贷记"资金结存"科目。

接受其他会计主体无偿调入的公共基础设施,其成本按照该项公共基础设施在调出方的账面价值加上归属于调入方的相关费用确定。

【例2-77】 某行政单位根据市政府的统一规划,经批准无偿调入一项公共基础设施。该项公共基础设施在调出方的账面价值是5 000 000元。调入过程中,该行政单位发生相关费用5 000元,款项通过财政集中支付方式支付。该行政单位应编制的会计分录为:

在财务会计中:

借:公共基础设施　　　　　　　　　　　　　　　　　　　　　　　　　5 005 000
　　贷:无偿调拨净资产——公共基础设施　　　　　　　　　　　　　　　5 000 000
　　　　财政拨款收入　　　　　　　　　　　　　　　　　　　　　　　　　5 000

同时,在预算会计中:

借:其他支出　　　　　　　　　　　　　　　　　　　　　　　　　　　　5 000
　　贷:财政拨款预算收入　　　　　　　　　　　　　　　　　　　　　　　5 000

(四) 接受捐赠的公共基础设施

接受捐赠的公共基础设施,在财务会计中,按照确定的成本,借记"公共基础设施"科目,按照发生的相关费用,贷记"财政拨款收入""财政应返还额度""银行存款"等科目,按照其差额,贷记"捐赠收入"科目;接受捐赠的公共基础设施成本无法可靠取得的,按照发生的相关税费等金额,在财务会计中,借记"其他费用"科目,贷记"财政拨款收入""财政应返还额度""银行存款"等科目。在预算会计中,按照发生的相关费用,借记"其他支出"科目,贷记"财政拨款预算收入""资金结存"科目。

接受捐赠的公共基础设施,其成本按照有关凭据注明的金额加上相关费用确定;没有相关凭据可供取得,但按规定经过资产评估的,其成本按照评估价值加上相关费用确定;没有相关凭证可供取得,也未经资产评估的,其成本比照同类或类似资产的市场价格加上相关费用确定。

如受赠的系旧的公共基础设施,在确定其初始入账成本时应当考虑该项资产的新旧程度。

此外,对于成本无法可靠取得的公共基础设施,单位应当设置备查簿进行登记,待成本能够可靠确定后按照规定及时入账。

【例2-78】 某行政单位接受捐赠一项公共基础设施,其确定的成本为5 000 000元,另发生其他费用25 000元,款项通过财政集中支付方式支付。该行政单位应编制的会计分录为:

在财务会计中:

借:公共基础设施　　　　　　　　　　　　　　　　　　　　　5 000 000
　　贷:财政拨款收入　　　　　　　　　　　　　　　　　　　　　　　25 000
　　　　捐赠收入　　　　　　　　　　　　　　　　　　　　　　　4 975 000

同时,在预算会计中:

借:其他支出　　　　　　　　　　　　　　　　　　　　　　　　　25 000
　　贷:财政拨款预算收入　　　　　　　　　　　　　　　　　　　　　25 000

其他方式取得的公共基础设施的核算可参照固定资产相关核算的内容。

三、与公共基础设施有关的后续支出

公共基础设施的后续支出是指公共基础设施在使用过程中发生的改建、扩建支出,日常维护支出等。按照规定,公共基础设施在使用过程中发生的后续支出,符合规定的确认条件的,应当计入公共基础设施成本;不符合规定的确认条件的,应当在发生时计入当期费用。通常情况下,为增加公共基础设施使用效能或延长其使用年限而发生的改建、扩建等后续支出,应当计入公共基础设施成本;为维护公共基础设施的正常使用而发生的日常维修、养护等后续支出,应当计入当期费用。

(一)符合规定的确认条件的公共基础设施后续支出

将公共基础设施转入改建、扩建时,在财务会计中,按照公共基础设施的账面价值,借记"在建工程"科目,按照公共基础设施已计提折旧,借记"公共基础设施累计折旧(摊销)"科目,按照公共基础设施的账面余额,贷记"公共基础设施"科目。为增加公共基础设施使用效能或延长其使用年限而发生的改建、扩建等后续支出,在财务会计中,借记"在建工程"科目,贷记"财政拨款收入""财政应返还额度""银行存款"等科目;在预算会计中,借记"行政支出""事业支出"科目,贷记"财政拨款预算收入""资金结存"科目。公共基础设施改建、扩建完成,竣工验收交付使用时,在财务会计中,按照在建工程成本,借记"公共基础设施"科目,贷记"在建工程"科目。

【例2-79】 某事业单位对一项公共基础设施进行改建、扩建,该项公共基础设施的账面余额为1 000 000元,已计提折旧为400 000元,账面价值为600 000元。改建、扩建过程中发生支出300 000元,款项通过财政国库集中支付。改建、扩建半年后,工程完工并交付使用,该项公共基础设施重新确定的成本数额为900 000元(600 000+300 000)。该事业单

位应编制的会计分录为：

（1）将公共基础设施转入改建、扩建时。

在财务会计中：

借：在建工程　　　　　　　　　　　　　　　　　　　　　　　600 000
　　公共基础设施累计折旧（摊销）　　　　　　　　　　　　　400 000
　　贷：公共基础设施　　　　　　　　　　　　　　　　　　　　　1 000 000

在预算会计中不做账务处理。

（2）支付改建、扩建工程款项时。

在财务会计中：

借：在建工程　　　　　　　　　　　　　　　　　　　　　　　300 000
　　贷：财政拨款收入　　　　　　　　　　　　　　　　　　　　　300 000

同时，在预算会计中：

借：事业支出　　　　　　　　　　　　　　　　　　　　　　　320 000
　　贷：财政拨款预算收入　　　　　　　　　　　　　　　　　　　320 000

（3）工程完工并交付使用。

在财务会计中：

借：公共基础设施　　　　　　　　　　　　　　　　　　　　　900 000
　　贷：在建工程　　　　　　　　　　　　　　　　　　　　　　　900 000

在预算会计中不做账务处理。

按照规定，在原有公共基础设施基础上进行改建、扩建等建造活动后的公共基础设施，其成本按照原公共基础设施账面价值加上改建、扩建等建造活动发生的支出，再扣除公共基础设施被替换部分的账面价值后的金额确定。

为建造公共基础设施借入的专门借款的利息，属于建设期间发生的，计入该公共基础设施在建工程成本；不属于建设期间发生的，计入当期费用。

已交付使用但尚未办理竣工决算手续的公共基础设施，应当按照估计价值入账，待办理竣工决算后再按照实际成本调整原来的暂估价值。

（二）不符合规定的确认条件的公共基础设施后续支出

为保证公共基础设施正常使用发生的日常维修等支出，在财务会计中，借记"业务活动费用""单位管理费用"等科目，贷记"财政拨款收入""财政应返还额度""银行存款"等科目。在预算会计中，按照支付的相关费用，借记"行政支出""事业支出"科目，贷记"财政拨款预算收入""资金结存"科目。

【例2-80】　某行政单位对由其占有并直接负责维护管理的一项公共基础设施进行日常修理，发生相应的维修支出25 000元，款项通过财政集中支付方式支付。该行政单位应编制的会计分录为：

在财务会计中：

借：业务活动费用　　　　　　　　　　　　　　　　　　　　　25 000
　　贷：财政拨款收入　　　　　　　　　　　　　　　　　　　　　25 000

同时,在预算会计中:

借:行政支出 25 000
　　贷:财政拨款预算收入 25 000

四、公共基础设施的折旧或摊销

行政事业单位应当对公共基础设施计提折旧,但单位持续进行良好的维护使得其性能得到永久维持的公共基础设施和确认为公共基础设施的单独计价入账的土地使用权除外。

公共基础设施应计提的折旧总额为其成本,计提公共基础设施折旧时不考虑预计净残值。单位应当对暂估入账的公共基础设施计提折旧,实际成本确定后不需调整原已计提的折旧额。

行政事业单位应当根据公共基础设施的性质和使用情况,合理确定公共基础设施的折旧年限。确定公共基础设施折旧年限,应当考虑下列因素:①设计使用年限或设计基准期。②预计实现服务潜力或提供经济利益的期限。③预计有形损耗和无形损耗。④法律或者类似规定对资产使用的限制。对于单位接受无偿调入、捐赠的公共基础设施,应当考虑该项资产的新旧程度,按照其尚可使用的年限计提折旧。公共基础设施的折旧年限一经确定,不得随意变更。处于改建、扩建等建造活动期间的公共基础设施,应当暂停计提折旧。因改建、扩建等原因而延长公共基础设施使用年限的,应当按照重新确定的公共基础设施的成本和重新确定的折旧年限计算折旧额,不需调整原已计提的折旧额。

行政事业单位一般应当采用年限平均法或者工作量法计提公共基础设施折旧。在确定公共基础设施的折旧方法时,应当考虑与公共基础设施相关的服务潜力或经济利益的预期实现方式。公共基础设施折旧方法一经确定,不得随意变更。公共基础设施应当按月计提折旧,并计入当期费用。当月增加的公共基础设施,当月开始计提折旧;当月减少的公共基础设施,当月不再计提折旧。

公共基础设施提足折旧后,无论能否继续使用,均不再计提折旧;已提足折旧的公共基础设施,可以继续使用的,应当继续使用,并规范实物管理。提前报废的公共基础设施,不再补提折旧。

为核算公共基础设施折旧或摊销业务,行政事业单位应设置"基础设施累计折旧(摊销)"总账科目。本科目应当按照所对应公共基础设施的明细分类进行明细核算。单位按月计提公共基础设施折旧时,按照应计提的折旧额,借记"业务活动费用"科目,贷记"基础设施累计折旧(摊销)"科目;单位按月对确认为公共基础设施的单独计价入账的土地使用权进行摊销时,按照应计提的摊销额,借记"业务活动费用"科目,贷记"公共基础设施累计折旧(摊销)"科目。本科目期末贷方余额,反映单位提取的公共基础设施折旧和摊销的累计数。

【例2-81】 某行政单位对一项公共基础设施计提折旧150 000元。该行政单位应编制的会计分录为:

在财务会计中:

借:业务活动费用 150 000
　　贷:公共基础设施累计折旧(摊销) 150 000

在预算会计中不做账务处理。

五、公共基础设施的处置

按照规定报经批准处置公共基础设施时,应分别以下情况处理。

(一) 对外捐赠公共基础设施

单位报经批准对外捐赠公共基础设施,在财务会计中,按照公共基础设施已计提的折旧或摊销,借记"公共基础设施累计折旧(摊销)"科目,按照被处置公共基础设施账面余额,贷记"公共基础设施"科目,按照捐赠过程中发生的归属于捐出方的相关费用,贷记"银行存款"等科目,按照其差额,借记"资产处置费用"科目。在预算会计中,按照捐赠过程中发生的归属于捐出方的相关费用,借记"其他支出"科目,贷记"资金结存"科目。

(二) 无偿调出公共基础设施

单位报经批准无偿调出公共基础设施,在财务会计中,按照公共基础设施已计提的折旧或摊销,借记"公共基础设施累计折旧(摊销)"科目,按照被处置公共基础设施账面余额,贷记"公共基础设施"科目,按照其差额,借记"无偿调拨净资产"科目;同时,按照无偿调出过程中发生的归属于调出方的相关费用,借记"资产处置费用"科目,贷记"银行存款"等科目。在预算会计中,按照无偿调出过程中发生的归属于调出方的相关费用,借记"其他支出"科目,贷记"资金结存"科目。

【例2-82】 某行政单位根据市政府的统一规划,经批准将某休闲广场调出。休闲广场的原值是5 000 000元,已提折旧为500 000元。经批准移交公共基础设施时,该行政单位应编制的会计分录为:

在财务会计中:

借:无偿调拨净资产——公共基础设施　　　　　　　　　　　　　　4 500 000
　　公共基础设施累计折旧　　　　　　　　　　　　　　　　　　　　500 000
　　贷:公共基础设施　　　　　　　　　　　　　　　　　　　　　　　　　　5 000 000

在预算会计中不做账务处理。

六、公共基础设施的清查盘点

行政事业单位应当定期对公共基础设施进行清查盘点。对于发生的公共基础设施盘盈、盘亏、毁损或报废,应当先记入"待处理财产损溢"科目,按照规定报经批准后及时进行后续账务处理。

盘盈的公共基础设施,其成本按照有关凭据注明的金额确定;没有相关凭据、但按照规定经过资产评估的,其成本按照评估价值确定;没有相关凭据、也未经过评估的,其成本按照重置成本确定。盘盈的公共基础设施成本无法可靠取得的,单位应当设置备查簿进行登记,待成本确定后按照规定及时入账。盘盈的公共基础设施,按照确定的入账成本,借记"公共基础设施"科目,贷记"待处理财产损溢"科目。

公共基础设施报废或遭受重大毁损的,单位应当按规定报经批准后将报废、毁损的公共基础设施的账面价值予以转销,并将报废、毁损过程中取得的残值变价收入扣除单位承担的相关费用后的差额按规定作为应缴款项处理(差额为净收益时)或计入当期费用(差额为净损失时)。

盘亏、毁损或报废的公共基础设施,按照待处置公共基础设施的账面价值,借记"待处理财产损溢"科目,按照已计提折旧或摊销,借记"公共基础设施累计折旧(摊销)"科目,按照公共基础设施的账面余额,贷记"公共基础设施"科目。

公共基础设施的盘盈盘亏或毁损报废的账务处理可进一步参见本章有关"待处理财产损溢"的核算。

第十节 政府储备物资

一、政府储备物资的概念与核算科目的设置

政府储备物资是指行政事业单位为满足实施国家安全与发展战略、进行抗灾救灾、应对公共突发事件等特定公共需求而控制的,同时具有下列特征的有形资产:①在应对可能发生的特定事件或情形时动用。②其购入、存储保管、更新(轮换)、动用等由政府及相关部门发布的专门管理制度规范。政府储备物资包括战略及能源物资、抢险抗灾救灾物资、农产品、医药物资和其他重要商品物资,通常情况下由单位委托承储单位存储。有些行政事业单位有政府储备物资,如民政行政事业单位可能会有救灾储备物资,水利行政事业单位可能会有防洪储备物资,粮食行政事业单位可能会有粮油储备物资等。

通常情况下,政府储备物资应当由按规定对其负有管理职责的单位予以确认。其中,管理职责主要是指提出或拟定收储计划、更新(轮换)计划、动用方案等。相关管理职责由不同单位行使的政府储备物资,由负责提出收储计划的单位予以确认。对政府储备物资不负有管理职责但接受委托具体负责执行其存储保管等工作的单位,应当将受托代储的政府储备物资作为受托代理资产核算。

为了核算政府储备物资业务,行政事业单位应设置"政府储备物资"总账科目。该科目核算行政事业单位控制的政府储备物资的成本。本科目应当按照政府储备物资的种类、品种、存放地点等进行明细核算。单位根据需要,可在该科目下设置"在库""发出"等明细科目进行明细核算。本科目期末借方余额,反映单位管理的政府储备物资的实际成本。

二、政府储备物资的取得

政府储备物资在取得时应当按照成本进行初始计量。

(一)购入的政府储备物资

购入的政府储备物资验收入库,按照确定的成本,在财务会计中,借记"政府储备物资"科目,贷记"财政拨款收入""财政应返还额度""银行存款"等科目。在预算会计中,借记"行政支出""事业支出"等科目,贷记"财政拨款预算收入""资金结存"科目。

单位购入的政府储备物资,其成本包括购买价款和政府会计主体承担的相关税费、运输费、装卸费、保险费、检测费,以及使政府储备物资达到目前场所和状态所发生的归属于政府储备物资成本的其他支出。

【例2-83】 某行政单位通过财政集中支付方式购入一批抗震救灾政府储备物资,有关凭证注明,购买价款为500 000元,相关税费为85 000元,装卸费及保险费为15 000元,购入的政府储备物资验收入库。该行政单位应编制的会计分录为:

在财务会计中：

借：政府储备物资　　　　　　　　　　　　　　　　　　　　　　　　　600 000
　　贷：财政拨款收入　　　　　　　　　　　　　　　　　　　　　　　　　　600 000

同时，在预算会计中：

借：行政支出　　　　　　　　　　　　　　　　　　　　　　　　　　　600 000
　　贷：财政拨款预算收入　　　　　　　　　　　　　　　　　　　　　　　　600 000

（二）委托加工的政府储备物资

涉及委托加工政府储备物资业务的，相关账务处理参照"加工物品"科目。

单位委托加工的政府储备物资，其成本包括委托加工前物料成本、委托加工的成本（如委托加工费以及按规定应计入委托加工政府储备物资成本的相关税费等），以及政府会计主体承担的使政府储备物资达到目前场所和状态所发生的归属于政府储备物资成本的其他支出。

（三）接受捐赠的政府储备物资

单位接受捐赠的政府储备物资验收入库，在财务会计中，按照确定的成本，借记"政府储备物资"科目，按照单位承担的相关税费、运输费等，贷记"财政应返还额度""银行存款"等科目，按照其差额，贷记"捐赠收入"科目。在预算会计中，按照单位承担的相关税费、运输费等，借记"其他支出"科目，贷记"资金结存"科目。

单位接受捐赠的政府储备物资，其成本按照有关凭据注明的金额加上政府会计主体承担的相关税费、运输费等确定；没有相关凭据可供取得，但按规定经过资产评估的，其成本按照评估价值加上政府会计主体承担的相关税费、运输费等确定；没有相关凭据可供取得、也未经资产评估的，其成本比照同类或类似资产的市场价格加上政府会计主体承担的相关税费、运输费等确定。

（四）接受无偿调入的政府储备物资

单位接受无偿调入的政府储备物资验收入库，在财务会计中，按照确定的成本，借记"政府储备物资"科目，按照单位承担的相关税费、运输费等，贷记"财政应返还额度""银行存款"等科目，按照其差额，贷记"无偿调拨净资产"科目。在预算会计中，按照单位承担的相关税费、运输费等，借记"其他支出"科目，贷记"资金结存"科目。

单位接受无偿调入的政府储备物资，其成本按照调出方账面价值加上归属于政府会计主体的相关税费、运输费等确定。

三、政府储备物资的发出

行政事业单位应当根据实际情况采用先进先出法、加权平均法或者个别计价法确定政府储备物资发出的成本。计价方法一经确定，不得随意变更。性质和用途相似的政府储备物资，单位应当采用相同的成本计价方法确定发出物资的成本。对于不能替代使用的政府储备物资、为特定项目专门购入或加工的政府储备物资，单位通常应采用个别计价法确定发出物资的成本。

政府储备物资发出时，应分别以下情况处理。

（一）发出无需收回的政府储备物资

单位因动用而发出无需收回的政府储备物资的，在财务会计中，按照发出物资的账面余额，借记"业务活动费用"科目，贷记"政府储备物资"科目；在预算会计中不做账务处理。

【例2-84】　某行政单位经批准向灾区发出一批政府储备物资，该批物资无需收回，其实际成本250 000元。该行政单位应编制的会计分录为：

在财务会计中：

借：业务活动费用 250 000
　　贷：政府储备物资 250 000

在预算会计中不做账务处理。

（二）发出需要收回或者预期可能收回的政府储备物资

单位因动用而发出需要收回或者预期可能收回的政府储备物资的，在发出物资时，在财务会计中，按照发出物资的账面余额，借记"政府储备物资"科目（发出），贷记"政府储备物资"科目（在库）；按照规定的质量验收标准收回物资时，按照收回物资原账面余额，借记"政府储备物资"科目（在库），按照未收回物资的原账面余额，借记"业务活动费用"科目，按照物资发出时登记在"政府储备物资"科目所属"发出"明细科目中的余额，贷记"政府储备物资"科目（发出）。在预算会计中不做账务处理。

（三）无偿调出的政府储备物资

单位因管理主体变动等原因而将政府储备物资调拨给其他主体的，在财务会计中，按照无偿调出政府储备物资的账面余额，借记"无偿调拨净资产"科目，贷记"政府储备物资"科目。在预算会计中不做账务处理。

（四）对外销售的政府储备物资

单位对外销售政府储备物资并将销售收入纳入单位预算统一管理的，发出物资时，在财务会计中，按照发出物资的账面余额，借记"业务活动费用"科目，贷记"政府储备物资"科目。实现销售收入时，在财务会计中，按照确认的收入金额，借记"银行存款""应收账款"等科目，贷记"事业收入"等科目；在预算会计中，按照实际收到的金额，借记"资金结存"科目，贷记"事业预算收入"科目。按照发生的相关税费，在财务会计中，借记"业务活动费用"科目，贷记"银行存款"等科目；在预算会计中，借记"事业支出""行政支出"科目，贷记"资金结存"科目。

对外销售政府储备物资并按照规定将销售净收入上缴财政的，在财务会计中，发出物资时，按照发出物资的账面余额，借记"资产处置费用"科目，贷记"政府储备物资"科目；取得销售价款时，按照实际收到的款项金额，借记"银行存款"等科目，按照发生的相关税费，贷记"银行存款"等科目，按照销售价款大于所承担的相关税费后的差额，贷记"应缴财政款"科目。在预算会计中不进行账务处理。

行政事业单位采用销售采购方式对政府物资进行更新（轮换）的，应当将物资轮出视为物资销售，将物资轮入视为物资采购，并按相应的规定进行账务处理。

政府储备物资发出的主要账务处理可概括如表2-21所示。

表2-21　　　　　　　　　　政府储备物资发出的主要账务处理

业务事项和内容		财务会计	预算会计
动用发出无需收回的政府储备物资		借：业务活动费用 　　贷：政府储备物资（账面余额）	—
动用发出需要收回或预期可能收回的政府储备物资	发出物资时	借：政府储备物资——发出 　　贷：政府储备物资——在库	—
	按照规定的质量验收标准收回物资时	借：政府储备物资——在库（收回物资的账面余额） 　　业务活动费用（未收回物资的账面余额） 　　贷：政府储备物资——发出	

(续表)

业务事项和内容		财务会计	预算会计
因行政管理主体变动等原因而将政府储备物资调拨给其他主体的		借：无偿调拨净资产 　　贷：政府储备物资（账面余额）	—
对外销售政府储备物资的	按照规定销售收入纳入本单位预算的	借：业务活动费用 　　贷：政府储备物资 借：银行存款/应收账款等 　　贷：事业收入等 借：业务活动费用 　　贷：银行存款等（发生的相关税费）	借：资金结存（收到的销售价款） 　　贷：事业预算收入等 借：行政支出/事业支出 　　贷：资金结存（支付的相关税费）
	按照规定销售收入扣除相关税费后上交财政的	借：资产处置费用 　　贷：政府储备物资 借：银行存款等（收到的销售价款） 　　贷：银行存款（发生的相关税费） 　　　　应缴财政款	—

四、政府储备物资的清查盘点

单位应当定期对政府储备物资进行清查盘点，每年至少盘点一次。对于发生的政府储备物资盘盈、盘亏或者报废、毁损，应当先记入"待处理财产损溢"科目，按照规定报经批准后及时进行后续账务处理。

盘盈的政府储备物资，按照确定的入账成本，借记"政府储备物资"科目，贷记"待处理财产损溢"科目。盘亏或者毁损、报废的政府储备物资，按照待处理政府储备物资的账面余额，借记"待处理财产损溢"科目，贷记"政府储备物资"科目。

盘盈的政府储备物资，其成本按照有关凭据注明的金额确定；没有相关凭据，但按规定经过资产评估的，其成本按照评估价值确定；没有相关凭据、也未经资产评估的，其成本按照重置成本确定。

政府储备物资报废、毁损的，单位应当按规定报经批准后将报废、毁损的政府储备物资的账面余额予以转销，确认应收款项（确定追究相关赔偿责任的）或计入当期费用（因储存年限到期报废或非人为因素致使报废、毁损的）；同时，将报废、毁损过程中取得的残值变价收入扣除政府会计主体承担的相关费用后的差额按规定作应缴款项处理（差额为净收益时）或计入当期费用（差额为净损失时）。政府储备物资盘亏的，单位应当按规定报经批准后按规定报经批准后将盘亏的政府储备物资的账面余额予以转销，确定追究相关赔偿责任的，确认应收款项；属于正常耗费或不可抗力因素造成的，计入当期费用。

相关业务核算举例请参阅本章有关"待处理财产损溢"的核算。

第十一节 文 物 资 源

一、文物资源的概念与核算科目的设置

文物资源是指按照《中华人民共和国文物保护法》等有关法律、行政法规规定，被认定为

文物的有形资产,以及考古发掘品、尚未被认定为文物的古籍和按照文物征集尚未入藏的征集物。

文物资源应当由其承担管理收藏职责的单位予以确认,具体内容如下:

(1) 通常情况下,对于购买、调拨、接受捐赠、依法接收、指定保管等方式取得的文物资源,应当在取得时对其予以确认。

(2) 对于考古发掘取得的发掘品,应当在其数量、形态稳定时予以确认,通常不晚于提交考古发掘报告之日;对于考古发现的古遗址、古墓葬等,应当将文物行政部门发布文物认定公告之日作为确认时点。

(3) 因文物认定等原因将现有其他相关资产重分类为文物资源的,应当在相关文物认定手续办理完毕时将其确认为文物资源。

(4) 应当至少在每年年末对借入但尚未归还的文物资源进行核查,根据核查结果将其作为受托代理资产予以确认。

为了核算文物资源业务,行政事业单位应设置"文物资源"总账科目。本科目核算由行政事业单位承担管理收藏职责的文物资源,包括符合《政府会计准则第11号——文物资源》第二条规定的文物资源和第二十一条规定的其他藏品。本科目应当按照文物资源的类型、计量属性等进行明细核算。行政事业单位应当根据文物资源的类型设置"可移动文物""不可移动文物""其他藏品"一级明细科目。根据文物资源的计量属性设置"成本""名义金额"二级明细科目。对于可移动文物和其他藏品,根据文物资源的入藏状态,设置"待入藏""馆藏""借出"三级明细科目。对于认定为不可移动文物的公共基础设施,其三级及以下明细科目设置可参照公共基础设施有关规定执行。行政事业单位可以根据实际情况在本科目下自行增设明细科目。本科目"成本"明细科目的期末借方余额,反映以成本计量的文物资源成本,"名义金额"明细科目的期末借方余额,反映以名义金额计量的文物资源数量。

二、文物资源业务的主要账务处理

(一)文物资源的初始确认

行政事业单位应当按照成本对文物资源进行初始计量;对于成本无法可靠取得的文物资源,应当按照名义金额计量。

1. 征集购买的文物资源

行政事业单位通过征集购买方式取得的文物资源,应当按照购买价款,在财务会计中,借记"文物资源"科目,贷记"财政拨款收入""银行存款"等科目;在预算会计中,借记"行政支出""事业支出"等科目,贷记"财政拨款预算收入""资金结存"等科目。

文物资源在取得后直接入藏的,应当在财务会计中将其记入"文物资源"科目下的"馆藏"明细科目;取得后暂未入藏的,应当将其记入"文物资源"科目下的"待入藏"明细科目,待办理完成入藏手续后由"文物资源"科目下的"待入藏"明细科目转入"馆藏"明细科目。

行政事业单位通过其他方式取得文物资源且尚未入藏的,参照上述规定进行账务处理。

对于依法征集购买取得的文物资源,行政事业单位应当按照购买价款确定其成本。以一笔款项征集购买多项没有单独标价的文物资源,行政事业单位应当按照系统、合理的方法对购买价款进行分配,分别确定各项文物资源的成本。

2. 调入、依法接收、指定保管的文物资源

通过调入、依法接收、指定保管等方式取得的文物资源，应当按照确定的成本或名义金额，在财务会计中，借记"文物资源"科目，贷记"无偿调拨净资产"科目。

行政事业单位通过调拨、依法接收、指定保管等方式取得的文物资源，其成本应当按照该文物资源在调出方的账面价值予以确定。调出方未将该文物资源入账或账面价值为零的（即已按制度规定提足折旧的，下同），政府会计主体应当按照成本无法可靠取得的文物资源进行会计处理。

3. 考古发掘、接受捐赠的文物资源

对于考古发掘、接受捐赠等方式取得的文物资源，应当按照名义金额入账，在财务会计中，借记本科目，贷记"累计盈余""捐赠收入"等科目。

通过考古发掘、接受捐赠等方式取得的文物资源，应当按照成本无法可靠取得的文物资源进行会计处理。在接受捐赠过程中按照规定向捐赠人支付物质奖励的，在发生时计入当期费用。

4. 其他资产重分类为文物资源

其他资产重分类为文物资源的，应当在财务会计中按照该资产的账面价值，借记"文物资源"科目，按照相关资产科目余额，借记"固定资产累计折旧"等科目（如有），贷记"固定资产"等科目。资产原账面价值为0的，在转销原资产相关科目余额的同时，按照名义金额，在财务会计中，借记"文物资源"科目，贷记"累计盈余"科目。

行政事业单位控制的其他相关资产重分类为文物资源的，其成本应当按照该资产原账面价值予以确定。资产原账面价值为0的，应当按照成本无法可靠取得的文物资源进行会计处理。

5. 盘盈的文物资源

文物资源发生盘盈的，应当按照确定的成本或名义金额，在财务会计中，借记"文物资源"科目，贷记"待处理财产损溢"科目。按照规定报经批准处理后，对属于本年度取得的文物资源，应当按照当年新取得文物资源的情形进行账务处理，在财务会计中，借记"待处理财产损溢"科目，贷记"捐赠收入""无偿调拨净资产""累计盈余"等科目；对属于以前年度取得的文物资源，应当按照前期差错进行账务处理，在财务会计中，借记"待处理财产损溢"科目，贷记"以前年度盈余调整"科目。

因盘点、普查等方式盘盈的文物资源，有相关凭据的，其成本按照凭据注明的金额予以确定；没有相关凭据的，应当按照成本无法可靠取得的文物资源进行会计处理。

6. 为取得文物资源发生的相关支出

为取得文物资源发生的相关支出，包括文物资源入藏前发生的保险费、运输费、装卸费、专业人员服务费，以及按规定向捐赠人支付的物质奖励等，应当按照实际发生的费用，在财务会计中，借记"业务活动费用"等科目，贷记"财政拨款收入""银行存款"等科目；在预算会计中，按照实际支付的金额，借记"行政支出""事业支出"等科目，贷记"财政拨款预算收入""资金结存"等科目。

为取得文物资源发生的相关支出，包括文物资源入藏前发生的保险费、运输费、装卸费以及专业人员服务费等，应当在发生时计入当期费用。

【例2-85】 20×3年10月，某事业单位接受捐赠一批成本无法可靠取得的文物资源，

在取得过程中支付相关奖励费用共计 10 000 元,相关奖励费用已通过银行存款支付。该事业单位应编制的会计分录为:

(1) 取得文物资源时。

在财务会计中:

借:文物资源——可移动文物——名义金额——馆藏　　　　　　　　　　1
　　贷:捐赠收入　　　　　　　　　　　　　　　　　　　　　　　　　　1

在预算会计中不做账务处理。

(2) 支付奖励费用时。

在财务会计中:

借:其他费用　　　　　　　　　　　　　　　　　　　　　　　　　10 000
　　贷:银行存款　　　　　　　　　　　　　　　　　　　　　　　　10 000

同时,在预算会计中:

借:其他支出　　　　　　　　　　　　　　　　　　　　　　　　　10 000
　　贷:资金结存——货币资金　　　　　　　　　　　　　　　　　　10 000

(二) 文物资源的保护、利用

1. 文物资源本体修复修缮支出

行政事业单位对于文物资源本体的修复修缮等相关保护支出,应当在发生时计入当期费用。即对于文物资源本体的修复修缮等相关保护支出,在财务会计中,应当按照实际发生的费用,借记"业务活动费用"科目,贷记"财政拨款收入""银行存款""库存物品"等科目;在预算会计中,按照实际支付的金额,借记"行政支出""事业支出"等科目,贷记"财政拨款预算收入""资金结存"等科目。

对于文物资源安防、消防及防雷等保护性设施建设支出,以及对于文物资源本体以外的预防性保护、数字化保护等支出,符合相关资产确认条件的,应当计入固定资产等其他相关资产成本。

2. 文物资源的借出和借入

(1) 行政事业单位将已入藏的文物资源借给外单位的,应当至少在每年年末核查尚未收回的文物资源,按照账面价值,在财务会计中借记"文物资源"科目下的"借出"明细科目,贷记"文物资源"科目下的"馆藏"明细科目;在借出的文物资源收回时做相反会计分录。

(2) 从外单位借入文物资源的,应当至少在每年年末核查尚未归还的文物资源,按照该文物资源在借出方的账面价值,在财务会计中,借记"受托代理资产"科目,贷记"受托代理负债"科目;在归还借入的文物资源时做相反会计分录。

(三) 文物资源调出、撤销退出

行政事业单位发生文物资源调出、撤销退出等情形的,应当分以下情况进行账务处理。

1. 文物资源的调出

按照规定报经批准调出文物资源的,应当将该文物资源的账面价值予以转销,将调出中发生的归属于调出方的相关支出计入当期费用。即报经批准无偿调出文物资源的,在财务会计中,应当按照调出的文物资源的账面价值,借记"无偿调拨净资产"科目,贷记"文物资源"科目;按照无偿调出过程中发生的归属于调出方的相关支出,借记"资产处置费用"科目,贷记"财政拨款收入""银行存款"等科目。同时,在预算会计中,应当按照实际支付的金额,借记"其他支出"科目,贷记"财政拨款预算收入""资金结存"等科目。

2. 文物资源被依法拆除或发生毁损、丢失

文物资源报经文物行政部门批准被依法拆除或者因不可抗力等因素发生毁损、丢失的,行政事业单位应当在按照规定程序核查处理后确认文物资源灭失时,将该文物资源账面价值予以转销。即文物资源报经文物行政部门批准被依法拆除或者因不可抗力等因素毁损、丢失的,应当在按照规定程序核查处理后确认文物资源灭失时,按照该文物资源的账面价值,在财务会计中,借记"待处理财产损溢"科目,贷记"文物资源"科目。文物资源报经批准予以核销时,在财务会计中,借记"资产处置费用"科目,贷记"待处理财产损溢"科目。在按照规定程序核查处理过程中依法取得净收入的,应当按照收到的金额,在财务会计中,借记"银行存款"等科目,贷记"其他收入"科目;在预算会计中,借记"资金结存"等科目,贷记"其他预算收入"科目。行政事业单位发生净支出的,按照实际支出净额在财务会计中,借记"资产处置费用"科目,贷记"银行存款"等科目;在预算会计中,借记"其他支出"科目,贷记"资金结存"等科目。

3. 文物资源重分类为其他资产

文物资源撤销退出后仍作为其他资产进行管理的,应当按照该文物资源的账面价值将其重分类为其他资产。即文物资源撤销退出后仍作为其他资产进行管理的,应当按照该文物资源的账面价值,在财务会计中,借记"固定资产"等科目,贷记"文物资源"科目。

最后,对于文物资源后续计量值得说明的一点是文物资源不计提折旧。

第十二节 保障性住房

一、保障性住房的概念与核算科目的设置

保障性住房是指行政事业单位为满足社会公共需求而控制的用于居住保障目的的住房,如用廉租住房、公共租赁住房、人才公寓等。

根据《政府会计准则制度解释第1号》的规定,此处的保障性住房,主要是指地方政府住房保障主管部门持有全部或部分产权份额、纳入城镇住房保障规划和年度计划、向符合条件的保障对象提供的住房。

为了核算保障性住房业务,单位应设置"保障性住房"总账科目。该科目用来核算单位为满足社会公共需求而控制的保障性住房的原值。该科目应当按照保障性住房的类别、项目等进行明细核算。本科目期末借方余额,反映保障性住房的原值。

二、保障性住房的取得

保障性住房在取得时,应当按照其成本入账。

(一)外购的保障性住房

外购的保障性住房,按照确定的成本,在财务会计中,借记"保障性住房"科目,贷记"财

政拨款收入""财政应返还额度""银行存款"等科目。在预算会计中,借记"行政支出""事业支出"科目,贷记"财政拨款预算收入""资金结存"科目。

外购的保障性住房,其成本包括购买价款、相关税费以及可归属于该项资产达到预定用途前所发生的其他支出。

(二)自行建造的保障性住房

自行建造的保障性住房交付使用时,在财务会计中,按照在建工程成本,借记"保障性住房"科目,贷记"在建工程"科目。

已交付使用但尚未办理竣工决算手续的保障性住房,按照估计价值入账,待办理竣工决算后再按照实际成本调整原来的暂估价值。

(三)无偿调入的保障性住房

无偿调入的保障性住房,在财务会计中,按照确定的成本,借记"保障性住房"科目,按照发生的归属于调入方的相关费用,贷记"财政应返还额度""银行存款"等科目;按照其差额,贷记"无偿调拨净资产"科目。在预算会计中,按照上述发生的归属于调入方的相关费用,借记"其他支出"科目,贷记"资金结存"科目。

接受其他单位无偿调入的保障性住房,其成本按照该项资产在调出方的账面价值加上归属于调入方的相关费用确定。

(四)接受捐赠和融资租赁的保障性住房

接受捐赠、融资租赁取得的保障性住房,参照"固定资产"科目相关规定进行处理。

三、与保障性住房有关的后续支出

与保障性住房有关的后续支出,参照"固定资产"科目相关规定进行处理。

四、保障性住房的出租

按照规定出租保障性住房并将出租收入上缴同级财政,在财务会计中,按照收取的租金金额,借记"银行存款"等科目,贷记"应缴财政款"科目;在预算会计中不进行会计处理。

【例2-86】 某行政单位经批准出租一幢保障性住房,收到租金250 000元,款项已存入开户银行。根据规定,收到的租金应当上缴财政。该行政单位应编制的会计分录为:

在财务会计中:

借:银行存款 250 000
　　贷:应缴财政款 250 000

在预算会计中不做账务处理。

五、保障性住房的折旧

行政事业单位应当参照《政府会计准则第3号——固定资产》及其应用指南的相关规定,按月对其控制的保障性住房计提折旧。

为了核算保障性住房累计折旧业务,行政事业单位应设置"保障性住房累计折旧"总账科目。该科目用以核算单位计提的保障性住房的累计折旧。本科目应当按照所对应保障性住房的类别进行明细核算。本科目期末贷方余额,反映单位计提的保障性住房折旧累计数。

行政事业单位按月计提保障性住房折旧时,按照应计提的折旧额,在财务会计中,借记

"业务活动费用"科目,贷记"保障性住房累计折旧"科目;在预算会计中不做账务处理。

【例 2-87】 某行政单位对本单位控制的一幢保障性住房计提折旧 200 000 元。该行政单位应编制的会计分录为:

在财务会计中:

借:业务活动费用	200 000
贷:保障性住房累计折旧	200 000

在预算会计中不做账务处理。

六、保障性住房的处置

按照规定报经批准处置保障性住房,应当分别以下情况处理。

(一)无偿调出保障性住房

报经批准无偿调出保障性住房,在财务会计中,按照保障性住房已计提的折旧,借记"保障性住房累计折旧"科目,按照被处置保障性住房账面余额,贷记"保障性住房"科目,按照其差额,借记"无偿调拨净资产"科目。同时,按照无偿调出过程中发生的归属于调出方的相关费用,在财务会计中,借记"资产处置费用"科目,贷记"银行存款"等科目;在预算会计中,借记"其他支出"科目,贷记"资金结存"科目。

【例 2-88】 某行政单位经批准无偿调出一幢保障性住房,该幢保障性住房的账面余额为 15 000 000 元,已提折旧 2 000 000 元,调出过程中发生的归属于该行政单位的相关费用为 10 000 元,款项已通过开户银行支付。该行政单位应编制的会计分录为:

(1)核销无偿调出保障性住房的账面价值时。

在财务会计中:

借:无偿调拨净资产	13 000 000
保障性住房累计折旧	2 000 000
贷:保障性住房	15 000 000

在预算会计中不做账务处理。

(2)支付归属于该行政单位的相关费用时。

在财务会计中:

借:资产处置费用	10 000
贷:银行存款	10 000

同时,在预算会计中:

借:其他支出	10 000
贷:资金结存——货币资金	10 000

(二)报经批准出售保障性住房

报经批准出售保障性住房,在财务会计中,按照被出售保障性住房的账面价值,借记"资产处置费用"科目,按照保障性住房已计提的折旧,借记"保障性住房累计折旧"科目,按照保障性住房账面余额,贷记"保障性住房"科目。同时,按照收到的价款,借记"银行存款"等科目,按照出售过程中发生的相关费用,贷记"银行存款"等科目,按照其差额,贷记"应缴财政款"科目。

七、保障性住房的清查盘点

单位应当定期对保障性住房进行清查盘点。对于发生的保障性住房盘盈、盘亏、毁损或报废等，参照"固定资产"科目相关规定进行账务处理。具体详见本章"待处理财产损溢"。

第十三节 PPP项目资产

一、PPP项目资产的概念与核算科目的设置

根据《政府会计准则第10号——政府和社会资本合作项目合同》，政府和社会资本合作（PPP）项目合同是指政府方与社会资本方依法依规就PPP项目合作所订立的合同，该合同应当同时具有以下特征：①社会资本方在合同约定的运营期间内代表政府方使用PPP项目资产提供公共产品和服务。②社会资本方在合同约定的期间内就其提供的公共产品和服务获得补偿。其中，政府方是指政府授权或指定的PPP项目实施机构，通常为政府有关职能部门或事业单位；社会资本方是指与政府方签署PPP项目合同的社会资本或项目公司。即PPP项目合同应当同时具备的"双特征"要求。

PPP项目资产是指PPP项目合同中确定的用来提供公共产品和服务的资产。该资产有两方面来源：①由社会资本方投资建造或者从第三方购买，或者是社会资本方的现有资产。②政府方现有资产，或者对政府方现有资产进行改建、扩建。

为了核算PPP项目资产业务，行政事业单位财务会计应当设"PPP项目资产置"总账科目。该科目核算按照政府和社会资本合作项目合同会计准则规定确认的PPP项目资产，并按照资产类别、项目等进行明细核算。本科目的期末借方余额，反映PPP项目资产的账面余额。

二、PPP项目资产的取得

行政事业单位在取得PPP项目资产时一般应当按照成本进行初始计量；按规定需要进行资产评估的，应当按照评估价值进行初始计量。

（一）社会资本方投资建造形成的PPP项目资产

社会资本方投资建造形成的PPP项目资产，政府方应当在资产验收合格交付使用时，按照确定的成本（包括该项资产自建造开始至验收合格交付使用前所发生的全部必要支出），借记"PPP项目资产"科目，贷记"PPP项目净资产"科目。对于已交付使用但尚未办理竣工财务决算手续的PPP项目资产，政府方应当按暂估价值，借记"PPP项目资产"科目，贷记"PPP项目净资产"科目；待办理竣工财务决算后，政府方应当按照实际成本与暂估价值的差额，借记或贷记"PPP项目资产"科目，贷记或借记"PPP项目净资产"科目。

社会资本方投资建造形成的PPP项目资产，其成本包括该项资产至验收合格交付使用前所发生的全部必要支出，包括建筑安装工程投资、设备投资、待摊投资、其他投资等支出。

【例2-89】某市某厨余垃圾处理厂PPP项目，采用BOT方式运作，回报机制为可行性缺口补助。项目合同期为20年，其中，建设期为2年，运营期为18年。该市政府授权市城市管理局作为厨余垃圾处理厂PPP项目的实施机构，乙公司为项目公司。20×1年7月

1日,市城市管理局和乙公司签署厨余垃圾处理厂PPP项目合同。乙公司负责该厨余垃圾处理厂项目的设计、投资、融资、建设、运营和维护,向社会公众提供厨余垃圾处理服务,满足绩效考核等要求后按合同约定收取厨余垃圾处理服务费。合作期满后,乙公司将厨余垃圾厂及其配套设施资产权利无偿移交给市城市管理局(为简化处理,本例不考虑税费等其他因素)。

项目自20×1年7月1日开工建设,至20×3年7月31日验收合格、完成竣工决算并交付使用。根据竣工验收报告,项目投资总额为3亿元,其中,支付厨余垃圾处理厂场地土地使用权支出6 000万元、建筑安装工程投资支出6 000万元、设备投资支出15 000万元、待摊投资支出2 000万元、其他投资支出1 000万元。其中,待摊投资支出按规定直接分配至建筑安装工程投资明细,其他投资支出在交付使用时按规定转入厂房相关资产中。

20×3年7月31日,市城市管理局应编制会计分录为:

在财务会计中:

借:PPP项目资产——土地使用权　　　　　　　　　　60 000 000
　　　　　　　　——厂房　　　　　　　　　　　　　90 000 000
　　　　　　　　——设备　　　　　　　　　　　　150 000 000
　　贷:PPP项目净资产　　　　　　　　　　　　　　300 000 000

社会资本方投资建造形成的PPP项目资产,政府方应当在资产验收合格交付使用时,按照确定的成本确认PPP项目资产的PPP项目净资产。

(二)社会资本方从第三方购买形成的PPP项目资产

社会资本方从第三方购买形成的PPP项目资产,政府方应当在资产验收合格交付使用时,按照确定的成本,借记"PPP项目资产"科目,贷记"PPP项目净资产"科目。

社会资本方从第三方购买形成的PPP项目资产,其成本包括购买价款、相关税费,以及验收合格交付使用前发生的可归属于该项资产的运输费、装卸费、安装费和专业人员服务费等。

(三)使用社会资本方现有资产形成的PPP项目资产

使用社会资本方现有资产形成的PPP项目资产,政府方应当在PPP项目开始运营日,按照该项资产的评估价值,借记"PPP项目资产"科目,贷记"PPP项目净资产"科目。

使用社会资本方现有资产形成的PPP项目资产,其成本按规定以该项资产的评估价值确定。

(四)使用政府方现有资产形成的PPP项目资产

使用政府方现有资产形成的PPP项目资产,无需进行资产评估的,政府方应当在PPP项目开始运营日,按照该资产的账面价值,借记"PPP项目资产"科目,按照资产已计提的累计折旧或摊销,借记"公共基础设施累计折旧(摊销)"等科目,按照资产的账面余额,贷记"公共基础设施"等科目;按照相关规定需要进行资产评估的,政府方应当按照资产评估价值,借记"PPP项目资产"科目,按照资产已计提的累计折旧或摊销,借记"公共基础设施累计折旧(摊销)"等科目,按照资产的账面余额,贷记"公共基础设施"等科目,按照资产评估价值与账面价值的差额贷记"其他收入"科目或借记"其他费用"科目。

政府方使用其现有资产形成的PPP项目资产,其成本按照PPP项目开始运营日该资产的账面价值确定;按照相关规定对现有资产进行资产评估的,其成本按照评估价值确定,资产评估价值与评估前资产账面价值的差额计入当期收入或当期费用。

(五)社会资本方对政府方原有资产进行改建、扩建形成的PPP项目资产

社会资本方对政府方原有资产进行改建、扩建形成的PPP项目资产,政府方应当在资

产验收合格交付使用时,按照资产改建、扩建前的账面价值加上改建、扩建发生的支出,再扣除资产被替换部分账面价值后的金额,借记"PPP项目资产"科目,按照资产改建、扩建前已计提的累计折旧或摊销,借记"公共基础设施累计折旧(摊销)"等科目,按照资产的账面余额,贷记"公共基础设施"等科目,按照PPP项目资产初始入账金额与原有资产账面价值的差额,贷记"PPP项目净资产"科目。

社会资本方对政府方现有资产进行改建、扩建形成的PPP项目资产,其成本按照该资产改建、扩建前的账面价值加上改建、扩建发生的支出,再扣除该资产被替换部分账面价值后的金额确定。

三、PPP项目资产的运行

(一)政府方支付款项

政府方根据合同约定按期应向社会资本方进行补偿的义务的会计处理,分为以下两种情况:①政府方在义务发生的当期及时向社会资本方支付款项的,在支付款项时确认当期费用,同时在预算会计中确认预算支出。②政府方在义务发生的当期未及时向社会资本方支付款项的,应当按照应付未付的金额确认当期费用和负债(应付账款等);在后续实际支付款项时冲减负债的账面余额,同时,在预算会计中确认预算支出。

【例2-90】 承[例2-89],该项目的回报机制为可行性缺口补助,20×3年6月,按照合同条款和绩效考核情况,当月市城市管理局对垃圾处理费(由乙公司向社会公众收取)未完全弥补的乙公司人员经费、消耗的各类制剂药品、设备的日常保养等经常性支出进行缺口补助,当月支付乙公司垃圾处理运营服务费补贴款项13.5万元。

20×3年6月,市城市管理局应编制的会计分录为:

在财务会计中:

借:业务活动费用　　　　　　　　　　　　　　　　　135 000
　　贷:财政拨款收入　　　　　　　　　　　　　　　　　135 000

同时,在预算会计中:

借:行政支出　　　　　　　　　　　　　　　　　　　135 000
　　贷:财政拨款预算收入　　　　　　　　　　　　　　　135 000

根据《〈政府会计准则第10号——政府和社会资本合作项目合同〉应用指南》的规定,政府方承担向社会资本方支付款项义务的,相关义务应当按照《政府会计准则第8号——负债》有关规定进行会计处理,会计处理结果不影响PPP项目资产及净资产的账面价值。

(二)与PPP项目资产有关的后续支出

PPP项目资产在运行过程中发生的后续支出,应区别不同情况计入PPP项目资产的成本或者不计入PPP项目资产的成本:①对于为维护PPP项目资产的正常使用而发生的日常维修、养护等后续支出,不计入PPP项目资产的成本。②对于为增加PPP项目资产的使用效能或延长其使用年限而发生的大修、改建、扩建等后续支出,政府方应当在资产验收合格交付使用时,按照相关支出扣除资产被替换部分账面价值的差额,借记"PPP项目资产"科目,贷记"PPP项目净资产"科目。

【例2-91】 承[例2-89],20×3年7月,乙公司支付厨余垃圾处理管道日常保养等日常维护费 6 000 元,支付为延长电气设备使用寿命而发生的大修维护费用 1 000 万元。20×3 年 7 月 31 日,验收合格并交付使用。

乙公司发生的厨余垃圾管道维护费属于日常维修、养护后续支出,政府方不确认 PPP 项目资产。乙公司发生的电气设备大修费用,政府方应当在资产验收合格交付使用时,按照相关支出扣除资产被替换部分账面价值的金额确认 PPP 项目资产的 PPP 项目净资产。

20×3 年 7 月 31 日,市城市管理局应编制的会计分录为:

在财务会计中:

借:PPP 项目资产——设备　　　　　　　　　　　　　　　　10 000 000
　　贷:PPP 项目净资产——设备　　　　　　　　　　　　　　　　10 000 000

在预算会计中不做账务处理。

(三) PPP 项目资产的折旧或摊销

为了核算 PPP 项目资产的后续支出业务,行政事业单位财务会计应当设置"PPP 项目资产累计折旧(摊销)"总账科目,核算按照本准则规定计提的 PPP 项目资产累计折旧(摊销),并按照资产类别、项目等进行明细核算。本科目期末贷方余额,反映政府方计提的 PPP 项目资产折旧(摊销)的累计数。

在 PPP 项目运营期间,政府方应当按月对 PPP 项目资产计提折旧(摊销),但社会资本方持续进行良好维护使得其性能得到永久维护的 PPP 项目资产除外。对于作为 PPP 项目资产单独计价入账的土地使用权,政府方应当按照其他政府会计准则制度的规定进行摊销。政府方初始确认的 PPP 项目净资产金额等于 PPP 项目资产初始入账金额的,按月计提 PPP 项目资产折旧(摊销)时,应当按照计提的 PPP 项目资产折旧(摊销)金额,借记"PPP 项目净资产"科目,贷记"PPP 项目资产累计折旧(摊销)"科目。

政府方初始确认的 PPP 项目净资产金额小于 PPP 项目资产初始入账金额的,按月计提 PPP 项目资产折旧(摊销)时,应当按照计提的 PPP 项目资产折旧(摊销)金额的相应比例(即 PPP 项目净资产初始入账金额占 PPP 项目资产初始入账金额的比例),借记"PPP 项目净资产"科目,按照计提的 PPP 项目资产折旧(摊销)金额,贷记"PPP 项目资产累计折旧(摊销)"科目,按照当期计提的折旧(摊销)金额与所冲减的 PPP 项目净资产金额的差额,借记"业务活动费用"等科目。

【例 2-92】 承[例 2-89],厨余垃圾处理厂 PPP 项目资产按各组成部分入账,运营期内,市城市管理局每月计提 PPP 项目资产累计折旧(摊销),折旧计提方法分别为:设备采用工作量法,其余资产采用年限平均法。设备预计总工时为 150 000 小时,20×3 年 6 月,设备使用工时为 200 小时。按照各组成部分资产价值和折旧计提方法,各组成部分资产计提的折旧(摊销)额如表 2-22 所示。

表 2-22　　　　PPP 项目资产各组成部分的月度折旧(摊销)额计算表　　　金额单位:万元

资产名称	初始成本	折旧年限/总工时	折旧方法	月工作量	月折旧额
土地使用权	6 000	50 年	年限平均法	—	10
厂房建筑物	9 000	50 年	年限平均法	—	15
机器设备	15 000	150 000 小时	工作量法	200 小时	20
合计	30 000	—			45

20×3年6月,市城市管理局应编制的会计分录为:

在财务会计中:

借:PPP项目净资产 450 000
  贷:PPP项目资产累计折旧(摊销)——土地使用权 100 000
             ——厂房 150 000
             ——设备 200 000

在预算会计中不做账务处理。

四、PPP项目合同的终止

PPP项目合同终止时,PPP项目资产按规定移交至政府方的,政府方应当根据PPP项目资产的性质和用途,将在国务院财政部门对PPP项目资产折旧(摊销)年限做出规定之前,政府方对PPP项目资产暂不计提折旧。其重分类为公共基础设施等资产,无需对所移交的PPP项目资产进行资产评估的,政府方应当按移交日PPP项目资产的账面价值,借记"公共基础设施"等科目,按照已计提的累计折旧(摊销),借记"PPP项目资产累计折旧(摊销)"科目,按照PPP项目资产的账面余额,贷记"PPP项目资产"科目;按规定需要对所移交的PPP项目资产进行资产评估的,政府方应当按照资产评估价值,借记"公共基础设施"等科目,按照已计提的累计折旧(摊销),借记"PPP项目资产累计折旧(摊销)"科目,按照PPP项目资产的账面余额,贷记"PPP项目资产"科目,按照资产评估价值与PPP项目资产账面价值的差额,贷记"其他收入"科目或借记"其他费用"科目。

PPP项目合同终止时,政府方应当将尚未冲减完的PPP项目净资产账面余额转入累计盈余,即按PPP项目净资产的账面余额,借记"PPP项目净资产"科目,贷记"累计盈余"科目

【例2-93】承[例2-89],PPP项目合同约定,PPP合作期于20×3年6月30日届满(移交日),乙公司向市城市管理局无偿移交厨余垃圾处理厂项目设施等合同约定的相关资产与资料。假设移交日PPP项目资产原值为3.1亿元,PPP项目资产累计折旧(摊销)为1.44亿元,按照相关规定聘请评估机构对项目资产进行评估,评估价值为1.48亿元。PPP项目净资产的账面价值为1.66亿元,各组成部分的明细资料如表2-23所示。

表2-23   移交日PPP项目资产各组成部分明细   单位:万元

资产名称	PPP项目资产余额	PPP项目资产累计折旧(摊销)	PPP项目净资产余额	PPP项目资产评估价值
土地使用权	6 000	2 160	3 840	3 800
厂房建筑物	9 000	3 240	5 760	4 500
机器设备	16 000	9 000	7 000	6 500
合计	31 000	14 400	16 600	14 800

20×3年6月30日,市城市管理局应编制的会计分录为:

在财务会计中:

借：公共基础设施——土地使用权	38 000 000
——厂房	45 000 000
——设备	65 000 000
PPP项目资产累计折旧（摊销）	144 000 000
其他费用	18 000 000
贷：PPP项目资产	310 000 000
借：PPP项目净资产	166 000 000
贷：累计盈余	166 000 000

在预算会计中不做账务处理。

第十四节 受托代理资产

一、受托代理资产的概念与核算科目的设置

受托代理资产是指单位接受委托方委托管理的各项资产，包括受托指定转赠的物资、受托储存管理的物资等。受托代理资产应当在单位收到受托代理的资产时确认。单位收到的受托代理资产为现金和银行存款的，不属于受托代理资产。

为了核算受托代理资产业务，行政事业单位应当设置"受托代理资产"总账科目。该科目核算单位接受委托方委托管理的各项资产的成本。单位管理的罚没物资应当通过该科目核算。单位收到受托代理资产为现金和银行存款的，不通过本科目核算，应当通过"库存现金""银行存款"科目进行核算。本科目应当按照资产的种类和委托人进行明细核算；属于转赠资产的，还应当按照受赠人进行明细核算。本科目期末借方余额，反映单位受托代理资产中实物资产的价值。

二、受托代理资产的主要账务处理

行政事业单位接受委托转赠（或受托储存、或取得罚没）物资验收入库，按照确定的成本，在财务会计中，借记"受托代理资产"科目，贷记"受托代理负债"科目（若罚没物资成本无法可靠确定的，设置备查簿进行登记）。受托协议约定由受托方承担相关税费、运输费等的，还应当按照实际支付的相关税费、运输费等金额，在财务会计中，借记"其他费用"科目，贷记"银行存款"等科目；同时，在预算会计中，借记"其他支出"科目，贷记"资金结存"科目。

接受委托人委托需要转赠给受赠人的物资，其成本按照有关凭据注明的金额确定；没有相关凭据可供取得的，其成本比照同类或类似物资的市场价格确定。接受委托人委托储存管理的物资，其成本按照有关凭据注明的金额确定。

将受托转赠物资交付受赠人（或交付受托存储保管的物资、或处置罚没物资）时，按照转赠物资（或受托储存物资、或罚没物资）的成本，在财务会计中，借记"受托代理负债"科目，贷记"受托代理资产"科目；在预算会计中不做账务处理。

转赠物资的委托人取消了对捐赠物资的转赠要求，且不再收回捐赠物资的，应当将转赠

物资转为单位的存货、固定资产等,按照转赠物资的成本,在财务会计中,借记"受托代理负债"科目,贷记"受托代理资产"科目;同时,借记"库存物品""固定资产"等科目,贷记"其他收入"科目。

处置罚没物资时取得款项的,按照实际取得的款项金额,在财务会计中,借记"银行存款"等科目,贷记"应缴财政款"等科目;在预算会计中不做账务处理。

【例 2-94】 某行政单位接受甲单位委托转赠物资一批,按照有关凭据注明的金额,实际成本为 500 000 元。根据受托协议承担支付相关运输费 25 000 元,款项通过财政集中支付。接受委托的转赠物资已验收入库。数日后,委托人取消了对捐赠物资的转赠要求,且不再收回捐赠物资,该行政单位作为库存物品管理。该行政单位应编制的会计分录为:

(1) 接受委托的转赠物资已验收入库时。

在财务会计中:

借:受托代理资产　　　　　　　　　　　　　　　　　500 000
　　贷:受托代理负债　　　　　　　　　　　　　　　　　500 000

在预算会计中不做账务处理。

(2) 通过财政集中方式支付承担的相关运输费时。

在财务会计中:

借:其他费用　　　　　　　　　　　　　　　　　　 25 000
　　贷:财政应返还额度　　　　　　　　　　　　　　　　25 000

同时,在预算会计中:

借:其他支出　　　　　　　　　　　　　　　　　　 25 000
　　贷:资金结存——财政应返还额度　　　　　　　　　　25 000

(3) 委托人取消了对捐赠物资的转赠要求,且不再收回捐赠物资时。

在财务会计中:

借:受托代理负债　　　　　　　　　　　　　　　　　500 000
　　贷:受托代理资产　　　　　　　　　　　　　　　　　500 000

同时,

借:库存物品　　　　　　　　　　　　　　　　　　　500 000
　　贷:其他收入　　　　　　　　　　　　　　　　　　　500 000

在预算会计中不做账务处理。

根据《政府会计准则制度解释第 3 号》的规定,单位接受捐赠人委托转赠的资产,应当按照受托代理业务相关规定进行财务会计账务处理;预算会计不进行账务处理。

第十五节　长期待摊费用

一、长期待摊费用的概念与核算科目的设置

长期待摊费用是指行政事业单位已经支出,但应由本期和以后各期负担的分摊期限在

1年以上(不含1年)的各项费用,如以经营租赁方式租入的固定资产发生的改良支出等。

为了核算长期待摊费用业务,单位财务会计应设置"长期待摊费用"总账科目。本科目应当按照费用项目进行明细核算。本科目期末借方余额,反映单位尚未摊销完毕的长期待摊费用。

二、长期待摊费用的账务处理

行政事业单位发生长期待摊费用时,按照实际预付的金额,在财务会计中,借记"长期待摊费用"科目,贷记"财政拨款收入""财政应返还额度""银行存款"等科目;同时,在预算会计中,借记"行政支出""事业支出"等科目,贷记"财政拨款预算收入""资金结存"等科目。按照受益期限分期平均摊销时,按照摊销金额,借记"业务活动费用""单位管理费用""经营费用"等科目,贷记"长期待摊费用"科目。如果某项长期待摊费用已经不能使单位受益,应当将其摊余金额一次全部转入当期费用。按照摊销金额,借记"业务活动费用""单位管理费用""经营费用"等科目,贷记"长期待摊费用"科目。

【例2-95】 某行政单位以经营租赁方式租入一处办公用房,在租赁期内单位通过财政集中方式支付一笔固定资产改良支出360 000元,该房屋改良完工后的剩余受益年限为3年,则每月应摊销的改良费用为10 000元(360 000÷3÷12)。该行政单位应编制的会计分录为:

(1) 支付经营租赁房屋装修费用时。

在财务会计中:

借:长期待摊费用——经营租赁固定资产改良支出　　　　　　　　360 000
　　贷:财政拨款收入　　　　　　　　　　　　　　　　　　　　360 000

同时,在预算会计中:

借:行政支出　　　　　　　　　　　　　　　　　　　　　　　　360 000
　　贷:财政拨款预算收入　　　　　　　　　　　　　　　　　　360 000

(2) 每月摊销经营租赁房屋的装修费时。

在财务会计中:

借:业务活动费用　　　　　　　　　　　　　　　　　　　　　　10 000
　　贷:长期待摊费用——经营租赁固定资产改良支出　　　　　　10 000

该行政单位在摊销改良支出时没有发生现金流出,因此不需要进行预算会计核算。

第十六节　待处理财产损溢

一、待处理财产损溢的概念与核算科目的设置

待处理财产是指单位在资产清查过程中查明的各种资产盘盈、盘亏和报废、毁损的资产(这里应注意的是其范围明显不同于以往行政事业单位会计制度的规定)。单位资产清查中

查明的资产盘盈、盘亏、报废和毁损,应按照规定报经批准后及时进行账务处理。年末结账前一般应处理完毕。

为了核算待处理财产损溢业务,单位财务会计应当设置"待处理财产损溢"总账科目,本科目用来核算单位在资产清查过程中查明的各种资产盘盈、盘亏和报废、毁损的价值。本科目应当按照待处理的资产项目进行明细核算;对于在资产处理过程中取得收入或发生相关费用的项目,还应当设置"待处理财产价值""处理净收入"明细科目,进行明细核算。本科目期末如为借方余额,反映尚未处理完毕的各种资产的净损失;期末如为贷方余额,反映尚未处理完毕的各种资产净溢余。年末,经批准处理后,本科目一般应无余额。

二、账款核对时发现的库存现金短缺或溢余

(一)发现库存现金短缺或溢余

每日账款核对发现有待查明原因的现金短缺或溢余时,属于现金短缺的,应当按照实际短缺的金额,在财务会计中,借记"待处理财产损溢"科目,贷记"库存现金"科目,在预算会计中,借记"其他支出"科目,贷记"资金结存"科目;属于现金溢余,应当按照实际溢余的金额,在财务会计中,借记"库存现金"科目,贷记"待处理财产损溢"科目,在预算会计中,借记"资金结存"科目,贷记"其他预算收入"科目。

【例2-96】 某事业单位盘点库存现金发现库存数比账面数短少18元,暂时无法查明原因。该事业单位应编制的会计分录为:

在财务会计中:

借:待处理财产损溢——现金短款　　　　　　　　　　　　　　　　18
　　贷:库存现金　　　　　　　　　　　　　　　　　　　　　　　　　　　18

同时,在预算会计中:

借:其他支出　　　　　　　　　　　　　　　　　　　　　　　　　　18
　　贷:资金结存——货币资金　　　　　　　　　　　　　　　　　　　　　18

(二)查明原因报批后的处理

(1)如为现金短缺,属于应由责任人赔偿或向有关人员追回的,在财务会计中,借记"其他应收款",贷记"待处理财产损溢"科目。实际收到责任人赔偿时,在财务会计中,借记"库存现金"科目,贷记"其他应收款"科目;在预算会计中,借记"资金结存"科目,贷记"其他支出"科目。属于无法查明原因的,报经批准核销时,在财务会计中,借记"资产处置费用"科目,贷记"待处理财产损溢"科目。

(2)如为现金溢余,属于应支付给有关人员或单位的,在财务会计中,借记"待处理财产损溢"科目,贷记"其他应付款"科目。实际支付给有关人员或单位时,在财务会计中,借记"其他应付款"科目,贷记"库存现金"科目;在预算会计中,借记"其他预算收入"科目,贷记"资金结存"科目。属于无法查明原因的,报经批准后,在财务会计中,借记"待处理财产损溢"科目,贷记"其他收入"科目。

【例2-97】 承[例2-96],经查明分析,短缺的现金是由工作人员失误所致的,经单位领导批准,同意责任人赔偿15元,其余计入相关费用。该单位应编制的会计分录为:

(1) 经单位领导批准处理现金短缺时。

在财务会计中：

借：其他应收款——××人　　　　　　　　　　　　　　　　　　15
　　资产处置费用——现金短款　　　　　　　　　　　　　　　　3
　　　贷：待处理财产损溢——现金短款　　　　　　　　　　　　　　　18

在预算会计中不做账务处理。

(2) 实际收到责任人赔偿时。

在财务会计中：

借：库存现金　　　　　　　　　　　　　　　　　　　　　　　　15
　　　贷：其他应收款——××人　　　　　　　　　　　　　　　　　　15

同时，在预算会计中：

借：资金结存——货币资金　　　　　　　　　　　　　　　　　　15
　　　贷：其他支出　　　　　　　　　　　　　　　　　　　　　　　　15

库存现金核对的主要账务处理可概括如表 2-24 所示。

表 2-24　　　　　　　　　　库存现金核对的主要账务处理

业务事项和内容		财务会计	预算会计
现金溢余	按照溢余金额转入待处理财产损溢	借：库存现金 　贷：待处理财产损溢	借：资金结存——货币资金 　贷：其他预算收入
	属于应支付给有关人员或单位的部分	借：待处理财产损溢 　贷：其他应付款 借：其他应付款 　贷：库存现金	借：其他预算收入 　贷：资金结存——货币资金
	属于无法查明原因的部分，报经批准后	借：待处理财产损溢 　贷：其他收入	—
现金短缺	按照短缺金额转入待处理财产损溢	借：待处理财产损溢 　贷：库存现金	借：其他支出 　贷：资金结存——货币资金
	属于应由责任人赔偿的部分	借：其他应收款 　贷：待处理财产损溢 借：库存现金 　贷：其他应收款	借：资金结存——货币资金 　贷：其他支出
	属于无法查明原因的部分，报经批准后	借：资产处置费用 　贷：待处理财产损溢	—

三、存货、固定资产、无形资产、公共基础设施、政府储备物资、文物文化资产、保障性住房等各种资产盘盈、盘亏或报废、毁损

(一) 盘盈的各类非现金资产

(1) 转入待处理资产时，在财务会计中，按照确定的成本，借记"库存物品""固定资产"

"无形资产""公共基础设施""政府储备物资""文物资源""保障性住房"等科目,贷记"待处理财产损溢"科目;在预算会计中不做账务处理。

(2) 按照规定报经批准后处理时,对于盘盈的流动资产,在财务会计中,借记"待处理财产损溢"科目,贷记"单位管理费用"(事业单位)或"业务活动费用"(行政单位)科目。对于盘盈的非流动资产,如属于本年度取得的,按照当年新取得相关资产进行账务处理;如属于以前年度取得的,按照前期差错处理,在财务会计中,借记"待处理财产损溢"科目,贷记"以前年度盈余调整"科目。此类业务预算会计不进行账务处理。

【例 2-98】 甲事业单位经批准于 20×2 年 12 月底开展了全面资产盘点工作,其中盘盈激光打印机 1 台、笔记本电脑 1 台、字画 1 副。经查证,盘盈资产均用于甲单位开展专业业务活动,其中,笔记本电脑为 20×1 年 5 月购买,发票金额为 6 200 元(不考虑增值税影响因素),当时财务部门已支付价款并借记了事业支出,但未登记为固定资产;激光打印机、字画盘盈原因不详,该字画也并非文物。甲事业单位盘盈资产应编制的会计分录为:

(1) 20×2 年 12 月,盘盈资产转入"待处理财产损溢"时。

① 对于笔记本电脑、激光打印机。

在财务会计中:

借:固定资产——便携式计算机   6 200
    ——打印设备   5 000
 贷:待处理财产损溢   11 200

在预算会计中不做账务处理。

② 对于字画(名义金额)。

在财务会计中:

借:固定资产——字画   1
 贷:待处理财产损溢   1

盘盈的字画因无法取得评估价和同类市场价,按名义金额(人民币 1 元)入账。

在预算会计中不做账务处理

(2) 20×2 年 12 月,计提折旧时。

考虑盘盈资产的新旧程度,经技术人员鉴定有形损耗情况后,确定两项固定资产尚可使用年限分别为笔记本电脑 3 年、激光打印机 4 年,按照平均年限法计算于 20×2 年 12 月开始每月计提折旧额分别为 172.22 元(6 200÷3÷12)和 104.17 元(5 000÷4÷12)。字画不计提折旧。

在财务会计中:

借:业务活动费用——固定资产折旧   276.39
 贷:固定资产累计折旧——便携式计算机   172.22
        ——打印设备   104.17

在预算会计中不做账务处理。

(3) 20×3 年 4 月,收到批复意见时。

① 对于笔记本电脑、激光打印机。

在财务会计中:

借：待处理财产损溢	11 200	
贷：以前年度盈余调整		11 200
借：以前年度盈余调整	11 200	
贷：累计盈余		11 200

在预算会计不做账务处理。

甲事业单位盘盈资产是本期(20×2年12月)发现的与前期(20×1年5月)相关的非重大会计差错，应当将其影响数调整相关项目的本期数，财务会计相应做调整分录，不涉及预算会计调整分录。

② 对于字画。

在财务会计中：

借：待处理财产损溢	1	
贷：以前年度盈余调整		1
借：以前年度盈余调整	1	
贷：累计盈余		1

在预算会计中不做账务处理。

(二) 盘亏或者毁损、报废的各类非现金资产

(1) 转入待处理资产时，在财务会计中，借记"待处理财产损溢"科目(待处理财产价值)〔盘亏、毁损、报废固定资产、无形资产、公共基础设施、保障性住房的，还应借记"固定资产累计折旧""无形资产累计摊销""公共基础设施累计折旧(摊销)""保障性住房累计折旧"科目〕，贷记"库存物品""固定资产""无形资产""公共基础设施""政府储备物资""文物文化资产""保障性住房""在建工程"等科目；涉及增值税业务的，相关账务处理参见"应交增值税"科目。在预算会计中不做账务处理。

(2) 报经批准处理时，在财务会计中，借记"资产处置费用"科目，贷记"待处理财产损溢"科目(待处理财产价值)；在预算会计中不做账务处理。

(3) 处理毁损、报废实物资产过程中取得的残值或残值变价收入、保险理赔和过失人赔偿等，在财务会计中，借记"库存现金""银行存款""库存物品""其他应收款"等科目，贷记"待处理财产损溢"科目(处理净收入)；处理毁损、报废实物资产过程中发生的相关费用，在财务会计中，借记"待处理财产损溢"科目(处理净收入)，贷记"库存现金""银行存款"等科目。在预算会计中不做账务处理。

(4) 处理收支结清，如果处理收入大于相关费用的，在财务会计中，按照处理收入减去相关费用后的净收入，借记"待处理财产损溢"科目(处理净收入)，贷记"应缴财政款"等科目；在预算会计中不做账务处理。如果处理收入小于相关费用的，按照相关费用减去处理收入后的净支出，在财务会计中，借记"资产处置费用"科目，贷记"待处理财产损溢"科目(处理净收入)；同时，在预算会计中，借记"其他支出"科目，贷记"资金结存"科目。

【例2-99】甲事业单位经批准于20×2年12月底开展了全面资产盘点工作，其中盘亏自用笔记本电脑1台。经查证，原因系职工张某于20×2年11月出差做项目时所携带的笔记本电脑因故丢失，沟通获得项目委托方的赔偿3 000元。该笔记本电脑为20×0年3月购买，发票金额为6 000元(不考虑增值税影响因素)，已计提折旧33个月，累计折旧金

额为 3 300 元。甲事业单位盘亏资产应编制的会计分录为：

(1) 20×2 年 12 月，盘亏资产转入待处理财产时。

在财务会计中：

借：待处理财产损溢——待处理财产价值　　　　　　　　　　　　　2 700
　　固定资产累计折旧——便携式计算机　　　　　　　　　　　　　3 300
　　贷：固定资产——便携式计算机　　　　　　　　　　　　　　　　　　6 000

在预算会计中不做账务处理。

(2) 20×2 年 12 月，收到同意批复处置盘亏电脑的意见时。

在财务会计中：

借：资产处置费用　　　　　　　　　　　　　　　　　　　　　　　2 700
　　贷：待处理财产损溢——待处理财产价值　　　　　　　　　　　　　2 700

在预算会计中不做账务处理。

(3) 20×2 年 12 月，收到取得赔偿和变价收入时。

在财务会计中：

借：库存现金/银行存款　　　　　　　　　　　　　　　　　　　　3 000
　　贷：待处理财产损溢——处理净收入　　　　　　　　　　　　　　　3 000

在预算会计中不做账务处理。

(4) 20×2 年 12 月，确认待上缴国库的盘亏资产处置净收益时。

在财务会计中：

借：待处理财产损溢——处理净收入　　　　　　　　　　　　　　　3 000
　　贷：应缴财政款　　　　　　　　　　　　　　　　　　　　　　　　　3 000

在预算会计中不做账务处理。

【例 2-100】 某事业单位系小规模纳税人，在资产清查中报废一批不需用的办公设备，该批设备原价为 150 000 元，已计提累计折旧 140 000 元，账面余额为 10 000 元(150 000－140 000)。该事业单位将其转入待处理财产。处理该批设备取得变价收入 8 080 元，发生清理费用 2 000 元，处置净收入为 6 080 元(8 080－2 000)，款项均以银行存款收付。按规定，该批设备的处理净收入应当上缴财政。该事业单位应编制的会计分录为：

(1) 将该固定资产转入待处理财产时。

在财务会计中：

借：待处理财产损溢(待处理财产价值)　　　　　　　　　　　　　10 000
　　固定资产累计折旧　　　　　　　　　　　　　　　　　　　　　140 000
　　贷：固定资产　　　　　　　　　　　　　　　　　　　　　　　　　150 000

在预算会计中不做账务处理。

(2) 将待处理财产价值转入资产处置费用时。

在财务会计中：

借：资产处置费用　　　　　　　　　　　　　　　　　　　　　　10 000
　　贷：待处理财产损溢(待处理财产价值)　　　　　　　　　　　　　10 000

在预算会计中不做账务处理。
（3）取得变价收入时。
在财务会计中：

借：银行存款 8 080
　　贷：待处理财产损溢（处理净收入） 8 080

在预算会计中不做账务处理。
（4）用银行存款支付清理费用时。
在财务会计中：

借：待处理财产损溢（处理净收入） 2 000
　　贷：银行存款 2 000

在预算会计中不做账务处理。
（5）结转处理净收入时。
在财务会计中：

借：待处理财产损溢（处理净收入） 6 080
　　贷：应缴财政款 6 080

在预算会计中不做账务处理。
待处理财产损溢的主要账务处理可概括如表2-25所示。

表2-25　　　　　　　　　　待处理财产损溢的主要账务处理

业务事项和内容			财务会计	预算会计
盘盈的非现金资产	转入待处理财产时		借：库存物品/固定资产/无形资产/公共基础设施/政府储备物资/文物资源/保障性住房等 　贷：待处理财产损溢	—
	报经批准后处理时	对于流动资产	借：待处理财产损溢 　贷：单位管理费用[事业单位] 　　　业务活动费用[行政单位]	—
		对于非流动资产	借：待处理财产损溢 　贷：以前年度盈余调整	—
盘亏或毁损、报废的非现金资产	转入待处理财产时		借：待处理财产损溢——待处理财产价值 　　固定资产累计折旧/公共基础设施累计折旧（摊销）/无形资产累计摊销/保障性住房累计折旧 　贷：库存物品/固定资产/无形资产/公共基础设施/政府储备物资/文物文化资产/保障性住房	—
	报经批准处理时		借：资产处置费用 　贷：待处理财产损溢——待处理财产价值	—

（续表）

业务事项和内容		财务会计	预算会计
盘亏或毁损、报废的非现金资产	处理毁损、报废实物资产过程中取得的残值或残值变价收入、保险理赔或过失人赔偿等	借：库存现金/银行存款/库存物品/其他应收款等 贷：待处理财产损溢——处理净收入	—
	处理毁损、报废实物资产过程中发生的相关费用	借：待处理财产损溢——处理净收入 贷：库存现金/银行存款等	—
	处理收支结清,处理收入大于相关费用的	借：待处理财产损溢——处理净收入 贷：应缴财政款	—
	处理收支结清,处理收入小于相关费用的	借：资产处置费用 贷：待处理财产损溢——处理净收入	借：其他支出 贷：资金结存等 （支付的处理净支出）

本章小结

复习思考题

1. 什么是行政事业单位资产？它具体包括哪些种类？
2. 什么是行政事业单位财政应返还额度？它应如何核算？
3. 什么是单位的应收及预付款项？它应如何核算？
4. 什么是单位的存货？它应如何核算？
5. 什么是事业单位的长期股权投资？它应如何核算？
6. 什么是单位的固定资产？它应如何核算？
7. 什么是单位的无形资产？它应如何核算？
8. 什么是单位的政府储备物资？它应如何核算？
9. 什么是单位的公共基础设施？它应如何核算？
10. 什么是单位的待处理资产损益？它应如何核算？
11. 什么是行政事业单位的受托代理资产？它应如何核算？

练习题

第三章 行政事业单位的负债

负债是指行政事业单位过去的经济业务或者事项形成的,预期会导致经济资源流出行政事业单位的现时义务。行政事业单位的负债按照流动性,分为流动负债和非流动负债。其中,流动负债是指预计在1年内(含1年)偿还的负债,包括应付及预收款项、应付职工薪酬、应缴款项等。非流动负债是指流动负债以外的负债,包括长期应付款、应付政府债券、政府依法担保形成的债务等。

第一节 流 动 负 债

流动负债是指预计在1年内(含1年)需要偿还的负债。单位流动负债包括短期借款、应交增值税、其他未交税金、应缴财政款、应付职工薪酬、应付及暂存款项、预提费用等。

一、短期借款

(一)短期借款的概念与核算科目的设置

短期借款是事业单位借入的期限在1年内(含1年)的各种借款。短期借款主要是用于弥补事业单位临时性运营周期或季节性等因素出现的资金不足,而向银行等金融机构借入的短期资金。行政单位没有短期借款业务。

为了核算短期借款业务,事业单位财务会计应设置"短期借款"总账科目。本科目应按照贷款单位和贷款种类设置明细账。本科目期末贷方余额,反映尚未偿还的短期借款本金。

(二)短期借款的账务处理

事业单位借入各种短期借款时,按照实际借入的金额,在财务会计中,借记"银行存款"科目,贷记"短期借款"科目;同时,在预算会计中,借记"资金结存"科目,贷记"债务预算收入"科目。银行承兑汇票到期,本单位无力支付票款的,按照应付票据的账面余额,在财务会计中,借记"应付票据"科目,贷记"短期借款"科目;同时,在预算会计中,借记"经营支出"科目,贷记"债务预算收入"科目。归还短期借款时,在财务会计中,借记"短期借款"科目,贷记"银行存款"科目;同时,在预算会计中,借记"债务还本支出"科目,贷记"资金结存"科目。

【例3-1】 某事业单位从北京工商银行亚运村支行取得借款200 000元,期限6个月,年利率为6%,每季度付息一次。到期偿还借款本金。该事业单位应编制的会计分录为:

(1)取得借款时。

在财务会计中:

借:银行存款 200 000
  贷:短期借款 200 000

同时,在预算会计中:

借:资金结存——货币资金　　　　　　　　　　　　　　　200 000
　　贷:债务预算收入　　　　　　　　　　　　　　　　　　　　　　200 000

(2) 归还短期借款本金时。

在财务会计中:

借:短期借款　　　　　　　　　　　　　　　　　　　　　200 000
　　贷:银行存款　　　　　　　　　　　　　　　　　　　　　　　　200 000

同时,在预算会计中:

借:债务还本支出　　　　　　　　　　　　　　　　　　　200 000
　　贷:资金结存——货币资金　　　　　　　　　　　　　　　　　　200 000

关于短期借款应付利息的核算请参见本节"应付利息"的核算。

短期借款的主要账务处理可概括如表 3-1 所示。

表 3-1　　　　　　　　　　　短期借款的主要账务处理

业务事项和内容	财务会计	预算会计
借入各种短期借款	借:银行存款 　　贷:短期借款	借:资金结存——货币资金 　　贷:债务预算收入
银行承兑汇票到期,本单位无力支付票款	借:应付票据 　　贷:短期借款	借:经营支出等 　　贷:债务预算收入
归还短期借款	借:短期借款 　　贷:银行存款	借:债务还本支出 　　贷:资金结存——货币资金

二、应交增值税

(一) 应交增值税的概念

行政事业单位核算的应交税费包括应交增值税和其他应交税费两大类。其中,应交增值税是指行政事业单位按照税法规定计算应缴纳的增值税。增值税是以商品、应税劳务和应税服务在流转过程中产生的增值额作为计税依据而征收的一种流转税。根据我国增值税法规的相关规定,在我国境内销售货物或者加工、修理修配劳务,销售服务、无形资产、不动产以及进口货物的单位和个人,为增值税的纳税人。增值税的纳税人按其经营规模及会计核算水平划分为一般纳税人和小规模纳税人。一般纳税人增值税的核算实行一般计税方法,即实行税款抵扣制度;小规模纳税人的增值税核算实行简易计税方法。

根据规定,纳税人销售货物、劳务、服务、无形资产、不动产(可统称为应税销售行为),除了规定的进项税额不得从销项税额中抵扣的情形,增值税一般纳税人应纳税额为当期销项税额抵扣当期进项税额后的余额。应纳税额的计算公式如下:

$$应纳税额 = 当期销项税额 - 当期进项税额$$

其中:销项税额是指增值税一般纳税人发生应税销售行为时,按照销售额乘以规定的税率并向购买方收取的增值税额;进项税额是指增值税一般纳税人购进货物、劳务、服务、无形资产、不动产时,所支付或负担的、准许从销项税额中抵扣的增值税税额。根据我国税法的规定,准许从销项税额中抵扣的进项税额通常包括:从销售方取得的增值税专用发票上注明的增值税税额;从海关取得的海关进口增值税专用缴款书上注明的增值税税额。增值税税率根据情况分别有13%、9%、6%。纳税人出口货物,税率为0。

(二)应交增值税核算科目的设置

为了核算增值税业务,增值税纳税人应设置"应交增值税"总账科目。属于增值税一般纳税人的单位,为了核算应交增值税的发生、抵扣、缴纳、退税及转出等情况,本科目还应设置"应交税金""未交税金""预交税金""待抵扣进项税额""待认证进项税额""待转销项税额""简易计税""转让金融商品应交增值税""代扣代交增值税"等明细科目。其中:"应交增值税"明细账科目内应当设置"进项税额""已交税金""转出未交增值税""减免税款""销项税额""进项税额转出""转出多交增值税"等专栏,分别核算相应的应交增值税业务内容。由于行政事业单位核算应交增值税业务时设置的明细科目及其专栏与企业核算应交增值税业务时设置的明细科目及其专栏基本相同,这里不再详述。

"应交增值税"科目期末贷方余额,反映单位应交未交的增值税;期末如为借方余额,反映单位尚未抵扣或多交的增值税。

(三)增值税一般纳税人单位应交增值税核算的主要账务处理

1. 取得资产或接受劳务等业务

(1)采购等业务进项税额允许抵扣。单位购买用于增值税应税项目的资产或服务等时,在财务会计中,按照应计入相关成本费用或资产的金额,借记"业务活动费用""在途物品""库存物品""工程物资""在建工程""固定资产""无形资产"等科目,按照当月已认证的可抵扣增值税额,借记"应交增值税"科目(应交税金——进项税额),按照当月未认证的可抵扣增值税额,借记"应交增值税"科目(待认证进项税额),按照应付或实际支付的金额,贷记"应付账款""应付票据""银行存款""财政应返还额度"等科目;同时,在预算会计中,按照实际支付的金额,借记"事业支出""经营支出"科目,贷记"资金结存"科目。发生退货的,如原增值税专用发票已做认证,应根据税务机关开具的红字增值税专用发票做相反的会计分录;如原增值税专用发票未做认证,应将发票退回并做相反的会计分录。

【例3-2】 某事业单位属于增值税一般纳税人。该单位在开展非独立核算经营活动中购入一批物品,增值税专用发票上注明货款5 000元,当月已认证的可抵扣增值税额为650元,价税合计5 650元,以银行存款支付,物品已验收入库。该事业单位应编制的会计分录为:

在财务会计中:

借:库存物品	5 000
应交增值税——应交税金(进项税额)	650
贷:银行存款	5 650

同时,在预算会计中:

借:经营支出	5 650
贷:资金结存——货币资金	5 650

(2)采购等业务进项税额不得抵扣。单位购进资产或服务等,用于简易计税方法计税项目、免征增值税项目、集体福利或个人消费等,其进项税额按照现行增值税制度规定不得

从销项税额中抵扣的,取得增值税专用发票时,在财务会计中,应按照增值税发票注明的金额,借记相关成本费用或资产科目;按照待认证的增值税进项税额,借记"应交增值税"科目(待认证进项税额);按照实际支付或应付的金额,贷记"银行存款""财政应返还额度""应付账款"等科目。同时,在预算会计中,按实际支付的金额,借记"事业支出""经营支出"科目,贷记"资金结存"科目。经税务机关认证为不可抵扣进项税时,借记"应交增值税"科目(应交税金——进项税额)科目,贷记"应交增值税"科目(待认证进项税额);同时,将进项税额转出,借记相关成本费用科目,贷记"应交增值税"科目(应交税金——进项税额转出)。

(3) 进项税额抵扣情况发生改变。单位因发生非正常损失或改变用途等,原已计入进项税额、待抵扣进项税额或待认证进项税额,但按照现行增值税制度规定不得从销项税额中抵扣的,借记"待处理财产损益""固定资产""无形资产"等科目,贷记"应交增值税"科目(应交税金——进项税额转出)、"应交增值税"科目(待抵扣进项税额)或"应交增值税"科目(待认证进项税额);原不得抵扣且未抵扣进项税额的固定资产、无形资产等,因改变用途等用于允许抵扣进项税额的应税项目的,应按照允许抵扣的进项税额,借记"应交增值税"科目(应交税金——进项税额),贷记"固定资产""无形资产"等科目。固定资产、无形资产等经上述调整后,应按照调整后的账面价值在剩余尚可使用年限内计提折旧或摊销。

拓展练习 3-1

拓展练习 3-2

单位购进时已全额计入进项税额的货物或服务等转用于不动产在建工程的,对于结转以后期间的进项税额,应借记"应交增值税"科目(待抵扣进项税额),贷记"应交增值税"科目(应交税金——进项税额转出)。

(4) 购买方作为扣缴义务人。按照现行增值税制度规定,境外单位或个人在境内发生应税行为,在境内未设有经营机构的,以购买方为增值税扣缴义务人。境内一般纳税人购进服务或资产时,在财务会计中,按照应计入相关成本费用或资产的金额,借记"业务活动费用""在途物品""库存物品""工程物资""在建工程""固定资产""无形资产"等科目,按照可抵扣的增值税税额,借记"应交增值税"科目(应交税金——进项税额),按照应付或实际支付的金额,贷记"银行存款""应付账款"等科目,按照应代扣代缴的增值税税额,贷记"应交增值税"科目(代扣代交增值税);同时,在预算会计中,按实际支付的金额,借记"事业支出""经营支出"等科目,贷记"资金结存"科目。实际缴纳代扣代缴增值税时,按照代扣代缴的增值税税额,在财务会计中,借记"应交增值税"科目(代扣代交增值税),贷记"银行存款""财政应返还额度"等科目;同时,在预算会计中,借记"事业支出""经营支出"科目,贷记"资金结存"科目。

拓展练习 3-3

2. 单位销售资产或提供服务等业务

(1) 销售资产或提供服务业务。单位销售货物或提供服务,在财务会计中,应当按照应收或已收的金额,借记"应收账款""应收票据""银行存款"等科目,按照确认的收入金额,贷记"经营收入""事业收入"等科目,按照现行增值税制度规定计算的销项税额(或采用简易计税方法计算的应纳增值税额),贷记"应交增值税"科目(应交税金——销项税额)或"应交增值税"科目(简易计税);同时,在预算会计中,按已收的金额,借记"资金结存"科目,贷记"经营预算收入""事业预算收入"等科目。发生销售退回的,应根据按照规定开具的红字增值税专用发票做相反的会计分录。

【例 3-3】 承[例 3-2]，该事业单位在开展非独立核算经营活动中销售应税货物一批，增值税发票上列示的价款为 10 000 元，增值税销项税额为 1 300 元，价税合计 11 300 元，款已收到并存入开户银行。该事业单位应编制的会计分录为：

在财务会计中：

借：银行存款　　　　　　　　　　　　　　　　　　　　　　　　　　　11 300
　　贷：经营收入　　　　　　　　　　　　　　　　　　　　　　　　　　10 000
　　　　应交增值税——应交税金（销项税额）　　　　　　　　　　　　　　1 300

同时，在预算会计中：

借：资金结存——货币资金　　　　　　　　　　　　　　　　　　　　　11 300
　　贷：经营预算收入　　　　　　　　　　　　　　　　　　　　　　　　11 300

按照《政府会计制度》及相关政府会计准则确认收入的时点早于按照增值税制度确认增值税纳税义务发生时点的，应将相关销项税额计入"应交增值税"科目（待转销项税额），待实际发生纳税义务时再转入"应交增值税"科目（应交税金——销项税额）或"应交增值税"科目（简易计税）。

拓展练习 3-4

按照增值税制度确认增值税纳税义务发生时点早于按照本制度及相关政府会计准则确认收入的时点的，应按照应纳增值税额，在财务会计中，借记"应收账款"科目，贷记"应交增值税"科目（应交税金——销项税额）或"应交增值税"科目（简易计税）；在预算会计中不做账务处理。

拓展练习 3-5

（2）金融商品转让按照规定以盈亏相抵后的余额作为销售额。金融商品实际转让月末，如产生转让收益，则按照应纳税额，借记"投资收益"科目，贷记"应交增值税"科目（转让金融商品应交增值税）；如产生转让损失，则按照可结转下月抵扣税额，借记"应交增值税"科目（转让金融商品应交增值税），贷记"投资收益"科目。缴纳增值税时，在财务会计中，借记"应交增值税"科目（转让金融商品应交增值税），贷记"银行存款"等科目；同时，在预算会计中，借记"投资预算收益"科目，贷记"资金结存"科目。年末，"应交增值税"科目（转让金融商品应交增值税）如有借方余额，则借记"投资收益"科目，贷记"应交增值税"科目（转让金融商品应交增值税）。

3. 月末转出多交增值税和未交增值税

月度终了，单位应当将当月应交未交或多交的增值税自"应交税金"明细科目转入"未交税金"明细科目。对于当月应交未交的增值税，借记"应交增值税"科目（应交税金——转出未交增值税），贷记"应交增值税"科目（未交税金）；对于当月多交的增值税，借记"应交增值税"科目（未交税金），贷记"应交增值税"科目（应交税金——转出多交增值税）。

4. 缴纳增值税

（1）缴纳当月应交增值税。单位缴纳当月应交的增值税，在财务会计中，借记"应交增值税"科目（应交税金——已交税金），贷记"银行存款"等科目。同时，在预算会计中，借记"经营支出""事业支出"科目，贷记"资金结存"科目。

（2）缴纳以前期间未交增值税。单位缴纳以前期间未交的增值税，在财务会计中，借记"应交增值税"科目（未交税金），贷记"银行存款"等科目。在预算会计中，借记"经营支出""事业支出"科目，贷记"资金结存"科目。

【例3-4】 承[例3-2]和[例3-3],该事业单位20×3年1月应缴纳的增值税为650元(1 300-650)。

(1) 1月末,将当月应缴未缴的增值税自"应交税金"明细科目转入"未交税金"明细科目。

在财务会计中:

借:应交增值税——应交税金(转出未交增值税)　　650
　　贷:应交增值税——未交税金　　　　　　　　　　　　650

在预算会计中不做账务处理。

(2) 2月,以银行存款缴纳上月未交的增值税时。

在财务会计中:

借:应交增值税——未交税金　　650
　　贷:银行存款　　　　　　　　　　650

同时,在预算会计中:

借:经营支出　　650
　　贷:资金结存——货币资金　　650

(3) 预交增值税。单位预交增值税时,在财务会计中,借记"应交增值税"科目(预交税金),贷记"银行存款"等科目;同时,在预算会计中,借记"经营支出""事业支出"科目,贷记"资金结存"科目。月末,单位应将"预交税金"明细科目余额转入"未交税金"明细科目,借记"应交增值税"科目(未交税金),贷记"应交增值税"科目(预交税金)。

(4) 减免增值税。对于当期直接减免的增值税,借记"应交增值税"科目(应交税金——减免税款),贷记"业务活动费用""经营费用"等科目。

按照现行增值税制度规定,单位初次购买增值税税控系统专用设备支付的费用以及缴纳的技术维护费允许在增值税应纳税额中全额抵减的,按照规定抵减的增值税应纳税额,借记"应交增值税"科目(应交税金——减免税款),贷记"业务活动费用""经营费用"等科目。

(四) 增值税小规模纳税人单位增值税的核算

根据规定,小规模纳税人发生应税销售行为,实行按照销售额和征收率计算应纳税额的简易办法,并不得抵扣进项税额。小规模纳税人应纳税额的计算公式如下:

$$应纳税额 = 销售额 \times 征收率(3\%)$$

小规模纳税人的标准由国务院财政、税务主管部门规定。属于小规模纳税人的事业单位,购进货物时,将支付的增值税计入材料的采购成本;销售货物时,一般情况下,按不含税价格的3%计算应交增值税。采用销售额和应纳税金合并定价的,按照"销售额=含税金额÷(1+3%)"公式还原为不含税销售额,再计算应纳增值税额。

为了核算增值税业务,属于增值税小规模纳税人的单位,也应设置"应交增值税"总账科目。在本科目下设置"转让金融商品应交增值税""代扣代交增值税"两个明细科目。

属于增值税小规模纳税人的单位应交增值税的主要账务处理如下所述。

(1) 小规模纳税人购买资产或服务等时不能抵扣增值税,发生的增值税计入资产成本或相关成本费用。单位购买资产或服务等时,在财务会计中,按照应付或实际支付的金额,借记"业务活动费用""在途物品""库存物品""工程物资""在建工程""固定资产""无形资产"

等科目,贷记"应付账款""应付票据""银行存款""财政应返还额度"等科目。同时,在预算会计中,按照实际支付的金额,借记"经营支出""事业支出"科目,贷记"资金结存"科目。

(2) 按照现行增值税制度规定,境外单位或个人在境内发生应税行为,在境内未设有经营机构的,以购买方为增值税扣缴义务人。境内小规模纳税人购进服务或资产时,在财务会计中,按照应计入相关成本费用或资产的金额,借记"业务活动费用""在途物品""库存物品""工程物资""在建工程""固定资产""无形资产"等科目,按照应付或实际支付的金额,贷记"银行存款""应付账款"等科目,按照应代扣代缴的增值税额,贷记"应交增值税"科目(代扣代交增值税);同时,在预算会计中,按照实际支付的金额,借记"经营支出""事业支出"科目,贷记"资金结存"科目。实际缴纳代扣代缴增值税与一般纳税人单位相同。

(3) 单位销售货物或提供服务,在财务会计中,应当按照应收或已收的金额,借记"应收账款""应收票据""银行存款"等科目;按照确认的收入金额,贷记"经营收入""事业收入"等科目;按照现行增值税制度规定采用简易计税方法计算的应纳增值税额,贷记"应交增值税"科目。同时,在预算会计中,按照已收的金额,借记"资金结存"科目,贷记"经营预算收入""事业预算收入"科目。

(4) 单位转让金融商品,按照规定以盈亏相抵后的余额作为销售额,其账务处理与上述属于增值税一般纳税人的单位相同。

(5) 单位缴纳应交的增值税,在财务会计中,借记"应交增值税"科目,贷记"银行存款"等科目。同时,在预算会计中,借记"经营支出""事业支出"科目,贷记"资金结存"科目。

(6) 按照现行增值税制度规定,单位初次购买增值税税控系统专用设备支付的费用以及缴纳的技术维护费允许在增值税应纳税额中全额抵减的,按照规定抵减的增值税应纳税额,在财务会计中,借记"应交增值税"科目,贷记"业务活动费用""经营费用"等科目。

【例3-5】 某事业单位系增值税小规模纳税人,为开展非独立核算经营活动购入一批物品,取得增值税专用发票中注明的价款为3 000元,增值税额为390元,款项以银行存款支付,物品已验收入库。该事业单位本月在开展非独立核算经营活动中销售一批物品,价税合计4 120元。其中,价款为4 000元[4 120÷(1+3%)],应交增值税为120元,款项已存入银行。该事业单位应编制的会计分录为:

(1) 购进物品时。

在财务会计中:

借:库存物品　　　　　　　　　　　　　　　　　　　　　　　　　　3 390
　　贷:银行存款　　　　　　　　　　　　　　　　　　　　　　　　　　3 390

同时,在预算会计中:

借:经营支出　　　　　　　　　　　　　　　　　　　　　　　　　　3 390
　　贷:资金结存——货币资金　　　　　　　　　　　　　　　　　　　3 390

(2) 销售应税产品时。

在财务会计中:

借:银行存款　　　　　　　　　　　　　　　　　　　　　　　　　　4 120
　　贷:经营收入　　　　　　　　　　　　　　　　　　　　　　　　　　4 000
　　　　应交增值税　　　　　　　　　　　　　　　　　　　　　　　　　120

同时,在预算会计中:

借:资金结存——货币资金 4 120
　　贷:经营预算收入 4 120

(3) 实际缴纳增值税时。

在财务会计中:

借:应交增值税 120
　　贷:银行存款 120

同时,在预算会计中:

　　借:经营支出 120
　　　　贷:资金结存——货币资金 120

拓展练习3-6

事业单位的增值税业务主要涉及经营业务,而经营活动在事业单位中是很少的。行政单位和公益一类事业单位中没有经营活动。由于事业单位属于公益组织,根据国家税法规定可以享受税收优惠,如对公立医院、公立学校、图书馆、博物馆、文化馆、美术馆、科技馆、体育馆更免征增值税。

三、其他应交税费

(一) 其他应交税费的概念与核算科目的设置

其他应交税费是指单位按照税法等规定计算应交纳的除增值税以外的各种税费,包括城市维护建设税、教育费附加、地方教育附加、车船税、房产税、城镇土地使用税、企业所得税等。

为了核算其他应交税费业务,单位财务会计应设置"其他应交税费"总账科目。单位代扣代缴的个人所得税,也通过本科目核算。单位应缴纳的印花税不需要预提应交税费,直接通过"业务活动费用""单位管理费用""经营费用"等科目核算,不通过本科目核算。本科目应当按照应交纳的税费种类进行明细核算。本科目期末贷方余额,反映单位应交未交的除增值税以外的税费金额;期末如为借方余额,反映单位多交纳的增值税以外的税费金额。

(二) 其他应交税费的账务处理

(1) 单位发生城市维护建设税、教育费附加、地方教育附加、车船税、房产税、城镇土地使用税等纳税义务的,按照税法规定计算的应缴税费金额,借记"业务活动费用""单位管理费用""经营费用"等科目,贷记"其他应交税费"科目(应交城市维护建设税、应交教育费附加、应交地方教育附加、应交车船税、应交房产税、应交城镇土地使用税等)。

(2) 单位按照税法规定计算应代扣代缴职工(含长期聘用人员)的个人所得税,在财务会计中,借记"应付职工薪酬"科目,贷记"其他应交税费"科目(应交个人所得税)。在预算会计中不做账务处理。

按照税法规定计算应代扣代缴支付给职工(含长期聘用人员)以外人员劳务费的个人所得税,在财务会计中,借记"业务活动费用""单位管理费用"等科目,贷记"其他应交税费"科目(应交个人所得税);在预算会计中不做账务处理。

(3) 单位发生企业所得税纳税义务的,按照税法规定计算的应交所得税额,在财务会计中,借记"所得税费用"科目,贷记"其他应交税费"科目(单位应交所得税)。在预算会计中不做账务处理。

(4) 单位实际缴纳上述各种税费时,在财务会计中,借记"其他应交税费"科目(应交城市维护建设税、应交教育费附加、应交地方教育附加、应交车船税、应交房产税、应交城镇土地使用税、应交个人所得税、单位应交所得税等),贷记"财政拨款收入""财政应返还额度""银行存款"等科目。同时,在预算会计中,借记"行政支出""事业支出""经营支出"科目,贷记"财政拨款预算收入""资金结存"科目。

【例 3-6】 某事业单位在开展专业业务活动中,按税法规定应交城市维护建设税和教育费附加分别为 2 000 元和 1 200 元,按规定计入业务活动费用。该事业单位通过财政集中支付方式支付税款。该事业单位应编制的会计分录为:

(1) 月末,计算应负担的税金时。

在财务会计中:

借:业务活动费用　　　　　　　　　　　　　　　　　　　　　　　　　3 200
　　贷:其他应交税费——城市维护建设税　　　　　　　　　　　　　　　　　2 000
　　　　　　　　　　——教育费附加　　　　　　　　　　　　　　　　　　　1 200

在预算会计中不做账务处理。

(2) 通过财政集中方式支付税金及附加费时。

在财务会计中:

借:其他应交税费——城市维护建设税　　　　　　　　　　　　　　　　　　2 000
　　　　　　　　——教育费附加　　　　　　　　　　　　　　　　　　　　1 200
　　贷:财政应返还额度　　　　　　　　　　　　　　　　　　　　　　　　　3 200

同时,在预算会计中:

借:事业支出　　　　　　　　　　　　　　　　　　　　　　　　　　　　3 200
　　贷:资金结存——财政应返还额度　　　　　　　　　　　　　　　　　　　3 200

根据相关规定,公立医院、公立学校、图书馆、博物馆、文化馆、美术馆、科技馆、体育馆以及国家机关自用的房产免征房产税;但相关行政事业单位的出租房产以及非自身业务使用的生产、营业用房不属于房产税的免税范围。车船税、城镇土地使用税的情况类似。行政单位没有企业所得税业务。事业单位的企业所得税业务也主要涉及经营活动。

其他应交税费的主要账务处理可概括如表 3-2 所示。

表 3-2　　　　　　　　　　　其他应交税费的主要账务处理

业务事项和内容		财务会计	预算会计
城市维护建设税、教育费附加、地方教育附加、车船税、房产税、城镇土地使用税等	发生时,按照税法规定计算的应缴税费金额	借:业务活动费用/单位管理费用/经营费用等 　贷:其他应交税费——应交城市维护建设税/应交教育费附加/应交地方教育附加/应交车船税/应交房产税/应交城镇土地使用税等	—

(续表)

业务事项和内容		财务会计	预算会计
城市维护建设税、教育费附加、地方教育附加、车船税、房产税、城镇土地使用税等	实际缴纳时	借：其他应交税费——应交城市维护建设税/应交教育费附加/应交地方教育附加/应交车船税/应交房产税/应交城镇土地使用税等 贷：银行存款等	借：事业支出/经营支出等 　　贷：资金结存
代扣代缴职工个人所得税	计算应代扣代缴职工的个人所得税金额	借：应付职工薪酬 　　贷：其他应交税费——应交个人所得税	
	计算应代扣代缴职工以外其他人员个人所得税	借：业务活动费用/单位管理费用等 　　贷：其他应交税费——应交个人所得税	
	实际缴纳时	借：其他应交税费——应交个人所得税 　　贷：财政拨款收入/财政应返还额度/银行存款等	借：行政支出/事业支出/经营支出 　　贷：财政拨款预算收入/资金结存
事业单位发生企业所得税纳税义务	按照税法规定计算应缴税费金额	借：所得税费用 　　贷：其他应交税费——单位应交所得税	—
	实际缴纳时	借：其他应交税费——单位应交所得税 　　贷：银行存款等	借：非财政拨款结余 　　贷：资金结存

四、应缴财政款

（一）应缴财政款的概念与核算科目的设置

应缴财政款是指单位取得或应收的按照规定应当上缴财政的款项，包括应缴国库的款项和应缴财政专户的款项。

为了核算应缴财政款业务，单位应设置"应缴财政款"科目。单位按照国家税法等有关规定应当缴纳的各种税费，通过"应交增值税""其他应交税费"科目核算，不通过本科目核算。本科目应按应缴国库的各款项类别进行明细核算。本科目期末贷方余额，反映单位应当上缴财政但尚未缴纳的款项。年终清缴后，本科目一般应无余额。

（二）应缴财政款的账务处理

单位取得或应收按照规定应缴财政的款项时，在财务会计中，借记"银行存款""应收账款"等科目，贷记"应缴财政款"科目。单位上缴应缴财政的款项时，按照实际上缴的金额，借记"应缴财政款"科目，贷记"银行存款"科目。应缴财政款项的收支不属于单位预算的现金收支业务，故预算会计不予反映。

在财政国库集中收付制度下，缴款人应将应缴财政款项直接缴入财政国库或财政专户，不通过行政事业单位的银行存款账户过渡。对于一些零星的难以实行国库集中收缴制度的政府非税收入，行政事业单位在收取后，应及时上缴财政。

五、应付职工薪酬

（一）应付职工薪酬的概念与核算科目的设置

职工薪酬是指行政事业单位按照有关规定应付给职工(含长期聘用人员)及为职工支付的各种薪酬，包括基本工资、国家统一规定的津贴补贴、规范津贴补贴(绩效工资)、改革性补贴、社会保险费(如职工基本养老保险费、职业年金、基本医疗保险费等)、住房公积金等。

为了核算应付职工薪酬业务，行政事业单位应设置"应付职工薪酬"总账科目。本科目应当根据国家有关规定按"基本工资(含离退休费)""国家统一规定的津贴补贴""规范津贴补贴(绩效工资)""改革性补贴""社会保险费""住房公积金""其他个人收入"等进行明细核算。其中，"社会保险费""住房公积金"明细科目核算内容包括单位从职工工资中代扣代缴的社会保险费、住房公积金，以及单位为职工计算缴纳的社会保险费、住房公积金。本科目期末贷方余额，反映单位应付未付的职工薪酬。

（二）应付职工薪酬的账务处理

（1）计提从事专业及其辅助活动人员的职工薪酬(含单位为职工计算缴纳的社会保险费、住房公积金)，在财务会计中，借记"业务活动费用""单位管理费用"科目，贷记"应付职工薪酬"科目；计提应由在建工程、加工物品、自行研发无形资产负担的职工薪酬，借记"在建工程""加工物品""研发支出"等科目，贷记"应付职工薪酬"科目；计提从事专业及其辅助活动之外的经营活动人员的职工薪酬，借记"经营费用"科目，贷记"应付职工薪酬"科目；因解除与职工的劳动关系而给予的补偿，借记"单位管理费用"等科目，贷记"应付职工薪酬"科目。在预算会计中不做账务处理。

（2）单位向职工支付工资、津贴补贴等薪酬时，按照实际支付的金额，在财务会计中，借记"应付职工薪酬"科目，贷记"财政拨款收入""财政应返还额度""银行存款"等科目。同时，在预算会计中，借记"行政支出""事业支出""经营支出"等科目，贷记"财政拨款预算收入""资金结存"科目。

（3）单位按照税法规定代扣职工个人所得税时，在财务会计中，借记"应付职工薪酬"科目(基本工资)，贷记"其他应交税费——应交个人所得税"科目；从应付职工薪酬中代扣为职工垫付的水电费、房租等费用时，按照实际扣除的金额，借记"应付职工薪酬"科目(基本工资)，贷记"其他应收款"等科目；从应付职工薪酬中代扣社会保险费和住房公积金，按照代扣的金额，借记"应付职工薪酬"科目(基本工资)，贷记"应付职工薪酬"科目(社会保险费、住房公积金)。在预算会计中不做账务处理。

（4）单位按照国家有关规定缴纳职工社会保险费和住房公积金时，按照实际支付的金额，在财务会计中，借记"应付职工薪酬"科目(社会保险费、住房公积金)，贷记"财政拨款收入""财政应返还额度""银行存款"等科目。同时，在预算会计中，借记"行政支出""事业支出""经营支出"等科目，贷记"财政拨款预算收入""资金结存"科目。

（5）单位从应付职工薪酬中支付的其他款项，在财务会计中，借记"应付职工薪酬"科目，贷记"财政应返还额度""银行存款"等科目。同时，在预算会计中，借记"行政支出""事业支出""经营支出"等科目，贷记"财政拨款预算收入""资金结存"科目。

【例 3-7】 20×3 年 1 月，某行政单位计提履职人员的应付职工薪酬共计 265 000 元。其中，职工基本工资为 200 000 元，国家统一规定的津贴补贴为 25 000 元，单位应为职工缴纳的社会保险费为30 000元、住房公积金为10 000元;应从职工基本工资中代扣代缴的社会保险费为20 000元、住房公积金为10 000元;按税法规定应从职工基本工资中代扣代缴的职工个人所得税为5 000元。该行政单位通过财政集中支付方式向职工支付基本工资、津贴补贴以及向相关机构缴纳职工社会保险费和住房公积金。该行政单位应编制的会计分录为:

(1) 计提应付职工薪酬时。

在财务会计中:

借:业务活动费用　　　　　　　　　　　　　　　　　　　　265 000
　　贷:应付职工薪酬——基本工资　　　　　　　　　　　　　　　200 000
　　　　　　　　　　——国家统一规定的津贴补贴　　　　　　　　 25 000
　　　　　　　　　　——社会保险费　　　　　　　　　　　　　　 30 000
　　　　　　　　　　——住房公积金　　　　　　　　　　　　　　 10 000

在预算会计中不做账务处理。

(2) 从应付职工薪酬中代扣职工社会保险费与住房公积金时。

在财务会计中:

借:应付职工薪酬——基本工资　　　　　　　　　　　　　　　 30 000
　　贷:应付职工薪酬——社会保险费　　　　　　　　　　　　　　 20 000
　　　　　　　　　　——住房公积金　　　　　　　　　　　　　　 10 000

在预算会计中不做账务处理。

(3) 从应付职工薪酬中代扣代缴个人所得税时。

在财务会计中:

借:应付职工薪酬——基本工资　　　　　　　　　　　　　　　　5 000
　　贷:其他应交税费——应交个人所得税　　　　　　　　　　　　　5 000

在预算会计中做账务处理。

(4) 以财政集中支付方式向职工支付基本工资、津贴补贴时。

在财务会计中:

借:应付职工薪酬——基本工资　　　　　　　　　　　　　　　165 000
　　　　　　　　——国家统一规定的津贴补贴　　　　　　　　　 25 000
　　贷:财政拨款收入　　　　　　　　　　　　　　　　　　　　190 000

同时,在预算会计中:

借:行政支出　　　　　　　　　　　　　　　　　　　　　　　190 000
　　贷:财政拨款预算收入　　　　　　　　　　　　　　　　　　190 000

(5) 向相关机关缴纳社会保险费和住房公积金以及代扣代缴的个人所得税时。

在财务会计中:

借:应付职工薪酬——社会保险费　　　　　　　　　　　　　　 50 000
　　　　　　　　——住房公积金　　　　　　　　　　　　　　　 20 000
　　其他应交税费——应交个人所得税　　　　　　　　　　　　　 5 000
　　贷:财政拨款收入　　　　　　　　　　　　　　　　　　　　 75 000

同时,在预算会计中:

借:行政支出　　　　　　　　　　　　　　　　　　　　　　　　　　　　　　　　　75 000
　　贷:财政拨款预算收入　　　　　　　　　　　　　　　　　　　　　　　　　　　　　75 000

这里仅介绍计入"业务活动费用"的履职人员或从事专业及其辅助活动人员的职工薪酬的核算,其他相关人员的职工薪酬分别见"单位管理费用""在建工程""无形资产""经营费用"等科目的核算。

应付职工薪酬的主要账务处理可概括如表3-3所示。

表3-3　　　　　　　　　　　　　　应付职工薪酬的主要账务处理

业务事项和内容		财务会计	预算会计
计算确认当期应付职工薪酬	从事专业及其辅助活动人员的职工薪酬	借:业务活动费用/单位管理费用 　贷:应付职工薪酬	—
	应由在建工程、加工物品、自行研发无形资产负担的职工薪酬	借:在建工程/加工物品/研发支出等 　贷:应付职工薪酬	—
	从事专业及其辅助活动以外的经营活动人员的职工薪酬	借:经营费用 　贷:应付职工薪酬	—
	因解除与职工的劳动关系而给予的补偿	借:单位管理费用 　贷:应付职工薪酬	—
向职工支付工资、津贴补贴等薪酬		借:应付职工薪酬 　贷:财政拨款收入/财政应返还额度/银行存款等	借:行政支出/事业支出/经营支出等 　贷:财政拨款预算收入/资金结存
从职工薪酬中代扣各种款项	代扣代缴个人所得税	借:应付职工薪酬——基本工资 　贷:其他应交税费——应交个人所得税	—
	代扣社会保险费和住房公积金	借:应付职工薪酬——基本工资 　贷:应付职工薪酬——社会保险费/住房公积金	—
	代扣为职工垫付的水电费、房租等费用时	借:应付职工薪酬——基本工资 　贷:其他应收款等	—
按照规定缴纳职工社会保险费和住房公积金		借:应付职工薪酬——社会保险费/住房公积金 　贷:财政拨款收入/财政应返还额度/银行存款等	借:行政支出/事业支出/经营支出等 　贷:财政拨款预算收入/资金结存
从应付职工薪酬中支付的其他款项		借:应付职工薪酬 　贷:财政应返还额度/银行存款等	借:行政支出/事业支出/经营支出等 　贷:资金结存等

六、应付及预收款项

应付及预收款项是指行政事业单位在开展业务活动中发生的各项债务,包括应付票据、应付账款、应付政府补贴款、应付利息、预收账款、其他应付款等。

(一) 应付票据

1. 应付票据的概念与核算科目的设置

应付票据是指事业单位因购买材料、物资等而开出、承兑的商业汇票,包括银行承兑汇票和商业承兑汇票。有关商业汇票的具体规定详见"应收票据"的相关内容。行政单位没有应付票据。

为了核算应付票据业务,事业单位应设置"应付票据"总账科目。本科目应当按照债权人进行明细核算。本科目的期末贷方余额,反映事业单位开出、承兑的尚未到期的商业汇票票面金额。

2. 应付票据的账务处理

事业单位开出、承兑商业汇票时,在财务会计中,借记"库存物品""固定资产"等科目,贷记"应付票据"科目。涉及增值税业务的,相关账务处理参见"应交增值税"科目。以商业汇票抵付应付账款时,在财务会计中,借记"应付账款"科目,贷记"应付票据"科目。支付银行承兑汇票的手续费时,在财务会计中,借记"业务活动费用""经营费用"等科目,贷记"银行存款""财政应返还额度"等科目;同时,在预算会计中,借记"事业支出""经营支出"科目,贷记"资金结存"科目。

商业汇票到期,应当分别以下三种情况处理:①收到银行支付到期票据的付款通知时,在财务会计中,借记"应付票据"科目,贷记"银行存款"科目;同时,在预算会计中,借记"事业支出""经营支出"科目,贷记"资金结存"科目。②若银行承兑汇票到期,单位无力支付票款的,按照应付票据账面余额,在财务会计中,借记"应付票据"科目,贷记"短期借款"科目;同时,在预算会计中,借记"事业支出""经营支出"科目,贷记"资金结存"科目。③若商业承兑汇票到期,单位无力支付票款的,按照应付票据账面余额,在财务会计中,借记"应付票据"科目,贷记"应付账款"科目;在预算会计中不做账务处理。

【例3-8】 某事业单位系小规模纳税人,为开展业务活动采用银行承兑汇票结算方式购入一批物品,根据发票账单,购入物品的价税合计11 300元,物品已验收入库。单位开出2个月到期的银行承兑汇票,并通过银行存款账户支付银行承兑手续费5.8元。该事业单位应编制的会计分录为:

(1) 单位开出承兑的银行承兑汇票时。

在财务会计中:

借:库存物品　　　　　　　　　　　　　　　　　　　　　　11 300
　　贷:应付票据——银行承兑汇票　　　　　　　　　　　　　　11 300

在预算会计中不做账务处理。

(2) 事业单位通过银行存款账户支付银行承兑手续费时。

在财务会计中:

借:业务活动费用　　　　　　　　　　　　　　　　　　　　　5.8
　　贷:银行存款　　　　　　　　　　　　　　　　　　　　　　5.8

同时,在预算会计中:

借：事业支出 5.8
　　贷：资金结存——货币资金 5.8

（3）若票据到期，单位通过银行存款账户如期还款时。

在财务会计中：

借：应付票据——银行承兑汇票 11 300
　　贷：银行存款 11 300

同时，在预算会计中：

借：事业支出 11 300
　　贷：资金结存——货币资金 11 300

（4）若票据到期，单位不能如期支付票款时。

在财务会计中：

借：应付票据——银行承兑汇票 11 300
　　贷：短期借款 11 300

同时，在预算会计中：

借：事业支出 11 300
　　贷：债务预算收入 11 300

单位应当设置"应付票据备查簿"，详细登记每一应付票据的种类、号数、出票日期、到期日、票面金额、交易合同号、收款人姓名或单位名称，以及付款日期和金额等。应付票据到期结清票款后，应当在备查簿内逐笔注销。

应付票据的主要账务处理可概括如表3-4所示。

表3-4　　　　　　　　　　　应付票据的主要账务处理

业务事项和内容		财务会计	预算会计
开出、承兑商业汇票		借：库存物品/固定资产等 　　贷：应付票据	—
以商业汇票抵付应付账款时		借：应付账款 　　贷：应付票据	—
支付银行承兑汇票的手续费		借：业务活动费用/经营费用等 　　贷：银行存款等	借：事业支出/经营支出 　　贷：资金结存——货币资金
商业汇票到期时	收到银行支付到期票据的付款通知时	借：应付票据 　　贷：银行存款	借：事业支出/经营支出 　　贷：资金结存——货币资金
	银行承兑汇票到期，本单位无力支付票款	借：应付票据 　　贷：短期借款	借：事业支出/经营支出 　　贷：债务预算收入
	商业承兑汇票到期，本单位无力支付票款	借：应付票据 　　贷：应付账款	—

(二) 应付账款

1. 应付账款的概念与核算科目的设置

应付账款是指单位因购买物资、接受服务、开展工程建设等而应付的偿还期限在 1 年以内(含 1 年)的款项。

为了核算应付账款业务,行政事业单位应设置"应付账款"总账科目。该科目应当按照债权人进行明细核算。对于建设项目,还应设置"应付器材款""应付工程款"等明细科目,并按照具体项目进行明细核算。该科目平时为贷方余额,表示尚未偿付的应付账款数额。

2. 应付账款的账务处理

单位收到所购材料、物资、设备或服务以及确认完成工程进度但尚未付款时,根据发票及账单等有关凭证,在财务会计中,按照应付未付款项的金额,借记"库存物品""固定资产""在建工程"等科目,贷记"应付账款"科目。涉及增值税业务的,相关账务处理参见"应交增值税"科目。偿付应付账款时,按照实际支付的金额,在财务会计中,借记"应付账款"科目,贷记"财政拨款收入""财政应返还额度""银行存款"等科目;同时,在预算会计中,借记"行政支出""事业支出""经营支出"科目,贷记"财政拨款预算收入""资金结存"科目。

事业单位开出、承兑商业汇票抵付应付账款时,在财务会计中,借记"应付账款"科目,贷记"应付票据"科目;在预算会计中不做账务处理。

无法偿付或债权人豁免偿还的应付账款,应当按照规定报经批准后进行账务处理。经批准核销时,在财务会计中,借记"应付账款"科目,贷记"其他收入"科目;在预算会计中不做账务处理。核销的应付账款应在备查簿中保留登记。

【例 3-9】 某行政单位为开展业务活动向甲公司赊购一批库存物品,价款为 5 650 元,物品已验收入库。之后,该行政单位通过财政集中支付方式支付该笔款项。暂不考虑增值税业务。该行政单位应编制的会计分录为:

(1) 向甲公司赊购库存物品时。

在财务会计中:

借:库存物品   5 650
　　贷:应付账款——甲公司   5 650

在预算会计中不做账务处理。

(2) 通过财政集中支付甲公司应付账款时。

在财务会计中:

借:应付账款——甲公司   5 650
　　贷:财政应返还额度   5 650

同时,在预算会计中:

借:行政支出   5 650
　　贷:资金结存——财政应返还额度   5 650

应付账款的主要账务处理可概括如表3-5所示。

表 3-5　　　　　　　　　　　　　　应付账款的主要账务处理

业务事项和内容	财务会计	预算会计
购入物资、设备或服务以及完成工程进度但尚未付款	借：库存物品/固定资产/在建工程等 贷：应付账款	—
偿付应付账款	借：应付账款 贷：财政拨款收入/财政应返还额度/银行存款	借：行政支出/事业支出等 贷：财政拨款预算收入/资金结存
开出、承兑商业汇票抵付应付账款	借：应付账款 贷：应付票据	—
无法偿付或债权人豁免偿还的应付账款	借：应付账款 贷：其他收入	—

（三）应付政府补贴款

1. 应付政府补贴款的概念与核算科目的设置

应付政府补贴款是指负责发放政府补贴的行政单位，按照规定应当支付给政府补贴接受者的各种政府补贴款。例如，民政部门应当向优抚对象发放的抚恤和生活补助、住建部门应当向低收入或新就业人群发放的住房租赁补贴，以及有关行政单位根据职能划分向农民发放农机购置补贴、向使用清洁能源的单位和个人发放使用清洁能源补贴、向购买节能电器的单位和个人发放节能补贴、向职业培训和职业介绍机构发放职业培训和职业介绍补贴等。

为了核算应付政府补贴款业务，行政单位应设置"应付政府补贴款"总账科目。本科目应当按照应支付的政府补贴种类进行明细核算。单位还应当根据需要按照补贴接受者进行明细核算，或者建立备查簿对补贴接受者予以登记。本科目期末贷方余额，反映行政单位应付未付的政府补贴金额。

2. 应付政府补贴款的账务处理

行政单位发生应付政府补贴时，按照依规定计算确定的应付政府补贴金额，在财务会计中，借记"业务活动费用"科目，贷记"应付政府补贴款"科目。支付应付政府补贴款时，按照支付金额，在财务会计中，借记"应付政府补贴款"科目，贷记"财政应返还额度""银行存款"等科目；同时，在预算会计中，借记"行政支出"科目，贷记"资金结存"科目。

【例3-10】某行政单位发生应付政府补贴业务，按照规定计算出的应付政府补贴金额为45 100元，其内容为应向农民支付农机具购置补贴。之后，该行政单位通过财政集中支付以上应付政府补贴款项。该行政单位应编制的会计分录为：

（1）发生应付政府补贴时。

在财务会计中：

借：业务活动费用　　　　　　　　　　　　　　　　　　　　　　　　　　45 100
　　贷：应付政府补贴款　　　　　　　　　　　　　　　　　　　　　　　　　　45 100

在预算会计中不做账务处理。

（2）实际支付应付政府补贴款时。

在财务会计中：

借：应付政府补贴款　　　　　　　　　　　　　　　　　　　　　　　　　45 100
　　贷：财政应返还额度　　　　　　　　　　　　　　　　　　　　　　　　　　45 100

同时，在预算会计中：

借：行政支出　　　　　　　　　　　　　　　　　　　　　　　　　　　　45 100
　　贷：资金结存——财政应返还额度　　　　　　　　　　　　　　　　　　　　45 100

应付政府补贴款项的受益人为政府补贴的接受者。相应款项尽管也计入业务活动费用，但与行政单位自身耗用的办公经费存在差异。

（四）应付利息

1. 应付利息的概念与核算科目的设置

应付利息是指事业单位按照合同约定应支付的借款利息，包括短期借款、分期付息到期还本的长期借款等应支付的利息。

为了核算应付利息业务，事业单位财务会计应设置"应付利息"总账科目。该科目应当按照债权人等进行明细核算。本科目期末贷方余额，反映事业单位应付未付的利息金额。

2. 应付利息的账务处理

为建造固定资产、公共基础设施等借入的专门借款的利息，属于建设期间发生的，按期计提利息费用时，按照计算确定的金额，在财务会计中，借记"在建工程"科目，贷记"应付利息"科目；不属于建设期间发生的，按期计提利息费用时，按照计算确定的金额，在财务会计中，借记"其他费用"科目，贷记"应付利息"科目。对于其他借款，按期计提利息费用时，按照计算确定的金额，在财务会计中，借记"其他费用"科目，贷记"应付利息"科目。实际支付应付利息时，按照支付的金额，在财务会计中，借记"应付利息"科目，贷记"银行存款"等科目；同时，在预算会计中，借记"其他支出"科目，贷记"资金结存"科目。

【例 3-11】 承［例 3-1］，该事业单位应付利息的账务处理为：

（1）每月预提借款利息 1 000 元（200 000×6%÷12）时。

在财务会计中：

借：其他费用——利息支出　　　　　　　　　　　　　　　　　　　　　　1 000
　　贷：应付利息　　　　　　　　　　　　　　　　　　　　　　　　　　　　1 000

在预算会计中不做账务处理。

（2）季末支付利息时。

在财务会计中：

借：其他费用——利息支出　　　　　　　　　　　　　　　　　　　　　　1 000
　　应付利息　　　　　　　　　　　　　　　　　　　　　　　　　　　　2 000
　　贷：银行存款　　　　　　　　　　　　　　　　　　　　　　　　　　　　3 000

同时，在预算会计中：

借：其他支出　　　　　　　　　　　　　　　　　　　　　　　　　　　　3 000
　　贷：资金结存——货币资金　　　　　　　　　　　　　　　　　　　　　　3 000

关于应付利息的更多举例,请参见"长期借款"的核算。

(五)预收账款

1. 预收账款的概念与核算科目的设置

预收账款是指事业单位预先收取但尚未结算的款项。预收账款需要事业单位在一定时间内以交付货物来予以偿付。收到的款项,构成事业单位一项负债,如预收货款、租金等。在事业单位按照合同如期交货以后,预收账款才转为收入,债务才得以解除。行政单位没有预收账款业务。

为了核算预收账款业务,事业单位会计应设置"预收账款"总账科目。本科目应按预收账款的债权人进行明细核算。本科目期末贷方余额,反映事业单位预收但尚未结算的款项金额。

2. 预收账款的账务处理

事业单位从付款方预收款项时,按照实际预收的金额,在财务会计中,借记"银行存款"等科目,贷记"预收账款"科目;同时,在预算会计中,借记"资金结存"科目,贷记"事业预算收入""经营预算收入"科目。确认有关收入时,在财务会计中,按照预收账款账面余额,借记"预收账款"科目,按照应确认的收入金额,贷记"事业收入""经营收入"等科目,按照付款方补付或退回付款方的金额,借记或贷记"银行存款"等科目;同时,在预算会计中,按照付款方补付的金额,借记"资金结存"科目,贷记"事业预算收入""经营预算收入"科目。若退回多余的预付款,按照退回付款方的金额做相反的会计分录。涉及增值税业务的,相关账务处理参见"应交增值税"科目。

无法偿付或债权人豁免偿还的预收账款,应当按照规定报经批准后进行账务处理。经批准核销时,在财务会计中,借记"预收账款"科目,科目,贷记"其他收入"科目;在预算会计中不做账务处理。核销的预收账款应在备查簿中保留登记。

【例 3-12】 某事业单位按合同规定从付款单位预收款项 7 500 元,款项已存入开户银行。相应的专用业务活动结束后,该事业单位按合同规定应确认事业收入 20 000 元,付款方通过银行转账方式补付款项 12 500 元。该事业单位应编制的会计分录为:

(1) 收到预收款项时。

在财务会计中:

借:银行存款	7 500
贷:预收账款	7 500

同时,在预算会计中:

借:资金结存——货币资金	7 500
贷:事业预算收入	7 500

(2) 确认收入并收到补付款项时。

在财务会计中:

借:预收账款	7 500
银行存款	12 500
贷:事业收入	20 000

同时,在预算会计中:

借：资金结存——货币资金　　　　　　　　　　　　　　　　　　　　　12 500
　　　贷：事业预算收入　　　　　　　　　　　　　　　　　　　　　　　　12 500

预收账款的主要账务处理可概括如表3-6所示。

表3-6　　　　　　　　　　　　预收账款的主要账务处理

业务事项和内容	财务会计	预算会计
从付款方预收款项时	借：银行存款等 　　贷：预收账款	借：资金结存——货币资金 　　贷：事业预算收入/经营预算收入等
确认有关收入时	借：预收账款 　　银行存款(收到补付款) 　　贷：事业收入/经营收入等 　　　　银行存款(退回预收款)	借：资金结存——货币资金 　　贷：事业预算收入/经营预算收入等(收到补付款) 退回预收款的金额做相反会计分录
无法偿付或债权人豁免偿还的预收账款	借：预收账款 　　贷：其他收入	—

(六) 其他应付款

1. 其他应付款的概念与核算科目的设置

其他应付款是指单位在应交增值税、其他应交税费、应缴财政款、应付职工薪酬、应付票据、应付账款、应付政府补贴款、应付利息、预收账款以外，其他各项偿还期限在1年内(含1年)的应付及暂收款项，如收取的押金、存入的保证金、已经报销但尚未偿还银行的本单位公务卡欠款等。

为了核算其他应付款业务，行政事业单位应设置"其他应付款"科目。同级政府财政部门预拨的下期预算款和没有纳入预算的暂付款项，以及采用实拨资金方式通过本单位转拨给下属单位的财政拨款，也通过本科目核算。本科目应当按照其他应付款的类别以及债权人等进行明细核算。本科目期末贷方余额，反映单位尚未支付的其他应付款金额。

2. 其他应付款的账务处理

(1) 单位发生其他应付及暂收款项时，在财务会计中，借记"银行存款"等科目，贷记"其他应付款"科目；在预算会计中不做账务处理。支付(或退回)其他应付及暂收款项时，在财务会计中，借记"其他应付款"科目，贷记"银行存款"等科目；在预算会计中不做账务处理。将暂收款项转为收入时，在财务会计中，借记"其他应付款"科目，贷记"事业收入"等科目；同时，在预算会计中，借记"资金结存"科目，贷记"事业预算收入"科目。

【例3-13】某事业单位对外出租房屋，收取押金50 000元，款项已存入银行。该事业单位应编制的会计分录为：

在财务会计中：

借：银行存款　　　　　　　　　　　　　　　　　　　　　　　　　　　50 000
　　贷：其他应付款——存入保证金　　　　　　　　　　　　　　　　　　50 000

在预算会计中不做账务处理。

(2) 单位收到同级政府财政部门预拨的下期预算款和没有纳入预算的暂付款项时，按照实际收到的金额，在财务会计中，借记"银行存款"等科目，贷记"其他应付款"科目，在预算会计中不做账务处理。待到下一预算期或批准纳入预算时，在财务会计中，借记"其他应付款"科目,贷记"财政拨款收入"科目;同时,在预算会计中,借记"资金结存"科目,贷记"财政拨款预算收入"科目。

【例3-14】 20×2年12月,某行政单位收到县财政根据预算草案预拨的下一季度的日常公用经费60 000元。数日后,经批准将预拨日常公用经费60 000元转入预算。该行政单位应编制的会计分录为:

(1) 收到县财政根据预算草案预拨的下一季度的日常公用经费时。

在财务会计中:

借:银行存款　　　　　　　　　　　　　　　　　　　　　　　　　　60 000
　　贷:其他应付款——预拨经费　　　　　　　　　　　　　　　　　　　　60 000

在预算会计中不做账务处理。

(2) 经批准将预拨日常公用经费转入预算时。

在财务会计中:

借:其他应付款——预拨经费　　　　　　　　　　　　　　　　　　　　60 000
　　贷:财政拨款收入　　　　　　　　　　　　　　　　　　　　　　　　60 000

同时,在预算会计中:

借:资金结存——货币资金　　　　　　　　　　　　　　　　　　　　　60 000
　　贷:财政拨款预算收入　　　　　　　　　　　　　　　　　　　　　　60 000

采用实拨资金方式通过本单位转拨给下属单位的财政拨款,在财务会计中,按照实际收到的金额,在财务会计中,借记"银行存款"科目,贷记"其他应付款"科目;向下属单位转拨财政拨款时,按照转拨的金额,借记"其他应付款"科目,贷记"银行存款"科目。在预算会计中不做账务处理。

【例3-15】 20×2年1月5日,某省财政厅采用实拨资金方式拨付某省属甲行政单位财政拨款500 000元,其中100 000元为拨付甲行政单位预算拨款,400 000元为甲行政单位下属乙事业单位的预算拨款。甲行政单位应编制的会计分录为:

(1) 1月5日,收到省财政厅拨款时。

在财务会计中:

借:银行存款　　　　　　　　　　　　　　　　　　　　　　　　　　500 000
　　贷:财政拨款收入　　　　　　　　　　　　　　　　　　　　　　　100 000
　　　　其他应付款——转拨款——乙事业单位　　　　　　　　　　　　　400 000

同时,在预算会计中:

借:资金结存——货币资金　　　　　　　　　　　　　　　　　　　　100 000
　　贷:财政拨款预算收入　　　　　　　　　　　　　　　　　　　　　100 000

(2) 1月10日,拨付下属乙事业单位时。

在财务会计中:

借:其他应付款——转拨款——乙事业单位　　　　　　　　　　　　　　400 000
　　贷:银行存款　　　　　　　　　　　　　　　　　　　　　　　　　400 000

在预算会计中不做账务处理。

本例中对于甲行政单位和乙事业单位来说资金来源都是同级政府财政部门,但对于甲行政单位来说收到的 500 000 元资金中有 400 000 元具有转拨款性质,应按往来处理,通过往来科目核算,不应确认财政拨款收入,这里预算会计中不做处理;另 100 000 元符合财政拨款收入确认条件,应记入"财政拨款收入"科目并进行预算会计账务处理。

(3) 本单位公务卡持卡人报销时,按照审核报销的金额,在财务会计中,借记"业务活动费用""单位管理费用"等科目,贷记"其他应付款"科目;在预算会计中不做账务处理。偿还公务卡欠款时,在财务会计中,借记"其他应付款"科目,贷记"财政拨款收入""财政应返还额度"等科目;同时,在预算会计中,借记"行政支出""事业支出"科目,贷记"财政拨款预算收入""资金结存"科目。

【例3-16】 某行政单位职工持公务卡报销差旅费,审核报销的相关费用金额计4 500 元。数日后,该行政单位使用以前年度预算指标通过财政集中支付向银行偿还了该项公务卡欠款 4 500 元。该行政单位应编制的会计分录为:

(1) 公务卡持卡人报销时。

在财务会计中:

借:业务活动费用　　　　　　　　　　　　　　　　　　　　　　　　4 500
　　贷:其他应付款——某职工　　　　　　　　　　　　　　　　　　　　　　4 500

在预算会计中不做账务处理。

(2) 通过财政国库集中支付偿还公务卡欠款时。

在财务会计中:

借:其他应付款——某职工　　　　　　　　　　　　　　　　　　　　4 500
　　贷:财政应返还额度　　　　　　　　　　　　　　　　　　　　　　　　4 500

同时,在预算会计中:

借:行政支出　　　　　　　　　　　　　　　　　　　　　　　　　　4 500
　　贷:资金结存——财政应返还额度　　　　　　　　　　　　　　　　　　4 500

公务卡相关业务主要包括两种情况:一是向银行偿还公务卡欠款时公务卡持卡人还未报销。二是公务卡持卡人报销时还未向银行偿还公务卡欠款。[例3-16]属于第二种情况。

(4) 无法偿付或债权人豁免偿还的其他应付款项,应当按照规定报经批准后进行账务处理。经批准核销时,在财务会计中,借记"其他应付款"科目,贷记"其他收入"科目;在预算会计中不做账务处理。核销的其他应付款应在备查簿中保留登记。

其他应付款的主要账务处理可概括如表3-7所示。

表3-7　　　　　　　　　　　其他应付款的主要账务处理

业务事项和内容		财务会计	预算会计
发生暂收款项	取得暂收款项时	借:银行存款等 　　贷:其他应付款	—
	确认收入时	借:其他应付款 　　贷:事业收入等	借:资金结存 　　贷:事业预算收入等
	退回(转拨)暂收款时	借:其他应付款 　　贷:银行存款等	—

(续表)

业务事项和内容		财务会计	预算会计
收到同级财政部门预拨的下期预算款和没有纳入预算的暂付款项	按照实际收到的金额	借:银行存款等 贷:其他应付款	—
	待到下一预算期或批准纳入预算时	借:其他应付款 贷:财政拨款收入	借:资金结存 贷:财政拨款预算收入
公务卡持卡人报销或发生其他应付义务	确认其他应付款项时	借:业务活动费用 单位管理费用等 贷:其他应付款	—
	支付其他应付款项	借:其他应付款 贷:银行存款等	借:行政支出/事业支出等 贷:资金结存
无法偿付或债权人豁免偿还的其他应付款项		借:其他应付款 贷:其他收入	—

七、预提费用

(一)预提费用的概念与核算科目的设置

预提费用是指单位预先提取的已经发生但尚未支付的费用,如预提租金费用等。

为了核算预提费用业务,行政事业单位应设置"预提费用"总账科目。事业单位按规定从科研项目收入中提取的项目间接费用或管理费,也通过本科目核算。本科目应当按照预提费用的种类进行明细核算。事业单位计提的借款利息费用,通过"应付利息""长期借款"科目核算,不通过本科目核算。对于提取的项目间接费用或管理费,应当在本科目下设置"项目间接费用或管理费"明细科目,并按项目进行明细核算。本科目期末贷方余额,反映单位已预提但尚未支付的各项费用。

(二)预提费用的账务处理

(1)项目间接费用或管理费。事业单位按规定从科研项目收入中提取项目间接费用或管理费时,按照提取的金额,在财务会计中,借"单位管理费用"科目,贷记"预提费用"科目(项目间接费用或管理费);在预算会计中,借记"非财政拨款结转"科目,贷记"非财政拨款结余"科目。实际使用计提的项目间接费用或管理费时,按照实际支付的金额,在财务会计中,借记"预提费用"科目(项目间接费用或管理费),贷记"银行存款""库存现金"等科目;同时,在预算会计中,借记"事业支出"科目,贷记"资金结存"科目。

(2)其他预提费用。按期预提租金等其他费用时,按照预提的金额,借记"业务活动费用""单位管理费用""经营费用"等科目,贷记"预提费用"科目。实际支付款项时,按照支付金额,在财务会计中,借记"预提费用"科目,贷记"财政应返还额度""银行存款"等科目;同时,在预算会计中,借记"行政支出""事业支出""经营支出"科目,贷记"资金结存"科目。

拓展练习3-7

【例3-17】 某事业单位非独立核算部门租入一房屋,租期为6个月,每月租金为5 000元,每季度支付一次租金15 000元(3×5 000)。该事业单位应编制的会计分录为:

(1)每月预提租金时。

在财务会计中：

借：经营费用 5 000
 贷：预提费用——应付租金 5 000

在预算会计中不做账务处理。

(2) 每季度通过银行存款账户支付租金时。

在财务会计中：

借：经营费用 5 000
  预提费用——应付租金 10 000
 贷：银行存款 15 000

同时，在预算会计中：

借：经营支出 15 000
 贷：资金结存——货币资金 15 000

单位按规定从财政科研项目中计提项目间接费用或管理费的，应当按照以下规定进行账务处理：

(1) 从财政科研项目中计提项目间接费用或管理费时，按照计提的金额，借记"业务活动费用""单位管理费用"等科目，贷记"预提费用——项目间接费用或管理费"科目；预算会计不做账务处理。

(2) 按规定将计提的项目间接费用或管理费从本单位账户划转到实有资金账户的，按照划转的资金金额，在财务会计中，借记"银行存款"科目，贷记"财政拨款收入""财政应返还额度"科目；同时，在预算会计中，借记"资金结存——货币资金"科目，贷记"财政拨款预算收入""资金结存——财政应返还额度"科目。

(3) 使用计提的项目间接费用或管理费时，在财务会计中，按照实际支付的金额，借记"预提费用——项目间接费用或管理费"科目，贷记"银行存款""财政应返还额度""财政拨款收入"等科目。使用计提的项目间接费用或管理费购买固定资产、无形资产的，按照固定资产、无形资产的成本金额，借记"固定资产""无形资产"科目，贷记"银行存款""财政应返还额度""财政拨款收入"等科目；按照相同的金额，借记"预提费用——项目间接费用或管理费"科目，贷记"累计盈余"科目；同时，在预算会计中，按照实际支付的金额，借记"事业支出"等支出科目下的"财政拨款支出"明细科目，贷记"资金结存""财政拨款预算收入"科目。

【例3-18】 20×2年10月，某医院研究团队获得一项财政科研项目资助，项目研究期为1年，项目经费为150 000元，并在立项时一次性拨付至集中支付账户。根据有关规定，医院从项目经费总额中按照10%的比例提取项目间接费。11月，该医院使用项目间接费购买打印设备一台，价值6 000元，已验收合格。12月，该医院使用项目间接费支付科研中心办公费3 000元。该医院应编制的会计分录为：

(1) 提取项目间接费用时。

在财务会计中：

借：业务活动费用 15 000
 贷：预提费用——项目间接费用或管理费 15 000

在预算会计中不做账务处理。

(2) 5月,使用项目间接费购买打印设备时。

在财务会计中:

借:固定资产 6 000
  贷:财政应返还额度 6 000

借:预提费用——项目间接费用或管理费 6 000
  贷:累计盈余 6 000

同时,在预算会计中:

借:事业支出——财政拨款支出 6 000
  贷:资金结存——财政应返还额度 6 000

(3) 12月,使用项目间接费支付科研中心办公费时。

在财务会计中:

借:预提费用——项目间接费用或管理费 3 000
  贷:财政应返还额度 3 000

同时,在预算会计中:

借:事业支出——财政拨款支出 3 000
  贷:资金结存——财政应返还额度 3 000

拓展练习 3-8

预提费用的主要账务处理可概括如表3-8所示。

表 3-8　　　　　　　　　　预提费用的主要账务处理

业务事项和内容			财务会计	预算会计
按规定计提项目间接费用或管理费时		非财政项目	借:单位管理费用 　贷:预提费用——项目间接费用或管理费	借:非财政拨款结转——项目间接费用或管理费 　贷:非财政拨款结余——项目间接费用或管理费
		财政项目	借:单位管理费用 　贷:预提费用——项目间接费用或管理费	—
实际使用计提的项目间接费用或管理费时		非财政项目	借:预提费用——项目间接费用或管理费 　贷:银行存款/库存现金	借:事业支出等 　贷:资金结存
		财政项目	从本单位账户划转到实有资金账户: 借:银行存款 　贷:财政拨款收入/财政应返还额度	借:资金结存——货币资金 　贷:财政拨款预算收入/资金结存——财政应返还额度
			支付非固定资产、无形资产等资产和费用: 借:预提费用——项目间接费用或管理费 　贷:银行存款/财政应返还额度/财政拨款收入	借:事业支出——财政拨款支出 　贷:资金结存/财政拨款预算收入

(续表)

业务事项和内容		财务会计	预算会计
实际使用计提的项目间接费用或管理费时	财政项目	购置固定资产、无形资产： 借：固定资产/无形资产 　　贷：银行存款/财政应返还额度/财政拨款收入 借：预提费用——项目间接费用或管理费 　　贷：累计盈余	借：事业支出——财政拨款支出 　　贷：资金结存/财政拨款预算收入
按照规定预提每期租金等费用		借：业务活动费用/单位管理费用/经营费用等 　　贷：预提费用	—
实际支付款项时		借：预提费用 　　贷：银行存款等	借：行政支出/事业支出/经营支出等 　　贷：资金结存——货币资金

第二节　非流动负债

非流动负债是指流动负债以外的负债。单位的非流动负债包括长期借款、长期应付款等。

一、长期借款

（一）长期借款的概念与核算科目的设置

长期借款是指事业单位从银行或其他金融机构借入的偿还期限在1年以上（不含1年）的各项借款。例如，从各专业银行、商业银行取得的贷款，或者向财务公司、投资公司等金融企业借入的款项。行政单位没有长期借款业务。

为了核算长期借款业务，事业单位应设置"长期借款"总账科目。本科目应当设置"本金"和"应计利息"明细科目，并按照贷款单位和贷款种类进行明细核算。对于建设项目借款，还应按照具体项目进行明细核算。本科目期末贷方余额，反映事业单位尚未偿还的长期借款本息金额。

（二）长期借款的账务处理

事业单位借入各项长期借款时，按照实际借入的金额，在财务会计中，借记"银行存款"科目，贷记"长期借款"科目（本金）；同时，在预算会计中，借记"资金结存"科目，贷记"债务预算收入"科目。

为建造固定资产、公共基础设施等应支付的专门借款利息，按期计提利息时，应分别以下情况处理：属于工程项目建设期间发生的利息，计入工程成本，按照计算确定的应支付的利息金额，在财务会计中，借记"在建工程"科目，贷记"应付利息"科目或"长期借款——应计利息"科目；属于工程项目完工交付使用后发生的利息，计入当期费用，按照计算确定的应支付的利息金额，在财务会计中，借记"其他费用"科目，贷记"应付利息"科目或"长期借款——应计利息"科目。在预算会计中不做账务处理。

按期计提其他长期借款的利息时,按照计算确定的应支付的利息金额,在财务会计中,借记"其他费用"科目,贷记"应付利息"科目或"长期借款——应计利息"科目。在预算会计中不做账务处理。

到期归还长期借款本金、利息时,在财务会计中,借记"长期借款"科目(本金、应计利息),贷记"银行存款"科目;同时,在预算会计中,借记"债务预算支出"科目(本金)、"其他支出"(应计利息),贷记"资金结存"科目。

【例3-19】 20×0年1月1日,某事业单位为建造一项固定资产经批准专门向银行借入一笔款项500 000元,借款期限3年,年利率为6%,到期一次还本付息。工程建造期限两年,两年后固定资产建造完成并交付使用。3年后,该事业单位如期偿还借款本金500 000元和利息90 000元(500 000×6%×3)。根据以上经济业务,该事业单位应编制的会计分录为:

(1) 借入款项时。

在财务会计中:

借:银行存款　　　　　　　　　　　　　　　　　　　　　　　500 000
　　贷:长期借款——本金　　　　　　　　　　　　　　　　　　　500 000

同时,在预算会计中:

借:资金结存——货币资金　　　　　　　　　　　　　　　　　　500 000
　　贷:债务预算收入　　　　　　　　　　　　　　　　　　　　　500 000

(2) 20×0年年末、20×1年年末计提应付利息30 000元(500 000×6%)时。

在财务会计中:

借:在建工程——利息支出　　　　　　　　　　　　　　　　　　30 000
　　贷:长期借款——应计利息　　　　　　　　　　　　　　　　　30 000

在预算会计中不做账务处理。

(3) 到期以银行存款归还长期借款的本金和利息时。

在财务会计中:

借:长期借款——本金　　　　　　　　　　　　　　　　　　　　500 000
　　　　　　——应计利息　　　　　　　　　　　　　　　　　　60 000
　　其他费用——利息支出　　　　　　　　　　　　　　　　　　30 000
　　贷:银行存款　　　　　　　　　　　　　　　　　　　　　　　590 000

同时,在预算会计中:

借:债务还本支出　　　　　　　　　　　　　　　　　　　　　　500 000
　　贷:资金结存——货币资金　　　　　　　　　　　　　　　　　500 000
借:其他支出　　　　　　　　　　　　　　　　　　　　　　　　90 000
　　贷:资金结存——货币资金　　　　　　　　　　　　　　　　　90 000

长期借款的主要账务处理可概括如表3-9所示。

表3-9 长期借款的主要账务处理

业务事项和内容		财务会计	预算会计

借入各项长期借款时		借：银行存款
		  贷：长期借款——本金
			借：资金结存——货币资金
			  贷：债务预算收入(本金)

为购建固定资产、公共基础设施等应支付的专门借款利息	属于工程项目建设期间发生的	借：在建工程
		  贷：应付利息(分期付息、到期还本)
		    长期借款——应计利息(到期一次还本付息)
			—

	属于工程项目完工交付使用后发生的	借：其他费用
		  贷：应付利息(分期付息、到期还本)
		    长期借款——应计利息(到期一次还本付息)
			—

	实际支付利息时	借：应付利息
		  贷：银行存款等
			借：其他支出
			  贷：资金结存

其他长期借款利息	计提利息时	借：其他费用
		  贷：应付利息(分期付息、到期还本)
		    长期借款——应计利息(到期一次还本付息)
			—

	分期实际支付利息时	借：应付利息
		  贷：银行存款等
			借：其他支出
			  贷：资金结存

归还长期借款本息		借：长期借款——本金
		        ——应计利息(到期一次还本付息)
		  贷：银行存款
			借：债务还本支出(支付的本金)
			  贷：资金结存
			借：其他支出(支付的利息)
			  贷：资金结存

二、长期应付款

(一)长期应付款的概念与核算科目的设置

长期应付款是指事业单位发生的偿还期限超过1年(不含1年)的应付款项。如以融资租赁租入固定资产的租赁费、跨年度分期付款购入固定资产的价款。

为了核算长期应付款业务，事业单位财务会计应设置"长期应付款"总账科目。该科目应当按照长期应付款的类别以及债权人进行明细核算。本科目期末为贷方余额，反映单位尚未支付的长期应付款金额。

(二)长期应付款的账务处理

事业单位发生长期应付款时，在财务会计中，借记"固定资产""在建工程"等科目，贷记"长期应付款"科目。支付长期应付款时，按照实际支付的金额，在财务会计中，借记"长期应付款"科目，贷记"财政拨款收入""财政应返还额度""银行存款"等科目；同时，在预算会计中，借记"行政支出""事业支出""经营支出"科目，贷记"财政拨款预算收入""资金结存"科目。涉及增值税业务的,相关账务处理参见"应交增值税"科目。无法偿付或债权人豁免偿还的长期应付款,应当按照规定报经批准后进行账务处理。经批准核销时,在财务会计中,借记"长期应付款"科目,贷记"其他收入"科目;在预算会计中不做账务处理。核销的长期应付款应在备查簿中保留登记。涉及质保金形成长期应付款的,相关账务处理参见"固定资产"科目。

【例3-20】 某事业单位采用跨年度分期付款方式向甲公司购入一台机器设备300 000元,合同规定,每年年末以银行存款支付100 000元,连续支付3年。该事业单位以银行存款支付购入设备的运输费8 000元。该项固定资产已经验收,并投入事业活动的使用。该事业单位每年年末以银行存款向甲公司支付100 000元的货款。根据以上经济业务,该事业单位应编制的会计分录为:

(1) 购入设备并投入使用时。

在财务会计中:

借:固定资产 308 000
　　贷:长期应付款——分期付款方式购入固定资产款 300 000
　　　　银行存款 8 000

同时,在预算会计中:

借:事业支出 8 000
　　贷:资金结存——货币资金 8 000

(2) 之后连续3年按规定支付款项时。

在财务会计中:

借:长期应付款——分期付款方式购入固定资产款 100 000
　　贷:银行存款 100 000

同时,在预算会计中:

借:事业支出 100 000
　　贷:资金结存——货币资金 100 000

三、预计负债

(一) 预计负债的概念与核算科目的设置

预计负债是指单位对因或有事项所产生的现时义务而确认的负债,如对未决诉讼等确认的负债。

为了核算预计负债业务,单位财务会计应设置"预计负债"总账科目。本科目应当按照预计负债的项目进行明细核算。本科目期末贷方余额,反映单位已确认但尚未支付的预计负债金额。

(二) 预计负债的主要账务处理

单位确认预计负债时,按照预计的金额,在财务会计中,借记"业务活动费用""经营费用""其他费用"等科目,贷记"预计负债"科目;在预算会计中不做账务处理。实际偿付预计负债时,按照偿付的金额,在财务会计中,借记"预计负债"科目,贷记"财政拨款收入""财政应返还额度""银行存款"等科目;同时,在预算会计中,借记"事业支出""经营支出""其他支出"科目,贷记"财政拨款预算收入""资金结存"科目。根据确凿证据需要对已确认的预计负债账面余额进行调整的,按照调整增加的金额,在财务会计中,借记有关科目,贷记"预计负债"科目;按照调整减少的金额,在财务会计中,借记"预计负债"科目,贷记有关科目。在预算会计中不做账务处理。

【例3-21】 20×2年11月1日,甲事业单位非独立核算的业务因合同违约而被丁公司起诉。20×2年12月31日,甲事业单位尚未接到法院的判决。在咨询了单位的法律顾问后,甲事业单位认为最终的法律判决很可能对其不利,预计将要支付的赔偿金额、诉讼费等费用为16 000元。20×3年1月25日,经法院判决,甲事业单位应向丁公司赔款15 500元,甲事业单位通过银行存款支付了该项赔款。该项赔款按规定应计入经营费用。甲事业单位应编制的会计分录为:

(1) 20×2年12月31日,确认预计负债时。

在财务会计中:

借:经营费用　　　　　　　　　　　　　　　　　　　　　　　16 000
　　贷:预计负债——未决诉讼　　　　　　　　　　　　　　　　　16 000

在预算会计中不做账务处理。

(2) 20×3年1月25日,实际偿付款项时。

在财务会计中:

借:预计负债——未决诉讼　　　　　　　　　　　　　　　　　16 000
　　贷:银行存款　　　　　　　　　　　　　　　　　　　　　　15 500
　　　　经营费用　　　　　　　　　　　　　　　　　　　　　　　500

同时,在预算会计中:

借:经营支出　　　　　　　　　　　　　　　　　　　　　　　15 500
　　贷:资金结存——货币资金　　　　　　　　　　　　　　　　15 500

四、受托代理负债

受托代理负债是指单位接受委托取得受托代理资产时形成的负债。

为了核算受托代理负债业务,单位财务会计应设置"受托代理负债"总账科目。本科目的账务处理参见"受托代理资产""库存现金""银行存款"等科目。本科目期末贷方余额,反映单位尚未交付或发出受托代理资产形成的受托代理负债金额。具体举例请参见委托代理资产。

本章小结

复习思考题

1. 什么是行政事业单位的负债?它具体包括哪些种类?
2. 什么是事业单位短期借款、长期借款和应付利息?行政单位是否有这些业务?
3. 什么是行政事业单位的应交增值税和应交其他税费?
4. 什么是行政事业单位的应缴国财政款?应缴国财政款和应交税费有何不同?
5. 什么是行政事业单位的应付政府补贴款?
6. 什么是行政事业单位的应付职工薪酬?"应付职工薪酬"总账科目应设置哪些明细科目?
7. 什么是行政事业单位的应付及预收款项?其中,什么科目仅在事业单位中使用?
8. 什么是行政事业单位的预提费用?预提费用的主要业务有哪些?
9. 什么是单位的非流动负债?它具体包括哪些内容?

练习题

第四章 行政事业单位收入与预算收入

在行政事业单位会计中,收入是指报告期内导致行政事业单位净资产增加的、含有服务潜力或者经济利益的经济资源的流入,主要包括财政拨款收入、事业收入、上级补助收入、附属单位上缴收入、经营收入、非同级财政拨款收入、投资收益、捐赠收入、租金收入、利息收入、其他收入等;预算收入是指行政事业单位在预算年度内依法取得的并纳入预算管理的现金流入,主要包括政拨款预算收入、事业预算收入、上级补助预算收入、附属单位上缴预算收入、经营预算收入、非同级财政拨款预算收入、投资预算收益、债务预算收入、其他预算收入等。在行政事业单位会计中,收入属于财务会计要素,以权责发生制为基础,确认应当同时满足以下条件:与收入相关的含有服务潜力或者经济利益的经济资源很可能流入行政事业单位;含有服务潜力或者经济利益的经济资源流入会导致行政事业单位资产增加或者负债减少;流入金额能够可靠地计量。预算收入属于预算会计要素,以收付实现制为基础,一般在实际收到时予以确认,以实际收到的金额计量。在实务中,预算收入与收入确认不一致的情形分为两类:第一类为确认预算收入但不同时确认收入;第二类为确认收入但不同时确认预算收入。

下面先介绍财政拨款收入与财政拨款预算收入,简称财政拨款(预算)收入。

第一节 财政拨款(预算)收入

一、财政拨款(预算)收入的概念与核算科目的设置

(一)财政拨款收入的概念与核算科目的设置

财政拨款收入是指行政事业单位按照核定的部门预算,从同级财政部门取得的各类财政拨款。其中,同级财政部门是指行政事业单位的预算管理部门。行政事业单位预算需要经过同级财政部门批准后才能开始执行。在实务中,大多数行政单位属于主管预算单位或一级预算单位,直接向同级政府财政部门申请取得财政拨款。大多数事业单位为二级或者二级以下预算单位,其预算首先需要上报其主管预算单位或者一级预算单位,并经其主管或者一级预算单位审核汇总后,再向同级政府财政部门申报取得财政拨款。无论是一级预算单位还是二级或者二级以下的预算单位,只要存在部门预算隶属关系,相应的行政事业单位都属于向同级政府财政部门申请取得财政拨款收入的单位。行政事业单位从非同级政府财政部门取得的经费拨款,不作为财政拨款(预算)收入核算,而作为非同级财政拨(预算)收入核算。各类财政拨款是指所有财政拨款,包括一般公共预算财政拨款和政府性基金预算拨款等。

财政拨款收入是行政事业单位开展业务活动的基本财力保证。行政单位履行行政职能或开展业务活动的资金主要甚至是全部来源于财政拨款收入,公益一类事业单位的情况与

行政单位相似。公益二类事业单位可以取得的财政拨款收入数额,取决于其专业业务活动的特点以及通过开展专业业务活动可以从市场上取得的事业收入的数额。目前,事业单位在开展专业业务活动中的业务收费需经政府部门批准,由政府部门实行统一管理。

为了核算财政拨款收入业务,行政事业单位财务会计应设置"财政拨款收入"总账科目。本科目可按照一般公共预算财政拨款、政府性基金预算财政拨款等拨款种类进行明细核算。期末,将本科目本期发生额转入本期盈余。结转后,本科目应无余额。

(二)财政拨款预算收入的概念与核算科目的设置

财政拨款预算收入是指行政事业单位按照核定的部门预算,从同级财政部门取得的各类财政拨款。

为了核算财政拨款预算收入业务,行政事业单位预算会计应设"财政拨款预算收入"总账科目。本科目应当设置"基本支出"和"项目支出"两个明细科目,并按照《政府收支分类科目》中"支出功能分类科目"的项级科目进行明细核算;同时,在"基本支出"明细科目下按照"人员经费"和"日常公用经费"进行明细核算,在"项目支出"明细科目下按照具体项目进行明细核算。年末,将本科目本年发生额转入财政拨款结转。结转后,本科目应无余额。有一般公共预算财政拨款、政府性基金预算财政拨款等两种或两种以上财政拨款的单位,还应当按照财政拨款的种类进行明细核算。

"财政拨款预算收入"总账科目应当按照行政事业单位预算管理的要求设置明细科目,进行明细核算。按照行政事业单位预算管理的要求,行政事业单位预算应当区分基本支出预算和项目支出预算,其中,基本支出预算还应当区分人员经费预算和日常公用经费预算。此外,"财政拨款预算收入"总账科目还需要按照履行职能的种类进行预算管理和反映。即"财政拨款预算收入"总账科目还应当按照《政府收支分类科目》中的"支出功能分类科目"设置明细科目,进行明细核算,并与财政总会计"一般公共预算本级支出""政府性基金预算本级支出"总账科目下设置的"支出功能分类科目"明细科目应当是一致的。

实际上,各项预算收入科目都需要严格按照预算管理的要求设置相关的明细科目,并按照与预算管理要求相一致的原则进行明细核算。预算支出科目的情况也是如此。只有这样,预算执行情况才能得到如实的反映。

二、财政拨款(预算)收入的核算

财政拨款(预算)收入的拨款方式有两种,一种是财政集中支付方式,另一种是实拨资金方式。两种财政资金支付方式的业务流程不尽相同,因此,单位财政拨款(预算)收入的确认也有一些区别,下面分别介绍。

(一)财政集中支付方式下取得的财政拨款(预算)收入

在财政集中支付方式下,行政事业单位根据收到的"财政集中支付入账通知书"及相关原始凭证,按照通知书中的支付入账金额,在财务会计中,借记"库存物品""固定资产""业务活动费用""单位管理费用""应付职工薪酬"等科目,贷记"财政拨款收入"科目。同时,在预算会计中,借记"行政支出""事业支出"科目,贷记"财政拨款预算收入"科目。涉及增值税业务的,相关账务处理参见"应交增值税"科目。

年末,根据本年度财政集中支付预算指标数与当年财政集中支付实际支出数的差额,在财务会计中,借记"财政应返还额度"科目,贷记"财政拨款收入"科目。同时,在预算会计中,借记"资金结存——财政应返还额度"科目,贷记"财政拨款预算收入"科目。

因差错更正或购货退回等发生国库集中支付款项退回的,属于本年度支付的款项,按照退回金额,在财务会计中,借记"财政拨款收入"科目,贷记"业务活动费用""库存物品"等科目。同时,在预算会计中,借记"财政拨款预算收入"科目,贷记"行政支出""事业支出"等科目。

1. 购买库存物品或固定资产

【例4-1】 某行政单位向甲公司购买一批库存物品,实际成本为23 200元,相应款项通过财政集中支付。该行政单位应编制的会计分录为:

在财务会计中:

借:库存物品　　　　　　　　　　　　　　　　　　　　　　　　23 200
　　贷:财政拨款收入　　　　　　　　　　　　　　　　　　　　　　23 200

同时,在预算会计中:

借:行政支出　　　　　　　　　　　　　　　　　　　　　　　　23 200
　　贷:财政拨款预算收入　　　　　　　　　　　　　　　　　　　　23 200

【例4-2】 某行政单位向甲公司购买专用技术设备,实际成本为34 800元,相应款项通过财政集中支付。该设备不需安装,验收合格,作为固定资产管理。该行政单位应编制的会计分录为:

在财务会计中:

借:固定资产　　　　　　　　　　　　　　　　　　　　　　　　34 800
　　贷:财政拨款收入　　　　　　　　　　　　　　　　　　　　　　34 800

同时,在预算会计中:

借:行政支出　　　　　　　　　　　　　　　　　　　　　　　　34 800
　　贷:财政拨款预算收入　　　　　　　　　　　　　　　　　　　　34 800

2. 政府向社会力量购买服务

【例4-3】 某行政单位通过财政集中支付向某社会组织支付一笔款项,具体内容为该行政单位向某民间食品检验机构支付了委托食品检验的费用100 000元。该行政单位应编制的会计分录为:

在财务会计中:

借:业务活动费用　　　　　　　　　　　　　　　　　　　　　　100 000
　　贷:财政拨款收入　　　　　　　　　　　　　　　　　　　　　　100 000

同时,在预算会计中:

借:行政支出　　　　　　　　　　　　　　　　　　　　　　　　100 000
　　贷:财政拨款预算收入　　　　　　　　　　　　　　　　　　　　100 000

目前,我国的政府购买服务,其购买主体仅限于行政单位,不包括事业单位。

3. 支付日常公用经费和人员经费

【例4-4】 某事业单位通过财政集中支付一笔25 000元的款项。具体内容为向某物业管理公司支付物业管理费25 000元。该事业单位应编制的会计分录为:

在财务会计中:

借:单位管理费用	25 000	
贷:财政拨款收入		25 000

同时,在预算会计中:

借:事业支出	25 000	
贷:财政拨款预算收入		25 000

行政单位和事业单位支付的物业管理费,其直接受益人为行政单位和事业单位本身,但是两者在财务会计中计入费用渠道不同,行政单位记入"业务活动费用",而事业单位应记入"单位管理费用"科目。

【例 4-5】 某行政单位通过财政集中支付一笔款项共计 150 000 元,具体内容为支付职工薪酬。该行政单位应编制会计分录为:

在财务会计中:

借:应付职工薪酬	150 000	
贷:财政拨款收入		150 000

同时,在预算会计中:

借:行政支出	150 000	
贷:财政拨款预算收入		150 000

4. 支付预付账款

【例 4-6】 某行政单位通过财政集中支付一笔款项共计 75 000 元,具体内容为向某建筑设计研究院有限责任公司预付某公共工程建设方案的部分设计费。该行政单位应编制的会计分录为:

在财务会计中:

借:预付账款	75 000	
贷:财政拨款收入		75 000

同时,在预算会计中:

借:行政支出	75 000	
贷:财政拨款预算收入		75 000

5. 偿付应付账款

【例 4-7】 某事业单位通过财政集中支付一笔款项共计 10 000 元,具体内容为向某公司偿付购货款。该事业单位应编制的会计分录为:

在财务会计中:

借:应付账款	10 000	
贷:财政拨款收入		10 000

同时,在预算会计中:

借:事业支出	10 000	
贷:财政拨款预算收入		10 000

6. 因差错更正或购货退回等发生国库直接支付款项退回的核算

【例 4-8】 某行政单位收回一笔当年通过财政集中支付的款项 30 500 元,原因为当年购买的检验检疫专用设备在试用期内出现质量问题而以退货。该设备已作为固定资产入账。该行政单位应编制的会计分录为:

在财务会计中:

借:财政拨款收入　　　　　　　　　　　　　　　　　　　　　　　30 500
　　贷:固定资产　　　　　　　　　　　　　　　　　　　　　　　　　　30 500

同时,在预算会计中:

借:财政拨款预算收入　　　　　　　　　　　　　　　　　　　　　30 500
　　贷:行政支出　　　　　　　　　　　　　　　　　　　　　　　　　　30 500

在财政集中支付方式下,财政拨款(预算)收入都是在收到财政集中支付入账通知书及相关原始凭证,以及年末确认尚未使用的预算指标时确认。

(二)财政实拨资金方式下财政拨款(预算)收入的核算

行政事业单位在实拨资金方式下收到财政拨款收入时,按照实际收到的金额,在财务会计中,借记"银行存款"等科目,贷记"财政拨款收入"科目;同时,在预算会计中,借记"资金结存——货币资金"科目,贷记"财政拨款预算收入"科目。

【例 4-9】 某事业单位尚未纳入财政国库单一账户制度改革。该事业单位收到开户银行转来的收款通知,收到财政部门拨入一笔日常事业活动预算经费 37 800 元。该事业单位应编制的会计分录为:

在财务会计中:

借:银行存款　　　　　　　　　　　　　　　　　　　　　　　　　37 800
　　贷:财政拨款收入　　　　　　　　　　　　　　　　　　　　　　　　37 800

同时,在预算会计中:

借:资金结存——货币资金　　　　　　　　　　　　　　　　　　　37 800
　　贷:财政拨款预算收入　　　　　　　　　　　　　　　　　　　　　　37 800

在实拨资金方式下,行政事业单位在收到开户银行转来的收款通知时,确认财政拨款(预算)收入,即实际收到货币资金。

目前,绝大多数单位已经进行了财政国库单一账户制度改革,因此。实践中财政实拨资金支付方式已经很少使用。

(三)年末确认拨款差额

在财政国库集中支付方式下,单位的年度财政集中支付预算指标数通常即为年终财政拨款收入的本年发生数。其中,年度期间使用的数额在使用时确认为财政拨款收入和财政拨款预算收入,年终尚未使用的数额通过使用权责发生制确认为当年的财政拨款收入和财政拨款预算收入。

相关业务的账务处理请参阅"财政应返还额度"的核算,这里不再重复举例。

(四)财政拨款收入期末结转

期末,将"财政拨款收入"科目本期发生额转入本期盈余,借记"财政拨款收入"科目,贷记"本期盈余"科目。结转后,"财政拨款收入"科目应无余额。

【例 4-10】 月末,某行政单位"财政拨款收入"总账科目的本期发生额为 78 000 元。该行政单位将其转入"本期盈余"科目。该行政单位应编制的会计分录为:

在财务会计中:

借:财政拨款收入	78 000
贷:本期盈余	78 000

在预算会计中不做账务处理。

(五)财政拨款预算收入年末结转

年末,将"财政拨款预算收入"科目本年发生额转入"财政拨款结转——本年收支结转"科目,借记"财政拨款预算收入"科目,贷记"财政拨款结转——本年收支结转"科目。年末结账后,"财政拨款预算收入"科目应无余额。

【例 4-11】 年末,某事业单位"财政拨款预算收入"总账科目的本年贷方发生额为 75 000 元。该事业单位将其转入"财政拨款结转——本年收支结转"科目。该事业单位应编制会计分录为:

在预算会计中:

借:财政拨款预算收入	75 000
贷:财政拨款结转——本年收支结转	75 000

在财务会计中不做账务处理。

(六)同时有一般公共预算财政拨款和政府性基金预算财政拨款情况下财政拨款(预算)收入的核算

上述举例是假定单位仅有一般公共预算财政拨款情况下的财政拨款(预算)收入的核算。如果单位有一般公共预算财政拨款和政府性基金预算财政拨款两种财政预算拨款的,"财政拨款(预算)收入"科目应按财政拨款收入的不同经费性质设置"一般公共预算财政拨款"和"政府性基金预算财政拨款"等明细科目进行明细核算。

【例 4-12】 某事业单位同时有一般公共预算财政拨款和政府性基金预算财政拨款。该事业单位发生如下业务。

(1) 通过财政集中支付方式支付一笔政府性基金预算款项 36 800 元,具体内容为支付购买专用设备的款项。购买的专用设备已验收并投入使用,作为固定资产管理。该事业单位应编制的会计分录为:

在财务会计中:

借:固定资产	36 800
贷:财政拨款收入——政府性基金预算财政拨款	36 800

同时,在预算会计中:

借:事业支出	36 800
贷:财政拨款预算收入——政府性基金预算财政拨款	36 800

(2) 通过财政集中支付方式收到由一般公共预算财政拨款安排的支出 25 000 元。该事业单位应编制的会计分录为:

在财务会计中：

借：业务活动费用　　　　　　　　　　　　　　　　　　　　　　　　　25 000
　　贷：财政拨款收入——一般公共预算财政拨款　　　　　　　　　　　　　25 000

同时，在预算会计中：

借：事业支出　　　　　　　　　　　　　　　　　　　　　　　　　　　25 000
　　贷：财政拨款预算收入——一般公共预算财政拨款　　　　　　　　　　　25 000

同时有一般公共预算财政拨款和政府性基金预算财政拨款的单位，财政拨款预算收入年终应当按照一般公共预算财政拨款和政府性基金预算财政拨款分别转入"财政拨款结转"科目，按不同资金性质进行明细核算，而财政拨款收入全数转入"本期盈余"科目。与财政拨款结转相比，"本期盈余"科目不需按不同资金性质进行明细核算。

【例4-13】 月末，某事业单位"财政拨款收入"科目的本期发生额为31 500元，其中，一般公共预算财政拨款为19 850元，政府性基金预算财政拨款为11 650元。期末，将其转入"本期盈余"科目。该事业单位应编制的会计分录为：

在财务会计中：

借：财政拨款收入　　　　　　　　　　　　　　　　　　　　　　　　　31 500
　　贷：本期盈余　　　　　　　　　　　　　　　　　　　　　　　　　　31 500

在预算会计中不做账务处理。

【例4-14】 年末，某行政单位"财政拨款预算收入"科目的本年发生额为1 314 000元，其中，一般公共预算财政拨款为898 000元，政府性基金预算财政拨款为416 000元。该行政单位将其转入"财政拨款结转"科目。该行政单位应当编制的会计分录为：

在预算会计中：

借：财政拨款预算收入——一般公共预算财政拨款　　　　　　　　　　　898 000
　　贷：财政拨款结转——一般公共预算财政拨款　　　　　　　　　　　　898 000
借：财政拨款预算收入——政府性基金预算财政拨款　　　　　　　　　　416 000
　　贷：财政拨款结转——政府性基金预算财政拨款　　　　　　　　　　　416 000

在财务会计中不做账务处理。

财政拨款（预算）收入的主要账务处理如表4-1所示。

表4-1　　　　　　　　　　　　财政拨款（预算）收入的主要账务处理

业务事项和内容		财务会计	预算会计
		财政拨款收入	财政拨款预算收入
收到拨款	财政集中支付方式下	借：库存物品/固定资产/业务活动费用/单位管理费用/应付职工薪酬等 　　贷：财政拨款收入	借：行政支出/事业支出等 　　贷：财政拨款预算收入
	其他方式下	借：银行存款等 　　贷：财政拨款收入	借：资金结存——货币资金 　　贷：财政拨款预算收入

(续表)

业务事项和内容		财务会计	预算会计
		财政拨款收入	财政拨款预算收入
年末确认拨款差额	根据本年度财政集中支付预算指标数与当年财政集中支付实际支付数的差额	借：财政应返还额度——财政直接支付 贷：财政拨款收入	借：资金结存——财政应返还额度 贷：财政拨款预算收入
因差错更正或购货退回等发生的国库直接支付款项退回的	属于本年度支付的款项	借：财政拨款收入 贷：业务活动费用/库存物品等	借：财政拨款预算收入 贷：行政支出/事业支出等
	属于以前年度支付的款项（财政拨款结转资金）	借：财政应返还额度 贷：以前年度盈余调整/库存物品等	借：资金结存——财政应返还额度 贷：财政拨款结转——年初余额调整
	属于以前年度支付的款项（财政拨款结余资金）		借：资金结存——财政应返还额度 贷：财政拨款结余——年初余额调整
期末/年末结转		借：财政拨款收入 贷：本期盈余	借：财政拨款预算收入 贷：财政拨款结转——本年收支结转

第二节 事业（预算）收入

一、事业（预算）收入的概念与核算科目的设置

（一）事业收入的概念与核算科目的设置

事业收入是指事业单位开展专业业务活动及辅助活动所取得的收入。所谓专业业务活动，是指事业单位根据本单位专业特点所从事或开展的主要业务活动。辅助活动是指与专业业务活动相关、直接为专业业务活动服务的单位行政管理活动、后勤服务活动及其他有关活动。

不同行业的事业单位开展的专业业务活动及其辅助活动的具体内容不尽相同，因此，不同行业事业单位事业收入的种类也存在差异。根据相关事业单位行业财务制度的规定，事业单位的事业收入主要有：高等学校的事业收入、中小学校的事业收入、科学事业单位的事业收入、文化事业单位的事业收入、文物事业单位的事业收入、广播电视事业单位的事业收入、医院的事业收入、基层医疗卫生机构的事业收入、体育事业单位的事业收入等。

（二）事业预算收入的概念与核算科目的设置

事业预算收入是指事业单位开展专业业务活动及辅助活动所取得的现金流入。

为了核算事业预算收入业务，事业单位预算会计应设置"事业预算收入"总账科目。事业单位因开展科研及其辅助活动从非同级政府财政部门取得的经费拨款，也通过本科目核算。本科目应当按照事业预算收入类别、项目、来源、《政府收支分类科目》中"支出功能分类科目"项级科目等进行明细核算。对于因开展科研及其辅助活动从非同级政府财政部门取

得的经费拨款,应当在本科目下单设"非同级财政拨款"明细科目进行明细核算;事业预算收入中如有专项资金收入,还应按照具体项目进行明细核算。年末,将本科目本年发生额中的专项资金收入转入非财政拨款结转,将本科目本年发生额中的非专项资金收入转入其他结余。年末结转后,本科目应无余额。

二、事业(预算)收入的核算

(一)采用财政专户返还方式管理的事业(预算)收入

事业单位实现应上缴财政专户的事业收入时,在财务会计中,按照实际收到或应收的金额,借记"银行存款""应收账款"等科目,贷记"应缴财政款"科目;向财政专户上缴款项时,按照实际上缴的款项金额,借记"应缴财政款"科目,贷记"银行存款"等科目。收到从财政专户返还的事业收入时,按照实际收到的返还金额,在财务会计中,借记"银行存款"等科目,贷记"事业收入"科目。同时,在预算会计中,借记"资金结存——货币资金"科目,贷记"事业预算收入"科目。

【例4-15】 某事业单位收到一项应上缴财政专户的教育事业收入款项180 000元,当日送存开户银行,并按规定上缴财政专户;之后,从财政专户返回的款项100 000元确认事业收入,款项已存入开户银行。该事业单位应编制的会计分录为:

(1)收到应上缴财政专户的教育事业收入款项时。

在财务会计中:

借:银行存款　　　　　　　　　　　　　　　　　　　　180 000
　　贷:应缴财政款　　　　　　　　　　　　　　　　　　　180 000

在预算会计中不做账务处理。

(2)按规定通过开户银行将上述款项上缴财政专户时。

在财务会计中:

借:应缴财政款　　　　　　　　　　　　　　　　　　　　180 000
　　贷:银行存款　　　　　　　　　　　　　　　　　　　　180 000

在预算会计中不做账务处理。

(3)收到从财政专户返还的事业收入款项时。

在财务会计中:

借:银行存款　　　　　　　　　　　　　　　　　　　　100 000
　　贷:事业收入　　　　　　　　　　　　　　　　　　　　100 000

同时,在预算会计中:

借:资金结存——货币资金　　　　　　　　　　　　　　100 000
　　贷:事业预算收入　　　　　　　　　　　　　　　　　　100 000

(二)采用预收款方式确认的事业(预算)收入

事业单位实际收到预收款项时,按照收到的款项金额,在财务会计中,借记"银行存款"等科目,贷记"预收账款"科目;同时,在预算会计中,借记"资金结存"科目,贷记"事业预算收入"科目。以合同完成进度确认事业收入时,按照基于合同完成进度计算的金额,在财务会计中,借记"预收账款"科目,贷记"事业收入"科目。涉及增值税业务的,相关账务处理参见"应交增值税"科目。

【例 4-16】 某科学事业单位成功申请一项社会科学基金项目,收到资助资金 200 000 万元,存入单位银行存款账户。按科研项目完成进度确认归属本期的事业收入金额为 25 000 元。该事业学位应编制的会计分录为:

(1) 收到社会科学基金资助款项时。

在财务会计中:

借:银行存款　　　　　　　　　　　　　　　　　　　　　200 000
　　贷:预收账款——社会科学基金项目款　　　　　　　　　　　　200 000

同时,在预算会计中:

借:资金结存——货币资金　　　　　　　　　　　　　　　　200 000
　　贷:事业预算收入　　　　　　　　　　　　　　　　　　　　　200 000

(2) 确认归属于本期的事业收入时。

在财务会计中:

借:预收账款——社会科学基金项目款　　　　　　　　　　　25 000
　　贷:事业收入——科研收入　　　　　　　　　　　　　　　　　25 000

在预算会计中不做账务处理。

(三) 采用应收款方式确认的事业(预算)收入

事业单位根据合同完成进度计算本期应收的款项,在财务会计中,借记"应收账款"科目,贷记"事业收入"科目;实际收到款项时,在财务会计中,借记"银行存款"等科目,贷记"应收账款"科目;同时,在预算会计中,借记"资金结存"科目,贷记"事业事业收入"科目。涉及增值税业务的,相关账务处理参见"应交增值税"科目。

【例 4-17】 某事业单位发生如下业务。

(1) 按照规定的医疗服务项目收费标准计算确认住院病人的医疗收入 10 200 元。该事业单位应编制的会计分录为:

在财务会计中:

借:应收账款——应收在院病人医疗款　　　　　　　　　　10 200
　　贷:事业收入——医疗收入——住院收入　　　　　　　　　　　10 200

在预算会计中不做账务处理。

(2) 收到应收在院病人医疗款项时 10 200 元时。该事业单位应编制的会计分录为:

在财务会计中:

借:银行存款　　　　　　　　　　　　　　　　　　　　　10 200
　　贷:应收账款——应收在院病人医疗款　　　　　　　　　　　　10 200

同时,在预算会计中:

借:资金结存——货币资金　　　　　　　　　　　　　　　　10 200
　　贷:事业预算收入　　　　　　　　　　　　　　　　　　　　　10 200

(四) 其他方式下确认的事业(预算)收入

一般来讲,其他方式下事业单位应按照实际收到的金额确认事业(预算)收入,即按照实际收到的金额,在财务会计中,借记"库存现金""银行存款"等科目,贷记"事业收入"科目;同时,在预算会计中,借记"资金结存——货币资金"科目,贷记"事业预算收入"科目。涉及增值税业务的,相关账务处理参见"应交增值税"科目。

【例 4-18】 某事业单位收到一项不采用财政专户返还方式管理的事业收入,内容为门票现金收入 1 500 元。该事业单位应编制的会计分录为:

在财务会计中:

借:库存现金	1 500
贷:事业收入	1 500

同时,在预算会计中:

借:资金结存——货币资金	1 500
贷:事业预算收入	1 500

【例 4-19】 某事业单位的部门预算隶属关系为某卫生部门,收到科技部门拨入一项科研项目经费 55 000 元;同时收到教育部门拨入一项教育项目经费 25 000 元。收到的科教项目经费收入合计 80 000 元,款项已存入开户银行。该款项全部用于该单位开展事业业务活动。该事业单位应编制的会计分录为:

在财务会计中:

借:银行存款	80 000
贷:事业收入——非同级财政拨款——科技部门	55 000
——教育部门	25 000

同时,在预算会计中:

借:资金结存——货币资金	80 000
贷:事业预算收入——非同级财政拨款——科技部门	55 000
——教育部门	25 000

这里需要指出的是,事业单位对于因开展专业业务活动及其辅助活动取得的非同级财政拨款收入(包括两类,一类是从同级财政以外的同级政府部门取得的横向转拨财政款,另一类是从上级或下级政府取得的各类财政款),应当通过"事业(预算)收入"科目下的"非同级财政拨款"科目核算;对于其他非同级财政拨款收入,应当通过"非同级财政拨款(预算)收入"科目核算。

(五)事业收入的期末结转

期末,将"事业收入"科目本期发生额转入本期盈余,借记"事业收入"科目,贷记"本期盈余"科目。结转后,"事业收入"科目没有余额。

【例 4-20】 月末,某事业单位"事业收入"科目本期发生额 35 000 元,将其转入本期盈余。该事业单位应编制的会计分录为:

在财务会计中:

借:事业收入	35 000
贷:本期盈余	35 000

在预算会计中不做账务处理。

(六)事业预算收入年末结转

年末,将"事业预算收入"科目本年发生额中的专项资金收入转入非财政拨款结转,借记"事业预算收入"科目下各专项资金收入明细科目,贷记"非财政拨款结转——本年收支结转"科目;将"事业预算收入"科目本年发生额中的非专项资金收入转入其他结余,借记"事业预算收入"科目下各非专项资金收入明细科目,贷记"其他结余"科目。结转后,"事业预算收入"科目应无余额。

【例 4-21】 20×2 年年末,某事业单位"事业预算收入"科目发生额为 575 000 元,其中:非专项资金收入 355 000 元、专项资金收入 220 000 元,将其分别转入"其他结余"科目和"非财政拨款结转——本年收支结转"科目。该事业单位应编制的会计分录为:

在预算会计中:

借:事业预算收入　　　　　　　　　　　　　　　　　　　　　　355 000
　　贷:其他结余　　　　　　　　　　　　　　　　　　　　　　　　　355 000

同时,

借:事业预算收入　　　　　　　　　　　　　　　　　　　　　　220 000
　　贷:非财政拨款结转——本年收支结转　　　　　　　　　　　　　220 000

在财务会计中不做账务处理。

事业单位事业预算收入的期末结转方法与财政拨款预算收入的期末结转方法不完全相同。"财政拨款预算收入"科目的本期发生额年末全数转入"财政拨款结转"科目;"事业预算收入"科目的本期发生额年末需区分情况分别转入"非财政拨款结转"或"其他结余"科目。

事业(预算)收入的主要账务处理可概括如表 4-2 所示。

表 4-2　　　　　　　　事业(预算)收入的主要账务处理

业务事项和内容		财务会计	预算会计
		事业收入	事业预算收入
采用财政专户返还方式	实际收到或应收应上缴财政专户的事业收入时	借:银行存款/应收账款 　贷:应缴财政款	—
	向财政专户上缴款项时	借:应缴财政款 　贷:银行存款等	—
	收到从财政专户返还的款项时	借:银行存款等 　贷:事业收入	借:资金结存——货币资金 　贷:事业预算收入
采用预收款方式	实际收到款项时	借:银行存款等 　贷:预收账款	借:资金结存——货币资金 　贷:事业预算收入
	按合同完成进度确认收入时	借:预收账款 　贷:事业收入	—
采用应收款方式	根据合同完成进度计算本期应收的款项	借:应收账款 　贷:事业收入	—
	实际收到款项时	借:银行存款等 　贷:应收账款	借:资金结存——货币资金 　贷:事业预算收入

(续表)

业务事项和内容		财务会计	预算会计
		事业收入	事业预算收入
其他方式下		借：银行存款/库存现金 　贷：事业收入	借：资金结存——货币资金 　贷：事业预算收入
期末/年末结转	专项资金收入	借：事业收入 　贷：本期盈余	借：事业预算收入 　贷：非财政拨款结转——本年收支结转
	非专项资金收入		借：事业预算收入 　贷：其他结余

第三节　上级补助（预算）收入

一、上级补助（预算）收入的概念与核算科目的设置

（一）上级补助收入的概念与核算科目的设置

上级补助收入是指事业单位从上级单位取得的非财政性资金补助收入。它是由事业单位的上级单位用自身组织的收入或集中下级单位的收入拨给事业单位的资金，是上级单位用于调剂附属单位资金收支余缺的机动财力。也就是说，事业单位按经费领拨关系取得的财政拨款收入不足弥补正常业务活动的开支时，还可以向上级单位申请取得非财政性补助款。行政单位没有上级补助收入业务。

上级补助收入与财政拨款收入的主要差别是：财政拨款收入来源于同级财政部门，资金性质为财政资金；上级补助收入来源于主管部门或上级单位，资金性质为非财政资金，如主管部门或上级单位自身组织的收入或集中下级单位的收入等。另外，财政拨款收入属于事业单位的常规性收入，是事业单位开展业务活动的基本保证；上级补助收入属于事业单位的非常规性收入，主管部门或上级单位一般根据自身资金情况和事业单位的需要，向事业单位拨付上级补助资金。

为了核算上级补助收入业务，事业单位财务会计应设置"上级补助收入"科目。本科目核算事业单位从主管部门和上级单位取得的非财政拨款收入。本科目应当按照发放补助单位、补助项目等进行明细核算。期末，将该科目本期发生额转入"本期盈余"科目。结转后，本科目应无余额。

（二）上级补助预算收入的概念与核算科目的设置

上级补助预算收入是事业单位从上级单位取得的非财政性资金补助的现金流入。

为了核算上级补助预算收入业务，事业单位预算会计应设置"上级补助预算收入"总账科目。本科目应当按照发放补助单位、补助项目、《政府收支分类科目》中"支出功能分类科目"的项级科目等进行明细核算。上级补助预算收入中如有专项资金收入，还应按照具体项目进行明细核算。年末，将本科目本年发生额中的专项资金收入转入非财政拨款结转；将本科目本年发生额中的非专项资金收入转入其他结余。年末结转后，本科目应无余额。

二、上级补助(预算)收入的核算

(一)日常核算

事业单位确认上级补助收入时,按照实际收到的金额,在财务会计中,借记"银行存款"科目,贷记"上级补助收入"科目;同时,在预算会计中,借记"资金结存——货币资金"科目,贷记"上级补助预算收入"科目。

【例4-22】 某附属中学系某高校的附属单位。该中学发生如下业务并编制有关会计分录:

(1)按规定确认上级单位某高校一笔非财政性的补助款项30 000元,用于补充日常公用经费。

在财务会计中:

借:其他应收款　　　　　　　　　　　　　　　　　　　　　　　　30 000
　　贷:上级补助收入　　　　　　　　　　　　　　　　　　　　　　　　30 000

在预算会计中不做账务处理。

(2)接到银行通知,收到上级单位某高校拨来一笔非财政性的补助款项30 000元。

在财务会计中:

借:银行存款　　　　　　　　　　　　　　　　　　　　　　　　　30 000
　　贷:其他应收款　　　　　　　　　　　　　　　　　　　　　　　　30 000

同时,在预算会计中:

借:资金结存——货币资金　　　　　　　　　　　　　　　　　　　　30 000
　　贷:上级补助预算收入　　　　　　　　　　　　　　　　　　　　　30 000

(3)接到银行通知,收到上级单位拨来的一笔非财政性的补助款项28 000元,专项用于教学改革。

在财务会计中:

借:银行存款　　　　　　　　　　　　　　　　　　　　　　　　　28 000
　　贷:上级补助收入　　　　　　　　　　　　　　　　　　　　　　　28 000

同时,在预算会计中:

借:资金结存——货币资金　　　　　　　　　　　　　　　　　　　　28 000
　　贷:上级补助预算收入　　　　　　　　　　　　　　　　　　　　　28 000

(二)上级补助收入的期末结转

期末,将"上级补助收入"科目本期发生额转入"本期盈余"科目,借记"上级补助收入"科目,贷记"本期盈余"科目。结转后,"上级补助收入"科目应无余额。

【例4-23】 期末,某事业单位"上级补助收入"科目本期发生额为58 000元。该事业单位将其转入"本期盈余"科目。该事业单位应编制的会计分录为:

在财务会计中:

借:上级补助收入　　　　　　　　　　　　　　　　　　　　　　　58 000
　　贷:本期盈余　　　　　　　　　　　　　　　　　　　　　　　　　58 000

在预算会计中不做账务处理。

(三)上级补助预算收入的年末结转

年末,将"上级补助预算收入"科目本年发生额中的专项资金收入转入非财政拨款结转,借记"上级补助预算收入"科目下各专项资金收入明细科目,贷记"非财政拨款结转——本年收支结转"科目;将"上级补助预算收入"科目本年发生额中的非专项资金收入转入其他结余,借记"上级补助预算收入"科目下各非专项资金收入明细科目,贷记"其他结余"科目。结转后,"上级补助预算收入"科目应无余额。

【例4-24】 年末,某事业单位"上级补助预算收入"科目本年发生额为58 000元,其中,专项资金本年发生额为28 000元,非专项资金本年发生额为30 000元。该事业单位将其分别转入"非财政拨款结转——本年收支结转"科目和"其他结余"科目。该事业单位应编制的会计分录为:

在预算会计中:

借:上级补助预算收入　　　　　　　　　　　　　　　　　　　　　　28 000
　　贷:非财政拨款结转——本年收支结转　　　　　　　　　　　　　　28 000

同时,

借:上级补助预算收入　　　　　　　　　　　　　　　　　　　　　　30 000
　　贷:其他结余　　　　　　　　　　　　　　　　　　　　　　　　　30 000

在财务会计中不做账务处理。

上级补助(预算)收入核算的账务处理可概括如表4-3所示。

表4-3　　　　　　　　　上级补助(预算)收入核算的账务处理

业务事项和内容		财务会计	预算会计
		上级补助收入	上级补助预算收入
日常核算	确认时,按照应收或实际收到的金额	借:银行存款/其他应收款等 　贷:上级补助收入	借:资金结存——货币资金(实收金额) 　贷:上级补助预算收入
	收到应收的上级补助收入时	借:银行存款等 　贷:其他应收款	
期末/年末结转	专项资金收入	借:上级补助收入 　贷:本期盈余	借:上级补助预算收入 　贷:非财政拨款结转——本年收支结转
	非专项资金收入		借:上级补助预算收入 　贷:其他结余

第四节　附属单位上缴(预算)收入

一、附属单位上缴(预算)收入的概念与核算科目的设置

(一)附属单位上缴收入的概念与核算科目的设置

附属单位上缴收入是指事业单位附属独立核算单位按规定标准或比例上缴的收入。附

属单位上缴收入是财务会计要素,按照权责发生制确认。事业单位的附属单位上缴收入主要包括附属的事业单位上缴的收入和附属的企业上缴的利润等。行政单位没有附属单位上缴收入业务。

事业单位的附属独立核算的单位可以是事业单位,也可以是企业(或公司)。事业单位与其附属独立核算的事业单位通常存在行政隶属关系和预算管理关系;与其附属独立核算的企业通常不仅存在投资上的资金联系,而且还存在有权任免其管理人员职务、支持或否决其决策等权力联系。事业单位的附属独立核算企业大多曾经是事业单位的一个组成部分,从事相应的业务活动,后因种种原因从事业单位中独立出来,成为独立核算的法人实体。如果事业单位与一个企业只存在投资上的联系,一般认为该企业只是事业单位的投资单位,而不是事业单位的附属独立核算单位。

事业单位取得的附属单位上缴收入,是凭借特定的经济关系获得的,一旦取得,即为事业单位拥有,即可确认为收入。事业单位开展非独立核算经营活动取得的收入,应确认为经营收入,不作为附属单位上缴收入。事业单位对附属独立核算单位经营项目的投资所获得的收入,应确认为投资收益,不属于附属单位上缴收入。事业单位与其附属独立核算单位之间的业务往来款项,如事业单位向其附属独立核算单位提供专业服务而收到的款项,不属于事业单位的附属单位上缴收入,而属于事业单位的事业收入。

为了核算附属单位上缴收入业务,事业单位财务会计应设置"附属单位上缴收入"总账科目。本科目核算事业单位取得的附属独立核算单位按照有关规定上缴的收入。本科目应当按照附属单位、缴款项目等进行明细核算。期末,将该科目本期发生额结转入"本期盈余"科目。结转后,该科目无余额。

(二) 附属单位上缴预算收入的概念与核算科目的设置

附属单位上缴预算收入是指事业单位附属独立核算单位按规定标准或比例上缴的现金流入。附属单位上缴预算收入是预算会计要素,按照收付实现制确认。

为了核算附属单位上缴预算收入业务,事业单位预算会计应设置"附属单位上缴预算收入"总账科目。本科目应当按照附属单位、缴款项目、《政府收支分类科目》中"支出功能分类科目"的项级科目等进行明细核算。附属单位上缴预算收入中如有专项资金收入,还应按照具体项目进行明细核算。年末,将本科目本年发生额中的专项资金收入转入非财政拨款结转;将本科目本年发生额中的非专项资金收入转入其他结余。年末结转后,本科目应无余额。

二、附属单位上缴(预算)收入的核算

(一) 日常核算

事业单位确认附属单位上缴收入时,在财务会计中,按照应收或收到的金额,借记"其他应收款""银行存款"等科目;贷记"附属单位上缴收入"科目;在预算会计中,按实际收到的金额,借记"资金结存——货币资金"科目,贷记"附属单位上缴预算收入"科目。实际收到应收附属单位上缴款时,按照实际收到的金额,在财务会计中,借记"银行存款"等科目,贷记"其他应收款"科目;同时,在预算会计中,借记"资金结存——货币资金"科目,贷记"附属单位上缴预算收入"科目。

【例4-25】 某教育事业单位发生如下业务并编制有关会计分录:
(1)确认附属独立核算的甲单位按照规定应上缴的款项为17 800元。

在财务会计中：

借：其他应收款——甲单位　　　　　　　　　　　　　　　　　17 800
　　贷：附属单位上缴收入　　　　　　　　　　　　　　　　　　　　17 800

在预算会计中不做账务处理。

(2) 收到开户银行通知，甲附属独立核算单位按照规定上缴的一笔款项 17 800 元已到账。

在财务会计中：

借：银行存款　　　　　　　　　　　　　　　　　　　　　　　　17 800
　　贷：其他应收款——乙单位　　　　　　　　　　　　　　　　　　17 800

同时，在预算会计中：

借：资金结存——货币资金　　　　　　　　　　　　　　　　　　17 800
　　贷：附属单位上缴预算收入　　　　　　　　　　　　　　　　　　17 800

(3) 收到附属独立核算的乙单位缴来的利润 20 000 元，款项已存入银行。

在财务会计中：

借：银行存款　　　　　　　　　　　　　　　　　　　　　　　　20 000
　　贷：附属单位上缴收入　　　　　　　　　　　　　　　　　　　　20 000

同时，在预算会计中：

借：资金结存——货币资金　　　　　　　　　　　　　　　　　　20 000
　　贷：附属单位上缴预算收入　　　　　　　　　　　　　　　　　　20 000

(二) 附属单位上缴收入的期末结转

期末，将"附属单位上缴收入"科目本期发生额结转入"本期盈余"科目，借记"附属单位上缴收入"科目，贷记"本期盈余"科目。结转后，"附属单位上缴收入"科目无余额。

【例 4-26】 期末，某事业单位"附属单位上缴收入"科目本期发生额为 37 800 元。该事业单位将其结转"本年盈余"科目。该事业单位应编制的会计分录为：

在财务会计中：

借：附属单位上缴收入　　　　　　　　　　　　　　　　　　　　37 800
　　贷：本期盈余　　　　　　　　　　　　　　　　　　　　　　　　37 800

在预算会计中不做账务处理。

(三) 附属单位上缴预算收入的年末结账

年末，将"附属单位上缴预算收入"科目本年发生额中的专项资金收入转入非财政拨款结转，借记"附属单位上缴预算收入"科目下各专项资金收入明细科目，贷记"非财政拨款结转——本年收支结转"科目；将"附属单位上缴预算收入"科目本年发生额中的非专项资金收入转入其他结余，借记"附属单位上缴预算收入"科目下各非专项资金收入明细科目，贷记"其他结余"科目。结转后，"附属单位上缴预算收入"科目应无余额。

【例 4-27】 年末，某事业单位"附属单位上缴预算收入"科目本年发生额为 60 000 元，其中,专项资金收入为 20 000 元,非专项资金收入为 40 000 元。该事业单位将其分别转入"非财政拨款结转——本年收支结转"科目和"其他结余"科目。该事业单位应编制的会计分录为:

在预算会计中:

借:附属单位上缴预算收入　　　　　　　　　　　　　　　　　　　　20 000
　　贷:非财政拨款结转——本年收支结转　　　　　　　　　　　　　　　20 000

同时,

借:附属单位上缴预算收入　　　　　　　　　　　　　　　　　　　　40 000
　　贷:其他结余　　　　　　　　　　　　　　　　　　　　　　　　　　40 000

附属单位上缴(预算)收入的账务处理可概括如表 4-4 所示。

表 4-4　　　　　　　　　附属单位上缴(预算)收入的账务处理

业务事项和内容		财务会计	预算会计
		附属单位上缴收入	附属单位上缴预算收入
日常核算	确认时,按照应收或实际收到的金额	借:其他应收款/银行存款等 　贷:附属单位上缴收入	借:资金结存——货币资金(实收到金额) 　贷:附属单位上缴预算收入
	实际收到应收附上缴收入款时	借:银行存款等 　贷:其他应收款	
期末/年末结转	专项资金收入	借:附属单位上缴收入 　贷:本期盈余	借:附属单位上缴预算收入 　贷:非财政拨款结转——本年收支结转
	非专项资金收入		借:附属单位上缴预算收入 　贷:其他结余

第五节　经营(预算)收入

一、经营(预算)收入的概念与核算科目的设置

(一) 经营收入的概念与核算科目的设置

经营收入是指事业单位在专业业务活动及辅助活动之外开展非独立核算经营活动取得的收入。经营收入应当在提供服务或发出存货,同时收讫价款或者取得索取价款的凭据时,按照实际收到或应收的金额予以确认。行政单位没有经营收入业务。

经营收入具备以下两个特征:

(1) 经营收入是来自专业业务活动及辅助活动以外取得的收入。例如,作为事业单位的剧院,演出活动为专业业务活动,其取得的演出收入是事业收入;而剧院附设的商品部销售商品为专业业务活动及辅助活动以外的活动,其取得的销售收入则作为经营收入。

(2) 经营收入是非独立核算的经营活动取得的收入,而不是独立核算的经营业务取得的收入。例如,作为事业单位学校的校办企业,要单独设置财会机构或配备财会人员,单独

设置账簿,单独计算盈亏,属于独立核算的经营活动。校办企业将纯收入的一部分上缴学校,学校收到后应当作为附属单位上缴收入处理,不能作为经营收入处理。但学校的车队、食堂等后勤单位,财务上不实行独立核算,其对社会服务取得的收入由学校集中进行会计核算,这部分收入应当作为经营收入处理。

事业收入和经营收入的共同特征是,它们都是事业单位在开展业务活动过程中,从服务或货品的接受者处取得的收入,它们都体现事业单位与服务或货品的接受者之间的交换关系。只是经营收入体现经营活动的保本和获得原则,事业收入体现事业活动的公益和福利原则。

事业单位经营收入与附属单位上缴收入的主要区别是:经营收入是事业单位开展非独立核算经营活动取得的收入,附属单位上缴收入是事业单位附属独立核算单位上缴的收入。事业单位开展的非独立核算经营活动应当是小规模的,不便或无法形成独立核算单位。如果相应的经营活动规模较大,应尽可能组建附属独立核算单位。之后,附属独立核算单位按规定向事业单位上缴款项,便形成事业单位的附属单位上缴收入。

事业单位经营收入的内容或种类通常包括:①销售商品收入,即事业单位非独立核算部门销售商品取得的收入;②经营服务收入,即事业单位非独立核算部门对外提供经营服务取得的收入;③其他经营收入,即事业单位在专业业务活动及辅助活动之外,开展非独立核算经营活动取得的上述各项收入以外的收入。

为了核算经营收入业务,事业单位财务会计应设置"经营收入"总账科目。本科目应当按照经营活动类别、项目和收入来源等进行明细核算。期末结转时,将该科目贷方发生额转入"本期盈余"科目。结账后,该科目无余额。

(二) 经营预算收入的概念与核算科目的设置

经营预算收入是指事业单位在专业业务活动及辅助活动之外开展非独立核算经营活动取得的现金流入。经营预算收入应按实际收到的金额予以确认。

为了核算经营预算收入业务,事业单位预算会计应设置"经营预算收入"总账科目。本科目应当按照经营活动类别、项目、《政府收支分类科目》中"支出功能分类科目"的项级科目等进行明细核算。年末,将本科目本年发生额转入经营结余。结转后,本科目应无余额。

二、经营(预算)收入的核算

(一) 日常核算

事业单位实现经营收入时,在财务会计中,按照确定的收入金额,借记"库存现金""银行存款""应收账款""应收票据"等科目,贷记"经营收入"科目;在预算会计中,按实际收到的金额,借记"资金结存——货币资金"科目,贷记"经营预算收入"。涉及增值税业务的,相关账务处理参见"应交增值税"科目。

【例 4-28】 某事业单位在专业活动及其辅助活动之外发生如下业务。

(1) 开展一项非独立核算的经营活动取得经营收入 5 150 元,内容为对外销售商品,款项已存入银行。该事业单位应编制的会计分录为:

$$经营收入 = 含税收入 \div (1+3\%) = 5\,150 \div (1+3\%) = 5\,000(元)$$

在财务会计中:

```
借：银行存款                                    5 150
    贷：经营收入——销售收入                          5 000
        应交增值税                                  150
```

同时，在预算会计中：

```
借：资金结存——货币资金                          5 150
    贷：经营预算收入                              5 150
```

(2) 开展非独立核算的经营活动对外销售运动球衣 100 件，每件售价为 30.9 元（含税），合计 3 090 元，每件成本为 20 元，款项尚未收到。该事业单位应编制的会计分录为：

$$经营收入 = 3\,090 \div (1 + 3\%) = 3\,000(元)$$

在财务会计中：

```
借：应收账款                                    3 090
    贷：经营收入——销售收入                          3 000
        应交增值税                                   90

借：经营费用                                    2 000
    贷：库存物品                                  2 000
```

在预算会计中不做账务处理。

(3) 收到购货单位以支票付款 3 090 元。该事业单位应编制的会计分录为：

在财务会计中：

```
借：银行存款                                    3 090
    贷：应收账款                                  3 090
```

同时，在预算会计中：

```
借：资金结存——货币资金                          3 090
    贷：经营预算收入                              3 090
```

(二) 经营收入的期末结转

期末，将"经营收入"科目的本期发生额转入"本期盈余"科目，借记"经营收入"科目，贷记"本期盈余"科目。结转后，"经营收入"科目应无余额。

【例 4-29】 期末，某事业单位"经营收入"科目的本期发生额为 8 000 元。该事业单位将其转入"本期盈余"科目。该事业单位应编制的会计分录为：

在财务会计中：

```
借：经营收入                                    8 000
    贷：本期盈余                                  8 000
```

在预算会计中不做账务处理。

(三) 经营预算收入的年末结转

年末，将"经营预算收入"科目本期发生额转入"经营结余"科目，借记"经营预算收入"科目，贷记"经营结余"科目。结转后，"经营预算收入"科目应无余额。

【例4-30】 年末,某事业单位"经营预算收入"科目本期发生额为45 000元。该事业单位将其转入"经营结余"科目。该事业单位应编制的会计分录为:

在预算会计中:

借:经营预算收入 45 000
　　贷:经营结余 45 000

在财务会计中不做账务处理。

经营(预算)收入的主要账务处理可概括如表4-5所示。

表4-5　　　　　　　　　　　　经营(预算)收入的主要账务处理

业务事项和内容		财务会计 经营收入	预算会计 经营预算收入
确认经营收入时	按照确定的收入金额	借:银行存款/应收账款/应收票据等 　贷:经营收入	借:资金结存——货币资金(实收金额) 　贷:经营预算收入
收到应收的款项时	按照实际收到的金额	借:银行存款等 　贷:应收账款/应收票据	
期末/年末结转		借:经营收入 　贷:本期盈余	借:经营预算收入 　贷:经营结余

第六节　债务预算收入

一、债务预算收入的概念和核算设置的会计科目

债务预算收入是指事业单位按照规定从银行和其他金融机构等借入的、纳入部门预算管理的、不以财政资金作为偿还来源的债务本金收入。行政单位没有债务预算收入业务。

事业单位按照规定从银行和其他金融机构等借入的各种款项,之后需要偿还,因此,在财务会计中,作为负债记录,确认为短期借款或长期借款。事业单位借入的款项,可以用来安排支出,因此,在预算会计中,作为债务预算收入进行记录。这样,与其他预算收入科目不同,预算会计中的"债务预算收入"科目,在财务会计中没有对应的"债务收入"科目,而是与财务会计中"短期借款"和"长期借款"科目相对应。

为了核算债务预算收入业务,事业单位预算会计应设置"债务预算收入"总账科目。本科目应当按照贷款单位、贷款种类、《政府收支分类科目》中"支出功能分类科目"的项级科目等进行明细核算。债务预算收入中如有专项资金收入,还应按照具体项目进行明细核算。年末,将本科目本年发生额中的专项资金收入转入非财政拨款结转;将本科目本年发生额中的非专项资金收入转入其他结余。年末结转后,本科目应无余额。

二、债务预算收入的核算

(一)日常核算

事业单位借入各项短期或长期借款时,按照实际借入的金额,财务会计确认为短期借款

或长期借款,预算会计确认债务预算收入。在财务会计中,借记"银行存款"科目,贷记"短期借款""长期借款"科目;同时,在预算会计中,借记"资金结存——货币资金"科目,贷记"债务预算收入"科目。偿还各项短期或长期借款时,在财务会计中,借记"短期借款""长期借款"科目,贷记"银行存款"科目;同时,在预算会计中,借记"债务还本支出"科目,贷记"资金结存——货币资金"科目。

【例 4-31】 某事业单位为开展一项非独立核算的经营活动经批准向某银行借入的一笔短期借款 100 000 元,款项已转存银行。该事业单位应编制的会计分录为:

在财务会计中:

借:银行存款　　　　　　　　　　　　　　　　　　　　　　　　　　100 000
　　贷:短期借款　　　　　　　　　　　　　　　　　　　　　　　　　　　　100 000

同时,在预算会计中:

借:资金结存——货币资金　　　　　　　　　　　　　　　　　　　　100 000
　　贷:债务预算收入　　　　　　　　　　　　　　　　　　　　　　　　　　100 000

债务预算收入和债务预算支出核算的举例还可进一步参阅短期借款和长期借款核算的举例。

(二) 年末结转

年末,将"债务预算收入"科目本年发生额中的专项资金收入转入非财政拨款结转,借记"债务预算收入"科目下各专项资金收入明细科目,贷记"非财政拨款结转——本年收支结转"科目;将"债务预算收入"科目本年发生额中的非专项资金收入转入其他结余,借记"债务预算收入"科目下各非专项资金收入明细科目,贷记"其他结余"科目。结转后,"债务预算收入"科目应无余额。

【例 4-32】 年末,假定某事业单位"债务预算收入"科目本年发生额为 500 000 元,其中,专项资金收入为 100 000 元,非专项资金收入为 400 000 元。年末,该事业单位将其分别转入"非财政拨款结转——本年收支结转"科目和"其他结余"科目。该事业单位应编制的会计分录为:

在预算会计中:

借:债务预算收入　　　　　　　　　　　　　　　　　　　　　　　　100 000
　　贷:非财政拨款结转——本年收支结转　　　　　　　　　　　　　　　　100 000

同时,

借:债务预算收入　　　　　　　　　　　　　　　　　　　　　　　　400 000
　　贷:其他结余　　　　　　　　　　　　　　　　　　　　　　　　　　　　400 000

在财务会计中不做账务处理。

债务预算收入的主要账务处理可概括如表 4-6 所示。

表 4-6　　　　　　　　　　　债务预算收入的主要账务处理

业务事项和内容		财务会计	预算会计
短期借款	借入各种短期借款	借:银行存款 　贷:短期借款	借:资金结存——货币资金 　贷:债务预算收入
	归还短期借款本金	借:短期借款 　贷:银行存款	借:债务还本支出 　贷:资金结存——货币资金

(续表)

业务事项和内容		财务会计	预算会计
长期借款	借入各项长期借款时	借：银行存款 贷：长期借款——本金	借：资金结存——货币资金 贷：债务预算收入
	归还长期借款本金时	借：长期借款 贷：银行存款	借：债务还本支出 贷：资金结存——货币资金
期末/年末结转	专项资金	—	借：债务预算收入 贷：非财政拨款结转——本年收支结转
	非专项资金	—	借：债务预算收入 贷：其他结余

第七节 非同级财政拨款(预算)收入

一、非同级财政(预算)收入的概念与核算科目的设置

(一)非同级财政收入的概念与核算科目的设置

非同级财政拨款收入是指单位从非同级政府财政部门取得的经费拨款,包括从同级政府其他部门取得的横向转拨财政款、从上级或下级政府财政部门取得的非本级财政拨款等。

行政事业单位取得的非同级财政拨款收入,通常为接受业务委托,完成相应的专门项目或专项任务。

行政事业单位从非同级财政部门等取得的指定转给下级单位,且未纳入本单位预算管理的资金,不属于非同级财政拨款收入,属于行政事业单位的其他应付款。

为了核算非同级财政拨款收入业务,行政事业单位财务会计应设置"非同级财政拨款收入"总账科目。本科目应当按照本级横向转拨财政款和非本级财政拨款进行明细核算,并按照收入来源进行明细核算。平时该科目贷方发生额反映非同级财政拨款收入累计数。年终结转时,将该科目贷方发生额全数转入"本期盈余"科目。期末结转后,本科目应无余额。

对于因开展科研及其辅助活动从非同级政府财政部门取得的经费拨款,应当通过"事业收入——非同级财政拨款"科目进行核算,不通过本科目核算。

(二)非同级财政预算收入的概念与核算科目的设置

非同级财政拨款预算收入是指单位从非同级政府财政部门取得的经费拨款,包括从同级政府其他部门取得的横向转拨财政款、从上级或下级政府财政部门取得的非本级财政拨款等。

为了核算非同级财政拨款预算收入业务,行政事业单位预算会计应设"非同级财政拨款

预算收入"总账科目。本科目应当按照非同级财政拨款预算收入的类别、来源、《政府收支分类科目》中"支出功能分类科目"的项级科目等进行明细核算。非同级财政拨款预算收入中如有专项资金收入，还应按照具体项目进行明细核算。年末，将本科目本年发生额中的专项资金收入转入非财政拨款结转，将本科目本年发生额中的非专项资金收入转入其他结余。年末结转后，本科目应无余额。

对于因开展科研及其辅助活动从非同级政府财政部门取得的经费拨款，应当通过"事业预算收入——非同级财政拨款"科目进行核算，不通过本科目核算。

二、非同级财政拨款(预算)收入的核算

(一)日常核算

单位确认非同级财政拨款收入时，按照实际收到的金额，在财务会计中，借记"银行存款"等科目，贷记"非同级财政拨款收入"科目；在预算会计中，借记"资金结存"科目，贷记"非同级财政拨款预算收入"科目。

【例4-33】 某纳入市级财政部门预算范围的行政单位发生如下业务，应编制如下会计分录。

(1)从当地区级财政部门获得一笔奖励性财政资金7 500元，没有规定用途，款项已存入银行。

在财务会计中：

借：银行存款　　　　　　　　　　　　　　　　　　　　　　　　　　7 500
　　贷：非同级财政拨款收入　　　　　　　　　　　　　　　　　　　　　　7 500

同时，在预算会计中：

借：资金结存——货币资金　　　　　　　　　　　　　　　　　　　　　7 500
　　贷：非同级财政拨款预算收入——县财政局——非项目收入　　　　　　7 500

(2)按规定应从当地区级财政部门获得一笔财政资金3 000元，具体内容为区政府委托其代为办理相关业务的手续费，款项尚未收到。

在财务会计中：

借：其他应收款　　　　　　　　　　　　　　　　　　　　　　　　　　3 000
　　贷：非同级财政拨款收入　　　　　　　　　　　　　　　　　　　　　　3 000

在预算会计中不做账务处理。

(3)收到按规定应从当地区级财政部门获得一笔财政资金3 000元，款项已存入银行。

在财务会计中：

借：银行存款　　　　　　　　　　　　　　　　　　　　　　　　　　　3 000
　　贷：其他应收款　　　　　　　　　　　　　　　　　　　　　　　　　　3 000

同时，在预算会计中：

| 借：资金结存——货币资金 | 3 000 | |
| 贷：非同级财政拨款预算收入 | | 3 000 |

（4）从上级省级业务主管部门获得一笔财政资金5 000元，具体内容为上级主管部门委托其开展一项基层实务调研工作，款项已存入银行。

在财务会计中：

| 借：银行存款 | 5 000 | |
| 贷：非同级财政拨款收入 | | 5 000 |

同时，在预算会计中：

| 借：资金结存——货币资金 | 5 000 | |
| 贷：非同级财政拨款预算收入 | | 5 000 |

（二）非同级财政拨款收入的期末结转

期末，将"非同级财政拨款收入"科目本期发生额转入"本期盈余"科目，借记"非同级财政拨款收入"科目，贷记"本期盈余"科目。结转后，"非同级财政拨款收入"科目没有余额。

【例4-34】 期末，某行政单位"非同级财政拨款收入"科目本期发生额为15 500元。该行政单位将其转入"本期盈余"科目。该行政单位应编制的会计分录为：

在财务会计中：

| 借：非同级财政拨款收入 | 15 500 | |
| 贷：本期盈余 | | 15 500 |

（三）非同级财政拨款预算收入的年末结转

年末，将"非同级财政拨款预算收入"科目本年发生额中的专项资金收入转入非财政拨款结转，借记"非同级财政拨款预算收入"科目下各专项资金收入明细科目，贷记"非财政拨款结转——本年收支结转"科目；将"非同级财政拨款预算收入"科目本年发生额中的非专项资金收入转入其他结余，借记"非同级财政拨款预算收入"科目下各非专项资金收入明细科目，贷记"其他结余"科目。结转后，"非同级财政拨款预算收入"科目应无余额。

【例4-35】 年末，某事业单位"非同级财政拨款预算收入"科目发生额为15 500元，其中，专项资金8 000元、非专项资金7 500元，将其分别转入"非财政拨款结转——本年收支结转"科目和"其他结余"科目。该事业单位应当编制的会计分录为：

在预算会计中：

| 借：非同级财政拨款预算收入 | 8 000 | |
| 贷：非财政拨款结转——本年收支结转 | | 8 000 |

同时，

| 借：非同级财政拨款预算收入 | 7 500 | |
| 贷：其他结余 | | 7 500 |

在财务会计中不做账务处理。

非同级财政拨款（预算）收入的主要账务处理可概括如表4-7所示。

表 4-7　　　　　　　　　非同级财政拨款(预算)收入的主要账务处理

业务事项和内容		财务会计	预算会计
		非同级财政拨款收入	非同级财政拨款预算收入
确认收入时	按照应收或实际收到的金额	借：其他应收款/银行存款等 　贷：非同级财政拨款收入	借：资金结存——货币资金(实收金额) 　贷：非同级财政拨款预算收入
收到应收的款项时	按照实际收到的金额	借：银行存款 　贷：其他应收款	
期末/年末结转	专项资金	借：非同级财政拨款收入 　贷：本期盈余	借：非同级财政拨款预算收入 　贷：非财政拨款结转——本年收支结转
	非专项资金		借：非同级财政拨款预算收入 　贷：其他结余

第八节　投资(预算)收益

一、投资(预算)收益的概念与核算设置的科目

(一) 投资收益的概念与核算设置的科目

投资收益是指事业单位股权投资和债券投资所实现的收益或发生的损失。其确认依据权责发生制。

为了核算投资收益业务,事业单位财务会计应设置"投资收益"总账科目。本科目应当按照投资的种类等进行明细核算。期末结转时,将该科目贷方发生额全数转入"本期盈余"科目。结转后,本科目应无余额。

(二) 投资预算收益的概念与核算设置的科目

投资预算收益是指事业单位取得的按照规定纳入部门预算管理的属于投资收益性质的现金流入,包括股权投资收益、出售或收回债券投资所取得的收益和债券投资利息收入。其确认依据的是收付实现制。

为了核算投资预算收益业务,事业单位预算会计应设置"投资预算收益"总账科目。本科目应当按照《政府收支分类科目》中"支出功能分类科目"的项级科目等进行明细核算。年末,将本科目本年发生额转入其他结余。结转后,本科目应无余额。

二、投资(预算)收益的核算

(一) 日常核算

1. 短期投资收益

事业单位收到短期投资持有期间的利息,按照实际收到的金额,在财务会计中,借记"银行存款"科目,贷记"投资收益"科目,同时,在预算会计中,借记"资金结存——货币资金"科目,贷记"投资预算收益"科目。出售或到期收回短期债券本息,在财务会计中,按照实际收到的金额,借记"银行存款"科目,按照出售或收回短期投资的成本,贷记"短期投资"科目,按照其差额,贷记或借记"投资收益"科目;同时,在预算会计中,按照实际收到

的金额,借记"资金结存——货币资金"科目,按照取得债券时"投资支出"科目的发生额,贷记"投资支出"(本年度)"其他结余"(以前年度)科目,按照其差额,贷记或借记"投资预算收益"科目。出售、转让以货币资金取得的长期股权投资的,其账务处理参照出售或到期收回债券投资。

【例 4-36】 20×2 年 3 月 1 日,某事业单位出售其于当年 1 月 1 日取得的一项短期债券投资,实际收到款项 52 800 元,款项已存入开户银行。取得债券时"投资支出"科目的发生额为 50 000 元。两者的差额 2 800 元(52 800－50 000)已确认为投资收益。该事业单位会计应编制的会计分录为:

在财务会计中:

借:银行存款 52 800
　　贷:短期投资 50 000
　　　　投资收益 2 800

同时,在预算会计中:

借:资金结存——货币资金 52 800
　　贷:投资支出 50 000
　　　　投资预算收益 2 800

【例 4-37】 承[例 4-36],假定该事业单位于 20×2 年 3 月 1 日出售 20×1 年 12 月 20 日取得的一项短期投资,其他资料相同。该事业单位会计应编制会计分录为:

在财务会计中:

借:银行存款 52 800
　　贷:短期投资 50 000
　　　　投资收益 2 800

同时,在预算会计中:

借:资金结存——货币资金 52 800
　　贷:其他结余 50 000
　　　　投资预算收益——投资收益 2 800

"投资支出"科目的本年发生额年末转入其他结余,因此,出售或到期收回以前年度取得的短期、长期债券,应当借记"资金结存——货币资金"科目,贷记"其他结余"科目,借贷差额确认为投资预算收益,即将以前年度结转至"其他结余"科目中的投资支出与实际收到的货币资金相抵,差额为投资预算收益。

2. 长期债券投资收益

持有的分期付息、一次还本的长期债券投资,按期确认利息收入时,按照计算确定的应收未收利息,在财务会计中,借记"应收利息"科目,贷记"投资收益"科目;此时,预算会计不进行账务处理。持有的到期一次还本付息的债券投资,按期确认利息收入时,按照计算确定的应收未收利息,在财务会计中,借记"长期债券投资——应计利息"科目,贷记"投资收益"科目;此时,预算会计也不进行账务处理。出售长期债券投资或到期收回长期债券投资本息,在财务会计中,按照实际收到的金额,借记"银行存款"等科目,按照债券初始投资成本和已计未收利息金额,贷记"长期债券投资——成本、应计利息"科目(到期一次还本付息债券)或"长期债券投资""应收利息"科目(分期付息债券),按照其差额,贷记或借记"投资收益"科目。

【例 4-38】 某事业单位收到到期兑付的一次还本付息的长期债券投资本息共计 315 000 元,款项已存入银行。该项长期债券投资的成本 300 000 元,应计利息 13 500 元,属于本期利息(投资收益)1 500 元。该事业单位应编制会计分录为:

在财务会计中:

借:银行存款　　　　　　　　　　　　　　　　　　　　　　315 000
　　贷:长期债券投资——成本　　　　　　　　　　　　　　　　　　300 000
　　　　　　　　　　——应计利息　　　　　　　　　　　　　　　　13 500
　　　　投资收益　　　　　　　　　　　　　　　　　　　　　　　　1 500

同时,在预算会计中:

借:资金结存——货币资金　　　　　　　　　　　　　　　　315 000
　　贷:其他结余　　　　　　　　　　　　　　　　　　　　　　　　300 000
　　　　投资预算收益——投资收益　　　　　　　　　　　　　　　　15 000

3. 长期股权投资收益

采用成本法核算的长期股权投资持有期间,被投资单位宣告分派现金股利或利润时,按照宣告分派的现金股利或利润中属于单位应享有的份额,在财务会计中,借记"应收股利"科目,贷记"投资收益"科目。采用权益法核算的长期股权投资持有期间,按照应享有或应分担的被投资单位实现的净损益的份额,在财务会计中,借记或贷记"长期股权投资——损益调整"科目,贷记或借记"投资收益"科目;被投资单位发生净亏损,但以后年度又实现净利润的,单位在其收益分享额弥补未确认的亏损分担额等后,恢复确认投资收益,在财务会计中,借记"长期股权投资——损益调整"科目,贷记"投资收益"科目。持有长期股权投资取得被投资单位分派的现金股利或利润时,按照实际收到的金额,借记"资金结存——货币资金"科目,贷记"投资预算收益"科目。

按照规定处置长期股权投资时有关投资收益的账务处理,参见长期股权投资核算的相关内容。出售、转让以非货币资金取得的长期股权投资时,按照实际收到的价款扣减支付的相关费用和应缴财政款后的余额(按照规定纳入单位预算管理的),借记"资金结存——货币资金"科目,贷记"投资预算收入"科目。

投资收益核算涉及增值税业务的,相关账务处理参见"应交增值税"科目。

【例 4-39】 某事业单位持有一项长期股权投资,采用成本法核算。按照被投资单位宣告分派的利润中属于单位应享有的份额确认投资收益 8 600 元。数日后,该事业单位收到被投资单位分派的利润 8 600 元,款项已存入开户银行。该事业单位应编制会计分录为:

(1)被投资单位宣告分派的利润时。

在财务会计中:

借:应收股利　　　　　　　　　　　　　　　　　　　　　　8 600
　　贷:投资收益　　　　　　　　　　　　　　　　　　　　　　　　8 600

在预算会计中不做账务处理。

(2) 收到被投资单位分派的利润时。

在财务会计中：

借：银行存款　　　　　　　　　　　　　　　　　　　　　　　　　　　8 600
　　贷：应收股利　　　　　　　　　　　　　　　　　　　　　　　　　　　　8 600

同时，在预算会计中：

借：资金结存——货币资金　　　　　　　　　　　　　　　　　　　　　　8 600
　　贷：投资预算收益　　　　　　　　　　　　　　　　　　　　　　　　　　8 600

(二) 投资收益的期末结转

期末，将"投资收益"科目本期发生额结转"本期盈余"科目，借记或贷记"投资收益"科目，贷记或借记"本期盈余"科目。结转后，"投资收益"科目应无余额。

【例 4-40】 月末，某事业单位"投资收益"科目本期发生额 8 600 元。该事业单位将其转入"本期盈余"科目。该事业单位应编制的会计分录为：

在财务会计中：

借：投资收益　　　　　　　　　　　　　　　　　　　　　　　　　　　　8 600
　　贷：本期盈余　　　　　　　　　　　　　　　　　　　　　　　　　　　　8 600

在预算会计中不做账务处理。

(三) 投资预算收入年末结转

年末，将"投资预算收入"科目本期发生额结转"其他结余"科目，借记或贷记"投资预算收益"科目，贷记或借记"其他结余"科目。年末结转后，"投资预算收入"科目应无余额。

【例 4-41】 年末，假定某事业单位"投资预算收益"本年发生额 10 100 元。该事业单位将其转入"其他结余"科目。该事业单位应编制的会计分录为：

在预算会计中：

借：投资预算收益　　　　　　　　　　　　　　　　　　　　　　　　　　10 100
　　贷：其他结余　　　　　　　　　　　　　　　　　　　　　　　　　　　　10 100

在财务会计中不做账务处理。

投资(预算)收益的主要账务处理可概括如表 4-8 所示。

表 4-8　　　　　　　　　　投资(预算)收益的主要账务处理

业务事项和内容	财务会计	预算会计
	投资收益	投资预算收益
收到短期投资持有期间的利息	借：银行存款 　　贷：投资收益	借：资金结存——货币资金 　　贷：投资预算收益
出售或到期收回短期债券本息	借：银行存款 　　投资收益(借差) 　　贷：短期投资(成本) 　　　　投资收益(贷差)	借：资金结存——货币资金(实收款项) 　　投资预算收益(借差) 　　贷：投资支出/其他结余(投资成本) 　　　　投资预算收益(贷差)

(续表)

业务事项和内容		财务会计	预算会计
		投资收益	投资预算收益
持有的短期投资分期付息、一次还本的长期债券投资	确认应收未收利息	借：应收利息 　　贷：投资收益	—
	实际收到利息时	借：银行存款 　　贷：应收利息	借：资金结存——货币资金 　　贷：投资预算收益
持有的一次还本付息的长期债券投资	计算确定的应收未收利息增加长期债券投资的账面余额	借：长期债券投资——应计利息 　　贷：投资收益	—
出售长期债券投资或到期收回长期债券投资本息		借：银行存款 　　投资收益（借差） 　　贷：长期债券投资 　　　　应收利息 　　　　投资收益（贷差）	借：资金结存——货币资金（实收款项） 　　投资预算收益（借差） 　　贷：投资支出/其他结余 　　　　投资预算收益（贷差）
成本法下长期股权投资持有期间，被投资单位宣告分派利润或股利	按照宣告分派的利润或股利中属于单位应享有的份额	借：应收股利 　　贷：投资收益	—
	取得分派的利润或股利，按照实际收到的金额	借：银行存款 　　贷：应收股利	借：资金结存——货币资金 　　贷：投资预算收益
采用权益法核算的长期股权投资持有期间	按照应享有或应分担的被投资单位实现的净损益的份额	借：长期股权投资——损益调整 　　贷：投资收益（被投资单位实现净利润） 被投资单位发生净亏损做相反的会计分录	—
	收到被投资单位发放的现金股利	借：银行存款 　　贷：应收股利	借：资金结存——货币资金 　　贷：投资预算收益
	被投资单位发生净亏损，但以后年度又实现净利润的，按规定恢复确认投资收益	借：长期股权投资——损益调整 　　贷：投资收益	—
期末/年末结转	投资收益为贷方余额时	借：投资收益 　　贷：本期盈余	借：投资预算收益 　　贷：其他结余
	投资收益为借方余额时	借：本期盈余 　　贷：投资收益	借：其他结余 　　贷：投资预算收益

第九节 捐赠收入、利息收入、租金收入、其他收入与其他预算收入

本书第一章第五节已说明,单位财务会计将捐赠收入、利息收入、租金收入、其他收入分别设为四个一级总账会计科目,而单位预算会计将上述四项内容的预算收入都归集在"其他预算收入"一个总账科目内核算。换句话说,"其他预算收入"科目核算的内容包括捐赠收入、利息收入、租金收入和其他收入的预算收入。

一、捐赠收入、利息收入、租金收入与其他收入

(一)捐赠收入

捐赠收入是指单位接受其他单位或者个人捐赠取得的收入。

为了核算捐赠收入业务,财务会计应设置"捐赠收入"总账科目。本科目应当按照捐赠资产的用途和捐赠单位等进行明细核算。期末,将本科目本期发生额转入"本期盈余"科目。结转后,本科目应无余额。

1. 日常核算

单位接受捐赠的货币资金,按照实际收到的金额,在财务会计中,借记"库存现金""银行存款"等科目,贷记"捐赠收入"科目;同时,在预算会计中,借记"资金结存"科目,贷记"其他预算收入——捐赠预算收入"科目。接受捐赠的存货、固定资产等非现金资产,在财务会计中,按照确定的成本,借记"库存物品""固定资产"等科目,按照发生的相关税费、运输费等,贷记"银行存款"等科目,按照其差额,贷记"捐赠收入"科目;同时,在预算会计中,按照发生的相关税费、运输费等,借记"其他支出"科目,贷记"资金结存"科目。接受捐赠的资产按照名义金额入账的,按照名义金额,在财务会计中,借记"库存物品""固定资产"等科目,贷记"捐赠收入"科目;按照发生的相关税费、运输费等,在财务会计中,借记"其他费用"科目,贷记"银行存款"等科目;同时,在预算会计中,借记"其他支出"科目,贷记"资金结存"科目。

【例 4-42】 某事业单位接受捐赠货币资金 15 000 元,按照捐赠者的要求,捐赠的现金资产应当专项用于改善文物展区的展示条件,款项已存入开户银行。该事业单位应编制的会计分录为:

在财务会计中:

借:银行存款 15 000
　　贷:捐赠收入 15 000

同时,在预算会计中:

借:资金结存——货币资金 15 000
　　贷:其他预算收入——捐赠预算收入 15 000

对于接受的存货、固定资产等非货币性捐赠收入,在预算会计中不进行账务处理。

事业单位取得的捐赠收入应以与捐赠者签订的捐赠合同为依据,划分是否属于限定用途的捐赠收入。捐赠者提出限定用途,事业单位将捐赠收入作为专项资金收入核算和管理。

否则,作为非专项资金收入核算和管理。

2. 捐赠收入的期末结转

期末,单位将"捐赠收入"科目本期发生额结转"本期盈余"科目,借记"捐赠收入"科目,贷记"本期盈余"科目。结转后,"捐赠收入"科目应无余额。

【例4-43】 月末,某事业单位"捐赠收入"科目本期发生额为15 000元,将其转入"本期盈余"科目。该事业单位应编制的会计分录为:

在财务会计中:

借:捐赠收入　　　　　　　　　　　　　　　　　　　　　　　　150 000
　　贷:本期盈余　　　　　　　　　　　　　　　　　　　　　　　150 000

在预算会计中不做账务处理。

捐赠收入的主要账务处理可概括如表4-9所示。

表4-9　　　　　　　　　　　　捐赠收入的主要账务处理

业务事项和内容		财务会计	预算会计
		捐赠收入	其他预算收入(捐赠预算收入)
接受捐赠的货币资金	按照实际收到的金额	借:银行存款/库存现金 　贷:捐赠收入	借:资金结存——货币资金 　贷:其他预算收入——捐赠预算收入
接受捐赠的存货、固定资产等	按照确定的成本	借:库存物品/固定资产等 　贷:银行存款等(相关税费支出) 　　　捐赠收入	借:其他支出(支付的相关税费等) 　贷:资金结存
	如按照名义金额入账	借:库存物品/固定资产等(名义金额) 　贷:捐赠收入 借:其他费用 　贷:银行存款等(相关税费支出)	借:其他支出(支付的相关税费等) 　贷:资金结存
期末/年末结转	专项资金	借:捐赠收入 　贷:本期盈余	借:其他预算收入——捐赠预算收入 　贷:非财政拨款结转——本年收支结转
	非专项资金		借:其他预算收入——捐赠预算收入 　贷:其他结余

(二) 利息收入

利息收入是指单位取得的银行存款利息收入。

为了核算利息收入业务,单位财务会计应设置"利息收入"总账科目。期末,将本科目本期发生额转入"本期盈余"科目。期末结转后,本科目应无余额。

1. 日常核算

单位取得银行存款利息时,按照实际收到的金额,在财务会计中,借记"银行存款"科目,贷记"利息收入"科目。同时,在预算会计中,借记"资金结存"科目,贷记"其他预算收入——利息预算收入"科目。

【例4-44】 某事业单位本期取得银行存款利息收入3 500元。按规定,该笔利息收入纳入单位预算收入管理。该事业单位应编制的会计分录为：

在财务会计中：

借：银行存款　　　　　　　　　　　　　　　　　　　　　　　　　　　3 500
　　贷：利息收入　　　　　　　　　　　　　　　　　　　　　　　　　　　3 500

同时，在预算会计中：

借：资金结存——货币资金　　　　　　　　　　　　　　　　　　　　　　3 500
　　贷：其他预算收入——利息预算收入　　　　　　　　　　　　　　　　　3 500

2. 利息收入的期末结转

期末，将"利息收入"科目发生额转入"本期盈余"科目，借记"利息收入"科目，贷记"本期盈余"科目，结转后，"利息收入"科目应无余额。

【**例 4-45**】 期末，某事业单位"利息收入"科目本期发生额为 3 500 元。该事业单位将其转入"本期盈余"科目。该事业单位应编制的会计分录为：

在财务会计中：

借：利息收入　　　　　　　　　　　　　　　　　　　　　　　　　　　3 500
　　贷：本期盈余　　　　　　　　　　　　　　　　　　　　　　　　　　　3 500

在预算会计中不做账务处理。

利息收入的主要账务处理可概括如表 4-10 所示。

表 4-10　　　　　　　　　　　利息收入的主要账务处理

业务事项和内容		财务会计	预算会计
		利息收入	其他预算收入（利息预算收入）
确认银行存款利息收入	实际收到利息时	借：银行存款 　　贷：利息收入	借：资金结存——货币资金 　　贷：其他预算收入——利息预算收入
期末/年末结转		借：利息收入 　　贷：本期盈余	借：其他预算收入——利息预算收入 　　贷：其他结余

（三）租金收入

租金收入是指单位经批准利用国有资产出租取得并按规定纳入本单位预算管理的收入。

为了核算租金收入业务，单位财务会计应设置"租金收入"总账科目。本科目应当按照出租国有资产类别和收入来源等进行明细核算。期末，将本科目本期发生额转入"本期盈余"科目。结转后，本科目应无余额。

1. 日常核算

国有资产出租收入，应当在租赁期内各个期间按照直线法予以确认。①采用预收租金方式的，预收租金时，按照收到的金额，在财务会计中，借记"银行存款"等科目，贷记"预收账款"科目；同时，在预算会计中，借记"资金结存"科目，贷记"其他预算收入——租金预算收入"科目。②分期确认租金收入时，按照各期租金金额，在财务会计中，借记"预收账款"科目，贷记"租金收入"科目；同时，在预算会计中，借记"资金结存"科目，贷记"其他预算收入——租金预算收入"科目。③采用后付租金方式的,每期确认租金收入时,按照各期租金金额,在财务会计中,借记"应收账款"科目,贷记"租金收入"科目;收到租金时,按照实际收到的金额,在财务会计中,借记"银行存款"等科目,贷记"应收账款"科目;同时,在预算会计中,借记"资金结存"科目,贷记"其他预算收入——租金预算收入"科目。④采用分期收取租金方式的,每期收取租金时,按照租金金额,在财务会计中,借记"银行存款"等科目,贷记"租金收入"科目;同时,在预算会计中,借记"资金结存"科目,贷记"其他预算收入——租金预算收入"科目。涉及增值税业务的,相关账务处理参见"应交增值税"科目。

【例4-46】 某事业单位预收一笔12 000元的款项,内容为对外出租场地预收的租金收入。款项已存入开户银行。该笔租金收入纳入单位预算管理。该事业单位应编制的会计分录为:

在财务会计中:

借:预收账款　　　　　　　　　　　　　　　　　　　　　　12 000
　　贷:租金收入　　　　　　　　　　　　　　　　　　　　　12 000

同时,在预算会计中:

借:资金结存——货币资金　　　　　　　　　　　　　　　　12 000
　　贷:其他预算收入——租金预算收入　　　　　　　　　　 12 000

【例4-47】 某事业单位经批准年初出租一项固定资产,租金采用预付方式收取,每季度收取一次10 200元,当月末确认本月租金收入3 400元(10 200÷3),租期为1年。该事业单位应编制的会计分录为:

(1)月末,确认本月租金收入时。

在财务会计中:

借:应收账款——应收租金　　　　　　　　　　　　　　　　3 400
　　贷:租金收入　　　　　　　　　　　　　　　　　　　　　3 400

在预算会计中不做账务处理。

(2)季末,收到本季租金收入时。

在财务会计中:

借:银行存款　　　　　　　　　　　　　　　　　　　　　　10 200
　　贷:应收账款——应收租金　　　　　　　　　　　　　　 10 200

同时,在预算会计中:

借:资金结存——货币资金　　　　　　　　　　　　　　　　10 200
　　贷:其他预算收入——租金预算收入　　　　　　　　　　 10 200

2. 租金收入的期末结转

期末,单位应将"租金收入"本期发生额结转"本期盈余"科目,借记"租金收入"科目,贷记"本期盈余"科目。结转后,"租金收入"科目无余额。

【例4-48】 月末,某事业单位"租金收入"本期发生额为3 400元。该事业单位将其转入"本期盈余"科目。该事业单位应编制的会计分录为:

在财务会计中：

借：租金收入　　　　　　　　　　　　　　　　　　　　　　　　　3 400
　　贷：本期盈余　　　　　　　　　　　　　　　　　　　　　　　　　　3 400

在预算会计中不做账务处理。

租金收入的主要账务处理可概括如表 4-11 所示。

表 4-11　　　　　　　　　　　　租金收入的主要账务处理

业务事项和内容		财务会计	预算会计
		租金收入	其他预算收入（租金预算收入）
预收租金方式	收到预付的租金时	借：银行存款等 　　贷：预收账款	借：资金结存——货币资金 　　贷：其他预算收入——租金预算收入
	按照直线法分期确认租金收入时	借：预收账款 　　贷：租金收入	—
后付租金方式	确认租金收入时	借：应收账款 　　贷：租金收入	—
	收到租金时	借：银行存款等 　　贷：应收账款	借：资金结存——货币资金 　　贷：其他预算收入——租金预算收入
分期收取租金	按期收取租金	借：银行存款等 　　贷：租金收入	借：资金结存——货币资金 　　贷：其他预算收入——租金预算收入
期末/年末结转		借：租金收入 　　贷：本期盈余	借：其他预算收入——租金预算收入 　　贷：其他结余

（四）其他收入

其他收入是指单位取得的财政拨款收入、事业收入、上级补助收入、附属单位上缴收入、经营收入、非同级财政拨款收入、投资收益、捐赠收入、利息收入、租金收入以外的各项收入，包括现金盘盈收入、按照规定纳入单位预算管理的科技成果转化收入、行政单位收回已核销的其他应收款、无法偿付的应付及预收款项、置换换出资产评估增值等。

为了核算其他收入业务，单位财务会计应设置"其他收入"总账科目。本科目应当按照其他收入的类别、来源等进行明细核算。期末，将本科目本期发生额转入"本期盈余"科目。结转后，本科目应无余额。

1. 日常核算

（1）现金盘盈收入。每日现金账款核对中发现的现金溢余，属于无法查明原因的，报经批准后，在财务会计中，借记"待处理财产损溢"科目，贷记"其他收入"科目。相关账务处理请参阅"待处理财产损溢"科目。

（2）科技成果转化收入。单位科技成果转化所取得的收入，按照规定留归本单位的，按照所取得收入扣除相关费用之后的净收益，在财务会计中，借记"银行存款"等科目，贷记"其他收入"科目；同时，在预算会计中，借记"资金结存"科目，贷记"其他预算收入"科目。

（3）收回已核销的其他应收款。行政单位已核销的其他应收款在以后期间收回的，按照实际收回的金额,在财务会计中,借记"银行存款"等科目,贷记"其他收入"科目;同时,在预算会计中,借记"资金结存"科目,贷记"其他预算收入"科目。

(4) 无法偿付的应付及预收款项。无法偿付或债权人豁免偿还的应付账款、预收账款、其他应付款及长期应付款,在财务会计中,借记"应付账款""预收账款""其他应付款""长期应付款"等科目,贷记"其他收入"科目;在预算会计中不做账务处理。

(5) 置换换出资产评估增值。资产置换过程中,换出资产评估增值的,在财务会计中,按照评估价值高于资产账面价值或账面余额的金额,借记有关科目,贷记"其他收入"科目,具体账务处理参见"库存物品"等科目;在预算会计中不做账务处理。

(6) 以未入账的无形资产取得的长期股权投资。在财务会计中,按照评估价值加相关税费作为投资成本,借记"长期股权投资"科目,按照发生的相关税费,贷记"银行存款""其他应交税费"等科目,按其差额,贷记"其他收入"科目;同时,在预算会计中,按实际支付的相关税费,借记"其他支出"科目,贷记"资金结存"科目。

(7) 其他。确认上述各项以外的其他收入时,按应收或实际收到的金额,在财务会计中,借记"其他应收款""银行存款""库存现金"等科目,贷记"其他收入"科目;同时,在预算会计中,按实际收到的金额,借记"资金结存"科目,贷记"其他预算收入"。涉及增值税业务的,相关账务处理参见"应交增值税"科目。

【例 4-49】 某行政单位发生如下业务并编制有关会计分录:

(1) 现金账款核对中发现的现金溢余 20 元,无法查明原因,报经批准处理时。

在财务会计中:

借:待处理财产损溢 20
　　贷:其他收入——现金溢余 20

在预算会计中不做账务处理。

(2) 通过银行存款收到一笔款项 500 元,内容为收回已作为坏账处理的乙单位的其他应收款又重新收回,没有指定用途。

在财务会计中:

借:银行存款 500
　　贷:其他收入 500

同时,在预算会计中:

借:资金结存——货币资金 500
　　贷:其他预算收入——其他收入 500

(3) 资产负债清查中发现无法偿付丙单位的应付账款 300 元。

在财务会计中:

借:应付账款——丙单位 300
　　贷:其他收入 300

在预算会计中不做账务处理。

(4) 出售废旧报刊,取得现金收入 180 元。经财政部门同意,该笔现金收入作为其他预算收入管理,并没有指定用途。

在财务会计中:

借：库存现金　　　　　　　　　　　　　　　　　　　　　　　　　　　　180
　　　贷：其他收入　　　　　　　　　　　　　　　　　　　　　　　　　　　180

同时，在预算会计中：

借：资金结存——货币资金　　　　　　　　　　　　　　　　　　　　　　180
　　　贷：其他预算收入——其他收入　　　　　　　　　　　　　　　　　　180

2. 其他收入的期末结转

期末，单位应将"其他收入"科目本期发生额结转"本期盈余"科目，借记"其他收入"科目，贷记"本期盈余"科目。结转后，"其他收入"科目无余额。

【例 4-50】 月末，某单位"其他收入"科目本期发生额 900 元。该事业单位将其结转"本期盈余"科目。该单位应编制的会计分录为：

在财务会计中：

借：其他收入　　　　　　　　　　　　　　　　　　　　　　　　　　　　900
　　　贷：本期盈余　　　　　　　　　　　　　　　　　　　　　　　　　　　900

在预算会计中不做账务处理。

其他收入的主要账务处理可概括如表 4-12 所示。

表 4-12　　　　　　　　　其他收入的主要账务处理

业务事项和内容		财务会计	预算会计
		其他收入	其他预算收入（其他收入）
现金盘盈收入	属于无法查明原因的部分，报经批准后	借：待处理财产损溢 　　贷：其他收入	—
科技成果转化收入	按照规定留归本单位的	借：银行存款等 　　贷：其他收入	借：资金结存——货币资金 　　贷：其他预算收入
行政单位收回已核销的其他应收款	按照实际收回的金额	借：银行存款等 　　贷：其他收入	借：资金结存——货币资金 　　贷：其他预算收入
无法偿付的应付及预收款项		借：应付账款/预收账款/其他应付款/长期应付款 　　贷：其他收入	—
置换换出资产评估增值	按照换出资产评估价值高于资产账面价值的金额	借：有关科目 　　贷：其他收入	—
其他情况	按照应收或实际收到的金额	借：其他应收款/银行存款/库存现金等 　　贷：其他收入	借：资金结存——货币资金（按照实际收到的金额） 　　贷：其他预算收入
期末/年末结转	专项资金	借：其他收入 　　贷：本期盈余	借：其他预算收入 　　贷：非财政拨款结转——本年收支结转
	非专项资金		借：其他预算收入 　　贷：其他结余

二、其他预算收入

(一) 其他预算收入的概念与核算科目的设置

其他预算收入是指单位在财政拨款预算收入、事业预算收入、上级补助预算收入、附属单位上缴预算收入、经营预算收入、债务预算收入、非同级财政拨款预算收入、投资预算收益之外的纳入部门预算管理的现金流入,包括捐赠预算收入、利息预算收入、租金预算收入、现金盘盈收入等。

为了核算其他预算收入业务,行政事业单位预算会计应设置"其他预算收入"总账科目。本科目应当按照《政府收支分类科目》中"支出功能分类科目"的项级科目等进行明细核算。其他预算收入中如有专项资金收入,还应按照具体项目进行明细核算。年末,将本科目本年发生额中的专项资金收入转入非财政拨款结转;将本科目本年发生额中的非专项资金收入转入其他结余。年末结转后,本科目应无余额。

(二) 其他预算收入的日常核算及年末结转

1. 日常核算

单位接受捐赠现金资产、收到银行存款利息、收到资产承租人支付的租金时,按照实际收到的金额,在预算会计中,借记"资金结存——货币资金"科目,贷记"其他预算收入"科目。每日现金账款核对中如发现现金溢余,按照溢余的现金金额,在预算会计中,借记"资金结存——货币资金"科目,贷记"其他预算收入"科目。经核实,属于应支付给有关个人和单位的部分,按照实际支付的金额,在预算会计中,借记"其他预算收入"科目,贷记"资金结存——货币资金"科目。收到其他预算收入时,按照收到的金额,在预算会计中,借记"资金结存——货币资金"科目,贷记"其他预算收入"科目。

具体举例请参阅上述捐赠收入、利息收入、租金收入及其他收入的核算,这里不再重复。

2. 年末结转

年末,将"其他预算收入"科目本年发生额中的专项资金收入转入非财政拨款结转,借记"其他预算收入"科目下各专项资金收入明细科目,贷记"非财政拨款结转——本年收支结转"科目;将本科目本年发生额中的非专项资金收入转入其他结余,借记"其他预算收入"科目下各非专项资金收入明细科目,贷记"其他结余"科目。

【例 4-51】 年末,某事业单位"其他预算收入"科目的本年发生额为 65 000 元,其中:专项资金收入为 20 000 元,非专项资金收入为 45 000 元。该事业单位分别将其转入"非财政拨款结转——本年收支结转"和"其他结余"科目。

在预算会计中:

借:其他预算收入　　　　　　　　　　　　　　　　　　　　　20 000
　　贷:非财政拨款结转——本年收支结转　　　　　　　　　　　　　20 000

同时,

借:其他预算收入　　　　　　　　　　　　　　　　　　　　　45 000
　　贷:其他结余　　　　　　　　　　　　　　　　　　　　　　　45 000

根据《政府会计准则制度解释第 4 号》的规定,单位从税务机关取得的代扣代缴、代收代缴、委托代征税款手续费按规定计入本单位收入,应当按照"其他(预算)收入"科目相关规定进行会计处理。

本章小结

复习思考题

1. 什么是行政事业单位的收入？它主要包括哪些种类？什么是行政事业单位的预算收入？它主要包括哪些种类？行政事业单位的预算收入的种类与收入的种类有何不同？

2. 什么是单位财政拨款（预算）收入？财政拨款（预算）收入在财政集中支付、实拨资金方式下，分别如何确认？

3. 什么是事业（预算）收入？举例说明两者核算的异同。

4. 什么是事业单位的经营（预算）收入？它具有哪些基本特征？举例说明两者核算的异同。

5. 事业（预算）收入和事业单位的经营（预算收）入有什么共同的特征？

6. 什么是事业单位的上级补助（预算）收入？上级补助（预算）收入与财政拨款（预算）收入有什么不同？

7. 什么是事业单位的附属单位上缴（预算）收入？附属单位上缴（预算）收入与经营（预算）收入有什么不同？

8. 什么是事业单位的债务（预算）收入？说明两者在财务会计中和预算会计中是如何核算的。

9. 什么是非同级财政拨款（预算）收入？举例说明两者核算的异同。

10. 什么是事业单位的投资（预算）收益？举例说明两者核算的异同。

11. 其他（预算）收入主要包括哪些内容？举例说明两者核算的异同。

练习题

第五章 行政事业单位费用与预算支出

在行政事业单位会计中,费用属于财务会计要素,预算支出属于预算会计要素。费用是指行政事业单位在履行职责或开展业务活动中耗费的经济资源,按照不同的资源耗费目的和内容主要分为业务活动费用、单位管理费用、经营费用、资产处置费用、上缴上级费用、对附属单位补助费用、所得税费用、其他费用等种类。预算支出是指行政事业单位在履行职责或开展业务活动中实际发生的纳入部门预算管理的现金流出,按照不同的资金用途主要分为行政支出、事业支出、经营支出、上缴上级支出、对附属单位补助支出、投资支出、债务还本支出、其他支出等种类。前者应当按照权责发生制基础进行确认和计量,即在费用发生时予以确认,并按照实际发生额进行计量;后者应当按照收付实现制基础进行确认和计量,即在预算支出实际支付时予以确认,并按实际支付金额计量。在实务中,预算支出与费用确认不一致的情形分为两类:第一类为确认预算支出但不同时确认费用;第二类为确认费用但不同时确认预算支出。

本章先介绍行政单位的业务活动费用和行政支出。

第一节 行政单位业务活动费用与行政支出

一、行政单位业务活动费用、行政支出的概念与核算科目的设置

(一)行政单位业务活动费用的概念与核算科目的设置

行政单位的业务活动费用是指行政单位为实现其职能目标,依法履职所发生的各项费用,包括为履职人员计提的薪酬、外部人员劳务费、领用的库存物品、动用发出的政府储备物资、相关长期资产的折旧和摊销、相关税费,以及为履职发生的其他各项费用。行政单位的业务活动费用依据权责发生制确认与计量。

行政单位根据其职能定位依法履行相应的职能。例如,人大常委会机关依法履行立法和监督职能、财政部门依法履行财政管理职能、税务部门依法履行税收征管职能、市场监督管理部门依法履行市场监督管理职能、公安部门依法履行公共安全管理职能、法院依法履行案件审判和执行职能、教育部门依法履行教育管理职能、医疗卫生与计划生育部门依法履行医疗卫生和计划生育管理职能、环保部门依法履行环境保护职能、金融监管部门依法履行金融监管职能等。行政单位依法履行行业和社会管理职能。

为了核算业务活动费用业务,行政单位财务会计应设置"业务活动费用"总账科目。该科目应当按照项目、服务或者业务类别、支付对象等进行明细核算。为了满足成本核算需要,该科目下还可按"工资福利费用""商品和服务费用""对个人和家庭的补助费用""对企业补助费用""固定资产折旧费""无形资产摊销费""公共基础设施折旧(摊销)费""保障性住房折旧费"等成本项目设置明细科目,归集能够直接计入业务活动或采用一定方法计算后计入业务活动的费用。期末,将该科目本期借方发生额结转入"本期盈余"科目。结转后,该科

目应无余额。

（二）行政支出的概念、分类与核算科目的设置

1. 行政支出的概念与分类

行政支出是指行政单位履行其职责实际发生的各项现金流出。行政支出是行政单位为实现国家管理职能、完成行政任务所必须发生的各项资金支出。

为了全面反映行政单位各项行政资金支出的内容，便于分析和考核各项行政支出的实际发生情况及其效果，行政单位有必要对行政支出按照一定的标准进行适当的分类。

第一，按不同资金性质进行的分类。按照不同资金的性质，行政支出可以分为财政拨款支出、非财政专项资金支出和其他资金支出。同时有一般公共预算财政拨款和政府性基金预算财政拨款等两种或两种以上财政拨款的行政单位，财政拨款支出还可以区分为一般公共预算财政拨款支出、政府性基金预算财政拨款支出等种类。

（1）财政拨款支出。它是指使用财政拨款收入发生的支出。如果使用的是一般公共预算财政拨款收入而发生的支出，相应的支出为一般公共预算财政拨款支出；如果使用的是政府性基金预算财政拨款收入而发生的支出，相应的支出为政府性基金预算财政拨款支出。财政拨款支出与财政拨款收入存在对应关系。

（2）非财政专项资金支出。它是指使用非财政专项资金收入发生的支出，如使用非同级财政拨款收入、捐赠收入中的专项资金收入发生的支出等。

（3）其他资金支出。它是指使用财政拨款收入、非财政专项资金支出以外的资金而发生的支出。如使用经批准不上缴财政、没有指定专项用途、纳入单位预算管理的租金收入发生的支出等。其他资金支出需要按照专项支出和非专项支出分别反映，以分别与专项收入和非转收入对应。

在行政单位中，财政拨款收入是最主要甚至是全部的收入来源，因此，财政拨款支出也是最主要的行政支出种类，非财政专项资金支出和其他资金支出都是少量的，有的行政单位甚至没有。

第二，按照部门预算管理要求进行的分类。按照部门预算管理要求，行政单位的行政支出可分为基本支出和项目支出两大类。

（1）基本支出。它是指行政单位为维持正常运转和完成日常工作任务而发生的各项支出，包括人员经费支出和日常公用经费支出。其中，人员经费支出是指为保障机构正常运转和完成日常工作任务而发生的可归集到个人的各项支出，如工资福利支出、对个人和家庭的补助支出等。日常公用经费支出是指为保障机构正常运转和完成日常工作任务而发生的不能归集到个人的各项支出，如商品和服务支出、资本性支出等。

基本支出是行政单位的基本资金支出，是行政单位维持日常正常运转的基本资金保证。

（2）项目支出。它是指行政单位在基本支出之外为完成特定的工作任务而发生的各项支出。从项目属性来看，行政单位项目支出中的项目可以包括房屋建筑物购建类项目、房租类项目、大中型修缮类项目、设备购置类项目、信息网络购建类项目、信息系统运行维护类项目、大型会议和培训类项目、专项课题和规划类项目、执法办案类项目、监督检查类项目、调查统计类项目、重大宣传活动类项目等。在单位预算编制以及会计核算时，行政单位项目支出中的项目都需要按照《政府收支分类科目》中的支出功能分类科目统一进行分类。

行政单位发生项目支出时，根据支出用途，涉及的支出经济分类科目可以包括工资福利支出、商品和服务支出、对个人和家庭的补助、资本性支出(基本建设支出)、资本性支出等。

项目支出是在保证行政单位基本支出的基础上,对行政单位的特定工作任务所安排的专项资金保障。

第三,按照政府支出功能分类科目进行的分类。政府支出功能分类科目是对政府各项支出的职能作用所作的基本分类。行政单位的各项行政支出都需要按照政府支出功能分类科目进行分类反映。行政单位行政支出中的政府支出功能分类与财政总会计"一般公共预算本级支出""政府性基金预算本级支出"总账科目下设置的"支出功能分类科目"明细科目应当是一致的。《政府收支分类科目》中的"支出功能分类科目",是行政单位各项预算收入和预算支出核算中需要进行明细核算的基本种类。

以信息统计部门为例,行政单位行政支出按照不同资金性质、部门预算管理要求和政府支出功能分类科目进行分类的主要内容,如表5-1所示。

表5-1　　　行政单位行政支出的主要内容和分类——以信息统计部门为例

支付支出功能分类科目		支出		其中:财政拨款支出	
科目编码	科目名称	基本支出	项目支出	基本支出	项目支出
201	一般公共服务支出	30 200	90 500	30 000	90 000
20105	信息统计事务	30 200	90 500	30 000	90 000
2010501	行政运行	30 200	90 500	30 000	
2010502	一般行政管理事务		2 500		2 300
2010503	机关服务		10 000		10 000
2010504	信息事务		25 000		25 000
2010505	专项统计业务		10 000		10 000
2010506	统计管理		5 000		5 000
2010507	专项普查活动		16 000		16 000
2010508	统计抽样调查		14 000		14 000
2010550	事业运行	500	200	400	100
2010599	其他统计信息事务支出		8 000		7 700
205	教育支出	1 000		1 000	
20508	进修及培训	1 000		1 000	
2050803	培训支出	1 000		1 000	
208	社会保障和就业支出	2 000		2 000	
20805	行政事业单位离退休	2 000		2 000	
2080505	机关事业单位基本养老保险缴费支出	2 000		2 000	
	小计	33 700	90 700	33 400	90 100
	合计		124 400		123 500

行政单位行政支出中的财政拨款支出与财政拨款收入在政府支出功能分类科目、基本支出和项目支出的具体种类上都是一样的。相应的支出和收入形成直接的配比关系。

第四，按照部门预算支出经济分类科目进行的分类。在《政府收支分类科目》中，"部门预算支出经济分类科目"是对预算单位预算支出具体经济用途的分类，它既适用于行政单位，也适用于事业单位。行政单位的行政支出以及事业单位的事业支出在基本支出和项目支出下应当进一步按照《政府收支分类科目》中的"部门预算支出经济分类科目"进行分类。按照现行《政府收支分类科目》，部门预算支出经济分类科目分设类、款两级科目，两级科目在内容上逐渐细化，具体科目设置情况如下：

（1）工资福利支出类。它反映单位开支的在职职工和编制外长期聘用人员的各类劳动报酬，以及为上述人员缴纳的各项社会保险费等。该类级科目下设13款：基本工资、津贴补贴、奖金、伙食补助费、绩效工资、机关事业单位基本养老保险缴费、职业年金缴费、职工基本医疗保险缴费、公务员医疗补助缴费、其他社会保障缴费、住房公积金、医疗费、其他工资福利支出。

（2）商品和服务支出类。它反映单位购买商品和服务的支出，不包括用于购置固定资产、战略性和应急性物资储备等资本性支出。该类级科目下设27款：办公费、印刷费、咨询费、手续费、水费、电费、邮电费、取暖费、物业管理费、差旅费、因公出国（境）费用、维修（护）费、租赁费、会议费、培训费、公务接待费、专用材料费、被装购置费、专用燃料费、劳务费、委托业务费、工会经费、福利费、公务用车运行维护费、其他交通费用、税金及附加费用、其他商品和服务支出。

（3）对个人和家庭的补助类。它反映政府用于对个人和家庭的补助支出。该类级科目下设12款：离休费、退休费、退职（役）费、抚恤金、生活补助、救济费、医疗费补助、助学金、奖励金、个人农业生产补贴、代缴社会保险费、其他对个人和家庭的补助。

（4）债务利息及费用支出类。它反映单位的债务利息及费用支出。该类级科目下设4款：国内债务付息、国外债务付息、国内债务发行费用、国外债务发行费用。

（5）资本性支出（基本建设）类。它反映切块由发展改革部门安排的基本建设支出，对企业补助支出不在此科目反映。该类级科目下设12款：房屋建筑物购建、办公设备购置、专用设备购置、基础设施建设、大型修缮、信息网络及软件购置更新、物资储备、公务用车购置、其他交通工具购置、文物和陈列品购置、无形资产购置、其他基本建设支出。

（6）资本性支出类。它反映各单位安排的资本性支出，切块由发展改革部门安排的基本建设支出不在此科目反映。该类级科目下设16款：房屋建筑物购建、办公设备购置、专用设备购置、基础设施建设、大型修缮、信息网络及软件购置更新、物资储备、土地补偿、安置补助、地上附着物和青苗补偿、拆迁补偿、公务用车购置、其他交通工具购置、文物和陈列品购置、无形资产购置、其他资本性支出。

（7）对企业补助（基本建设）类。它反映切块由发展改革部门安排的基本建设支出中对企业补助支出。该类级科目下设2款：资本金注入、其他对企业补助。

（8）对企业补助类。它反映政府对各类企业的补助支出，切块由发展改革部门安排的基本建设支出中对企业补助支出不在此科目反映。该类级科目下设5款：资本金注入、政府投资基金股权投资、费用补贴、利息补贴、其他对企业补助。

（9）对社会保障基金补助类。它反映政府对社会保险基金的补助以及补充全国社会保障基金的支出。该类级科目下设2款：对社会保险基金补助、补充全国社会保障基金。

(10) 其他支出类。它反映不能划分到上述经济科目的其他支出。该类级科目下设 4 款：赠与、国家赔偿费用支出、对民间非营利组织和群众性自治组织补贴、其他支出。

在以上部门预算支出经济分类科目中，绝大多数科目同时适用于行政单位和事业单位，但也有很少量科目根据科目使用说明仅适用于行政单位或仅适用于事业单位，或者主要适用于行政单位或主要适用于事业单位。例如，在工资福利支出类级科目中，绩效工资款级科目反映事业单位工作人员的绩效工资，仅适用于事业单位；奖金款级科目反映按规定发放的奖金，包括机关工作人员年终一次性奖金等，主要适用于行政单位。在资本性支出类级科目中，基础设施建设款级科目反映用于农田设施、道路、铁路、桥梁、水坝和机场、车站、码头等公共基础设施建设方面的支出，主要适用于行政单位。以上对部门预算支出经济分类科目的介绍，侧重于行政单位对行政支出或事业单位对事业支出的经济分类，不完全细化到现行具体做法。

此外，现行部门预算支出经济分类科目对于由发展改革部门安排的基本建设支出单独设置"资本性支出（基本建设）"类级科目予以反映，其他资本性支出则在"资本性支出"类级科目反映。对企业补助类级科目的设置也是如此。

在实务中，行政事业单位通常需要编制基本支出表，以详细反映基本支出的预算和决算情况，如表 5-2 所示。

表 5-2　　　　　　　　　　　　　基本支出表　　　　　　　　　　　　金额单位：元

部门预算支出经济分类科目		基本支出		
科目编码	科目名称	人员经费	日常公用经费	合计
301	工资福利支出			9 550
30101	基本工资	8 000		8 000
30102	津贴补贴	1 200		1 200
30106	伙食补助费	300		300
30111	公务员医疗补助缴费	50		50
	……			
302	商品和服务支出			10 800
30201	办公费		3 600	3 600
30202	印刷费		400	400
30205	水费		2 400	2 400
30206	电费		2 200	2 200
30208	取暖费		1 000	1 000
30211	差旅费		1 200	1 200
	……			
303	对个人和家庭的补助			270
30301	离休费	120		120
30302	退休费	90		90
30304	抚恤金	20		20
30305	生活补助	40		40

(续表)

部门预算支出经济分类科目		基本支出		
科目编码	科目名称	人员经费	日常公用经费	合计
	……			
310	资本性支出			5 000
31002	办公设备购置		2 700	2 700
31003	专用设备购置		1 200	1 200
31006	大型修缮		1 100	1 100
	……			
	合计	9 830	15 800	15 630

2. 行政支出核算科目的设置

为了核算行政支出业务,行政单位预算会计应设置"行政支出"总账科目。该科目应当分别按照"财政拨款支出""非财政专项资金支出"和"其他资金支出","基本支出"和"项目支出"等进行明细核算,并按照《政府收支分类科目》中"支出功能分类科目"的项级科目进行明细核算;"基本支出"和"项目支出"明细科目下应当按照《政府收支分类科目》中"部门预算支出经济分类科目"的款级科目进行明细核算,同时在"项目支出"明细科目下按照具体项目进行明细核算。年末,将该科目本年发生额中的财政拨款支出转入财政拨款结转,将该科目本年发生额中的非财政专项资金支出转入非财政拨款结转;将该科目本年发生额中的其他资金支出(非财政非专项资金支出)转入其他结余。年末结转后,该科目应无余额。

有一般公共预算财政拨款、政府性基金预算财政拨款等两种或两种以上财政拨款的行政单位,还应当在"财政拨款支出"明细科目下按照财政拨款的种类进行明细核算。

对于预付款项,可通过在该科目下设置"待处理"明细科目进行核算,待确认具体支出项目后再转入该科目下相关明细科目。年末结账前,应将该科目"待处理"明细科目余额全部转入该科目下相关明细科目。

二、行政单位业务活动费用与行政支出的日常账务处理

(一)为履职人员计提并支付薪酬

为履职人员计提的薪酬,按照计算确定的金额,在财务会计中,借记"业务活动费用"科目,贷记"应付职工薪酬"科目;在预算会计中不进行账务处理。

向单位职工个人支付薪酬时,按照实际支付的金额,在财务会计中,借记"应付职工薪酬"科目,贷记"财政拨款收入""财政应返还额度"科目;同时,在预算会计中,借记"行政支出"科目,贷记"财政拨款预算收入""资金结存"科目。

按照规定代扣代缴个人所得税以及代扣代缴或为职工缴纳职工社会保险费、住房公积金等时,按照实际缴纳的金额,在财务会计中,借记"应付职工薪酬""其他应交税费"等科目,贷记"财政拨款收入""财政应返还额度"科目;同时,在预算会计中,借记"行政支出"科目,贷记"财政拨款预算收入""资金结存"科目。

【例 5-1】 某行政单位当月工资单如表 5-3 所示。

表 5-3　　　　　　　　　　　　　　　　　工资单　　　　　　　　　　　　　　　　单位：元

应发部分	基本工资	国家统一规定的津贴补贴（艰苦边远津贴）	改革性补贴		应发金额合计
			采暖补贴	住房补贴	
	2 000 000	100 000	200 000	100 000	2 400 000
扣款部分	社会保险费	住房公积金	代扣个人所得税		扣款小计
	160 000	200 000	40 000		400 000
实发工资	通过财政直接方式支付				2 000 000

该行政单位应编制的会计分录为：

(1) 计提履职人员薪酬时。

在财务会计中：

借：业务活动费用——工资福利费用　　　　　　　　　　　　　　2 400 000
　　贷：应付职工薪酬——基本工资　　　　　　　　　　　　　　2 000 000
　　　　　　　　　　——国家统一规定的津贴补贴　　　　　　　　100 000
　　　　　　　　　　——改革性补贴（采暖补贴）　　　　　　　　200 000
　　　　　　　　　　——改革性补贴（住房补贴）　　　　　　　　100 000

在预算会计中不做账务处理。

(2) 确认代扣社会保险费和住房公积金时。

在财务会计中：

借：应付职工薪酬——基本工资　　　　　　　　　　　　　　　　400 000
　　贷：应付职工薪酬——社会保险费（基本养老保险）——个人部分　160 000
　　　　　　　　　　——住房公积金——个人部分　　　　　　　　200 000
　　　　其他应交税费——应交个人所得税　　　　　　　　　　　　40 000

在预算会计中不做账务处理。

(3) 通过财政集中支付方式支付单位职工薪酬。

在财务会计中：

借：应付职工薪酬——基本工资　　　　　　　　　　　　　　　　1 600 000
　　　　　　　　——国家统一规定的津贴补贴　　　　　　　　　　100 000
　　　　　　　　——改革性补贴（采暖补贴）　　　　　　　　　　200 000
　　　　　　　　——改革性补贴（住房补贴）　　　　　　　　　　100 000
　　贷：财政拨款收入　　　　　　　　　　　　　　　　　　　　2 000 000

同时，在预算会计中：

借：行政支出——财政拨款支出——基本支出——工资福利支出——基本工资　1 640 000
　　　　　　　　　　　　　　　　　　　　　　——津贴补贴　　　　　　　360 000
　　贷：财政拨款预算收入——基本支出（功能分类）——人员经费　　　　2 000 000

【例 5-2】　承[例 5-1]，该行政单位计提社会保险费和住房公积金单位部分 300 000 元和 200 000 元，并通过财政集中支付方式上缴社会保险费、住房公积金及代扣代缴个人所得税。该行政单位应编制的会计分录为：

(1) 计提社会保险费和住房公积金单位部分时。

在财务会计中：

借：业务活动费用——工资福利费用	500 000
贷：应付职工薪酬——社会保险费（基本养老保险）——单位部分	300 000
——住房公积金——单位部分	200 000

在预算会计中不做账务处理。

(2) 缴纳社会保险费、住房公积金及代扣代缴个人所得税时。

在财务会计中：

借：应付职工薪酬——社会保险费（基本养老保险）——个人部分	160 000
——单位部分	300 000
——住房公积金——个人部分	200 000
——单位部分	200 000
其他应交税费——应交个人所得税	40 000
贷：财政拨款收入	900 000

同时，在预算会计中：

借：行政支出	900 000
贷：财政拨款预算收入	900 000

（二）为履职发生并支付外部人员劳务费

为履职发生的外部人员劳务费，在财务会计中，按照计算确定的金额，借记"业务活动费用"科目，按照代扣代缴个人所得税的金额，贷记"其他应交税费——应交个人所得税"科目，按照扣税后应付或实际支付的金额，贷记"其他应付款"等科目。

支付外部人员劳务费时，按照实际支付给外部人员个人的金额，在财务会计中，借记"其他应付款"科目，贷记"财政拨款收入""财政应返还额度""银行存款"科目；同时，在预算会计中，借记"行政支出"科目，贷记"财政拨款预算收入""资金结存"科目。

按照规定代扣代缴个人所得税时，按照实际缴纳的金额，在财务会计中，借记"其他应交税费——应交个人所得税"科目，贷记"财政拨款收入""财政应返还额度""银行存款"科目；同时，在预算会计中，借记"行政支出"科目，贷记"财政拨款预算收入""资金结存"科目。

【例5-3】 某行政单位为开展业务活动发生外部人员劳务费15 000元，其中，代扣代缴个人所得税2 000元，扣税后应支付的劳务费为13 000元，款项通过财政集中支付方式支付。该行政单位应编制的会计分录为：

(1) 计算确定个人劳务费用和代扣代缴个人所得税时。

在财务会计中：

借：业务活动费用	15 000
贷：其他应付款——应付个人劳务费	13 000
其他应交税费——应交个人所得税	2 000

在预算会计中不做账务处理。

(2) 通过财政集中支付方式支付个人劳务费和上缴代扣个人所得税时。

在财务会计中：

借：其他应付款——应付个人劳务费 12 000
　　其他应交税费——应交个人所得税 3 000
　　贷：财政应返还额度 15 000

同时，在预算会计中：

借：行政支出 15 000
　　贷：资金结存——财政应返还额度 15 000

外部人员劳务费同样涉及代扣代缴个人所得税的业务，但不涉及代扣代缴社会保险费和住房公积金的业务。

（三）为履职发生的预付款项和暂付款项

1. 发生预付账款

为履职发生预付账款时，按照实际支付的金额，在财务会计中，借记"预付账款"科目，贷记"财政拨款收入""财政应返还额度"科目；同时，在预算会计中，借记"行政支出"科目，贷记"财政拨款预算收入""资金结存"科目。

【例5-4】 某行政单位通过财政集中支付方式支付一笔32 500元的款项，具体内容为向某公司预付购买一批救灾物资的部分款项，购买的救灾物资尚未收到。该单位应编制的会计分录为：

在财务会计中：

借：预付账款 32 500
　　贷：财政拨款收入 32 500

同时，在预算会计中：

借：行政支出 32 500
　　贷：财政补助预算收入 32 500

2. 发生暂付账款

对于暂付款项，在支付款项时可不做预算会计账务处理，待结算或报销时，按照结算或报销的金额，在财务会计中，借记"业务活动费用"科目，贷记"银行存款"科目；同时，在预算会计中，借记"行政支出"科目，贷记"资金结存"科目。

暂付款项的业务，如职工预借差旅费、拨付给内部有关部门的备用金等，在财务会计中，拨付款项时，作为其他应收款记录；待结算或报销，转销其他应收款，同时确认业务活动费用。在预算会计中，拨付款项时，不做账务处理；待结算或报销时，按结算或报销的金额确认预算支出。

（四）为履职购买资产或支付在建工程款等

为履职购买存货、固定资产、无形资产等以及在建工程支付相关款项时，按照实际支付的金额，在财务会计中，借记"库存物品""固定资产""无形资产""在建工程"科目，贷记"财政拨款收入""财政应返还额度"科目；同时，在预算会计中，借记"行政支出"科目，贷记"财政拨款预算收入""资金结存"科目。

【例5-5】 某行政单位通过财政集中支付方式支付一笔85 000元的款项，具体内容为购买办公设备。购入的办公设备作为固定资产。该行政单位应编制的会计分录为：

在财务会计中：

借：固定资产 85 000
　　贷：财政拨款收入 85 000

同时，在预算会计中：

借：行政支出 85 000
　　贷：财政拨款预算收入 85 000

（五）为履职领用库存物品和动用发出政府储备物资

为履职领用库存物品，以及动用发出相关政府储备物资，按照领用库存物品或发出相关政府储备物资的账面余额，在财务会计中，借记"业务活动费用"科目，贷记"库存物品""政府储备物资"科目；在预算会计中不进行账务处理。

【例5-6】 某行政单位为履职领用一批库存物品，该批物品的成本为10 000元。该行政单位应编制的会计分录为：

在财务会计中：

借：业务活动费用——商品和服务费用 10 000
　　贷：库存物品 10 000

在预算会计中不做账务处理。

（六）为履职计提的有关资产折旧、摊销

为履职所使用的固定资产、无形资产以及为所控制的公共基础设施、保障性住房计提的折旧、摊销，按照计提金额，在财务会计中，借记"业务活动费用"科目，贷记"固定资产累计折旧""无形资产累计摊销""公共基础设施累计折旧（摊销）""保障性住房累计折旧"科目；在预算会计中不进行账务处理。

【例5-7】 某行政单位本期为履职使用的固定资产计提折旧5 000元，为控制的保障性住房计提折旧35 000元。该行政单位应编制的会计分录为：

在财务会计中：

借：业务活动费用——固定资产折旧费 40 000
　　贷：固定资产累计折旧 5 000
　　　　保障性住房累计折旧 35 000

在预算会计中不做账务处理。

（七）为履职应负担并支付的税金及附加

为履职发生的城市维护建设税、教育费附加、地方教育附加、车船税、房产税、城镇土地使用税等，按照计算确定应交纳的金额，在财务会计中，借记"业务活动费用"科目，贷记"其他应交税费"等科目；在预算会计中不进行账务处理。

单位实际支付相关税费时，按照实际支付的金额，在财务会计中，借记"其他应交税费"等科目，贷记"财政拨款收入""财政应返还额度"科目；同时，在预算会计中，借记"行政支出"科目，贷记"财政拨款预算收入""资金结存"科目。

【例5-8】 某行政单位为履职开展业务活动发生相关税金及附加费1 200元，该笔税费使用以前年度预算指标缴纳。该行政单位应编制的会计分录为：

（1）计算应负担的税金及附加时。

在财务会计中：

借：业务活动费用——商品和服务费用　　　　　　　　　　　　　　　1 200
　　贷：其他应交税费　　　　　　　　　　　　　　　　　　　　　　　　　1 200

在预算会计中不做账务处理。

（2）实际缴纳税金及附加费时。

在财务会计中：

借：其他应交税费　　　　　　　　　　　　　　　　　　　　　　　　　1 200
　　贷：财政应返还额度　　　　　　　　　　　　　　　　　　　　　　　　1 200

同时，在预算会计中：

借：行政支出　　　　　　　　　　　　　　　　　　　　　　　　　　　1 200
　　贷：资金结存——财政应返还额度　　　　　　　　　　　　　　　　　1 200

（八）为履职发生并支付其他各项费用

为履职发生其他各项费用时，按照费用确认金额，在财务会计中，借记"业务活动费用"科目，贷记"财政拨款收入""财政应返还额度""银行存款""应付账款""其他应付款""其他应收款"等科目。按照实际支付的金额，在预算会计中，借记"行政支出"科目，贷记"财政拨款预算收入""资金结存"科目。

【例5-9】 某行政单位通过财政集中支付了一笔款项3 400元，具体内容为履职发生的水费、电费。该行政单位应编制的会计分录为：

在财务会计中：

借：业务活动费用　　　　　　　　　　　　　　　　　　　　　　　　　3 400
　　贷：财政应返还额度　　　　　　　　　　　　　　　　　　　　　　　　3 400

同时，在预算会计中：

借：行政支出　　　　　　　　　　　　　　　　　　　　　　　　　　　3 400
　　贷：资金结存——财政应返还额度　　　　　　　　　　　　　　　　　3 400

（九）为履职发生当年购货退回而收回的当年支出

因购货退回等发生款项退回，或者发生差错更正的，属于当年支出收回的，按照收回或更正的金额，在财务会计中，借记"财政拨款收入""财政应返还额度""银行存款""其他应收款"等科目，贷记"业务活动费用"科目；同时，在预算会计中，借记"财政拨款预算收入""资金结存"科目，贷记"行政支出"科目。

【例5-10】 某行政单位收回一笔当年通过财政集中支付方式支付的款项5 000元，原因为货品质量问题退回一批当年购入的货品，该批货品在购入时已计入本年的业务活动费用和行政支出。该行政单位应编制的会计分录为：

在财务会计中：

借：财政拨款收入　　　　　　　　　　　　　　　　　　　　　　　　　5 000
　　贷：业务活动费用　　　　　　　　　　　　　　　　　　　　　　　　　5 000

同时，在预算会计中：

```
借：财政拨款预算收入                                    5 000
    贷：行政支出                                              5 000
```

在该项业务中,若退货款项尚未收到,该行政单位在财务会计中应当根据权责发生制的要求,按照应收的金额,借记"其他应收款"科目,贷记"业务活动费用"科目;而在预算会计中则不进行账务处理。

在概念上,行政单位的业务活动费用是指行政单位为实现其职能目标,依法履职所发生的各项费用,体现了权责发生制的要求。行政支出是指行政单位依法履职实际发生的各项现金流出,体现了收付实现制的要求。

三、行政单位业务活动费用的期末结转

期末,行政单位应将"业务活动费用"科目本期发生额转入本期盈余,在财务会计中,借记"本期盈余"科目,贷记"业务活动费用"科目。

【例 5-11】 期末,某行政单位"业务活动费用"科目本期发生额为 103 000 元,将其转入本期盈余。该行政单位应编制的会计分录为:

在财务会计中:

```
借：本期盈余                                          103 000
    贷：业务活动费用                                        103 000
```

在预算会计中不做账务处理。

与行政支出相比,业务活动费用不需要按照财政拨款种类或财政资金的性质进行明细核算。财务会计信息与预算会计信息是相互补充的。

四、行政支出的年末结转

年末,应将行政支出中不同性质的资金支出分别进行结转:

(1) 将"行政支出"科目本年发生额中的财政拨款支出转入财政拨款结转,借记"财政拨款结转——本年收支结转"科目,贷记"行政支出"科目下各财政拨款支出明细科目。

(2) 将"行政支出"科目本年发生额中的非财政专项资金支出转入非财政拨款结转,借记"非财政拨款结转——本年收支结转"科目,贷记"行政支出"科目下各非财政专项资金支出明细科目。

(3) 将"行政支出"科目本年发生额中的其他资金支出(非财政非专项资金支出)转入其他结余,借记"其他结余"科目,贷记"行政支出"科目下其他资金支出明细科目。

【例 5-12】 某行政单位年终"行政支出"总账科目的本年发生额为 529 000 元。其中"财政拨款支出""非财政专项资金支出""其他资金支出"三个明细科目的本年发生额分别为 516 000 元、5 000 元、8 000 元。行政单位将其分别转入"财政拨款结转——本年收支结转""非财政拨款结转——本年收支结转""其他结余"科目。该行政单位应编制的会计分录为:

在预算会计中:

(1) 结转财政拨款支出时。

```
借：财政拨款结转——本年收支结转                    516 000
    贷：行政支出——财政拨款支出                          516 000
```

(2) 结转非财政专项资金支出时。

借：非财政拨款结转——本年收支结转　　　　　　　　　　　　　　　　5 000
　　贷：行政支出——非财政专项资金支出　　　　　　　　　　　　　　　　5 000

(3) 结转其他资金支出时。

借：其他结余　　　　　　　　　　　　　　　　　　　　　　　　　　　8 000
　　贷：行政支出——其他资金支出　　　　　　　　　　　　　　　　　　　8 000

在财务会计中不做账务处理。

由此可以看出，行政单位的财政拨款支出、非财政专项资金支出和其他资金支出应当分别核算。

五、同时存在一般公共预算财政拨款和政府性基金预算财政拨款的情况

如果行政单位同时有一般公共预算财政拨款和政府性基金预算财政拨款。这些行政单位在取得财政拨款收入时，应当分别核算一般公共预算财政拨款收入和政府性基金预算财政拨款收入。在发生财政拨款支出时，也应当分别核算一般公共财政预算拨款支出和政府性基金预算财政拨款支出。相应的，财政拨款结转也需要区分一般公共预算财政拨款结转和政府性基金预算财政拨款结转。

【例 5-13】 某行政单位同时有一般公共预算财政拨款、政府性基金预算财政拨款。该行政单位为开展业务活动支付了一笔公共财政预算款项 1 500 元，具体内容为支付不作为存货管理的日常办公用品的款项。支付一笔政府性基金预算款项 128 000 元，具体内容为支付城市防洪设施改建项目款项。该行政单位应编制的会计分录为：

(1) 支付公共财政预算款项时。

在财务会计中：

借：业务活动费用　　　　　　　　　　　　　　　　　　　　　　　　　1 500
　　贷：财政应返还额度　　　　　　　　　　　　　　　　　　　　　　　　1 500

同时，在预算会计中：

借：行政支出——财政拨款支出——一般公共预算财政拨款　　　　　　　1 500
　　贷：资金结存——财政应返还额度　　　　　　　　　　　　　　　　　　1 500

(2) 支付政府性基金预算款项时。

在财务会计中：

借：在建工程　　　　　　　　　　　　　　　　　　　　　　　　　　128 000
　　贷：财政拨款收入　　　　　　　　　　　　　　　　　　　　　　　　128 000

同时，在预算会计中：

借：行政支出——财政拨款支出——政府性基金预算财政拨款　　　　　128 000
　　贷：财政拨款预算收入——政府性基金预算财政拨款　　　　　　　　　128 000

(3) 年终，将上述"行政支出——财政拨款支出"科目下"一般公共预算财政拨款"和"政府性基金预算财政拨款"明细科目的余额转入"财政拨款结转——本年收支结转"科目。

在预算会计中：

借：财政拨款结转——本年收支结转——一般公共预算财政拨款　　　　1 500
　　　　　　　　　　　　　　　　——政府性基金预算财政拨款　　　128 000
　贷：行政支出——财政拨款支出——一般公共预算财政拨款　　　　　1 500
　　　　　　　　　　　　　　——政府性基金预算财政拨款　　　　128 000

在财务会计中不做账务处理。

第二节　事业单位的业务活动费用、单位管理费用与事业支出

一、事业单位业务活动费用、单位管理费用与事业支出的概念与核算科目的设置

（一）事业单位业务活动费用的概念与核算科目的设置

事业单位的业务活动费用是指事业单位为实现其职能目标，依法开展专业业务活动及其辅助活动所发生的各项费用，包括为开展业务活动人员计提的薪酬、外部人员劳务费、领用的库存物品、动用发出的政府储备物资、相关长期资产的折旧和摊销、相关税费及为开展业务活动发生的其他各项费用。

事业单位根据其业务目标依法开展相应的专业业务活动及其辅助活动。例如，学校开展教育教学活动及其辅助活动、医院开展医疗服务活动及其辅助活动、高等学校和科研院所开展科学研究活动及其辅助活动、广播电视台开展广播电视节目制作播出活动及其辅助活动、公共图书馆和公共文化馆开展图书借阅和公共文化活动及其辅助活动等。事业单位开展的专业业务活动及其辅助活动属于社会公益活动。

为核算业务活动费用业务，事业单位财务会计应设置"业务活动费用"总账科目。该科目应当按照项目、服务或者业务类别、支付对象等进行明细核算。为了满足成本核算需要，该科目下还可按照"工资福利费用""商品和服务费用""对个人和家庭的补助费用""对企业补助费用""固定资产折旧费""无形资产摊销费""公共基础设施折旧（摊销）费""保障性住房折旧费""计提专用基金"等成本项目设置明细科目，归集能够直接计入业务活动或采用一定方法计算后计入业务活动的费用。

（二）单位管理费用概念与核算科目的设置

单位管理费用是指事业单位本级行政及后勤管理部门开展管理活动发生的各项费用，包括单位行政及后勤管理部门发生的人员经费、公用经费、资产折旧（摊销）等费用，以及由单位统一负担的离退休人员经费、工会经费、诉讼费、中介费等。

事业单位开展的专业业务活动及其辅助活动应当与事业单位本身开展的行政以及后勤管理活动进行区分。以高等学校为例，高等学校各学院、系等教学机构开展的教学活动属于专业业务活动，高等学校在学院、系外单独设立的研究所、研究中心等各类科研机构开展的科研活动也属于专业业务活动，电教中心、图书馆、博物馆等教学科研辅助部门开展的业务活动属于教学科研活动或专业业务活动的辅助活动。高等学校校级行政及后勤管理部门为组织、管理

教学、科研活动及其辅助活动而开展的管理活动则属于单位管理活动。以医院为例,医院开展的医疗服务、科研和教学活动及其辅助活动属于专业业务活动及其辅助活动,医院行政及后勤管理部门为组织、管理医疗、科研和教学等活动及其辅助活动而开展的管理活动则属于单位管理活动。以科研院所为例,科研院所开展的科学研究活动、科学普及活动、教学活动及其辅助活动属于专业业务活动及其辅助活动,科研院所行政和后勤管理部门为组织、管理科学研究、科学普及和教学活动及其辅助活动而开展的管理活动则属于单位管理活动。

为了核算单位管理费用业务,事业单位财务会计应当设置"单位管理费用"总账科目。该科目应当按照项目、费用类别、支付对象等进行明细核算。为了满足成本核算需要,该科目下还可按照"工资福利费用""商品和服务费用""对个人和家庭的补助费用""固定资产折旧费""无形资产摊销费"等成本项目设置明细科目,归集能够直接计入单位管理活动或采用一定方法计算后计入单位管理活动的费用。期末,将该科目本期借方发生额结转入"本期盈余"科目。结转后,该科目应无余额。

行政单位不使用"单位管理费用"科目,行政单位为实现其职能目标、依法履职发生的各项费用均记入"业务活动费用"科目。

(三)事业支出的概念、分类与核算科目的设置

事业支出是指事业单位开展专业业务活动及其辅助活动实际发生的各项现金流出。事业支出是事业单位的最主要支出。

事业单位的专业业务活动及其辅助活动是事业单位持续运行的主要业务活动,在不同行业的事业单位中表现为不同的具体内容。例如,教育事业单位主要表现为教学和科研事业活动,科学事业单位主要表现为科研、科普、教学事业活动等,医疗卫生事业单位主要表现为医疗和科教事业活动,文化文物事业单位主要表现为图书阅览、艺术展览、文物展示等,广播电视事业单位主要表现为广播电视节目的制作、播出等,体育事业单位主要表现为体育训练、群众体育等。

事业支出是事业单位统筹使用各项事业活动收入发生的支出。即事业单位应当根据财政拨款预算收入、事业预算收入、上级补助预算收入、附属单位上缴预算收入、其他预算收入等情况统筹安排事业支出。事业支出既需要反映相应种类专业业务活动的支出数额,也需要区分使用的资金性质,如使用的是财政拨款资金还是非财政拨款资金,还需要反映单位预算的执行情况,如使用的是基本支出预算资金还是项目支出预算资金。

事业支出反映的内容如同行政单位的行政支出。为全面反映事业单位各项事业支出的内容,便于分析和考核各项事业支出的实际发生情况及其效果,事业单位有必要对事业支出按照一定的要求进行适当的分类。事业支出分类的具体情况如同行政支出。即按照不同的资金性质,事业支出可分为财政拨款支出、非财政专项资金支出、其他资金支出等种类;按照部门预算管理的要求,事业支出应当区分为基本支出和项目支出两大类;各项事业支出都需要按照政府支出功能分类科目进行分类反映;事业支出在基本支出和项目支出下应当进一步按照《政府收支分类科目》中的"部门预算支出经济分类科目"进行分类。事业支出分类的具体情况参阅行政支出,此处不再重复阐释。

为了核算事业支出业务,事业单位预算会计应设置"事业支出"总账科目。该科目应当分别按照"财政拨款支出""非财政专项资金支出"和"其他资金支出","基本支出"和"项目支出"等进行明细核算,并按照《政府收支分类科目》中"支出功能分类科目"的项级科目进行明细核算;"基本支出"和"项目支出"明细科目下应当按照《政府收支分类科目》中"部门预算支出经济分类科目"的款级科目进行明细核算,同时在"项目支出"明细科目下按照具体项目进行明细核算。年末,将该科目本年发生额中的财政拨款支出转入财政拨款结转;将该科目本年发生额中的非财政专项资金支出转入非财政拨款结转;将该科目本年发生额中的其他资金支出(非财政非专项资金支出)转入其他结余。年末结转后,该科目应无余额。

有一般公共预算财政拨款、政府性基金预算财政拨款等两种或两种以上财政拨款的事业单位,还应当在"财政拨款支出"明细科目下按照财政拨款的种类进行明细核算。

对于预付款项,可通过在"事业支出"科目下设置"待处理"明细科目进行明细核算,待确认具体支出项目后再转入"事业支出"科目下相关明细科目。年末结账前,应将"事业支出"科目"待处理"明细科目余额全部转"事业支出"该科目下相关明细科目。

二、事业单位业务活动费用、单位管理费用与事业支出的日常账务处理

(一) 为开展业务活动或管理活动人员计提并支付职工(经营部门职工除外)薪酬

为开展业务活动(包括专业业务活动及其辅助活动,下同)或管理活动人员计提的薪酬,按照计算确定的金额,在财务会计中,借记"业务活动费用""单位管理费用"科目,贷记"应付职工薪酬"科目;在预算会计中不进行账务处理。

向单位职工个人支付薪酬时,按照实际支付的金额,在财务会计中,借记"应付职工薪酬"科目,贷记"财政拨款收入""财政应返还额度"科目;同时,在预算会计中,借记"事业支出"科目,贷记"财政拨款预算收入""资金结存"科目。

按照规定代扣代缴个人所得税以及代扣代缴或为职工缴纳职工社会保险费、住房公积金等时,按照实际缴纳的金额,在财务会计中,借记"应付职工薪酬""其他应交税费"等科目,贷记"财政拨款收入""财政应返还额度"科目;同时,在预算会计中,借记"事业支出"科目,贷记"财政拨款预算收入""资金结存"科目。

【例 5-14】 某事业单位为从事业务活动及管理活动人员计提职工薪酬共计 200 000 元,其中业务活动人员 180 000 元,管理人员 20 000 元。数日后,通过财政集中支付付清了该笔职工薪酬。该事业单位应编制的会计分录为:

(1) 计提职工个人薪酬时。

在财务会计中:

借:业务活动费用　　　　　　　　　　　　　　　　　　　　　180 000
　　单位管理费用　　　　　　　　　　　　　　　　　　　　　　20 000
　　贷:应付职工薪酬　　　　　　　　　　　　　　　　　　　　　　200 000

在预算会计中不做账务处理。

(2) 通过财政集中支付方式支付职工个人薪酬时。

在财务会计中:

借:应付职工薪酬　　　　　　　　　　　　　　　　　　　　　200 000
　　贷:财政拨款收入　　　　　　　　　　　　　　　　　　　　　　200 000

同时,在预算会计中:

借:事业支出　　　　　　　　　　　　　　　　　　　　　　　200 000
　　贷:财政拨款预算收入　　　　　　　　　　　　　　　　　　　　200 000

事业单位向单位开展业务活动及管理活动的职工个人支付薪酬业务的会计处理方法，如同行政单位向职工个人支付薪酬。只是行政单位使用"行政支出"科目记录相应的支出，事业单位使用"事业支出"科目记录相应的支出。

【例 5-15】 某事业单位通过财政集中支付的方式为单位开展专业业务活动及其辅助活动的职工代扣代缴个人所得税 12 000 元，同时为这些职工代扣代缴和缴纳职工社会保险费和住房公积金共计 25 000 元。该事业单位应编制的会计分录为：

在财务会计中：

借：应付职工薪酬	25 000
其他应交税费——应交个人所得税	12 000
贷：财政拨款收入	37 000

同时，在预算会计中：

借：事业支出	37 000
贷：财政拨款预算收入	37 000

事业单位按税法规定代扣职工个人所得税时，在财务会计中，借记"应付职工薪酬"科目，贷记"其他应交税费——应交个人所得税"科目；在预算会计中不进行账务处理。

（二）为开展业务活动或管理活动发生并支付的外部人员劳务费

为开展专业业务活动或管理活动活动发生的外部人员劳务费，在财务会计中，按照计算确定的金额，借记"业务活动费用""单位管理费用"科目，按照代扣代缴个人所得税的金额，贷记"其他应交税费—应交个人所得税"科目，按照扣税后应付，贷记"其他应付款"科目；在预算会计中不进行账务处理。

支付外部人员劳务费时，按照实际支付给外部人员个人的金额，在财务会计中，借记"其他应付款"科目，贷记"财政拨款收入""财政应返还额度""银行存款"科目；同时，在预算会计中，借记"事业支出"科目，贷记"财政拨款预算收入""资金结存"科目。

按照规定代扣代缴个人所得税时，按照实际缴纳的金额，在财务会计中，借记"其他应交税费——应交个人所得税"科目，贷记"财政拨款收入""财政应返还额度""银行存款"科目；同时，在预算会计中，借记"事业支出"科目，贷记"财政拨款预算收入""资金结存"科目。

【例 5-16】 某事业单位计提并通过财政集中方式分别为从事业务活动和管理活动的外部人员支付劳务费 40 000 元和 10 000 元，并分别代扣代缴职工个人所得税 8 000 元和 2 000 元。该事业单位应编制的会计分录为：

（1）计提外部人员劳务费时。

在财务会计中：

借：业务活动费用	40 000
单位管理费用	10 000
贷：其他应付款	40 000
其他应交税费——应交个人所得税	10 000

在预算会计中不做账务处理。

（2）支付外部人员劳务费时。

在财务会计中：

借：其他应付款 40 000
　　其他应交税费——应交个人所得税 10 000
　　贷：财政应返还额度 50 000

在预算会计中：

借：事业支出 50 000
　　贷：资金结存——财政应返还额度 50 000

外部人员劳务费同样涉及代扣代缴个人所得税的业务，但不涉及代扣代缴和为其缴纳社会保险费和住房公积金的业务。

（三）为开展业务活动或管理活动发生的预付款项

为开展业务活动或管理活动过程中发生预付账款时，按照实际支付的金额，在财务会计中，借记"预付账款"科目，贷记"财政拨款收入"科目；同时，在预算会计中，借记"事业支出"科目，贷记"财政拨款预算收入""资金结存"科目。

对于暂付款项，在支付款项时可不进行预算会计账务处理，待结算或报销时，按照结算或报销的金额，借记"事业支出"科目，贷记"资金结存"科目。

【例5-17】 某事业单位通过财政集中支付方式支付一笔预付款项55 000元，具体内容为向某社会组织购买一项服务。次月，购买的该项服务完成，成本为55 000元。该事业单位购买该项服务的费用属于业务活动费用。该事业单位应编制的会计分录为：

（1）预付账款时。

在财务会计中：

借：预付账款 55 000
　　贷：财政拨款收入 55 000

同时，在预算会计中：

借：事业支出 55 000
　　贷：财政拨款预算收入 55 000

（2）服务完成时。

在财务会计中：

借：业务活动费用 55 000
　　贷：预付账款 55 000

在预算会计中不做账务处理。

事业单位在收到所购服务时确认费用，但在实际支付款项时确认预算支出。如果事业单位在购买存货、固定资产、无形资产等资产过程中发生预付账款的业务，也是在收到所购资产时确认资产，在实际支付款项时确认预算支出。

（四）为开展业务活动或管理活动购买资产或支付在建工程款

为开展业务活动或管理活动过程中为购买存货、固定资产、无形资产等以及在建工程支付相关款项时，按照实际支付的金额，在财务会计中，借记"库存物品""固定资产""无形资产""在建工程"等科目，贷记"财政拨款收入""财政应返还额度""银行存款"等科目；同时，在预算会计中，借记"事业支出"科目，贷记"财政拨款预算收入""资金结存"科目。

【例5-18】 某事业单位通过财政集中支付方式支付一笔款项15 000元,具体内容为购买一批库存物品。暂不考虑增值税。该事业单位应编制的会计分录为：

在财务会计中：

借：库存物品　　　　　　　　　　　　　　　　　　　　　　　　　　15 000
　　贷：财政拨款收入　　　　　　　　　　　　　　　　　　　　　　　　　15 000

同时，在预算会计中：

借：事业支出　　　　　　　　　　　　　　　　　　　　　　　　　　15 000
　　贷：财政拨款预算收入　　　　　　　　　　　　　　　　　　　　　　　15 000

（五）为开展业务活动或管理活动领用库存物品

为开展业务活动或管理互动领用库存物品，按照领用库存物品的账面余额，在财务会计中，借记"业务活动费用"科目，贷记"库存物品"科目；在预算会计中不进行账务处理。

【例5-19】 某事业单位为开展专业业务活动领用一批库存物品，成本为10 000元。该事业单位应编制的会计分录为：

在财务会计中：

借：业务活动费用　　　　　　　　　　　　　　　　　　　　　　　　　5 000
　　贷：库存物品　　　　　　　　　　　　　　　　　　　　　　　　　　　5 000

在预算会计中不做账务处理。

（六）为开展业务活动或管理活动计提的固定资产、无形资产、公共基础设施、保障性住房的折旧、摊销

为开展业务活动或管理活动所使用的固定资产、无形资产，以及为所控制的公共基础设施、保障性住房计提的折旧、摊销，按照计提金额，在财务会计中，借记"业务活动费用"科目，贷记"固定资产累计折旧""无形资产累计摊销""公共基础设施累计折旧（摊销）""保障性住房累计折旧"科目；在预算会计中不进行账务处理。

【例5-20】 某事业单位本期为开展业务活动和管理活动使用的固定资产分别计提折旧10 000元和5 000元。该事业单位应编制的会计分录为：

在财务会计中：

借：业务活动费用——固定资产折旧费　　　　　　　　　　　　　　　10 000
　　单位管理费用——固定资产折旧费　　　　　　　　　　　　　　　　5 000
　　贷：固定资产累计折旧　　　　　　　　　　　　　　　　　　　　　　　15 000

在预算会计中不做账务处理。

（七）为开展业务活动或管理活动应负担并缴纳的税金及附加

为开展业务活动或管理活动过程中应负担的城市维护建设税、教育费附加、地方教育附加、车船税、房产税、城镇土地使用税等，按照计算确定应交纳的金额，在财务会计中，借记"业务活动费用""单位管理费用"科目，贷记"其他应交税费"等科目；在预算会计中不进行账务处理。

实际支付相关税费时，按照实际支付的金额，在财务会计中，借记"其他应交税费"等科目，贷记"财政拨款收入""财政应返还额度"科目；同时，在预算会计中，借记"事业支出"科

目,贷记"财政拨款预算收入""资金结存"科目。

【例5-21】 某事业单位后勤管理部门在业务管理活动中应缴纳城市维护建设税600元,款项通过银行存款支付。该事业单位应编制的会计分录为:

(1) 计算应缴纳税金时。

在财务会计中:

借:单位管理费用	600	
贷:其他应交税费——应交城市维护建设税		600

在预算会计中不做账务处理。

(2) 缴纳税金时。

在财务会计中:

借:其他应交税费——应交城市维护建设税	600	
贷:银行存款		600

同时,在预算会计中:

借:事业支出	600	
贷:资金结存——货币资金		600

(八) 为开展业务活动发生其他各项费用

为开展业务活动发生其他各项费用时,在财务会计中,按照费用确认金额,借记"业务活动费用""单位管理费用"科目,贷记"财政拨款收入""财政应返还额度""银行存款""应付账款""其他应付款""其他应收款"等科目;同时,在预算会计中,按照实际支付的金额,借记"事业支出"科目,贷记"财政拨款预算收入""资金结存"科目。

【例5-22】 某事业单位为开展业务活动和管理活动分别发生水费、电费1 000元和500元,款项通过财政集中方式支付。该事业单位应编制的会计分录为:

在财务会计中:

借:业务活动费用	1 000	
单位管理费用	500	
贷:财政应返还额度		1 500

同时,在预算会计中:

借:事业支出	1 500	
贷:资金结存——货币资金		1 500

(九) 从收入中提取专用基金

事业单位按照规定从收入中提取专用基金并计入费用的,一般按照预算会计下基于预算收入计算提取的金额,在财务会计中,借记"业务活动费用"科目,贷记"专用基金"科目。国家另有规定的,从其规定;在预算会计中不进行账务处理。

【例5-23】 某事业单位按照相关规定从事业收入中提取专用基金1 200元,并计入业务活动费用。该事业单位应编制的会计分录为:

在财务会计中:

借：业务活动费用——计提专用基金　　　　　　　　　　　　　　　1 200
　　贷：专用基金　　　　　　　　　　　　　　　　　　　　　　　　　　1 200

在预算会计中不做账务处理。

（十）为开展业务活动或管理活动发生的因购货退回而收回的当年支出

开展业务活动或管理活动过程中因购货退回等发生款项退回，或者发生差错更正的，属于当年支出收回的，按照收回或更正金额，在财务会计中，借记"财政拨款收入""银行存款""财政应返还额度"等科目，贷记"库存物品""固定资产""业务活动费用""单位管理费用"等科目，同时，在预算会计中，借记"财政拨款预算收入""资金结存"科目，贷记"事业支出"科目。

【例 5-24】 某事业单位因货品质量问题退回一批当年购入的货品，价值为 4 600 元，该批货品在购入时已计入本年单位管理费用和事业支出，退货款项已收到并存入银行存款账户。该事业单位应编制的会计分录为：

在财务会计中：

借：银行存款　　　　　　　　　　　　　　　　　　　　　　　　　　4 600
　　贷：单位管理费用　　　　　　　　　　　　　　　　　　　　　　　　4 600

同时，在预算会计中：

借：资金结存——货币资金　　　　　　　　　　　　　　　　　　　　4 600
　　贷：事业支出　　　　　　　　　　　　　　　　　　　　　　　　　　4 600

在概念上，业务活动费用是指事业单位为实现其职能目标，依法开展专业业务活动及其辅助活动所发生的各项费用，单位管理费用是指事业单位本级行政及后勤管理部门开展管理活动发生的各项费用，事业支出是指事业单位开展专业业务活动及其辅助活动实际发生的各项现金流出。业务活动费用和单位管理费用体现了权责发生制，事业支出体现了收付实现制。

三、业务活动费用的期末结转

期末，将"业务活动费用"科目本期发生额转入本期盈余，借记"本期盈余"科目，贷记"业务活动费用"科目。期末结转后，"业务活动费用"科目应无余额。

【例 5-25】 期末，某事业单位"业务活动费用"科目本期发生额为 15 050 元，该事业单位将其转入"本期盈余"科目。该事业单位应编制的会计分录为：

在财务会计中：

借：本期盈余　　　　　　　　　　　　　　　　　　　　　　　　　　15 050
　　贷：业务活动费用　　　　　　　　　　　　　　　　　　　　　　　　15 050

在预算会计中不做账务处理。

四、单位管理费用的期末转账

期末，将"单位管理费用"科目本期发生额转入本期盈余，借记"本期盈余"科目，贷记"单位管理费用"科目。期末结转后，"单位管理费用"科目应无余额。

【例 5-26】 期末,某事业单位"单位管理费用"科目本期发生额为 105 050 元,该事业单位将其转入"本期盈余"科目。该事业单位应编制的会计分录为:

在财务会计中:

借:本期盈余 105 050
　　贷:单位管理费用 105 050

在预算会计中不做账务处理。

五、事业支出的年末结转

年末,应将事业支出中不同性质的资金支出分别进行结转:

(1) 将"事业支出"科目本年发生额中的财政拨款支出转入财政拨款结转,借记"财政拨款结转——本年收支结转"科目,贷记"事业支出"科目下各财政拨款支出明细科目。

(2) 将"事业支出"科目本年发生额中的非财政专项资金支出转入非财政拨款结转,借记"非财政拨款结转——本年收支结转"科目,贷记"事业支出"科目下各非财政专项资金支出明细科目。

(3) 将"事业支出"科目本年发生额中的其他资金支出(非财政非专项资金支出)转入其他结余,借记"其他结余"科目,贷记"事业支出"科目下其他资金支出明细科目。

【例 5-27】 年末,某事业单位"事业支出"科目本年发生额为 236 000 元,其中,财政拨款支出 208 500 元,非财政专项资金支出 15 000 元,其他资金支出 1 500 元。年末结转时,该事业单位分别将其转入"财政拨款结转——本年收支结转""非财政拨款结转——本年收支结转""其他结余"科目。该事业单位应编制的会计分录为:

在预算会计中:

(1) 结转财政拨款支出时。

借:财政拨款结转——本年收支结转 208 500
　　贷:事业支出——财政拨款支出 208 500

(2) 结转非财政专项资金支出时。

借:非财政拨款结转——本年收支结转 15 000
　　贷:事业支出——非财政专项资金支出 15 000

(3) 结转其他资金支出时。

借:其他结余 1 500
　　贷:事业支出——其他资金支出 1 500

在财务会计中不做账务处理。

实际上,事业单位在开展业务活动及其辅助活动过程中发生的业务活动费用与支付相关款项的账务处理如同行政单位的相应情况,只是行政单位将相应的支出记录在"行政支出"科目中,事业单位将相应的支出记录在"事业支出"科目中。与事业支出相比,事业单位的业务活动费用、单位管理费用不需要按照财政拨款种类或财政资金性质进行明细核算。

按照相关规定,行政单位不使用"单位管理费用"科目,其为实现其职能目标、依法履职发生的各项费用均记入"业务活动费用"科目。事业单位应当同时使用"业务活动费用"和"单位管理费用"科目,其业务部门开展专业业务活动及其辅助活动发生的各项费用记入"业务活动费用"科目,其本级行政及后勤管理部门发生的各项费用以及由单位统一负担的费用记入"单位管理费用"科目。事业单位应当按照《政府会计制度》的规定,结合本单位实际,确定本单位业务活动费用和单位管理费用划分的具体会计政策。

事业单位业务活动费用、单位管理费用与事业支出的主要账务处理可概括如表5-4所示。

表5-4　　　　　　　　单位管理费用与事业支出的主要账务处理

业务事项和内容			财务会计	预算会计
			业务活动费用/单位管理费用	事业支出
为开展业务活动或管理活动人员的职工薪酬		计提时,按照计算的金额	借:业务活动费用/单位管理费用 　　贷:应付职工薪酬	—
		实际支付给职工并代扣个人所得税时	借:应付职工薪酬 　　贷:财政拨款收入/财政应返还额度/银行存款 　　　　其他应交税费—应交个税	借:事业支出(支付给个人部分) 　　贷:财政拨款预算收入/资金结存
		实际缴纳税款时	借:其他应交税费——应交个税 　　贷:银行存款/财政应返还额度	借:事业支出(实际缴纳额) 　　贷:资金结存等
为开展业务活动或管理活动发生的外部人员劳务费		计提时,按照计算的金额	借:业务活动费用/单位管理费用 　　贷:其他应付款	—
		实际支付并代扣个人所得税时	借:其他应付款 　　贷:财政拨款收入/财政应返还额度/银行存款 　　　　其他应交税费—应交个税	借:事业支出(实际支付给个人部分) 　　贷:财政拨款预算收入/资金结存
		实际支付税款时	借:其他应交税费——应交个税 　　贷:银行存款/财政应返还额度	借:事业支出(实际缴纳额) 　　贷:资金结存等
开展业务活动或管理活动发生的预付款项	预付账款	支付款项时	借:预付账款 　　贷:财政拨款收入/财政应返还额度/银行存款	借:事业支出 　　贷:财政拨款预算收入/资金结存
		结算时	借:业务活动费用/单位管理费用 　　贷:预付账款 　　　　财政拨款收入/财政应返还额度/银行存款(补付金额)	借:事业支出 　　贷:财政拨款预算收入/资金结存(补付金额)
	暂付款项	支付款项时	借:其他应收款 　　贷:银行存款等	—
		结算或报销时	借:业务活动费用/单位管理费用 　　贷:其他应收款	借:事业支出 　　贷:资金结存等
发生的其他与业务活动或管理活动相关的各项费用			借:业务活动费用/单位管理费用 　　贷:财政拨款收入/财政应返还额度/银行存款/应付账款等	借:事业支出(实付金额) 　　贷:财政拨款预算收入/资金结存
为开展业务活动或管理活动购买资产或支付在建工程款		按照实际支付或应付的价款	借:库存物品/固定资产/无形资产/在建工程 　　贷:财政拨款收入/财政应返还额度/银行存款/应付账款等	借:事业支出(实付价款) 　　贷:财政拨款预算收入/资金结存

(续表)

业务事项和内容		财务会计	预算会计
		业务活动费用/单位管理费用	事业支出
业务活动或管理活动所用固定资产、无形资产计提的折旧、摊销	按照计提的折旧、摊销额	借：业务活动费用/单位管理费用 贷：固定资产累计折旧/无形资产累计摊销	—
开展业务活动或管理活动内部领用库存物品	按照库存物品的成本	借：业务活动费用/单位管理费用 贷：库存物品	—
开展业务活动或管理活动发生应负担的税金及附加时	按照计算确定应交纳的金额	借：业务活动费用/单位管理费用 贷：其他应交税费	—
	实际缴纳时	借：其他应交税费 贷：银行存款等	借：事业支出 贷：资金结存等
从收入中提取专用基金	基于预算收入计算的金额	借：业务活动费用 贷：专用基金	—
购货退回等	当年发生的	借：财政拨款收入/财政应返还额度/银行存款/应收账款等 贷：库存物品/业务活动费用/单位管理费用等	借：财政拨款预算收入/资金结存 贷：事业支出
期末/年末结转		借：本期盈余 贷：业务活动费用/单位管理费用	借：财政拨款结转——本年收支结转(财政拨款支出) 非财政拨款结转——本年收支结转(非财政专项资金支出) 其他结余(非财政、非专项资金支出) 贷：事业支出

第三节 经营费用(支出)

一、经营费用(支出)概念与核算科目的设置

(一)经营费用的概念与核算科目的设置

经营费用是指事业单位在专业业务活动及其辅助活动之外开展非独立核算经营活动发生的各项费用。

事业单位应当正确区分在开展专业业务活动及其辅助活动中形成的业务活动费用、在开展单位管理活动中形成的单位管理费用，以及在开展非独立核算经营活动中形成的经营费用。事业单位开展的专业业务活动及其辅助活动以及单位管理活动也可统称为事业活动，事业活动与经营活动对应。如前所述，事业单位开展的非独立核算经营活动应当是小规模的，在公益一类事业单位中基本也是没有的。行政单位没有经营活动。

为了核算经营费用业务，事业单位财务会计应当设置"经营费用"总账科目。该科目应

当按照经营活动类别、项目、支付对象等进行明细核算。为了满足成本核算需要,该科目下还可按照"工资福利费用""商品和服务费用""对个人和家庭的补助费用""固定资产折旧费""无形资产摊销费"等成本项目设置明细科目,归集能够直接计入单位经营活动或采用一定方法计算后计入单位经营活动的费用。期末,将该科目本期借方发生额结转入"本期盈余"科目。结转后,该科目应无余额。

(二)经营支出的概念与核算科目的设置

经营支出是指事业单位在专业业务活动及其辅助活动之外开展非独立核算经营活动实际发生的各项现金流出。事业单位经营活动的主要内容和特点可参阅经营收入中的相关内容,此处不再重复阐述。事业单位的经营支出与经营预算收入相对应,属于预算会计中的核算内容;经营费用与经营收入相对应,属于财务会计中的核算内容。事业单位的经营预算收入减去经营支出后的差额为经营结余。

为了核算经营支出业务,事业单位预算会计应设置"经营支出"总账科目。该科目应当按照经营活动类别、项目、《政府收支分类科目》中"支出功能分类科目"的项级科目和"部门预算支出经济分类科目"的款级科目等进行明细核算。年末,将该科目本年发生额转入经营结余。年末结转后,该科目应无余额。

对于预付款项,可通过在该科目下设置"待处理"明细科目进行明细核算,待确认具体支出项目后再转入该科目下相关明细科目。年末结账前,应将该科目"待处理"明细科目余额全部转入该科目下相关明细科目。

二、经营费用(支出)的日常账务处理

(一)为经营活动人员计提并支付职工薪酬

为经营活动人员计提的薪酬,按照计算确定的金额,在财务会计中,借记"经营费用"科目,贷记"应付职工薪酬"科目。预算会计不进行账务处理。

向职工个人支付薪酬时,按照实际的金额,在财务会计中,借记"应付职工薪酬"科目,贷记"银行存款"科目;同时,在预算会计中,借记"经营支出"科目,贷记"资金结存"科目。

按照规定代扣代缴个人所得税以及代扣代缴或为职工缴纳职工社会保险费、住房公积金时,按照实际缴纳的金额,在财务会计中,借记"应付职工薪酬""其他应交税费——应交个人所得税"科目,贷记"银行存款"科目;同时,在预算会计中,借记"经营支出"科目,贷记"资金结存"科目。

【例5-28】 某事业单位开展一项非独立核算的经营活动,为从事经营活动的人员计提当月职工薪酬5 000元。通过开户银行支付从事经营活动的人员职工薪酬4 800元,代扣个人所得税200元。该事业单位应编制的会计分录为:

(1)为经营活动人员计提当月职工薪酬时。

在财务会计中:

借:经营费用 5 000
    贷:应付职工薪酬 5 000

在预算会计中不做账务处理。

(2)通过开户银行支付职工薪酬并代扣个人所得税时。

在财务会计中：

借：应付职工薪酬　　　　　　　　　　　　　　　　　　　　　5 000
　　贷：应交其他税费——应交个人所得税　　　　　　　　　　　　200
　　　　银行存款　　　　　　　　　　　　　　　　　　　　　　4 800

同时，在预算会计中：

借：经营支出　　　　　　　　　　　　　　　　　　　　　　　4 800
　　贷：资金结存——货币资金　　　　　　　　　　　　　　　　4 800

（二）为经营活动发生并支付的外部人员劳务费

为经营活动人员计提外部人员的劳务费，在财务会计中，按照计算确定的金额，借记"经营费用"科目，按照代扣代缴个人所得税的金额，贷记"其他应交税费——应交个人所得税"科目，按照扣缴后应付或实际支付的金额，贷记"其他应付款""银行存款"等科目。在预算会计中，按照实际支付给外部人员个人的金额，借记"经营支出"科目，贷记"资金结存"科目。

按照规定代扣代缴个人所得税时，按照实际缴纳的金额，在财务会计中，借记"其他应交税费——应交个人所得税"科目，贷记"银行存款"科目；同时，在预算会计中，借记"经营支出"科目，贷记"资金结存"科目。

【例5-29】 某事业单位为从事一项非独立核算的经营活动的外部人员计提劳务费8 000元，并代扣代缴个人所得税1 600元。上述款项通过开户银行。该事业单位应编制的会计分录为：

（1）计提外部人员劳务费时。

在财务会计中：

借：经营费用　　　　　　　　　　　　　　　　　　　　　　　8 000
　　贷：其他应付款　　　　　　　　　　　　　　　　　　　　　6 400
　　　　其他应交税费——应交个人所得税　　　　　　　　　　　1 600

在预算会计中不做账务处理。

（2）支付外部人员劳务费并上缴个人所得税时。

在财务会计中：

借：其他应付款　　　　　　　　　　　　　　　　　　　　　　6 400
　　其他应交税费——应交个人所得税　　　　　　　　　　　　1 600
　　贷：银行存款　　　　　　　　　　　　　　　　　　　　　　8 000

同时，在预算会计中：

借：事业支出　　　　　　　　　　　　　　　　　　　　　　　8 000
　　贷：资金结存——货币资金　　　　　　　　　　　　　　　　8 000

外部人员劳务费同样涉及代扣代缴个人所得税的业务，但不涉及代扣代缴社会保险费和住房公积金的业务。

（三）为开展经营活动发生的预付账款

开展经营活动过程中发生预付账款时，按照实际支付的金额，在财务会计中，借记"预付账款"科目,贷记"银行存款"科目;同时,在预算会计中,借记"经营支出"科目,贷记"资金结存"科目。

对于暂付款项,在支付款项时可不进行预算会计账务处理,待结算或报销时,按照结算或报销的金额,在预算会计中,借记"经营支出"科目,贷记"资金结存"科目。

【例 5-30】 某事业单位在开展一项非独立核算的经营活动中,对外采购一批库存物品,通过开户银行向供货单位预付款项 5 000 元。暂不考虑增值税。该事业单位应编制的会计分录为:

在财务会计中:

借:预付账款 5 000
　　贷:银行存款 5 000

同时,在预算会计中:

借:经营支出 5 000
　　贷:资金结存——货币资金 5 000

(四)为开展经营活动购买资产或支付在建工程款等

开展经营活动过程中为购买存货、固定资产、无形资产等以及在建工程支付相关款项时,按照实际支付的金额,在财务会计中,借记"库存物品""固定资产""无形资产""在建工程"等科目,贷记"银行存款"科目;同时,在预算会计中,借记"经营支出"科目,贷记"资金结存"科目。

【例 5-31】 某事业单位在开展一项非独立核算的经营活动中,对外采购一批库存物品,通过开户银行向供货单位支付款项 5 000 元、增值税 650 元。该事业单位应编制的会计分录为:

在财务会计中:

借:库存物品 5 000
　　应交增值税——应交税金(进项税额) 650
　　贷:银行存款 5 650

同时,在预算会计中:

借:经营支出 5 650
　　贷:资金结存——货币资金 5 650

(五)为开展经营活动领用或发出库存物品

开展经营活动领用或发出库存物品,按照物品实际成本,在财务会计中,借记"经营费用"科目,贷记"库存物品"科目;在预算会计中不进行账务处理。

【例 5-32】 某事业单位为开展一项非独立核算的经营活动发出一批库存物品,其实际成本为 2 500 元。该事业单位应编制的会计分录为:

在财务会计中:

借:经营费用 2 500
　　贷:库存物品 2 500

在预算会计中不做账务处理。

(六)为经营活动计提的固定资产、无形资产折旧、摊销

为经营活动所使用固定资产、无形资产计提的折旧、摊销,按照应提折旧、摊销额,在财务会计中,借记"经营费用"科目,贷记"固定资产累计折旧""无形资产累计摊销"科目。在预算会计中不进行账务处理。

【例 5-33】 某事业单位为开展经营活动所使用的固定资产计提折旧 50 000 元。该事业单位应编制的会计分录为:

在财务会计中:

借:经营费用　　　　　　　　　　　　　　　　　　　　　　50 000
　　贷:固定资产累计折旧　　　　　　　　　　　　　　　　　　50 000

在预算会计中不做账务处理。

(七)为经营活动负担并缴纳的税金及附加

开展经营活动发生城市维护建设税、教育费附加、地方教育附加、车船税、房产税、城镇土地使用税等,按照计算确定应交纳的金额,在财务会计中,借记"经营费用"科目,贷记"其他应交税费"等科目;在预算会计中不做账务处理。

实际支付缴纳相关税费时,按照实际支付的金额,在财务会计中,借记"其他应交税费"科目,贷记"银行存款"科目;同时,在预算会计中,借记"经营支出"科目,贷记"资金结存"科目。

【例 5-34】 某事业单位为开展经营活动发生城市维护建设税 1 000 元,教育费附加 800 元,房产税 400 元。税款通过开户银行支付。该事业单位应编制的会计分录为:

(1) 计算其他应交税费时。

在财务会计中:

借:经营费用　　　　　　　　　　　　　　　　　　　　　　2 200
　　贷:其他应交税费　　　　　　　　　　　　　　　　　　　　2 200

在预算会计中不做账务处理。

(2) 实际缴纳其他应交税费时。

在财务会计中:

借:其他应交税费　　　　　　　　　　　　　　　　　　　　2 200
　　贷:银行存款　　　　　　　　　　　　　　　　　　　　　　2 200

同时,在预算会计中:

借:经营支出　　　　　　　　　　　　　　　　　　　　　　2 200
　　贷:资金结存——货币资金　　　　　　　　　　　　　　　　2 200

(八)为经营活动发生的其他各项费用

发生与经营活动相关的其他各项费用时,在财务会计中,按照费用确认金额,借记"经营费用"科目,贷记"银行存款""其他应付款""其他应收款"等科目。在预算会计中,按照实际支付的金额,借记"经营支出"科目,贷记"资金结存"科目。涉及增值税业务的,相关账务处理参见"应交增值税"科目。

【例 5-35】 某事业单位通过单位开户银行为经营活动支付一笔款项,内容为向电信部门缴纳电话费 500 元。该事业单位应编制的会计分录为:

在财务会计中:

```
借：经营费用                                            500
    贷：银行存款                                              500
```

同时,在预算会计中：

```
借：经营支出                                            500
    贷：资金结存——货币资金                                    500
```

(九) 经营活动中发生的当年购货退回等退回的款项

开展经营活动中发生当年购货退回等业务,对于已计入本年经营费用的,在财务会计中,按照收回或应收的金额,借记"银行存款""其他应收款"等科目,贷记"经营费用"科目。同时,在预算会计中,属于当年支出收回的,按照收回金额,借记"资金结存"科目,贷记"经营支出"科目。

【例 5-36】 某事业单位通过单位银行存款账户收到经营活动的退货款项 1 500 元,内容为因质量问题退回当年购入的物品。该批物品在购入时已计入本年的经营费用和经营支出。该事业单位应编制的会计分录为：

在财务会计中：

```
借：银行存款                                          1 500
    贷：经营费用                                            1 500
```

同时,在预算会计中：

```
借：资金结存——货币资金                                1 500
    贷：经营支出                                            1 500
```

三、经营费用的期末结转

期末,将"经营费用"科目本期发生额转入本期盈余,借记"本期盈余"科目,贷记"经营费用"科目。结转后,"经营费用"科目应无余额。

【例 5-37】 期末,某事业单位"经营费用"科目本期发生额为 8 700 元。该事业单位将其结转"本期盈余"科目。该事业单位应编制的会计分录为：

在财务会计中：

```
借：本期盈余                                          8 700
    贷：经营费用                                            8 700
```

在预算会计中不做账务处理。

四、经营支出的年末结转

年末,将"经营支出"科目本年发生额转入经营结余,借记"经营结余"科目,贷记"经营支出"科目。结转后,"经营支出"科目应无余额。

【例 5-38】 年末,某事业单位"经营支出"科目本期发生额为 9 600 元。该事业单位将其转入"经营结余"科目。该事业单位应编制的会计分录为：

在预算会计中：

```
借：经营结余                                          9 600
    贷：经营支出                                            9 600
```

第四节 上缴上级费用(支出)

一、上缴上级费用(支出)的概念与核算科目的设置

(一)上缴上级费用的概念与核算科目的设置

上缴上级费用是指事业单位按照财政部门和主管部门的规定上缴上级单位款项发生的费用。行政单位没有上缴上级单位款项的业务。

事业单位此类业务所涉及的款项属于非财政资金,通常是事业单位自身取得的事业收入、经营收入和其他收入取得的资金。事业单位应当按照财政部门和主管部门的规定,对于取得的有关业务活动收入或其他收入,按照规定标准或比例上缴上级单位。事业单位不可以将其自身取得的财政拨款收入用作上缴上级单位。

上缴上级费用与附属单位上缴收入在上下级单位之间的业务内容上形成对应关系,即一方为缴款方,另一方为收款方。但上缴上级费用与上级补助收入在上下级单位之间的业务内容上不形成对应关系,即上缴上级费用业务的发生与上级补助收入业务的发生是相互独立的。

为了核算上缴上级费用业务,事业单位财务会计应当设置"上缴上级费用"总账科目。该科目应当按照收缴款项单位、缴款项目等进行明细核算。期末,将该科目本期借方发生额结转入"本期盈余"科目。结转后,该科目应无余额。

(二)上缴上级支出的概念与核算科目的设置

上缴上级支出是指事业单位按照财政部门和主管部门的规定上缴上级单位款项发生的现金流出。

为了核算上缴上级支出业务,事业单位预算会计应设置"上缴上级支出"总账科目。该科目应当按照收缴款项单位、缴款项目、《政府收支分类科目》中"支出功能分类科目"的项级科目、"部门预算支出经济分类科目"的款级科目等进行明细核算。年末,将该科目本年发生额转入其他结余。结转后,该科目应无余额。

二、上缴上级费用(支出)的日常核算

事业单位发生上缴上级费用的,在财务会计中,按照实际上缴的金额或者按照规定计算出应当上缴上级单位的金额,借记"上缴上级费用"科目,贷记"银行存款""其他应付款"等科目。同时,在预算会计中,按照实际上缴的金额,借记"上缴上级支出"科目,贷记"资金结存"科目。

【例5-39】某事业单位按财政部门和主管部门的规定,对于取得的有关事业收入,按照相应的标准和比例上缴上级单位款项30 000元,款项通过开户银行支付。该事业单位应编制的会计分录为:

在财务会计中:

借:上缴上级费用　　　　　　　　　　　　　　　　　30 000
　　贷:银行存款　　　　　　　　　　　　　　　　　　　30 000

同时，在预算会计中：

借：上缴上级支出　　　　　　　　　　　　　　　　　　　　　　　　30 000
　　贷：资金结存——货币资金　　　　　　　　　　　　　　　　　　　　　30 000

如果事业单位发生应上缴上级款项的业务，那么，在财务会计中，应当按照计算确定的金额，借记"上缴上级费用"科目，贷记"其他应付款"科目；而此时，在预算会计中则不进行会计处理。之后事业单位上缴应缴款项时，在财务会计中，借记"其他应付款"科目，贷记"银行存款"科目；在预算会计中，借记"上缴上级支出"科目，贷记"资金结存"科目。上缴上级费用属于财务会计的核算内容，采用权责发生制基础核算；上缴上级支出属于预算会计的核算内容，采用收付实现制基础核算。

三、上缴上级费用的期末结转

期末，将"上缴上级费用"科目本期发生额转入本期盈余，借记"本期盈余"科目，贷记"上缴上级费用"科目。结转后，"上缴上级费用"科目应无余额。

【例 5-40】　期末，某事业单位"上缴上级费用"科目本期发生额为 30 000 元。该事业单位将其全数转入"本期盈余"科目。该事业单位应编制的会计分录为：

在财务会计中：

借：本期盈余　　　　　　　　　　　　　　　　　　　　　　　　　　30 000
　　贷：上缴上级费用　　　　　　　　　　　　　　　　　　　　　　　　30 000

在预算会计中不做账务处理。

四、上缴上级支出的年末结转

年末，将"上缴上级支出"科目本年发生额转入其他结余，借记"其他结余"科目，贷记"上缴上级支出"科目。结转后，"上缴上级支出"应无余额

【例 5-41】　年末，某事业单位"上缴上级支出"科目本年发生额为 50 000 元。该事业单位将其全数转入"其他结余"科目。该事业单位应编制的会计分录为：

在预算会计中：

借：其他结余　　　　　　　　　　　　　　　　　　　　　　　　　　50 000
　　贷：上缴上级支出　　　　　　　　　　　　　　　　　　　　　　　　50 000

在财务会计中不做账务处理。

第五节　对附属单位补助费用(支出)

一、对附属单位补助费用(支出)的概念与核算科目的设置

(一)对附属单位补助费用的概念与核算科目的设置

对附属单位补助费用是指事业单位用财政拨款收入之外的收入对附属单位补助发生的费用。

事业单位此类业务涉及的款项是非财政财政资金,通常是事业单位自身取得的事业收入、经营收入和其他收入取得的资金,或者是事业单位从其他附属单位取得的附属单位上缴收入取得的资金等。事业单位不能用其自身取得的财政拨款(预算)收入拨付给附属单位,作为对附属单位的补助(支出)费用。

对附属单位补助费用与上级补助收入在上下级单位之间的业务内容上存在对应关系,即一方为补助方,另一方为接受补助方。当上级单位对下级单位进行补助时,上级单位确认对附属单位补助费用,下级单位确认上级补助收入,即对附属单位补助费用业务的发生与附属单位上缴预算收入业务的发生是相互独立的。

为了核算对附属单位补助费用业务,事业单位财务会计应当设置"对附属单位补助费用"总账科目。该科目应当按照接受补助单位、补助项目等进行明细核算。期末,将该科目本期借方发生额结转入"本期盈余"科目。结转后,该科目应无余额。

(二)对附属单位补助支出的概念与核算科目的设置

对附属单位补助支出是指事业单位用财政拨款预算收入之外的收入对附属单位补助发生的现金流出。

为了核算对附属单位补助支出业务,事业单位预算会计应设置"对附属单位补助支出"总账科目。该科目应当按照接受补助单位、补助项目、《政府收支分类科目》中"支出功能分类科目"的项级科目、"部门预算支出经济分类科目"的款级科目等进行明细核算。年末,将该科目本年发生额转入其他结余。结转后,该科目应无余额。

二、对附属单位补助费用(支出)的日常账务处理

事业单位发生对附属单位补助费用的,在财务会计中,按照实际补助的金额或者按照规定计算出应当对附属单位补助的金额,借记"对附属单位补助费用"科目,贷记"银行存款""其他应付款"等科目。同时,在预算会计中,按照实际补助的金额,借记"对附属单位补助支出"科目,贷记"资金结存"科目。

【例5-42】 某事业单位用一部分事业收入和其他收入对附属单位拨付一次性补助款40 000元,以进一步改进和提升附属单位工作水平。款项通过银行存款支付。该事业单位应编制的会计分录为:

在财务会计中:

借:对附属单位补助费用　　　　　　　　　　　　　　　　　　40 000
　　贷:银行存款　　　　　　　　　　　　　　　　　　　　　　　　40 000

同时,在预算会计中:

借:对附属单位补助支出　　　　　　　　　　　　　　　　　　40 000
　　贷:资金结存——货币资金　　　　　　　　　　　　　　　　　40 000

若事业单位在上一会计期间按照规定计算出应对附属单位的补助额时,在财务会计中,借记"对附属单位补助费用"科目,贷记"其他应付款"科目。此时,在预算会计中不进行会计处理。

三、对附属单位补助费用期末结转

期末,将"对附属单位补助费用"科目本期发生额转入本期盈余,借记"本期盈余"科目,

贷记"对附属单位补助费用"科目。结转后,"对附属单位补助费用"科目应无余额。

【例5-43】 期末,某事业单位"对附属单位补助费用"科目本期发生额为40 000元。该事业单位将其转入"本期盈余"科目。该事业单位应编制的会计分录为:

在财务会计中:

借:本期盈余	40 000
贷:对附属单位补助费用	40 000

在预算会计中不做账务处理。

四、对附属单位补助支出年末结转

年末,将"对附属单位补助支出"科目本年发生额转入其他结余,借记"其他结余"科目,贷记"对附属单位补助支出"科目。结转后,"对附属单位补助支出"科目应无余额。

【例5-44】 年末,某事业单位"对附属单位补助支出"科目本年发生额为50 000元。该事业单位将其全数转入"其他结余"科目。该事业单位应编制的会计分录为:

在预算会计中:

借:其他结余	50 000
贷:对附属单位补助支出	50 000

在财务会计中不做账务处理。

根据《政府会计准则制度解释第3号》的规定,单位作为主管部门或上级单位向其附属单位分配受赠的货币资金,应当按照"对附属单位补助费用(支出)"科目相关规定处理。

对附属单位补助(支出)费用的主要账务处理如表5-5所示。

表5-5   对附属单位补助(支出)费用的主要账务处理

业务事项和内容	财务会计	预算会计
	对附属单位补助费用	对附属单位补助支出

按照实际补助的金额或者按照规定计算出应当补助的金额	借:对附属单位补助费用
	  贷:银行存款/其他应付款
		借:对附属单位补助支出(实际补助的金额)
		  贷:资金结存——货币资金

实际支出应补助的金额	借:其他应付款
	  贷:银行存款等
		借:对附属单位补助支出(实际支出应补助的金额)
		  贷:资金结存——货币资金

期末/年末结转	借:本期盈余
	  贷:对附属单位补助费用
		借:其他结余
		  贷:对附属单位补助支出

第六节 投资支出

一、投资支出的概念与核算科目的设置

投资支出是指事业单位以货币资金对外投资发生的现金流出。事业单位对外投资的款项属于非财政拨款资金,通常是事业单位自身从事业务活动所取得的事业收入、经营收入和

其他收入,或者是事业单位从其他附属单位取得的附属单位上缴收入等。事业单位不能用其自身取得的财政拨款预算收入作为投资支出。行政单位没有投资支出。

为了核算投资支出业务,事业单位预算会计应设置"投资支出"总账科目。该科目应当按照投资类型、投资对象、《政府收支分类科目》中"支出功能分类科目"的项级科目、"部门预算支出经济分类科目"的款级科目等进行明细核算。年末,将该科目本年发生额转入其他结余。结转后,该科目应无余额。

二、投资支出的日常账务处理

与投资支出相关的短期投资和长期投资业务的财务会计账务处理,在第二章已详细介绍,此处不再赘述。

(一) 以货币资金对外投资

以货币资金对外投资时,按照投资金额和所支付的相关税费金额的合计数,在预算会计中,借记"投资支出"科目,贷记"资金结存"科目。

【例5-45】 某事业单位以货币资金取得一项长期股权投资,买价及相关税费共计250 000元,款项通过开户银行支付。该项长期股权投资取得时确定的成本即为250 000元。该事业单位应编制的会计分录为:

在财务会计中:

借:长期股权投资　　　　　　　　　　　　　　　　　　　　　　250 000
　　贷:银行存款　　　　　　　　　　　　　　　　　　　　　　　　250 000

同时,在预算会计中:

借:投资支出　　　　　　　　　　　　　　　　　　　　　　　　250 000
　　贷:资金结存——货币资金　　　　　　　　　　　　　　　　　　250 000

事业单位的投资业务在财务会计和预算会计中的核算内容不完全相同。在财务会计中,长期股权投资既反映以现金取得的长期股权投资,也反映以现金之外的其他资产置换取得的长期股权投资。而在预算会计中,投资支出只反映以货币资金对外投资发生的现金流出,不反映以货币资金以外的其他资产对外投资发生的非货币资金流出。

(二) 出售、对外转让或到期收回以货币资金取得的对外投资

出售、对外转让或到期收回本年度或以前年度以货币资金取得的对外投资的,如果按规定将投资收益纳入单位预算,在预算会计中,按照实际收到的金额,借记"资金结存"科目,按照取得投资时"投资支出"科目的发生额,贷记"投资支出"或"其他结余"科目,按照其差额,贷记或借记"投资预算收益"科目;如果按规定将投资收益上缴财政的,在预算会计中,按照取得投资时"投资支出"科目的发生额,借记"资金结存"科目,贷记"投资支出"或"其他结余"科目。

【例5-46】 某事业单位以银行存款购买一批国债作为短期投资,投资成本为100 000元。第2年,该事业单位出售该项短期投资,实际收到价款为105 000元。按照规定,取得的相应投资收益5 000元(105 000－100 000)纳入单位预算。该事业单位应编制的会计分录为:

(1) 取得短期投资时。

在财务会计中：

借：短期投资 100 000
　　贷：银行存款 100 000

同时，在预算会计中：

借：投资支出 100 000
　　贷：资金结存——货币资金 100 000

(2) 出售短期投资时。

在财务会计中：

借：银行存款 105 000
　　贷：短期投资 100 000
　　　　投资收益 5 000

同时，在预算会计中：

借：资金结存——货币资金 105 000
　　贷：其他结余 100 000
　　　　投资预算收入 5 000

在该项业务中，"投资支出"科目在取得投资当年年末已经结转至"其他结余"科目，因此，第2年出售投资时，应当贷记"其他结余"科目，而不是贷记"投资支出"科目。

投资支出不同于其他有关支出。投资支出在出售、对外转让或到期收回投资时，会产生现金流入。此时，应当冲销投资支出，使投资支出的余额为零；或者冲销已转入至其他结余的投资支出，恢复其他结余的原有余额。

三、投资支出的年末结转

年末，将"投资支出"科目本年发生额转入其他结余，借记"其他结余"科目，贷记"投资支出"科目。结转后，"投资支出"科目应无余额。

【例5-47】 年末，某事业单位"投资支出"科目的本年发生额为215 000元。该事业单位将其全数转入"其他结余"科目。该事业单位应编制的会计分录为：

在预算会计中：

借：其他结余 215 000
　　贷：投资支出 215 000

在财务会计中不做账务处理。

第七节　债务还本支出

一、债务还本支出的概念与核算科目的设置

债务还本支出是指事业单位偿还自身承担的纳入预算管理的从金融机构举借的债务本

金的现金流出。行政单位没有债务还本支出。

为了核算债务还本支出业务,事业单位预算会计应设置"债务还本支出"总账科目。该科目应当按照贷款单位、贷款种类、《政府收支分类科目》中"支出功能分类科目"的项级科目、"部门预算支出经济分类科目"的款级科目等进行明细核算。年末,将该科目本年发生额转入其他结余。结转后,该科目应无余额。

二、债务还本支出的日常账务处理

事业单位偿还各项短期或长期借款时,按照偿还的借款本金,在财务会计中,借记"短期借款""长期借款"科目,贷记"银行存款"科目;同时,在预算会计中,借记"债务还本支出"科目,贷记"资金结存"科目。

【例 5-48】 某事业单位通过开户银行偿还某金融机构一项短期借款本金 100 000 元。该事业单位应编制的会计分录为:

在财务会计中:

借:短期借款　　　　　　　　　　　　　　　　　100 000
　　贷:银行存款　　　　　　　　　　　　　　　　　100 000

同时,在预算会计中:

借:债务还本支出　　　　　　　　　　　　　　　100 000
　　贷:资金结存——货币资金　　　　　　　　　　100 000

对于事业单位向金融机构借入款项以及偿还借款本金的业务,财务会计都在"短期借款"或"长期借款"科目中核算,分别作为负债的增加和负债的减少处理;而预算会计分别在"债务预算收入"科目和"债务还本支出"科目中核算,分别作为预算收入的增加和预算支出的增加处理。财务会计和预算会计对事业单位向金融机构借入款项以及偿还借款本金业务的核算方法不同。财务会计核算事业单位的财务状况,预算会计核算事业单位的预算执行情况。

在预算会计中,债务还本支出仅核算偿还债务本金的支出,不核算债务利息支出。债务利息支出属于其他支出。具体举例请参见"短期借款""应付利息""长期借款""其他支出"的核算。

三、债务还本支出的年末结转

年末,将"债务还本支出"科目本年发生额转入其他结余,借记"其他结余"科目,贷记"债务还本支出"科目。结转后,"债务还本支出"科目应无余额。

【例 5-49】 年末,某事业单位"债务还本支出"科目本年发生额为 56 000 元。该事业单位将其全额转入"其他结余"科目。该事业单位应编制会计分录为:

在预算会计中:

借:其他结余　　　　　　　　　　　　　　　　　56 000
　　贷:债务还本支出　　　　　　　　　　　　　　　56 000

在财务会计中不做账务处理。

债务还本支出与债务预算收入相对应。债务还本支出核算还可以参见债务预算收入的核算。

第八节 资产处置费用

一、资产处置费用的概念与核算科目的设置

资产处置费用是指单位经批准处置资产时发生的费用,包括转销的被处置资产价值,以及在处置过程中发生的相关费用或者处置收入小于相关费用形成的净支出。资产处置的形式按照规定包括无偿调拨、出售、出让、转让、置换、对外捐赠、报废、毁损、货币性资产损失核销等。

为了核算资产处置费用,单位应当设置"资产处置费用"总账科目。单位在资产清查中查明的资产盘亏、毁损、资产报废等,应当先通过"待处理财产损溢"科目进行核算,再将处理资产价值和处理净支出记入该科目。短期投资、长期股权投资、长期债券投资的处置,按照相关资产科目的规定进行账务处理。该科目应当按照处置资产的类别、资产处置的形式等进行明细核算。期末,将该科目本期借方发生额结转入"本期盈余"科目。结转后,该科目应无余额。

二、不通过"待处理财产损溢"科目核算的资产处置

资产处置在过去的会计制度中都要通过"待处理财产损溢"科目核算。目前,《政府会计制度》规定经批准的下列资产处置情况,如无偿调拨、出售、出让、转让、置换、对外捐赠等被处置资产价值,以及在处置过程中发生的相关费用或者处置收入小于相关费用形成的净支出,可不通过"待处理财产损溢"科目,而直接记入"处置资产费用"科目。

不通过"待处理财产损溢"科目核算的资产处置,应当区分以下情况确认资产处置费用:

(1)按照规定报经批准处置资产时,按照处置资产的账面价值,在财务会计中,借记"资产处置费用"科目[处置固定资产、无形资产、公共基础设施、保障性住房的,还应借记"固定资产累计折旧""无形资产累计摊销""公共基础设施累计折旧(摊销)""保障性住房累计折旧"科目],按照处置资产的账面余额,贷记"库存物品""固定资产""无形资产""公共基础设施""政府储备物资""文物资源""保障性住房""其他应收款""在建工程"等科目。

(2)处置资产过程中仅发生相关费用的,按照实际发生金额,在财务会计中,借记"资产处置费用"科目,贷记"银行存款""库存现金"等科目;同时,在预算会计中,借记"其他支出"科目,贷记"资金结存"科目。

(3)处置资产过程中取得收入的,在财务会计中,按照取得的价款,借记"库存现金""银行存款"等科目,按照处置资产过程中发生的相关费用,贷记"银行存款""库存现金"等科目,按照其差额,借记"资产处置费用"科目(收入小于相关费用)或贷记"应缴财政款"等科目(收入大于相关费用);在预算会计中,按收入小于相关费用的差额,借记"其他支出"科目,贷记"资金结存"科目。涉及增值税业务的,相关账务处理参见"应交增值税"科目。

【例5-50】 某行政单位按照规定报经批准对外捐赠一批闲置设备。该批设备的原始成本为20 000元,已提折旧18 000元,账面价值为2 000元。对外捐赠过程中归属于该行政单位支付的相关费用500元,款项通过开户银行支付。该行政单位应编制的会计分录为:

(1) 转销对外捐赠设备的账面价值时。

在财务会计中：

借：资产处置费用　　　　　　　　　　　　　　　　　　　　　2 000
　　固定资产累计折旧　　　　　　　　　　　　　　　　　　　18 000
　　贷：固定资产　　　　　　　　　　　　　　　　　　　　　　　　20 000

在预算会计中不做账务处理。

(2) 支付对外捐赠过程中的相关费用时。

在财务会计中：

借：资产处置费用　　　　　　　　　　　　　　　　　　　　　　500
　　贷：银行存款　　　　　　　　　　　　　　　　　　　　　　　　500

同时，在预算会计中：

借：其他支出　　　　　　　　　　　　　　　　　　　　　　　　500
　　贷：资金结存——货币资金　　　　　　　　　　　　　　　　　　500

三、通过"待处理财产损溢"科目核算的资产处置

单位在资产清查中查明的资产盘亏、毁损、资产报废等，应当先通过"待处理财产损溢"科目进行核算，再将处理资产价值和处理净支出记入"资产处置费用"科目。

通过"待处理财产损溢"科目核算的资产处置，应当区分以下情况确认资产处置费用：

(1) 单位账款核对中发现的现金短缺，属于无法查明原因的，报经批准核销时，借记"资产处置费用"科目，贷记"待处理财产损溢"科目。相关业务的核算举例可参阅第二章有关例题。

(2) 单位资产清查过程中盘亏或者毁损、报废的存货、固定资产、无形资产、公共基础设施、政府储备物资、文物资源、保障性住房等，报经批准处理时，在财务会计中，按照处理资产价值，借记"资产处置费用"科目，贷记"待处理财产损溢——待处理财产价值"科目。处理收支结清时，处理过程中所取得收入小于所发生相关费用的，按照相关费用减去处理收入后的净支出，在财务会计中，借记"资产处置费用"科目，贷记"待处理财产损溢——处理净收入"科目；同时，在预算会计中，借记"其他支出"科目，贷记"资金结存"科目。

【例 5-51】 假设某事业单位系小规模纳税人。某年资产清查中报废一台不独立核算经营活动使用的设备，其原价为 50 000 元，已计提累计折旧 45 000 元，账面价值为 5 000 元(50 000－45 000)，报废取得变价收入为 1 030 元，报废过程时发生相关费用 1 500 元，款项通过开户银行收付。该批设备处置净支出为 470 元(1 500－1 030)计入资产处置费用。该事业单位应编制的会计分录为：

(1) 财产清查中冲销报废的固定资产价值时。

在财务会计中：

借：待处理财产损溢　　　　　　　　　　　　　　　　　　　　5 000
　　固定资产累计折旧　　　　　　　　　　　　　　　　　　　45 000
　　贷：固定资产　　　　　　　　　　　　　　　　　　　　　　　50 000

在预算会计中不做账务处理。

(2) 报经批准后转销报废固定资产价值时。

在财务会计中：

借：资产处置费用　　　　　　　　　　　　　　　　　　　　　　　5 000
　　贷：待处理财产损溢　　　　　　　　　　　　　　　　　　　　　　　5 000

在预算会计中不做账务处理。

(3) 取得变价收入时。

在财务会计中：

借：银行存款　　　　　　　　　　　　　　　　　　　　　　　　　1 030
　　贷：待处理财产损溢　　　　　　　　　　　　　　　　　　　　　　　1 030

在预算会计中不做账务处理。

(4) 支付清理费用时。

在财务会计中：

借：待处理财产损溢　　　　　　　　　　　　　　　　　　　　　　1 500
　　贷：银行存款　　　　　　　　　　　　　　　　　　　　　　　　　　1 500

在预算会计中不做账务处理。

(5) 结转处理净支出时。

在财务会计中：

借：资产处置费用　　　　　　　　　　　　　　　　　　　　　　　　470
　　贷：待处理财产损溢　　　　　　　　　　　　　　　　　　　　　　　　470

同时，在预算会计中：

借：其他支出　　　　　　　　　　　　　　　　　　　　　　　　　　470
　　贷：资金结存——货币资金　　　　　　　　　　　　　　　　　　　　470

四、资产处置费用的期末结转

期末，将"资产处置费用"科目本期发生额转入本期盈余，借记"本期盈余"科目，贷记"资产处置费用"科目。结转后，"资产处置费用"科目没有余额。

【例5-52】 年末，某行政单位"资产处置费用"科目本期发生额为80 000元。该行政单位将其全数转入"本期盈余"科目。该行政单位应编制的会计分录为：

在财务会计中：

借：本期盈余　　　　　　　　　　　　　　　　　　　　　　　　80 000
　　贷：资产处置费用　　　　　　　　　　　　　　　　　　　　　　　80 000

在预算会计中不做账务处理。

资产处置费用核算的具体举例，还可以参阅第七章行政事业单位资产的相关业务核算举例。

根据《政府会计准则制度解释第3号》的规定，单位使用、处置受赠资产，应当按照《政府会计制度》相关规定进行会计处理。处置受赠资产取得的净收入（取得价款扣减支付的相关税费后的金额），按规定上缴财政的，应当通过"应缴财政款"科目核算；按规定纳入本单位预算管理的，应当通过"其他（预算）收入"科目核算。

第九节 所得税费用

一、所得税费用的概念与核算科目的设置

所得税费用是指有企业所得税缴纳义务的事业单位按规定缴纳企业所得税所形成的费用。事业单位的所得税业务很少,多数事业单位可能没有。行政单位没有所得税费用的相关业务。

为了核算所得税费用业务,事业单位财务会计应设置"所得税费用"总账科目。年末,将该科目本年发生额转入本期盈余。结转后,该科目应无余额。

二、所得税费用的账务处理

事业单位发生企业所得税纳税义务的,按照税法规定计算应交税金数额,在财务会计中,借记"所得税费用"科目,贷记"其他应交税费——单位应交所得税"科目。实际缴纳时,按照缴纳金额,在财务会计中,借记"其他应交税费——单位应交所得税"科目,贷记"银行存款"科目;同时,在预算会计中,借记"非财政拨款结余——累计结余"科目,贷记"资金结存——货币资金"科目。年末,将该科目本年发生额转入本期盈余,在财务会计中,借记"本期盈余"科目,贷记"所得税费用"科目。

【例5-53】某事业单位存在企业所得税纳税义务,本年应缴纳企业所得税500元。之后,将所得税费用结转本期盈余,并通过开户银行向税务机关缴纳税款500元。该事业单位应编制的会计分录为:

(1)年末计算应纳所得税时。

在财务会计中:

借:所得税费用　　　　　　　　　　　　　　　　500
　　贷:其他应交税费——单位应交所得税　　　　　　500

在预算会计中不做账务处理。

(2)年末将所得税费用结转本期盈余时。

在财务会计中:

借:本期盈余　　　　　　　　　　　　　　　　　500
　　贷:所得税费用　　　　　　　　　　　　　　　　500

在预算会计中不做账务处理。

(3)向税务机关缴纳所得税时。

在财务会计中:

借:其他应交税费——单位应交所得税　　　　　　500
　　贷:银行存款　　　　　　　　　　　　　　　　　500

同时,在预算会计中:

借：非财政拨款结余——累计结余　　　　　　　　　　　　　　　　500
　　　　贷：资金结存——货币资金　　　　　　　　　　　　　　　　　　　　500

在发生企业所得税纳税义务的事业单位核算所得税时，事业单位预算会计没有采取预算支出要素设置的习惯做法，设置"所得税支出"总账科目，在实际缴纳所得税时，也不作为事业支出或经营支出的增加处理，而是直接冲减"非财政拨款结余——累计结余"科目。

第十节　其他费用（支出）

一、其他费用（支出）的概念与核算科目的设置

（一）其他费用的概念预核算科目的设置

其他费用是指单位发生的业务活动费用、单位管理费用、经营费用、资产处置费用、上缴上级费用、附属单位补助费用、所得税费用以外的各项费用，包括利息费用、坏账损失、罚没支出、现金资产捐赠支出，以及相关税费、运输费等。

为了核算其他费用业务，单位财务会计应当设置"其他费用"总账科目。该科目应当按照其他费用的类别等进行明细核算。期末，将该科目本期借方发生额结转入"本期盈余"科目。结转后，该科目应无余额。单位发生的利息费用较多的，可以单独设置"利息费用"科目。

（二）其他支出的概念与核算科目的设置

其他支出是指单位在行政支出、事业支出、经营支出、上缴上级支出、对附属单位补助支出、投资支出、债务还本支出以外的各项现金流出，包括利息支出、对外捐赠现金支出、现金盘亏损失、接受捐赠（调入）和对外捐赠（调出）非现金资产发生的税费支出、资产置换过程中发生的相关税费支出、罚没支出等。

为了核算其他支出业务，单位预算会计应设置"其他支出"总账科目。该科目应当按照其他支出的类别，"财政拨款支出""非财政专项资金支出"和"其他资金支出"，《政府收支分类科目》中"支出功能分类科目"的项级科目和"部门预算支出经济分类科目"的款级科目等进行明细核算。其他支出中如有专项资金支出，还应按照具体项目进行明细核算。年末，将该科目本年发生额中的财政拨款支出转入财政拨款结转；将该科目本年发生额中的非财政专项资金支出转入非财政拨款结转；将该科目本年发生额中的其他资金支出（非财政非专项资金支出）转入其他结余。年末结转后，该科目应无余额。

有一般公共预算财政拨款、政府性基金预算财政拨款等两种或两种以上财政拨款的事业单位，还应当在"财政拨款支出"明细科目下按照财政拨款的种类进行明细核算。

单位发生利息支出、捐赠支出等其他支出金额较大或业务较多的，可单独设置"7902利息支出""7903捐赠支出"等科目。

二、其他费用（支出）的日常账务处理

（一）利息费用

事业单位按期计算确认借款利息费用时，按照计算确定的金额，在财务会计中，借记"在建工程"科目或"其他费用"科目，贷记"应付利息""长期借款——应计利息"科目，在预算会

计不进行账务处理。支付银行借款利息时,按照实际支付金额,在财务会计中,借记"应付利息""长期借款——应计利息"科目,贷记"银行存款"科目,同时,在预算会计中,借记"其他支出"科目,贷记"资金结存"科目。

【例5-54】 某事业单位通过开户银行支付一笔银行借款利息1 500元。该笔银行借款利息在财务会计中已记入了"应付利息"科目。该事业单位应编制的会计分录为:

在财务会计中:

借:应付利息	1 500
贷:银行存款	1 500

同时,在预算会计中:

借:其他支出	1 500
贷:资金结存——货币资金	1 500

相关业务核算举例还可参阅"应付利息""长期借款"。

无论是短期借款的利息还是长期借款的利息,财务会计均按权责发生制基础确认,即在利息发生时确认利息费用;预算会计按收付实现制基础确认,即在支付利息时确认利息支出。

(二) 坏账损失

年末,事业单位按照规定对收回后不需上缴财政的应收账款和其他应收款计提坏账准备时,按照计提金额,在财务会计中,借记"其他费用"科目,贷记"坏账准备"科目;冲减多提的坏账准备时,按照冲减金额,在财务会计中,借记"坏账准备"科目,贷记"其他费用"科目。在预算会计中不进行账务处理。

(三) 罚没支出

单位发生罚没支出的,在财务会计中,按照实际支付或应当支付的金额,借记"其他费用"科目,贷记"银行存款""库存现金""其他应付款"等科目;同时,在预算会计中,按照实际支付的金额,借记"其他支出"科目,贷记"资金结存"科目。

(四) 现金资产捐赠

对外捐赠现金资产的,按照实际捐赠的金额,在财务会计中,借记"其他费用"科目,贷记"银行存款""库存现金"等科目;同时,在预算会计中,借记"其他支出"科目,贷记"资金结存——货币资金"科目。

【例5-55】 某事业单位通过开户银行对外捐赠一笔现金资产5 000元。该事业单位应编制的会计分录为:

在财务会计中:

借:其他费用	5 000
贷:银行存款	5 000

同时,在预算会计中:

借:其他支出	5 000
贷:资金结存——货币资金	5 000

(五) 现金盘亏损失

每日现金账款核对中如发现现金短缺,按照短缺的现金金额,在财务会计中,借记"待处理财产损溢"科目,贷记"库存现金"科目;同时,在预算会计中,借记"其他支出"科目,贷记"资金结存——货币资金"科目。经核实,属于应当由有关人员赔偿的,按照收到的赔偿金额,在财务会计中,借记"库存现金"科目,贷记"其他应收款"科目,同时,在预算会计中,借记"资金结存——货币资金"科目,贷记"其他支出"科目。具体举例请参阅"待处理财产损溢"。

(六) 接受捐赠(无偿调入)和对外捐赠(无偿调出)非现金资产发生的税费支出

接受捐赠(无偿调入)非现金资产发生的归属于捐入方(调入方)的相关税费、运输费等,以及对外捐赠(无偿调出)非现金资产发生的归属于捐出方(调出方)的相关税费、运输费等,按照实际支付金额,在预算会计中,借记"其他支出"科目,贷记"资金结存"科目。实际支付的上述费用在财务会计中不是记入"其他费用"科目,其账务处理请参阅本书第二章的相关内容。

【例 5-56】 某行政单位收到无偿调入一批救灾物资,相关发票单据注明材料买价为 200 000 元,增值税额为 26 000 元。通过银行存款账户支付运输费 2 000 元。该批物资已验收入库。该行政单位应编制的会计分录为:

在财务会计中:

借:政府储备物资 226 000
 贷:银行存款 2 000
  无偿调拨净资产 224 000

同时,在预算会计中:

借:其他支出 2 000
 贷:资金结存——货币资金 2 000

(七) 资产置换过程中发生的相关税费支出

资产置换过程中发生的相关税费,按照实际支付金额,在预算会计中,借记"其他支出"科目,贷记"资金结存"科目。在财务会计中账务处理请参阅本书第二章的相关内容。

【例 5-57】 某事业单位以一项固定资产置换取得一项无形资产,该项固定资产的账面余额为 500 000 元,已计提累计折旧 200 000 元,账面净值为 300 000 元(500 000-200 000)。经评估,该项固定资产的评估价值为 280 000 元。置换过程中发生相关税费支出 8 000 元,款项以银行存款支付。取得该项无形资产的成本为 288 000 元(280 000+8 000)。该事业单位在固定资产置换业务中发生资产处置费用为 20 000 元(300 000-280 000)。该事业单位应编制的会计分录为:

在财务会计中:

借:无形资产 288 000
 固定资产累计折旧 200 000
 资产处置费用 20 000
 贷:银行存款 8 000
  固定资产 500 000

同时,在预算会计中:

借:其他支出 8 000
 贷:资金结存——货币资金 8 000

（八）其他相关费用

单位接受捐赠（或无偿调入）以名义金额计量的存货、固定资产、无形资产，以及成本无法可靠取得的公共基础设施、文物资源等发生的相关税费、运输费等，按照实际支付的金额，在财务会计中，借记"其他费用"科目，贷记"财政拨款收入""财政应返还额度""银行存款""库存现金"等科目；同时，在预算会计中，借记"其他支出"科目，贷记"财政拨款预算收入""资金结存"科目。

单位发生的与受托代理资产相关的税费、运输费、保管费等，在财务会计中，按照实际支付或应付的金额，借记"其他费用"科目，贷记"财政应返还额度""银行存款""库存现金""其他应付款"等科目。同时，在预算会计中，按照实际支出金额，借记"其他支出"科目，贷记"资金结存"科目。

三、其他费用的期末结转

期末，将"其他费用"科目本期发生额转入本期盈余，借记"本期盈余"科目，贷记"其他费用"科目。结转后，"其他费用"科目应无余额。

【例5-58】 期末，某事业单位"其他费用"科目本期发生额为20 000元。该事业单位将其全数转入"本期盈余"科目。该事业单位应编制会计分录为：

在财务会计中：

借：本期盈余　　　　　　　　　　　　　　　　　　　　　　　　20 000
　　贷：其他费用　　　　　　　　　　　　　　　　　　　　　　　　　20 000

在预算会计中不做账务处理。

四、其他支出的年末结转

年末，将其他支出中不同性质的资金支出分别进行结转：

（1）将该科目本年发生额中的财政拨款支出转入财政拨款结转，借记"财政拨款结转——本年收支结转"科目，贷记"其他支出"科目下各财政拨款支出明细科目。

（2）将该科目本年发生额中的非财政专项资金支出转入非财政拨款结转，借记"非财政拨款结转——本年收支结转"科目，贷记"其他支出"科目下各非财政专项资金支出明细科目。

（3）将该科目本年发生额中的其他资金支出（非财政非专项资金支出）转入其他结余，借记"其他结余"科目，贷记"其他支出"科目下各其他资金支出明细科目。

【例5-59】 年末，某事业单位"其他支出"总账科目的本年发生额为250 000元，其中，财政拨款支出150 000元，非财政专项资金支出80 000元，其他资金支出20 000元。该事业单位将其分别转入"财政拨款结转——本年收支结转""非财政拨款结转——本年收支结转""其他结余"科目。该事业单位应编制的会计分录为：

在预算会计中：

（1）结转财政拨款支出时。

借：财政拨款结转——本年收支结转　　　　　　　　　　　　　150 000
　　贷：其他支出——财政拨款支出　　　　　　　　　　　　　　　　150 000

(2) 结转非财政专项资金支出时。

借：非财政拨款结转——本年收支结转　　　　　　　　　　　　　　　　80 000
　　贷：其他支出——非财政专项资金支出　　　　　　　　　　　　　　　　　80 000

(3) 结转其他资金支出时。

借：其他结余　　　　　　　　　　　　　　　　　　　　　　　　　　　　20 000
　　贷：其他支出——其他资金支出　　　　　　　　　　　　　　　　　　　　20 000

在财务会计中不做账务处理。

根据《政府会计准则制度解释第3号》的规定：①单位按规定向其附属单位以外的其他单位分配受赠的货币资金，应当按照"其他费用（支出）"科目相关规定处理。②根据国务院和地方人民政府授权、代表本级人民政府对国家出资企业履行出资人职责的单位，与其履行出资人职责的国家出资企业之间不存在股权投资关系，其履行出资人职责的行为不适用《政府会计准则第2号——投资》准则规定，不作为单位的投资进行会计处理。通过单位账户对国家出资企业投入货币资金，纳入本单位预算管理的，应当按照"其他费用（支出）"科目相关规定处理；不纳入本单位预算管理的，应当按照"其他应付款"科目相关规定处理。③单位按规定出资成立非营利法人单位，如事业单位、社会团体、基金会等，不适用《政府会计准则第2号——投资》的规定，出资时应当按照出资金额，借记"其他费用"科目，贷记"银行存款"等科目；同时，在预算会计中借记"其他支出"科目，贷记"资金结存"科目。单位应当对出资成立的非营利法人单位设置备查簿进行登记。

其他费用（支出）的主要账务处理如表5-6所示。

表5-6　　　　　　　　　　　其他费用（支出）的主要账务处理

业务事项和内容		财务会计	预算会计
		其他费用	其他支出
利息费用	计算确定借款利息费用时	借：其他费用/在建工程 　　贷：应付利息/ 　　　　长期借款——应计利息	—
	实际支付利息时	借：应付利息等 　　贷：银行存款等	借：其他支出 　　贷：资金结存——货币资金
现金资产对外捐赠	按照实际捐赠的金额	借：其他费用 　　贷：银行存款/库存现金等	借：其他支出 　　贷：资金结存——货币资金
坏账损失	按照规定对应收账款和其他应收款计提坏账准备	借：其他费用 　　贷：坏账准备	—
	冲减多提的坏账准备时	借：坏账准备 　　贷：其他费用	
罚没支出	按照实际发生金额	借：其他费用 　　贷：银行存款/库存现金/ 　　　　其他应付款	借：其他支出 　　贷：资金结存——货币资金（实际支付金额）
其他相关税费、运输费等		借：其他费用 　　贷：财政应返还额度/ 　　　　银行存款等	借：其他支出 　　贷：资金结存

(续表)

业务事项和内容	财务会计	预算会计
	其他费用	其他支出
期末/年末结转	借：本期盈余 　　贷：其他费用	借：财政拨款结转——本年收支结转 　　非财政拨款结转——本年收支结转 　　　（非财政专项资金支出） 　　其他结余（非财政、非专项资金支出） 　　贷：其他支出

本章小结

复习思考题

1. 什么是行政单位业务活动费用，如何进行核算？
2. 什么是行政支出？按照政府支出经济分类科目，行政支出可以分为哪几个种类？按照单位预算管理要求，行政支出可以分为哪几个种类？按照不同的经费性质，行政支出可以分为哪几个种类？
3. 行政支出的一般管理要求有哪些？行政支出一般应当在什么时候予以确认？
4. 行政支出在年终结账时应当如何核算？
5. 在同时有一般公共预算拨款和政府性基金预算拨款的情况下，行政单位应当如何核算财政拨款支出？
6. 什么是事业单位的业务活动费用？什么是事业单位的单位管理费用？
7. 什么是事业支出？它应当按照哪些要求进行分类？事业支出可以分成哪些主要的种类？
8. 事业支出的期末结账方法是怎样的？
9. 什么是事业单位的经营费用或支出？事业单位的经营费用与对附属单位补助费用有什么主要的区别？
10. 什么是事业单位的上缴上级费用？它与附属单位上缴收入在上下级单位间的业务内容上有什么关系？
11. 什么是事业单位的对附属单位补助费用？它与上级补助收入在上下级单位间的业务内容上有什么关系？
12. 什么是事业单位的所得税费用，如何进行核算？
13. 什么是事业单位的其他费用和其他支出？事业单位的其他费用和其他支出主要包括哪些内容？
14. 事业支出的期末结账方法与上缴上级支出、对附属单位补助支出、其他支出的期末结账方法有什么不同？

练习题

第六章　行政事业单位净资产

净资产是指行政事业单位资产扣除负债后的净额,主要包括累计盈余、专用基金、权益法调整、本期盈余、本期盈余分配、无偿调拨净资产、以前年度盈余调整等。

第一节　净资产的核算程序与内容分析

一、净资产的核算程序

(一) 本期盈余转账程序

行政事业单位财务会计的盈余转账分为期末转账与年度转账。期末转账的目的是计算本期盈余,年度转账的目的是计算本期盈余分配和累计盈余。

(1) 期末转账。期末,将"财政拨款收入"等收入类科目分别转入"本期盈余"科目的贷方;将"业务活动费用"等费用类科目分别转入"本期盈余"科目的借方。转账后形成的"本期盈余"科目的年度累计余额即为各月度资产负债表的"净资产"项下的"本期盈余"项目的数额。

(2) 年末转账。年末,首先将"本期盈余"科目的全年累计余额转入"本年盈余分配"科目,从而结平"本期盈余"科目;其次,按照相关规定提取的专用基金数额,借记"本年盈余分配"科目,贷记"专用基金"科目;再次,将"本年盈余分配"科目扣除本期提取的专用基金后的余额转入"累计盈余"科目。结转后,"本年盈余分配"科目年末应无余额。

(二) 无偿调拨净资产的核算程序

单位在各会计年度中发生无偿调入或调出净资产的业务,在专设的"无偿调拨净资产"科目予以日常核算。年末,将"无偿调拨净资产"科目的余额转入"累计盈余"科目。结转后,"无偿调拨净资产"科目年末无余额。

(三) 权益法调整的核算程序

当事业单位持有的长期股权投资采用权益法核算时,年末,按照被投资单位扣除净损益和利润分配的所有者权益变动应享有(或应分担)的份额,增减"长期股权投资——其他权益变动"科目金额的同时,也增减"权益法调整"科目金额;当处置该项投资时,按照原记入"权益法调整"科目的相应部分金额转入"投资收益"科目金额。

(四) 以前年度盈余调整的核算程序

如果单位发生了以前年度盈余调整事项,应在专设的"以前年度盈余调整"科目具体反映其调整过程。年末,将"以前年度盈余调整"科目的余额转入"累计盈余"科目,结转后,"以前年度盈余调整"科目年末无余额。

年末,经上述结转后,净资产各项目中仅累计盈余、专用基金、权益法调整项目可能有余额,其他项目应均无余额。

二、"净资产"与"所有者权益"的对比分析

为了进一步理解单位财务会计的净资产及其构成内容,现将其与企业财务会计中的"所有者权益"及其构成进行简要对比分析如下:

(1)单位财务会计中的"本期盈余"科目和"本年盈余分配"科目,从其核算内容与功能来看,分别相当于企业财务会计中的"本年利润"科目和"利润分配"科目,分别反映本期收入与费用相抵后实现的盈余以及本期盈余分配的情况。

(2)单位财务会计"净资产"项下的"专用基金"科目,则相当于企业财务会计"所有者权益"项下的"盈余公积"科目,反映的是事业单位按照相关财务制度的规定,从其年度实现的非财政拨款结余中提取的职工福利基金。

(3)单位财务会计"净资产"项下的"权益法调整"科目,则相当于企业财务会计中"所有者权益"项下的"其他综合收益"科目,反映的是权益法核算长期股权投资时,因被投资单位净损益和利润分配以外的所有者权益变动而享有的数额。

(4)单位财务会计年度资产负债表"净资产"项下的"累计盈余"科目,相当于企业财务会计年度资产负债表中"所有者权益"项下的"股本(实收资本)""资本公积"和"未分配利润"三个科目的集合。

由上述分析我们可以看出:单位财务会计年度资产负债表"净资产"项下的"累计盈余"科目、"专用基金"科目、"权益法调整"科目分别相当于企业财务会计年度资产负债表中"所有者权益"项下的"股本(实收资本)""资本公积"和"未分配利润"三个科目的集合以及"盈余公积"科目和"其他综合收益"科目。

因此,我们可以说:单位财务会计的资产负债表与企业财务会计的资产负债表是"貌离神合",在本质上是完全一致的。

第二节 本期盈余与本年盈余分配

一、本期盈余

本期盈余是指单位本期各项收入、费用相抵后的余额。各项收入合计大于费用合计为盈余,否则为亏损。

为了核算本期盈余业务,单位财务会计应当设置"本期盈余"总账科目。本科目贷方登记单位期末转入的各项收入,借方登记单位期末转入的各项费用。上述结转完成后,本科目期末如为贷方余额,反映单位自年初至当期期末累计实现的盈余;如为借方余额,反映单位自年初至当期期末累计发生的亏损。年度终了,应将本年的各项收入和各项费用相抵后结出的本年实现的盈余(或发生的亏损),转入"本年盈余分配"科目。年末结账后,本科目应无余额。

本期盈余的主要账务处理如下:期末,将各类收入科目的本期发生额转入本期盈余,借记各收入科目,贷记"本期盈余"科目;将各类费用科目本期发生额转入本期盈余,借

记"本期盈余"科目,贷记各费用科目。年末,完成上述结转后,将"本期盈余"科目余额转入"本年盈余分配"科目,借记或贷记"本期盈余"科目,贷记或借记"本年盈余分配"科目。

【例 6-1】 某行政单位 20×2 年"本期盈余"科目 12 月初为借方余额 1 500 元。12 月,各收入和费用的发生额情况如下:"财政拨款收入"科目 130 000 元,"非同级财政拨款收入"科目 8 000 元,"捐赠收入"科目 5 000 元,"利息收入"科目 500 元,"租金收入"科目 4 500 元,"其他收入"科目 2 000 元,各项收入合计 150 000 元;"业务活动费用"科目 125 000 元,"资产处置费用"科目 21 500 元,"其他费用"科目 3 000 元,各项费用合计 149 500 元。该行政单位应编制的会计分录为:

(1) 12 月末,将各类收入科目的本期发生额转入本期盈余时。

在财务会计中:

借:财政拨款收入	130 000
非同级财政拨款收入	8 000
捐赠收入	5 000
利息收入	500
租金收入	4 500
其他收入	2 000
贷:本期盈余	150 000

在预算会计中不做账务处理。

(2) 将各类费用科目本期发生额转入本期盈余时。

在财务会计中:

借:本期盈余	149 500
贷:业务活动费用	125 000
资产处置费用	21 500
其他费用	3 000

在预算会计中不做账务处理。

(3) 年末,将"本期盈余"科目的借方余额 1 000 元(−1 500 + 150 000 − 149 500)结转"本年盈余分配"时。

在财务会计中:

借:本年盈余分配	1 000
贷:本期盈余	1 000

在预算会计中不做账务处理。

【例 6-2】 某事业单位 20×2 年"本期盈余"科目 12 月初为贷方余额 2 200 元。12 月,各收入和费用科目的发生额情况如下:财政拨款收入 250 000 元,事业收入 150 000 元,上级补助收入 6 000 元,附属单位上缴收入 4 000 元,经营收入 2 500 元,非同级财政拨款收入 7 000 元,投资收益 2 000 元,捐赠收入 4 000 元,利息收入 800 元,租金收入 2 200 元,其他收入 1 500 元,收入合计 430 000 元;业务活动费用 255 000 元,单位管理费用 152 000 元,经营费用2 000元,所得税费用100元,资产处置费用9 000元,上缴上级费用3 000元,对附属单位补助费用2 900元,其他费用2 000元,费用合计426 000元。该事业单位应编制的会计分录为:

(1) 将各类收入科目的本期发生额转入本期盈余时。

在财务会计中:

借:财政拨款收入	250 000
事业收入	150 000
上级补助收入	6 000
附属单位上缴收入	4 000
经营收入	2 500
非同级财政拨款收入	7 000
投资收益	2 000
捐赠收入	4 000
利息收入	800
租金收入	2 200
其他收入	1 500
贷:本期盈余	430 000

在预算会计中不做账务处理。

(2) 将各类费用科目本期发生额转入本期盈余时。

在财务会计中:

借:本期盈余	426 000
贷:业务活动费用	255 000
单位管理费用	152 000
经营费用	2 000
所得税费用	100
资产处置费用	9 000
上缴上级费用	3 000
对附属单位补助费用	2 900
其他费用	2 000

在预算会计中不做账务处理。

(3) 年末,将"本年盈余"科目贷方余额6 200元(2 200+430 000-426 000)结转"本年盈余分配"科目时。

在财务会计中:

借:本期盈余	6 200
贷:本年盈余分配	6 200

在预算会计中不做账务处理。

本期盈余的主要账务处理可概括如表6-1所示。

表 6-1　　　　　　　　　　　　本期盈余的主要账务处理

业务事项和内容		账务处理	
		财务会计	预算会计
期末结转	结转收入	借：财政拨款收入/事业收入/上级补助收入/附属单位上缴收入/经营收入/非同级财政拨款收入/投资收益/捐赠收入/利息收入/租金收入/其他收入 贷：本期盈余	—
	结转费用	借：本期盈余 贷：业务活动费用/单位管理费用/经营费用/资产处置费用/上缴上级费用/对附属单位补助费用/所得税费用/其他费用	—
年末结转	本期盈余科目为贷方余额时	借：本期盈余 贷：本年盈余分配	—
	本期盈余科目为借方余额时	借：本年盈余分配 贷：本期盈余	—

二、本年盈余分配

本年盈余分配是指单位对本年度实现的盈余依据相关规定进行的分配。

为了核算本年度盈余分配的情况和结果，单位财务会计应设置"本年盈余分配"总账科目。年末，将"本期盈余"科目余额转入"本年盈余分配"科目，在财务会计中，借记或贷记"本期盈余"科目，贷记或借记"本年盈余分配"科目。年末，根据有关规定从本年度非财政拨款结余或经营结余中提取专用基金的，按照预算会计下计算的提取金额，在财务会计中，借记"本年盈余分配"科目，贷记"专用基金"科目，在预算会计中，借记"非财政拨款结余分配"科目，贷记"专用结余"科目。年末，按照规定完成上述处理后，将"本年盈余分配"科目余额转入累计盈余，在财务会计中，借记或贷记"本年盈余分配"科目，贷记或借记"累计盈余"科目。结账后，本科目应无余额。

【例 6-3】 承［例 6-2］，该事业单位根据有关规定从本年度非财政拨款结余或经营结余中提取专业基金（职工福利基金），按照预算会计下计算的提取金额为 1 200 元。该事业单位应编制的会计分录为：

(1) 按照预算会计下计算的提取金额计提职工福利基金时。

在财务会计中：

借：本年盈余分配　　　　　　　　　　　　　　　　　　　　　　　　　　　1 200
　　贷：专用基金——职工福利基金　　　　　　　　　　　　　　　　　　　　1 200

同时，在预算会计中：

借：非财政拨款结余分配　　　　　　　　　　　　　　　　　　　　　　　　1 200
　　贷：专用结余　　　　　　　　　　　　　　　　　　　　　　　　　　　　1 200

(2) 年末，将"本年盈余分配"科目的余额 5 000 元（6 200－1 200）转入"累计盈余"科目时。

在财务会计中：

借：本年盈余分配　　　　　　　　　　　　　　　　　　　　　　　　　　　5 000
　　贷：累计盈余　　　　　　　　　　　　　　　　　　　　　　　　　　　　5 000

在预算会计中不做账务处理。

本年盈余分配的主要账务处理可概括如表 6-2 所示。

表 6-2　　　　　　　　　　本年盈余分配的主要账务处理

业务事项和内容		账务处理	
		财务会计	预算会计
年末,将本期盈余科目余额转入本年盈余分配	本期盈余科目为贷方余额时	借:本期盈余 　贷:本年盈余分配	—
	本期盈余科目为借方余额时	借:本年盈余分配 　贷:本期盈余	—
年末,按照有关规定提取专用基金	按照预算会计下计算的提取金额	借:本年盈余分配 　贷:专用基金	借:非财政拨款结余分配 　贷:专用结余
年末,将本科目余额转入累计盈余	本科目为贷方余额时	借:本年盈余分配 　贷:累计盈余	—
	本科目为借方余额时	借:累计盈余 　贷:本年盈余分配	—

第三节　专 用 基 金

一、专用基金的概念与核算科目的设置

专用基金是指事业单位按照规定提取或设置的具有专门用途的净资产,主要包括职工福利基金、科技成果转换基金等。行政单位没有专用基金。

为了核算专用基金业务,事业单位财务会计应当设置"专用基金"总账科目。本科目应当按照专用基金的类别进行明细核算。本科目期末贷方余额,反映事业单位累计提取或设置的尚未使用的专用基金。

二、专用基金的核算

(一)专用基金的提取或设置

1. 从非财政拨款结余或经营结余中提取专用基金

年末,按照规定从本年度非财政拨款结余或经营结余提取专用基金的,按照预算会计下计算的提取金额,在财务会计中,借记"本年盈余分配"科目,贷记"专用基金(职工福利基金)"科目,在预算会计中,借记"非财政拨款结余分配"科目,贷记"专用结余"科目。其相关业务核算举例可参阅[例 6-3]。

事业单位从本年度非财政拨款结余或经营结余中提取的专用基金通常如职工福利基金等,专门用于单位职工的集体福利设施、集体福利待遇等方面。

2. 从收入中提取专用基金

根据有关规定从收入中提取专用基金并计入费用的,一般按照预算会计下基于预算收

入计算来提取,在财务会计中,借记"业务活动费用"科目,贷记"专用基金"科目;预算会计中无需账务处理。国家另有规定的,从其规定。

【例6-4】 某事业单位按事业预算收入的一定百分比提取科技成果转换基金5 000元。该事业单位应编制的会计分录为:

在财务会计中:

借:业务活动费用　　　　　　　　　　　　　　　　　　　　　　　　5 000
　　贷:专用基金——科技成果转换基金　　　　　　　　　　　　　　　　5 000

在预算会计中不做账务处理。

事业单位从收入中提取的专用基金如科技成果转化基金等。目前,科学事业单位财务制度设置了科技成果转化基金,即是指单位从事业收入中提取,以及在经营收支结余中提取转入,用于科技成果转化的资金。

这里需要注意的是,专用基金提取的金额应当以预算会计中确认的相关结余和预算收入金额为基础。

3. 设置其他专用基金

按规定设置的其他专用基金,按照实际收到的基金金额,在财务会计中,借记"银行存款"等科目,贷记"专用基金"科目。

【例6-5】 某高等学校根据与某企业的有关约定设置永久性保留本金的奖学金基金,实际收到相关基金款200 000元,款项已存入开户银行。该高等学校应编制的会计分录为:

在财务会计中:

借:银行存款　　　　　　　　　　　　　　　　　　　　　　　　　200 000
　　贷:专用基金——××基金　　　　　　　　　　　　　　　　　　　 20 000

在预算会计中不做账务处理。

不同行业的事业单位可以根据业务情况提取或设置其他专用基金。例如,高等学校财务制度设置了学生奖励基金,即按照国家有关规定,按照事业收入的一定比例提取,专门用于学费减免、勤工助学、校内无息借款、校内奖助学金和特殊困难补助等的资金。中小学校财务制度设置了奖助学基金,即是指接受社会捐赠和按照规定从事业收入中提取转入,用于奖励、资助学生的资金。医院财务制度设置了医疗风险基金,即是指从医疗支出中计提、专门用于支付医院购买医疗风险保险发生的支出或实际发生的医疗事故赔偿的资金,并规定医院累计提取的医疗风险基金比例不应超过当年医疗收入的1‰~3‰。

(二)专用基金的使用

按照有关规定使用提取的专用基金时,账务处理需要区分以下两种情况。

1. 按照规定使用提取的专用基金不用于购置固定资产或无形资产

(1)按照规定使用从收入中提取的专用基金时,在财务会计中,借记"专用基金"科目,贷记"银行存款"科目;同时,在预算会计中,借记"事业支出"科目,贷记"资金结存"科目。

【例6-6】 某事业单位按规定使用提取的专用基金(系是从收入中提取列入费用的专用基金)5 000元,用于某项科技成果的转化工作,属于费用性支出,款项通过银行存款支付。该事业单位应编制会计分录为：

在财务会计中：

借：专用基金　　　　　　　　　　　　　　　　　　　　　　　　　　5 000
　　贷：银行存款　　　　　　　　　　　　　　　　　　　　　　　　　　　5 000

同时，在预算会计中：

借：事业支出　　　　　　　　　　　　　　　　　　　　　　　　　　5 000
　　贷：资金结存——货币资金　　　　　　　　　　　　　　　　　　　　5 000

事业单位根据有关规定从收入中提取专用基金及其使用的业务，只涉及专用基金的核算，不涉及专用结余的核算。

（2）按规定使用从非财政拨款结余或经营结余中提取的专用基金时，在财务会计中，借记"业务活动费用"等费用科目，贷记"银行存款"等科目，并在有关费用科目的明细核算或辅助核算中注明"使用专用基金"；同时，在预算会计中，借记"事业支出"等预算支出科目，贷记"资金结存"科目，并在有关预算支出科目的明细核算或辅助核算中注明"使用专用结余"。期末，事业单位应当将有关费用中使用专用基金的本期发生额转入专用基金，在财务会计中，借记"专用基金"科目，贷记"业务活动费用"等科目；年末，将有关预算支出中使用专用结余的本年发生额转入专用结余，在预算会计中，借记"专用结余"科目，贷记"事业支出"等科目。

【例6-7】　某事业单位根据规定使用从非财政拨款结余中提取专用基金5 000元，款项通过银行存款支付。本次使用提取的专用基金不是用于购置固定资产或无形资产。该事业单位应编制的会计分录为：

（1）使用从非财政拨款结余中提取的专用基金时。

在财务会计中：

借：业务活动费用——使用专用基金　　　　　　　　　　　　　　　5 000
　　贷：银行存款　　　　　　　　　　　　　　　　　　　　　　　　　　　5 000

同时，在预算会计中：

借：事业支出——使用专用基金　　　　　　　　　　　　　　　　　5 000
　　贷：资金结存——货币资金　　　　　　　　　　　　　　　　　　　　5 000

（2）期末，将有关费用中使用专用基金的本期发生额转入专用基金。

在财务会计中：

借：专用基金　　　　　　　　　　　　　　　　　　　　　　　　　　5 000
　　贷：业务活动费用——使用专用基金　　　　　　　　　　　　　　　　5 000

在预算会计中不做账务处理。

（3）年末，将有关预算支出中使用专用结余的本年发生额转入专用结余。

在预算会计中：

借：专用结余　　　　　　　　　　　　　　　　　　　　　　　　　　5 000
　　贷：事业支出——使用专用基金　　　　　　　　　　　　　　　　　　5 000

在财务会计中不做账务处理。

2. 按规定使用提取的专用基金购置固定资产或无形资产

若使用提取的专用基金购置固定资产、无形资产的,在财务会计中,按照固定资产、无形资产成本金额,借记"固定资产""无形资产"科目,贷记"银行存款"等科目;同时,按照专用基金使用金额,借记"专用基金"科目,贷记"累计盈余"科目。在预算会计中,视情况而定:若使用的是从收入中提取并列入费用的专用基金,借记"事业支出"等科目,贷记"资金结存"科目;若使用的是从非财政拨款结余或经营结余中提取的专用基金,则借记"专用结余"科目,贷记"资金结存"科目。

【例6-8】 某事业单位使用非财政拨款结余计提的职工福利基金购入一项职工集体福利设施120 000元,款项以银行存款支付,购入的相应设施作为固定资产管理。该事业单位应编制的会计分录为:

在财务会计中:

借:固定资产　　　　　　　　　　　　　　　　　　　　　　　　　120 000
　　贷:银行存款　　　　　　　　　　　　　　　　　　　　　　　　120 000

同时,

借:专用基金——职工福利基金　　　　　　　　　　　　　　　　　120 000
　　贷:累计盈余　　　　　　　　　　　　　　　　　　　　　　　　120 000

同时,在预算会计中:

借:专用结余　　　　　　　　　　　　　　　　　　　　　　　　　120 000
　　贷:资金结存——货币资金　　　　　　　　　　　　　　　　　　120 000

事业单位使用专用基金购置固定资产、无形资产时,提取的专用基金转至累计盈余。专用基金和累计盈余都属于事业单位的净资产。将专用基金转至累计盈余,只影响净资产的构成,不影响净资产的总数。事实上,事业单位按照规定使用专用基金购置固定资产或无形资产时,只是完成了专用基金的专门用途规定,但净资产的数额没有发生变化。

专用基金的主要账务处理可概括如表6-3所示。

表6-3　　　　　　　　　　　　　　专用基金的主要账务处理

	业务事项和内容	财务会计	预算会计
按规定提取专用基金	年末,按照规定从本年度非财政拨款结余或经营结余中提取专用基金的	借:本年盈余分配 　　贷:专用基金(按照预算会计下计算的提取金额)	借:非财政拨款结余分配 　　贷:专用结余
	根据规定从收入中提取专用基金并计入费用的	借:业务活动费用等 　　贷:专用基金(一般按照预算收入计算提取的金额)	—
	根据有关规定设置的其他专用基金	借:银行存款等 　　贷:专用基金	—

(续表)

业务事项和内容			财务会计	预算会计
按规定使用专用基金	不用于购置固定资产或者无形资产	使用从收入中提取的专用基金	借：专用基金 　贷：银行存款等	借：事业支出等 　贷：资金结存
		使用从非财政拨款结余或经营结余中提取的专用基金	业务发生时：借：业务活动费用——使用专用基金 　贷：银行存款	借：事业支出——使用专用基金 　贷：资金结存——货币资金
			期末：借：专用基金 　贷：业务活动费用——使用专用基金	
			年末：——	借：专用结余 　贷：事业支出——使用专用基金
	用于购置固定资产或者无形资产		借：固定资产/无形资产 　贷：银行存款等 同时： 借：专用基金 　贷：累计盈余	借：事业支出（使用从收入中提取并列入费用的专用基金）或专用结余（使用从非财政拨款结余或经营结余中提取的专用基金） 　贷：资金结存

第四节 权益法调整、无偿调拨净资产与以前年度盈余调整

一、权益法调整

(一) 权益法调整的概念与核算科目的设置

权益法调整是指事业单位持有的长期股权投资采用权益法核算时，按照被投资单位扣除净损益和利润分配的所有者权益变动份额调整长期股权投资账面余额而计入净资产的金额。行政单位无权益法调整。

为了核算权益法调整业务，事业单位应当设置"权益法调整"总账科目。本科目应当按照被投资单位进行明细核算。本科目期末余额，反映事业单位在被投资单位扣除净损益和利润分配的所有者权益变动中累积享有（或分担）的份额。

(二) 权益法调整的主要账务处理

年末，按照被投资单位在净损益和利润分配以外的所有者权益变动应享有（或应分担）的份额，在财务会计中，借记或贷记"长期股权投资——其他权益变动"科目，贷记或借记"权益法调整"科目；在预算会计中不做账务处理。采用权益法核算的长期股权投资，因被投资单位扣除净损益和利润分配的所有者权益变动而将应享有（或应分担）的份额计入单位净资产的，处置该项投资时，按照原计入净资产的相应部分金额，在财务会计中，借记或贷记"权益法调整"科目，贷记或借记"投资收益"科目；在预算会计中不做账务处理。

【例6-9】某事业单位以货币资金投资甲公司，占有甲公司60%的股份，并对甲公司的经营决策有决定权。该事业单位对长期股权投资采用权益法核算。年末，甲公司发生扣除净利润和利润分配的所有者权益变动增加数为150 000元。该事业单位应编制的会计分录为：

在财务会计中：

借：长期股权投资——其他权益变动　　　　　　　　　　　　　　　　　　　　90 000
　　　贷：权益法调整(150 000×60%)　　　　　　　　　　　　　　　　　　　　90 000

在预算会计中不做账务处理。

在权益法下，若被投资单位实现净利润的，事业单位按照应享有的份额，借记"长期股权投资"科目(损益调整)，贷记"投资收益"科目。"投资收益"科目本期发生额期末转入"本期盈余"科目。"本期盈余"科目余额经分配后最终转入"累计盈余"科目。累计盈余、权益法调整都是净资产的组成部分或具体种类。

【例 6-10】 某事业单位以货币资金投资乙公司，占有乙公司 25% 的股份，有权参与乙公司的经营决策。该事业单位对相应的长期股权投资采用权益法核算。取得投资 3 年后某日，长期股权投资的成本数额为 200 000 元，损益调整借方余额为 50 000 元，其他权益变动借方余额为 10 000 元。该事业单位经批准转让持有的乙公司全部 25% 股份，转让全部股权取得的转让收入为 268 000 元，款项已存入开户银行。该事业单位取得的转让收益为 8 000 元(268 000－200 000－50 000－10 000)。该事业单位应编制会计分录为：

在财务会计中：

借：银行存款　　　　　　　　　　　　　　　　　　　　　　　　　　　　　268 000
　　　贷：长期股权投资——投资成本　　　　　　　　　　　　　　　　　　　200 000
　　　　　　　　　　　　——损益调整　　　　　　　　　　　　　　　　　　 50 000
　　　　　　　　　　　　——其他权益变动　　　　　　　　　　　　　　　　 10 000
　　　　　投资收益　　　　　　　　　　　　　　　　　　　　　　　　　　　　8 000

同时，

借：权益法调整　　　　　　　　　　　　　　　　　　　　　　　　　　　　 10 000
　　　贷：投资收益　　　　　　　　　　　　　　　　　　　　　　　　　　　 10 000

同时，在预算会计中：

借：资金结存——货币资金　　　　　　　　　　　　　　　　　　　　　　　268 000
　　　贷：其他结余　　　　　　　　　　　　　　　　　　　　　　　　　　　200 000
　　　　　投资预算收益　　　　　　　　　　　　　　　　　　　　　　　　　 68 000

"权益法调整"科目转出至"投资收益"科目后，经"本期盈余""本年盈余分配"科目过渡，最终转入"累计盈余"科目。

二、无偿调拨净资产

(一)无偿调拨净资产的概念与核算科目的设置

无偿调拨净资产是指单位无偿调入或调出非现金资产所引起的净资产变动金额。

为了核算无偿调拨净资产业务，单位应设置"无偿调拨净资产"总账科目。年末结账后，本科目应无余额。

(二)无偿调拨净资产的账务处理

无偿调拨净资产的主要账务处理请参见无偿调入调出存货、长期股权投资、固定资产、无形资产、公共基础设施、政府储备物资、文物资源、保障性住房的账务处理。年末，将本科目余额转入累计盈余，借记或贷记"无偿调拨净资产"科目，贷记或借记"累计盈余"科目。下面仅举例说明。

【例 6-11】 某事业单位按规定无偿调入一套保障性住房,其在调出方的账面价值 550 000 元,调入过程中发生的归属于调入方的相关费用为 5 000 元,款项通过银行存款支付。该事业单位应编制会计分录为:

在财务会计中:

借:保障性住房 555 000
　　贷:银行存款 5 000
　　　　无偿调拨净资产 550 000

同时,在预算会计中:

借:其他支出 5 000
　　贷:资金结存——货币资金 5 000

【例 6-12】 某事业单位按规定无偿调出一批政府储备物资,其账面价值为 800 000 元。调出过程中发生的由本单位承担的相关费用为 20 000 元,款项使用年度预算指标通过国库集中支付。该事业单位应编制会计分录为:

在财务会计中:

借:无偿调拨净资产 800 000
　　贷:政府储备物资 800 000

同时,

借:资产处置费用 20 000
　　贷:财政应返还额度 20 000

同时,在预算会计中:

借:其他支出 20 000
　　贷:资金结存——财政应返还额度 20 000

【例 6-13】 年末,某事业单位"无偿调拨净资产"科目借方余额为 300 000 元。该事业单位将其转入"累计盈余"科目。该事业单位应编制会计分录为:

在财务会计中:

借:累计盈余 300 000
　　贷:无偿调拨净资产 300 000

在预算会计中不做账务处理。

根据《政府会计准则制度解释第 3 号》的规定,单位向政府会计主体分配受赠的非现金资产,应当按照"无偿调拨净资产"科目相关规定处理;单位向非政府会计主体分配受赠的非现金资产,应当按照"资产处置费用"科目相关规定处理。

三、以前年度盈余调整

(一)以前年度盈余调整的概念与核算科目的设置

以前年度盈余调整是指单位本年度由于发生了需要调整以前年度盈余的事项,从而对以前年度的盈余及其他相关项目的数额进行调整。其中,本年度发生的需要调整以前年度盈余的事项主要包括本年度发生的重要前期差错更正涉及调整以前年度盈余的事项等。

为了核算以前年度盈余调整业务,单位应设置"以前年度盈余调整"总账科目。年末,本科目余额应转入累计盈余。结转后,本科目无余额。

(二)以前年度盈余调整的主要账务处理

(1)调整增加以前年度收入时,按照调整增加的金额,在财务会计中,借记有关科目,贷记"以前年度盈余调整"科目;同时,在预算会计中,借记"资金结存"科目,贷记"财政拨款结转""财政拨款结余""非财政拨款结转""非财政拨款结余"(年初余额调整)科目。调整减少的,做相反会计分录。

【例6-14】 某事业单位本年度收到一笔5 000元的款项,发现是应在上一会计年度确认的事业收入。本年度对这一重要前期差错进行更正,在财务会计中,应调增以前年度盈余;由于该项资金属于以前年度非财政拨款结转资金,在预算会计中,应调增年初的非财政拨款结转资金。该事业单位应编制的会计分录为:

在财务会计中:

借:银行存款　　　　　　　　　　　　　　　　　　　　　　　5 000
　　贷:以前年度盈余调整　　　　　　　　　　　　　　　　　　　　　5 000

同时,在预算会计中:

借:资金结存——货币资金　　　　　　　　　　　　　　　　　　5 000
　　贷:非财政拨款结转——年初余额调整　　　　　　　　　　　　　　5 000

以前年度的相关收入已经在以前年度转入累计盈余,因此,调整以前年度的相关收入时,应通过"以前年度损益调整"科目进行核算,不能直接使用"财政拨款收入""事业收入""经营收入"等科目进行核算。

(2)调整增加以前年度费用时,按照调整增加的金额,在财务会计中,借记"以前年度盈余调整"科目,同时贷记有关科目。同时,在预算会计中,借记"财政拨款结转""财政拨款结余""非财政拨款结转""非财政拨款结余"(年初余额调整)科目,贷记"资金结存"科目。调整减少的,做相反会计分录。

【例6-15】 某事业单位本年度发现上一会计年度少计提一项后勤部门使用的固定资产折旧,结果造成上一会计年度少计算相应的单位管理费用5 000元,本年度对这一重要前期差错进行更正,在财务会计中,调整增加以前年度的费用数。该事业单位应编制的会计分录为:

在财务会计中:

借:以前年度盈余调整　　　　　　　　　　　　　　　　　　　　5 000
　　贷:固定资产累计折旧　　　　　　　　　　　　　　　　　　　　　5 000

在预算会计中不做账务处理。

以前年度的单位管理费用已经在以前年度转入累计盈余,因此,调整以前年度的单位管理费用时,应通过"以前年度损益调整"科目进行核算,不能直接使用"单位管理费用"科目进行核算。

(3) 盘盈的各种非流动资产,报经批准后处理时,在财务会计中,借记"待处理财产损溢"科目,贷记"以前年度盈余调整"科目;在预算会计中不做账务处理。

【例6-16】 某事业单位年末财产清查盘点,盘盈一套保障性住房,评估价值为1 000 000元。经核实,该保障性住房系以前年度无偿调入时未有入账。按规定程序批准后,作为重要前期差错更正予以处理。该事业单位应编制的会计分录为:

(1) 盘盈保障性住房时。

在财务会计中:

借:保障性住房　　　　　　　　　　　　　　　　　　　　　　　　1 000 000
　　贷:待处理财产损溢——待处理财产价值　　　　　　　　　　　　　　1 000 000

在预算会计中不做账务处理。

(2) 报经批准后处理时。

在财务会计中:

借:待处理财产损溢——待处理财产价值　　　　　　　　　　　　　　1 000 000
　　贷:以前年度盈余调整　　　　　　　　　　　　　　　　　　　　　1 000 000

在预算会计中不做账务处理。

按照相关会计处理规定,如果盘盈的非流动资产属于本年度取得的,应当按照当年新取得相关资产进行会计处理,不能按照前期差错更正进行会计处理,即相应业务不通过"以前年度盈余调整"科目进行会计核算。

(4) 经上述调整后,应将"以前年度盈余调整"科目的余额转入累计盈余,在财务会计中,借记或贷记"累计盈余"科目,贷记或借记"以前年度盈余调整"科目;结转后,"以前年度盈余调整"科目应无余额。在预算会计中不做账务处理。

【例6-17】 承[例6-14][例6-15]和[例6-16],该事业单位"以前年度盈余调整"科目的余额为1 000 000元,该事业单位将其转入"累计盈余"科目。该事业单位应编制的会计分录为:

在财务会计中:

借:以前年度盈余调整　　　　　　　　　　　　　　　　　　　　　1 000 000
　　贷:累计盈余　　　　　　　　　　　　　　　　　　　　　　　　　1 000 000

在预算会计中不做账务处理。

第五节　累　计　盈　余

一、累计盈余的概念与核算科目的设置

累计盈余是指单位历年实现的盈余扣除盈余分配后滚存的金额,以及因无偿调入调出资产产生的净资产变动额。

为了核算累计盈余业务,单位财务会计应当设置"累计盈余"总账科目。本科目期末余

额,反映单位未分配盈余(或未弥补亏损)的累计数以及截至上年末无偿调拨净资产变动的累计数。按照规定上缴、缴回、单位间调剂结转结余资金产生的净资产变动额,以及对以前年度盈余的调整金额,也通过本科目核算。本科目期末余额,反映单位未分配盈余(或未弥补亏损)的累计数以及截至上年末无偿调拨净资产变动的累计数。本科目年末余额,反映单位未分配盈余(或未弥补亏损)以及无偿调拨净资产变动的累计数。

二、累计盈余的核算

累计盈余的主要账务处理如下所述。

1. 本年盈余分配余额的转入

前已述及,在财务会计中,期末,各类收入、费用科目的本期发生额转入"本期盈余"科目;年末,"本期盈余"科目余额转入"本年盈余分配"科目。根据相关规定分配后,"本年盈余分配"科目的余额转入"累计盈余"科目,形成行政事业单位累计盈余的一种来源。

年末,将"本年盈余分配"科目的余额转入"累计盈余"科目时,借记或贷记"本年盈余分配"科目,贷记或借记"累计盈余"科目。其相关业务核算举例可参阅[例6-3]。

2. 无偿调拨净资产转入

行政事业单位按规定无偿调入或调出存货、固定资产、公共基础设施等资产时,无偿调拨净资产增加或减少。按照规定,"无偿调拨净资产"科目的余额年末转入累计盈余,形成行政事业单位累计盈余的一个组成部分。

年末,将"无偿调拨净资产"科目的余额转入"累计盈余"科目时,借记或贷记"无偿调拨净资产"科目,贷记或借记"累计盈余"科目。其相关业务核算举例可参阅[例6-13]。

3. 上缴、缴回、单位间调剂结转结余

财政部门对于行政事业单位的财政拨款结转结余资金可以根据需要采用归集上缴、归集调出、单位内部调剂使用等管理办法。其中,归集上缴、归集调出以及归集调入的业务都会影响行政事业单位的净资产数额;单位内部调剂使用不影响净资产数额。缴回非财政拨款结转资金的情况与上缴财政拨款结转资金的情况类似。

按照规定上缴财政拨款结转结余、缴回非财政拨款结转资金、向其他单位调出财政拨款结转资金时,按照实际上缴、缴回、调出金额,在财务会计中,借记"累计盈余"科目,贷记"财政应返还额度""银行存款"等科目。在预算会计中,参照"财政拨款结转""财政拨款结余""非财政拨款结转"等科目进行账务处理。其相关业务核算举例可参阅第七章的相关举例。

按照规定从其他单位调入财政拨款结转资金时,按照实际调入金额,在财务会计中,借记"财政应返还额度""银行存款"等科目,贷记"累计盈余"科目。在预算会计中,借记"资金结存"科目,贷记"财政拨款结转"科目(归集调入)。其相关业务核算举例可参阅第七章相关举例。

4. 以前年度盈余调整余额转入

以前年度盈余调整的业务如调整增加或减少以前年度的收入或费用等。以前年度盈余调整的原因主要是本年度发生重要前期差错更正的事项等,其中涉及需要调整以前年度的盈余。

将"以前年度盈余调整"科目的余额转入"累计盈余"科目时,借记或贷记"以前年度盈余调整"科目,贷记或借记"累计盈余"科目。其相关业务核算举例可参阅[例6-17]等。

5. 按规定使用专用基金购置固定资产或无形资产

按照规定使用专用基金购置固定资产、无形资产的,按照固定资产、无形资产成本金额,在财务会计中,借记"固定资产""无形资产"科目,贷记"银行存款"等科目;同时,按照专用基金使用金额,借记"专用基金"科目,贷记"累计盈余"科目。在预算会计中,借记"专用结余"科目,贷记"资金结存"科目。其相关业务核算举例可参阅[例 6-8]。

累计盈余的主要账务处理可概括如表 6-4 所示。

表 6-4 累计盈余的主要账务处理

业务事项和内容	财务会计	预算会计
年末,将"本年盈余分配"科目余额转入	借或贷:本年盈余分配 贷或借:累计盈余	—
年末,将"无偿调拨净资产"科目余额转入	借或贷:无偿调拨净资产 贷或借:累计盈余	—
按照规定上缴财政拨款结转结余、缴回非财政拨款结转资金、向其他单位调出财政拨款结转资金时	借:累计盈余 贷:财政应返还额度/ 银行存款等	参照"财政拨款结转""财政拨款结余""非财政拨款结转"等科目进行账务处理
按照规定从其他单位调入财政拨款结转资金时	借:财政应返还额度/ 银行存款等 贷:累计盈余	借:资金结存——财政应返还额度/ 货币资金 贷:财政拨款结转——归集调入
将"以前年度盈余调整"科目的余额转入	借或贷:以前年度盈余调整 贷或借:累计盈余	—
使用专用基金购置固定资产、无形资产的	相关账务处理参见"专用基金"科目	

本章小结

复习思考题

1. 什么是行政事业单位的净资产,主要包括哪些种类?
2. 行政事业单位的净资产是按照什么会计基础进行核算的结果?
3. 什么是本期盈余?行政事业单位应当如何核算本期盈余?
4. 什么是专用基金,与专用结余的核算内容有什么不同?
5. 权益法调整核算什么内容?
6. 什么是无偿调拨净资产?行政事业单位应当如何核算无偿调拨净资产?
7. 累计盈余的核算内容包含哪些?

练习题

第七章　行政事业单位预算结余

预算结余是指单位预算年度内预算收入扣除预算支出后的资金余额以及历年滚存的资金余额。它是行政事业单位按照收付实现制基础核算预算收入和预算支出后的结果。行政事业单位预算结余包括结余资金和结转资金,具体内容包括资金结存、财政拨款结转、财政拨款结余、非财政拨款结转、非财政拨款结余、经营结余、其他结余、专用结余、非财政拨款结余分配等。

第一节　预算结余年末结转程序概述

行政事业单位预算收入和预算支出类科目的结转按年进行,并且按照资金性质依次归类对应结转。本节先对预算结余年末结转进行简要归纳,帮助开展本章后四节的学习。

一、年末结转之一——不同性质资金收支科目的结转

（一）财政资金收支科目的结转

财政资金应自成体系管理与核算。年末转账时,将"财政拨款预算收入"科目的本年发生额转入"财政拨款结转——本年收支结转"科目的贷方,结转后"财政拨款预算收入"科目无余额。"行政支出""事业支出"和"其他支出"科目本年发生额中的财政拨款支出转入"财政拨款结转——本年收支结转"科目的借方。而后,将"财政拨款结转"科目其他明细科目（年初余额调整、归集调入、归集调出、归集上缴、单位内部调剂、本年收支结转）余额转入"财政拨款结转"科目（累计结转）明细科目。结转后,"财政拨款结转"科目除了"累计结转"明细科目,其他明细科目应无余额。

（二）非财政专项资金收支科目的结转

非财政专项资金（即不包括财政专项资金）自成体系管理与核算。年末转账时,将"事业预算收入""上级补助预算收入""附属单位上缴预算收入""非同级财政拨款预算收入""其他预算收入"以及"债务预算收入"科目的本年发生额中的专项资金收入转入"非财政拨款结转——本年收支结转"科目的贷方;"行政支出""事业支出""其他支出"科目的本年发生额中的非财政专项资金支出转入"非财政拨款结转——本年收支"科目的借方。将"非财政拨款结转"科目其他明细科目（年初余额调整、项目间接费用或管理费、缴回资金、本年收支结转）余额转入"非财政拨款结转"科目（累计结转）明细科目。结转后,"非财政拨款结转"科目除了"累计结转"明细科目,其他明细科目应无余额。

（三）经营资金收支科目的结转

经营资金应自成体系管理与核算。年末转账时,将"经营预算收入"的本年发生额转入"经营结余"科目的贷方,将"经营支出"科目的本年发生额转入"经营结余"科目的借方。

(四) 其他资金收支科目的结转

其他资金(即上述财政资金、非财政专项资金和经营资金以外的资金)应自成体系管理与核算。年末转账时,将"事业预算收入""上级补助预算收入""附属单位上缴预算收入""非同级财政拨款预算收入""其他预算收入"以及"债务预算收入"科目的本年发生额中的非专项资金收入转入"其他结余"科目的贷方;将"行政支出""事业支出""其他支出"科目的本年发生额中的其他资金支出(非财政非专项资金支出)以及"上缴上级支出""对附属单位补助支出""投资支出"和"债务还本支出"科目的本年发生额转入"其他结余"科目的借方。

二、年末结转之二——"其他结余""经营结余"科目的结转

在经过上述年末结转之一后,行政单位其他资金形成的"其他结余",其年末余额应转入"非财政拨款结余——累计结余"科目;事业单位其他资金和经营资金所形成的"其他结余"和"经营结余"(贷方余额),其年末余额应转入"非财政拨款结余分配"科目。结转后,"其他结余""经营结余"科目年末无余额。若"经营结余"年末为借方余额,反映事业单位累计发生的经营亏损,则不予结转,其目的是不准许用其他业务的盈余来弥补经营业务所发生的亏损。

三、年末结转之三——进行非财政拨款结余的分配

在经过上述年末结转之二后,对于形成的可供分配的非财政拨款结余,行政事业单位可以按相关规定计提职工福利基金,借记"非财政拨款结余分配"科目,贷记"专用结余"科目。非财政拨款结余提取职工福利基金后的余额,应转入"非财政拨款结余——累计盈余"科目。结转后,"非财政拨款结余分配"科目年末无余额。

四、年末结转之四——将财政资金和非财政拨款专项资金的结转资金依规结转到相应的结余资金

对上述年末结转之一所形成的"财政拨款结转"科目的余额,应当对其各明细项目的执行情况进行分析,按照有关规定将符合财政拨款结余性质的项目余额转入"财政拨款结余——结转转入"科目。然后,将"财政拨款结转"科目其他明细科目(年初余额调整、归集上缴、单位内部调剂、结转转入)余额转入"财政拨款结转"科目(累计结转)明细科目。结转后,"财政拨款结转"科目除了"累计结转"明细科目,其他明细科目应无余额。

同样,对于所形成的"非财政拨款结转"科目的余额,应当对非财政拨款专项结转资金各项目情况进行分析,将留归本单位使用的非财政拨款专项剩余资金(项目已完成)转入"非财政拨款结余——结转转入"科目的贷方。然后,将"非财政拨款结转"科目其他明细科目(年初余额调整、项目间接费用或管理费、结转转入)余额结转转入"非财政拨款结转"科目(累计结转)明细科目。结转后,"非财政拨款结转"科目除了"累计结转"明细科目,其他明细科目应无余额。

通过上述分析,可以得出如下结论:

(1) 行政事业单位取得的同级财政拨款资金,年末有可能分别形成"财政拨款结转"或"财政拨款结余"。其中,财政拨款结转资金要继续确保按原定预算用途使用,财政拨款结余

资金暂时留在了单位,但仍要纳入单位预算,按同级财政部门的预算安排使用。

(2) 行政事业单位取得的各项非同级财政专项资金,年末有可能分别形成"非财政拨款结转"或"非财政拨款结余"。其中,非财政拨款结转资金要继续确保按原定预算用途专款专用,而非财政拨款结余资金是在已经完成了各自专项任务后剩余的留归单位使用的资金,单位拥有对该部分资金的自主使用权。

(3) 行政事业单位取得的非财政非专项的其他资金,经过结余分配环节,对于所提取的"专用结余"要确保用于规定用途,年度可供分配的结余扣除所应计提的专用基金后的余额应转入"非财政拨款结余",由单位自主支配使用。

第二节 资金结存

一、资金结存的概念与核算会计科目的设置

资金结存是单位纳入部门预算管理的资金结存数额,包括结存的货币资金和财政应返还额度等。

为了核算资金结存业务,单位预算会计应设置"资金结存"总账科目。该科目核算单位纳入部门预算管理的资金的流入、流出、调整和滚存情况。本科目年末借方余额,反映单位预算资金的累计滚存情况。本科目应当设置下列明细科目:

(1) 货币资金。本明细科目核算单位以库存现金、银行存款、其他货币资金形态存在的资金。本明细科目年末借方余额,反映单位尚未使用的货币资金。

(2) 财政应返还额度。本明细科目核算实行国库集中支付的单位可以使用的以前年度财政应返还的预算资金额度。本明细科目年末借方余额,反映单位应收财政返还的资金额度。

二、资金结存的账务处理

(一) 收到国库集中支付以外的其他方式取得的预算收入

以国库集中支付以外的其他支付方式取得预算收入时,按照实际收到的金额,在财务会计中,借记"银行存款"科目,贷记"财政拨款收入""事业收入""经营收入"等科目;同时,在预算会计中,借记"资金结存——货币资金"科目,贷记"财政拨款预算收入""事业预算收入""经营预算收入"等科目。相关业务的核算举例,这里不再重复举。

资金结存是预算会计中的核算内容,仅与预算收入和预算支出直接相关,与财务会计中的收入和费用没有直接关系。

(二) 单位从零余额账户提取现金

单位从零余额账户提取现金时,在财务会计中,借记"库存现金"科目,贷记"财政拨款收入"等科目;同时,在预算会计中,借记"资金结存——货币资金"科目,贷记"财政拨款预算收入"等科目。退回现金时,做相反会计分录。

(三) 从本单位零余额账户向实有资金账户划转资金

从本单位零余额账户向实有资金账户划转资金时,在财务会计中,借记"银行存款"科

目,贷记"财政拨款收入"或"财政应返还额度"科目;同时,在在预算会计中,借记"资金结存——货币资金"科目,贷记"财政拨款预算收入"或"资金结存——财政应返还额度"科目。

(四)发生预算支出

(1)将本单位实有资金账户中从零余额账户划转的资金用于相关支出时,按照实际支付的金额,在财务会计中,借记"应付职工薪酬""其他应交税费"等科目,贷记"银行存款"科目;同时,在预算会计中,借记"行政支出""事业支出"等支出科目下的"财政拨款支出"明细科目,贷记"资金结存——货币资金"科目。

(2)使用以前年度预算指标发生支出时,按照实际支付金额,在财务会计中,借记"业务活动费用""单位管理费用"等科目,贷记"财政应返还额度"科目;同时,在预算会计中,借记"行政支出""事业支出"等科目,贷记"资金结存——财政应返还额度"科目。

(3)以国库集中支付以外的其他支付方式发生相关支出时,在财务会计中,借记"业务活动费用""单位管理费用""经营费用"等科目,贷记"银行存款"科目;同时,在预算会计中,借记"事业支出""经营支出"等科目,贷记"资金结存"等科目。

(五)按规定使用专用基金

(1)按照规定使用从事业收入中提取的专用基金时,按照实际支付金额,在财务会计中,借记"专用基金"科目,贷记"银行存款"科目;同时,在预算会计中,借记"事业支出"科目,贷记"资金结存"科目。

(2)按规定使用从非财政拨款结余或经营结余中提取的专用基金时,在财务会计中,借记"业务活动费用"等费用科目,贷记"银行存款"等科目,并在有关费用科目的明细核算或辅助核算中注明"使用专用基金";同时,在预算会计中,借记"事业支出"等预算支出科目,贷记"资金结存"科目,并在有关预算支出科目的明细核算或辅助核算中注明"使用专用结余"。期末,事业单位应当将有关费用中使用专用基金的本期发生额转入专用基金,在财务会计中,借记"专用基金"科目,贷记"业务活动费用"等科目;年末,将有关预算支出中使用专用结余的本年发生额转入专用结余,在预算会计中,借记"专用结余"科目,贷记"事业支出"等科目。

(3)若使用提取的专用基金购置固定资产、无形资产的,按照固定资产、无形资产成本金额,在财务会计中,借记"固定资产""无形资产"科目,贷记"银行存款"科目,同时,借记"专用基金"科目,贷记"累计盈余"科目;并在预算会计中,借记"专用结余"科目(从非财政拨款结余中提取的专用基金)或"事业支出"等科目(从预算收入中计提的专用基金),贷记"资金结存——货币资金"科目。

上述情况涉及有关资金结存业务的核算举例,可参阅有关"专用基金"核算的相关内容。

(六)上缴、注销、调入和缴回结转结余资金

按照规定上缴财政拨款结转结余资金或注销财政拨款结转结余资金的,按照实际上缴资金数额或注销的资金数额,在财务会计中,借记"累计盈余"等科目,贷记"银行存款"等科目,同时,在预算会计中,借记"财政拨款结转——归集上缴"或"财政拨款结余——归集上缴"科目,贷记"资金结存——货币资金"科目。

按规定向原资金拨入单位缴回非财政拨款结转资金的,按照实际缴回资金数额,在财务会计中,借记"累计盈余"等科目,贷记"银行存款"科目,同时,在预算会计中,借记"非财政拨款结转——缴回资金"科目,贷记"资金结存——货币资金"科目。

收到从其他单位调入的财政拨款结转资金的,按照实际调入资金数额,在财务会计中,借记"银行存款"等科目,贷记"累计盈余"科目,同时,在预算会计中,借记"资金结存——货币资金"科目,贷记"财政拨款结转——归集调入"科目。

上述情况涉及有关资金结存业务的核算举例,可参阅本章后面的相关内容。

(七)因购货退回、发生差错更正等资金的退回

因购货退回、发生差错更正等资金的退回,属于本年度支付的,在财务会计中,借记"银行存款"等科目,贷记"业务活动费用""库存商品"等科目;同时,在预算会计中,借记"资金结存"科目,贷记"事业支出""行政支出"等科目;属于以前年度支付的,在财务会计中,借记"财政应返还额度""银行存款"等科目,贷记"以前年度盈余调整"等科目;同时,在预算会计中,借记"资金结存"科目,贷记"财政拨款结转""财政拨款结余""非财政拨款结转""非财政拨款结余"科目。

上述情况涉及有关资金结存业务的核算举例,可参阅本章后面的相关内容。

(八)缴纳企业所得税

有企业所得税缴纳义务的事业单位缴纳所得税时,按照实际缴纳金额,在财务会计中,借记"其他应交税费——单位应交所得税"科目,贷记"银行存款"科目;同时,在预算会计中,借记"非财政拨款结余——累计结余"科目,贷记"资金结存——货币资金"科目。

事业单位缴纳的企业所得税,在预算会计中不作为事业支出或经营支出的增加处理,而是作为非财政拨款结余(累计结余)的减少处理。

(九)年末确认财政应返还额度

年末,根据本年度国库集中支付预算指标数与当年实际支出数的差额,在财务会计中,借记"财政应返还额度"科目,贷记"财政拨款收入"科目;同时,在预算会计中,借记"资金结存——财政应返还额度"科目,贷记"财政拨款预算收入"科目。

"资金结存"科目其与其他预算结转结余科目一起构成了预算会计的预算结余科目。"资金结存"科目用以反映预算结转结余资金的形态,年末结账后"资金结存"科目余额为借方余额,其他预算结转结余类科目整体余额为贷方,两者金额相等。

资金结存有关业务的核算在本书前面每个章节都有涉及,并有详细举例,这里就不再重复举例赘述。

资金结存的主要账务处理可概括如表7-1所示。

表7-1 资金结存的主要账务处理

业务事项和内容	财务会计	预算会计
以国库集中支付以外的其他支付方式下取得预算收入	借:银行存款 贷:财政拨款收入/事业收入/经营收入等	借:资金结存——货币资金 贷:财政拨款预算收入/事业预算收入/经营预算收入等
从本单位零余额账户提取现金	借:库存现金 贷:财政拨款收入/财政应返还额度	借:资金结存——货币资金 贷:财政拨款预算收入/ 资金结存——财政应返还额度
从本单位零余额账户向实有资金账户划转资金	借:银行存款 贷:财政拨款收入/财政应返还额度	借:资金结存——货币资金 贷:财政拨款预算收入 资金结存——财政应返还额度

(续表)

业务事项和内容			财务会计	预算会计
发生预算支出时	将本单位实有资金账户中从零余额账户划转的资金用于相关支出		借：应付职工薪酬/其他应交税费 贷：银行存款	借：行政支出/事业支出等 贷：资金结存——货币资金
	使用以前年度财政预算额度		借：业务活动费用/单位管理费用/库存物品/固定资产等 贷：财政应返还额度	借：行政支出/事业支出等 贷：资金结存——财政应返还额度
	国库集中支付以外的其他方式下		借：业务活动费用/单位管理费用/库存物品/固定资产等 贷：银行存款/库存现金等	借：事业支出/经营支出等 贷：资金结存——货币资金
按规定使用专用基金	不用于购置固定资产或者无形资产	使用从收入中提取的专用基金	借：专用基金 贷：银行存款等	借：事业支出等 贷：资金结存
		使用从非财政拨款结余或经营结余中提取的专用基金	业务发生时： 借：业务活动费用——使用专用基金 贷：银行存款	借：事业支出——使用专用基金 贷：资金结存——货币资金
			期末： 借：专用基金 贷：业务活动费用——使用专用基金	年末： 借：专用结余 贷：事业支出——使用专用基金
	用于购置固定资产或者无形资产		借：固定资产/无形资产 贷：银行存款等 同时： 借：专用基金 贷：累计盈余	借：事业支出(使用从收入中提取并列入费用的专用基金)或专用结余(使用从非财政拨款结余或经营结余中提取的专用基金) 贷：资金结存
预算结转结余调整	按照规定上缴财政拨款结转结余资金或注销财政拨款结转结余额度的		借：累计盈余 贷：财政应返还额度/银行存款	借：财政拨款结转——归集上缴/财政拨款结余——归集上缴 贷：资金结存——财政应返还额度/货币资金
	按照规定缴回非财政拨款结转资金的		借：累计盈余 贷：银行存款	借：非财政拨款结转——缴回资金 贷：资金结存——货币资金
	收到调入的财政拨款结转资金的		借：财政应返还额度/银行存款 贷：累计盈余	借：资金结存——财政应返还额度/货币资金 贷：财政拨款结转——归集调入
因购货退回、发生差错更正等退回国库集中支付款项，或者收回货币资金的	属于本年度的		借：财政拨款收入/银行存款等 贷：业务活动费用/库存物品等	借：财政拨款预算收入/资金结存——货币资金 贷：行政支出/事业支出等
	属于以前年度的		借：财政应返还额度/银行存款等 贷：以前年度盈余调整	借：资金结存——财政应返还额度/货币资金 贷：财政拨款结转/财政拨款结余/非财政拨款结转/非财政拨款结余(年初余额调整)
有企业所得税缴纳义务的事业单位实际缴纳企业所得税时			借：其他应交税费——单位应交所得税 贷：银行存款等	借：非财政拨款结余——累计结余 贷：资金结存——货币资金
年末确认财政应返还额度			借：财政应返还额度 贷：财政拨款收入	借：资金结存——财政应返还额度 贷：财政拨款预算收入

第三节 财政拨款结转

一、财政拨款结转的概念与核算科目设置

财政拨款结转是指单位当年预算已执行但尚未完成,或因故未执行,下一年度需要按照原用途继续使用的财政拨款滚存资金。财政拨款结转包括基本支出结转、项目支出结转。

为了核算财政拨款结转业务,单位预算会计应设置"财政拨款结转"总账科目。本科目可以根据管理需要按照财政拨款结转变动原因设置下列明细科目。

1. 与会计差错更正、以前年度支出收回相关的明细科目

"年初余额调整"。本明细科目核算因发生会计差错更正、以前年度支出收回等原因,需要调整财政拨款结转的金额。年末结账后,本明细科目应无余额。

2. 与财政拨款调拨业务相关的明细科目

(1)归集调入。本明细科目核算按照规定从其他单位调入财政拨款结转资金时,实际调增的额度数额或调入的资金数额。年末结账后,本明细科目应无余额。

(2)归集调出。本明细科目核算按照规定向其他单位调出财政拨款结转资金时,实际调减的额度数额或调出的资金数额。年末结账后,本明细科目应无余额。

(3)归集上缴。本明细科目核算按照规定上缴财政拨款结转资金时,实际核销的额度数额或上缴的资金数额。年末结账后,本明细科目应无余额。

(4)单位内部调剂。本明细科目核算经财政部门批准对财政拨款结余资金改变用途,调整用于本单位其他未完成项目等的调整金额。年末结账后,本明细科目应无余额。

3. 与年末财政拨款结转业务相关的明细科目

(1)本年收支结转。本明细科目核算单位本年度财政拨款收支相抵后的余额。年末结账后,本明细科目应无余额。

(2)累计结转。本明细科目核算单位滚存的财政拨款结转资金。本明细科目年末贷方余额,反映单位财政拨款滚存的结转资金数额。

"财政拨款结转"科目还应当设置"基本支出结转""项目支出结转"两个明细科目,并在"基本支出结转"明细科目下按照"人员经费""日常公用经费"进行明细核算,在"项目支出结转"明细科目下按照具体项目进行明细核算。同时,本科目还应按照《政府收支分类科目》中"支出功能分类科目"的相关科目进行明细核算。

有一般公共预算财政拨款、政府性基金预算财政拨款等两种或两种以上财政拨款的,还应当在"财政拨款结转"科目下按照财政拨款的种类进行明细核算。

"财政拨款结转"科目年末贷方余额,反映单位滚存的财政拨款结转资金数额。

二、财政拨款结转的账务处理

(一)会计差错更正和以前年度支出收回

1. 会计差错更正

因发生会计差错更正退回以前年度国库集中支付款项或财政性货币资金,或者因发生

会计差错更正增加以前年度国库集中支付支出或财政性货币资金支出,属于以前年度财政拨款结转资金的,在财务会计中,借记或贷记"财政应返还额度""银行存款"科目,贷记或借记"以前年度盈余调整"科目;同时,在预算会计中,借记或贷记"资金结存——财政应返还额度、货币资金"科目,贷记或借记"财政拨款结转"科目(年初余额调整)。

【例7-1】 某行政单位上一会计度全年财政集中支付预算指标数为15 000元,财政集中支付数为14 500元,预算指标数与实际支付数为500元(15 000－14 500),但记账时金额误记为50元,发生记账差错450元(500－50)。具体为少记录了上一会计年度的财政拨款收入和财政拨款预算收入。本会计年度对这一会计差错予以更正。该项资金属于以前年度财政拨款结转资金。该行政单位应编制的会计分录为:

在财务会计中:

借:财政应返还额度　　　　　　　　　　　　　　　　　　　　450
　　贷:以前年度盈余调整　　　　　　　　　　　　　　　　　　　　450

同时,在预算会计中:

借:资金结存——财政应返还额度　　　　　　　　　　　　　　450
　　贷:财政拨款结转——年初余额调整　　　　　　　　　　　　　　450

"财政拨款收入"科目年末都转入"本期盈余"科目,因此,在财务会计中,调增上一会计年度实现的财政拨款收入时,应增加"以前年度盈余调整"科目的数额。同样,由于"财政拨款预算收入"科目年末都转入"财政拨款结转"科目,因此,在预算会计中,确认上一会计年度属于财政拨款结转性质的财政拨款预算收入时,应增加"财政拨款结转"科目的余额。

2. 以前年度支出收回

因购货退回、预付款项收回等发生以前年度支出又收回国库集中支付款项或收回财政性货币资金,属于以前年度财政拨款结转资金的,在财务会计中,借记"财政应返还额度""银行存款"科目,贷记"以前年度盈余调整"科目;同时,在预算会计中,借记"资金结存——财政应返还额度/货币资金"科目,贷记"财政拨款结转"科目(年初余额调整)。

【例7-2】 某事业单位发生上一会计年度通过财政集中支付方式支付的预付货款退回10 000元,原因是以前年度为开展业务活动而订购的某项货品至今尚未收到,退回款项已转入单位零余额账户。该项资金属于以前年度财政拨款结转资金。该事业单位应编制的会计分录为:

在财务会计中:

借:财政应返还额度　　　　　　　　　　　　　　　　　　　10 000
　　贷:预付账款　　　　　　　　　　　　　　　　　　　　　　　10 000

同时,在预算会计中:

借:资金结存——财政应返还额度　　　　　　　　　　　　　10 000
　　贷:财政拨款结转——年初余额调整　　　　　　　　　　　　　10 000

(二)财政拨款结转资金调整

1. 归集调入结转资金

按照规定从其他单位调入财政拨款结转资金的,按照实际调增的额度数额或调入的资金数额,在财务会计中,借记"银行存款"科目,贷记"累计盈余"科目;同时,在预算会计中,借记"资金结存——货币资金"科目,贷记"财政拨款结转"科目(归集调入)。

【例 7-3】 某行政单位按照规定从其他单位调入财政拨款结转资金 2 000 元,专项用于信息化建设,相应款项已转入单位的银行存款账户。该行政单位应编制的会计分录为:

在财务会计中:

借:银行存款　　　　　　　　　　　　　　　　　　　　　　　　　　2 000
　　贷:累计盈余　　　　　　　　　　　　　　　　　　　　　　　　　　2 000

同时,在预算会计中:

借:资金结存——货币资金　　　　　　　　　　　　　　　　　　　　　2 000
　　贷:财政拨款结转——归集调入　　　　　　　　　　　　　　　　　　2 000

2. 归集调出结转资金

按照规定向其他单位调出财政拨款结转资金的,按照实际调减的额度数额或调出的资金数额,在财务会计中,借记"累计盈余"科目,贷记"财政应返还额度""银行存款"科目;同时,在预算会计中,借记"财政拨款结转"科目(归集调出),贷记"资金结存——财政应返还额度/货币资金"科目。

【例 7-4】 某行政单位按照规定向其他单位调出财政拨款结转资金 1 000 元,相应数额的财政应返还额度已经核销。该行政单位应编制的会计分录为:

在财务会计中:

借:累计盈余　　　　　　　　　　　　　　　　　　　　　　　　　　　1 000
　　贷:财政应返还额度　　　　　　　　　　　　　　　　　　　　　　　1 000

同时,在预算会计中:

借:财政拨款结转——归集调出　　　　　　　　　　　　　　　　　　　1 0 00
　　贷:资金结存——财政应返还额度　　　　　　　　　　　　　　　　　1 000

3. 归集上缴结转资金

按照规定上缴财政拨款结转资金或注销财政拨款结转资金额度的,按照实际上缴资金数额或注销的资金额度数额,在财务会计中,借记"累计盈余"科目,贷记"财政应返还额度""银行存款"科目;同时,在预算会计中,借记"财政拨款结转"科目(归集上缴),贷记"资金结存——财政应返还额度/货币资金"科目。

【例 7-5】 某事业单位按照规定上缴财政拨款结转资金 1 600 元,相应数额的银行存款已经核销。该事业单位应编制的会计分录为:

在财务会计中:

借:累计盈余　　　　　　　　　　　　　　　　　　　　　　　　　　　1 600
　　贷:银行存款　　　　　　　　　　　　　　　　　　　　　　　　　　1 600

同时,在预算会计中:

借:财政拨款结转——归集上缴　　　　　　　　　　　　　　　　　　　1 600
　　贷:资金结存——货币资金　　　　　　　　　　　　　　　　　　　　1 600

行政事业单位按照规定上缴财政拨款结转资金的原因,可以是缩小项目资金原定数额,或者是上缴历年多余日常公用经费等。

4. 单位内部调剂结转资金

经财政部门批准对财政拨款结余资金改变用途,调整用于本单位基本支出或其他未完成项目支出的,按照批准调剂的金额,在预算会计中,借记"财政拨款结余——单位内部调剂"科目,贷记"财政拨款结转"科目(单位内部调剂)。在财务会计中不做账务处理。

【例7-6】 某行政单位经财政部门批准,将甲项目(已完成项目)的财政拨款结余资金1 000元改变用途,调整用于本单位的乙项目(未完成项目)。该行政单位应编制的会计分录为:

在预算会计中:

借:财政拨款结余——单位内部调剂   1 000
  贷:财政拨款结转——单位内部调剂   1 000

在财务会计中不做账务处理。

财政拨款结余资金是财政拨款项目完成后多余的财政资金。经财政部门批准,财政拨款结余资金可以改变用途,调整用于本单位基本支出或其他未完成项目支出。

(三)年末确定财政拨款累计结转

1. 本年财政拨款收入与支出结转

年末,在预算会计中,将财政拨款预算收入本年发生额转入"财政拨款结转"(本年收支转账)科目贷方;将各项支出中财政拨款支出本年发生额转入"财政拨款结转"(本年收支转账)科目借方。在财务会计中不做账务处理。

【例7-7】 年末,某行政单位"财政拨款预算收入"科目贷方发生额为133 000元;"行政支出——财政拨款支出"科目借方发生额为130 000元;"其他支出——财政拨款支出"科目借方发生额为2 800元。年末结转,该行政单位应编制的会计分录为:

在预算会计中:

借:财政拨款预算收入   133 000
  贷:财政拨款结转——本年收支转账   133 000

借:财政拨款结转——本年收支转账   132 800
  贷:行政支出——财政拨款支出   130 000
    其他支出——财政拨款支出   2 800

在财务会计中不做账务处理。

年末,在完成财政拨款预算收入和财政拨款支出的本年发生额结转后,该行政单位"财政拨款结转(本年收支转账)"科目的贷方余额为200元(133 000−132 800)。上述贷方余额,说明当年收入大于支出;如果为借方余额,说明当年收入小于支出,或者说明使用了年初财政拨款结转的数额、归集调入的数额、单位内部调剂的数额等。

2. 年末冲销有关明细科目余额

年末,在本年收支转账后,在预算会计中,将"财政拨款结转"科目(年初余额调整、归集调入、归集调出、归集上缴、单位内部调剂、本年收支结转)余额转入"财政拨款结转"科目(累计结转)。结转后,"财政拨款结转"科目除了"累计结转"明细科目,其他明细科目应无余额。

在财务会计中不做账务处理。

【例 7-8】 某行政单位 20×2 年年末财政拨款结转所属有关明细科目余额情况如下:"年初余额调整"贷方余额 450 元,"归集调入"贷方余额 2 000 元,"归集调出"借方余额 1 000 元,"单位内部调剂"贷方余额 1 000 元,"本年收支转账"贷方余额 200 元。该行政单位应编制的会计分录为:

在预算会计中:

借:财政拨款结转——年初余额调整	450
——本年收支转账	200
——单位内部调剂	1 000
——归集调入	2 000
贷:财政拨款结转——归集调出	1 000
——累计结转	2 650

在财务会计中不做账务处理。

年末,在冲销财政拨款结转有关明细科目余额后,"财政拨款结转(累计结转)"科目为贷方余额 2 650 元,表明该事业单位本年财政拨款结转中的累计结转增加 2 650 元。本年增加的累计结转加上年初的累计结转,即为年末按规定转财政拨款结余前的财政拨款累计结转资金数额。

3. 财政拨款结转资金转入财政拨款结余

年末完成上述结转后,应当对财政拨款结转各明细项目执行情况进行分析,按照有关规定将符合财政拨款结余性质的完成项目余额转入财政拨款结余,在预算会计中,借记"财政拨款结转"科目(累计结转),贷记"财政拨款结余"科目(结转转入)。在财务会计中不做账务处理。

【例 7-9】 年末,某行政单位完成财政拨款收支转账后,"财政拨款结转(累计结转)"科目贷方余额为 2 650 元。在对各项目执行情况进行分析后,将符合财政拨款结余性质的完成项目(甲项目)余额 1 500 元转入"财政拨款结余"科目。该行政单位应编制的会计分录为:

在预算会计中:

借:财政拨款结转——累计结转	1 500
贷:财政拨款结余——结转转入	1 500

年末,在将符合财政拨款结余性质的项目余额转入财政拨款结余后,该行政单位本年财政拨款结转中的累计结转余额为 1 150 元(2 650-1 500),即为年末该行政单位滚存的财政拨款结转资金数额。

财政拨款结转的余额应当由行政事业单位按原用途规定继续使用,而财政拨款结余的余额则可以由财政部门统筹安排使用。行政事业单位的基本支出结转应当由单位按原用途规定继续使用,因此,基本支出结转的余额不能转入财政拨款结余。财政拨款结余仅包括项目支出结余。

财政拨款结转的主要账务处理可概括如表 7-2 所示。

表 7-2　　　　　　　　　　　财政拨款结转的主要账务处理

业务事项和内容		财务会计	预算会计
因会计差错更正、购货退回、预付款项收回等发生以前年度调整事项	调整增加相关资产	借：财政应返还额度/银行存款等 贷：以前年度盈余调整等	借：资金结存——财政应返还额度/货币资金等 贷：财政拨款结转——年初余额调整
	因会计差错更正调整减少相关资产	借：以前年度盈余调整等 贷：财政应返还额度/银行存款	借：财政拨款结转——年初余额调整 贷：资金结存——财政应返还额度/货币资金等
从其他单位调入财政拨款结转资金	按照实际调增的额度数额或调入的资金数额	借：财政应返款额度/银行存款 贷：累计盈余	借：资金结存——财政应返还额度/货币资金 贷：财政拨款结转——归集调入
向其他单位调出财政拨款结转资金	按照实际调减的额度数额或调减的资金数额	借：累计盈余 贷：财政应返还额度/银行存款	借：财政拨款结转——归集调出 贷：资金结存——财政应返还额度/货币资金
按照规定上缴财政拨款结转资金或注销财政拨款结转额度	按照实际上缴资金数额或注销的资金额度	借：累计盈余 贷：财政应返还额度/银行存款	借：财政拨款结转——归集上缴 贷：资金结存——财政应返还额度/货币资金
单位内部调剂财政拨款结余资金	按照调整的金额	—	借：财政拨款结余——单位内部调剂 贷：财政拨款结转——单位内部调剂
年末结转	结转财政拨款预算收入	—	借：财政拨款预算收入 贷：财政拨款结转——本年收支结转
	结转财政拨款预算支出	—	借：财政拨款结转——本年收支结转 贷：行政支出/事业支出等[财政拨款支出部分]
年末冲销本科目有关明细科目余额		—	借：财政拨款结转——年初余额调整[该明细科目为贷方余额时]/归集调入/单位内部调剂/本年收支结转[该明细科目为贷方余额时] 贷：财政拨款结转——累计结转 借：财政拨款结转——累计结转 贷：财政拨款结转——归集上缴/年初余额调整[该明细科目为借方余额时]/归集调出/本年收支结转[该明细科目为借方余额时]
转入财政拨款结余	将符合财政拨款结余性质的项目余额转入财政拨款结余	—	借：财政拨款结转——累计结转 贷：财政拨款结余——结转转入

第四节 财政拨款结余

一、财政拨款结余的概念与核算科目设置

财政拨款结余是指单位当年预算工作目标已完成,或因故终止,剩余的财政拨款滚存资金。财政拨款结余是财政拨款项目支出结余资金,而基本支出应当结转下期使用,故没有结余资金。

为了核算财政拨款结余业务,单位应设置"财政拨款结余"总账科目。本科目核算单位取得的同级财政拨款项目支出结余资金的调整、结转和滚存情况。本科目应当设置下列明细科目。

1. 与会计差错更正、以前年度支出收回相关的明细科目

年初余额调整。本明细科目核算因发生会计差错更正、以前年度支出收回等原因,需要调整财政拨款结余的金额。年末结账后,本明细科目应无余额。

2. 与财政拨款结余资金调整业务相关的明细科目

(1) 归集上缴。本明细科目核算按照规定上缴财政拨款结余资金时,实际核销的额度数额或上缴的资金数额。年末结账后,本明细科目应无余额。

(2) 单位内部调剂。本明细科目核算经财政部门批准对财政拨款结余资金改变用途,调整用于本单位其他未完成项目等的调整金额。年末结账后,本明细科目应无余额。

3. 与年末财政拨款结余业务相关的明细科目

(1) 结转转入。本明细科目核算单位按照规定转入财政拨款结余的财政拨款结转资金。年末结账后,本明细科目应无余额。

(2) 累计结余。本明细科目核算单位滚存的财政拨款结余资金。本明细科目年末贷方余额,反映单位财政拨款滚存的结余资金数额。

"财政拨款结余"科目还应当按照具体项目及《政府收支分类科目》中"支出功能分类科目"的相关科目等进行明细核算。

有一般公共预算财政拨款、政府性基金预算财政拨款等两种或两种以上财政拨款的,还应当在"财政拨款结余"科目下按照财政拨款的种类进行明细核算。

"财政拨款结余"科目年末贷方余额,反映单位滚存的财政拨款结余资金数额。

二、财政拨款结余的核算

(一) 会计差错更正和以前年度支出收回

(1) 因发生会计差错更正退回以前年度国库集中支付款项或财政性货币资金,或者因发生会计差错更正增加以前年度国库集中支付或财政性货币资金支出,属于以前年度财政拨款结余资金的,在财务会计中,借记或贷记"以前年度盈余调整"科目,贷记或借记"财政应返还额度""银行存款"科目等;同时,在预算会计中,借记或贷记"资金结存——财政应返还额度、货币资金"科目,贷记或借记"财政拨款结余"科目(年初余额调整)。

【例7-10】 某行政单位本年发现,上一会计年度在使用以前年度财政集中支付某已完

成项目的支出 2 000 元时,仅进行了借记"行政支出"科目,贷记"财政拨款预算收入"科目的账务处理。由此,该行政单位上一会计度多记录了财政拨款预算收入、财政应返还额度和资金结存各 2 000 元,少记了业务活动费用 2 000 元。该行政单位现对上一会计年度发生的这一差错进行更正。该项资金属于以前年度财政拨款结余资金。该行政单位应编制的会计分录为:

在财务会计中:

借:以前年度盈余调整　　　　　　　　　　　　　　　　　　　　　2 000
　　贷:财政应返还额度　　　　　　　　　　　　　　　　　　　　　　　2 000

同时,在预算会计中:

借:财政拨款结余——年初余额调整　　　　　　　　　　　　　　　2 000
　　贷:资金结存——财政应返还额度　　　　　　　　　　　　　　　　　2 000

(2) 因购货退回、预付款项收回等发生以前年度支出又收回国库集中支付款项或收回财政性货币资金,属于以前年度财政拨款结余资金的,在财务会计中,借记"财政应返还额度""银行存款"科目,贷记"以前年度盈余调整"科目;同时,在预算会计中,借记"资金结存——财政应返还额度、货币资金"科目,贷记"财政拨款结余"科目(年初余额调整)。

以前年度收回业务的会计核算举例可参阅财政拨款结转的相关内容,此处不再举例说明。

(二) 财政拨款结余资金调整

财政拨款结余是行政事业单位相应的项目任务已经完成而形成的财政拨款资金结余。财政拨款结余可以归集上缴财政,也可以单位内部调剂使用。

1. 归集上缴

按照规定上缴财政拨款结余资金或注销财政拨款结余资金额度的,按照实际上缴资金数额或注销的资金额度数额,在财务会计中,借记"累计盈余"科目,贷记"财政应返还额度""银行存款"科目;同时,在预算会计中,借记"财政拨款结余"科目(归集上缴),贷记"资金结存——财政应返还额度、货币资金"科目。

【例 7-11】 某行政单位按照规定上缴某项目的财政拨款结余资金 500 元,相应数额的财政集中支付用款额度已经核销。该行政单位应编制的会计分录为:

在财务会计中:

借:累计盈余　　　　　　　　　　　　　　　　　　　　　　　　　　500
　　贷:财政应返还额度　　　　　　　　　　　　　　　　　　　　　　　　500

同时,在预算会计中:

借:财政拨款结余——归集上缴　　　　　　　　　　　　　　　　　　500
　　贷:资金结存——财政应返还额度　　　　　　　　　　　　　　　　　　500

行政事业单位按照规定上缴财政拨款结余资金的原因,主要是项目任务已经完成,多余资金由财政统筹安排使用。

2. 单位内部调剂

经财政部门批准对财政拨款结余资金改变用途,调整用于本单位基本支出或其他未完成项目支出的,按照批准调剂的金额,在预算会计中,借记"财政拨款结余"科目(单位内部调剂),贷记"财政拨款结转——单位内部调剂"科目。在财务会计中不做账务处理。

【例7-12】 某行政单位经财政部门批准,将已完成M项目财政拨款结余资金1 350元调整用于本单位的日常公用经费。该行政单位应编制的会计分录为:

在预算会计中:

借:财政拨款结余——单位内部调剂　　　　　　　　　　　　　　　1 350
　　贷:财政拨款结转——单位内部调剂　　　　　　　　　　　　　　　1 350

在财务会计中不做账务处理。

经财政部门批准对财政拨款结余资金改变用途,可调整用于本单位基本支出或其他未完成项目支出。

(三)年末确定财政拨款累计结余

1. 财政拨款结转资金按规定转入财政拨款结余

年末,对财政拨款结转各明细项目执行情况进行分析,按照有关规定将符合财政拨款结余性质的项目余额转入财政拨款结余,在预算会计中,借记"财政拨款结转"科目(累计结转),贷记"财政拨款结余"科目(结转转入)。在财务会计中不做账务处理。

【例7-13】 年末,某事业单位完成财政拨款收支转账,在对各项目执行情况进行分析后,将符合财政拨款结余性质的×项目余额2 000元转入财政拨款结余。该事业单位应编制的会计分录为:

在预算会计中:

借:财政拨款结转——累计结转(×项目)　　　　　　　　　　　　　2 000
　　贷:财政拨款结余——结转转入(×项目)　　　　　　　　　　　　　2 000

这里需明确一点:上述"财政拨款结转"科目设置"本年收支结转"明细科目,而"财政拨款结余"科目不设置"本年收支结转"明细科目。即本年财政拨款预算收入首先转入结转,经分析后,对于符合条件的部分再转入结余。因此,"财政拨款结余"科目设置"结转转入"明细科目。后续所述"非财政拨款结转"科目与"非财政拨款结余"科目的情况与此相同。

2. 冲销有关明细科目余额

年末,在预算会计中,将"财政拨款结余"科目(年初余额调整、归集上缴、单位内部调剂、结转转入)余额转入"财政拨款结余"科目(累计结余)。结转后,"财政拨款结余"科目除"累计结余"明细科目外,其他明细科目应无余额。在财务会计中不做账务处理。

【例7-14】 年末,某行政单位财政拨款结余所属有关明细科目余额情况如下:"年初余额调整"贷方余额2 000元,"归集上缴"借方500元,"单位内部调剂"借方1 350元,"结转转入"贷方2 000元。年末结转时,该行政单位应编制的会计分录为:

在预算会计中:

借:财政拨款结余——年初余额调整　　　　　　　　　　　　　　　2 000
　　　　　　　　——结转转入　　　　　　　　　　　　　　　　　　2 000
　　贷:财政拨款结余——单位内部调剂　　　　　　　　　　　　　　1 350
　　　　　　　　　　——归集上缴　　　　　　　　　　　　　　　　　500
　　　　　　　　　　——累计结余　　　　　　　　　　　　　　　　2 150

在财务会计中不做账务处理。

年末,在冲销财政拨款结余有关明细科目的后,该行政单位本年财政拨款结余(累计结余)增加2150元。本年增加的累计结余加上年初累计结余余额,即为本年末单位滚存的财政拨款结余资金数额。

行政事业单位的财政拨款结余应当按照财政部门的要求安排使用,未经财政部门批准,不能随意安排使用。

财政拨款结余的主要账务处理可概括如表7-3所示。

表7-3　　　　　　　　　　　财政拨款结余的主要账务处理

业务事项和内容		财务会计	预算会计
因购货退回、会计差错更正等发生以前年度调整事项	调整增加相关资产	借:财政应返还额度/银行存款等 贷:以前年度盈余调整	借:资金结存——财政应返还额度/货币资金等 贷:财政拨款结余——年初余额调整
	调整减少相关资产	借:以前年度盈余调整 贷:财政应返还额度/银行存款等	借:财政拨款结余——年初余额调整 贷:资金结存——财政应返还额度/货币资金等
按照规定上缴财政拨款结余资金或注销财政拨款结余额度	按照实际上缴资金数额或注销的资金额度	借:累计盈余 贷:财政应返还额度/银行存款	借:财政拨款结余——归集上缴 贷:资金结存——财政应返还额度/货币资金
单位内部调剂财政拨款结余资金	按照调整的金额	—	借:财政拨款结余——单位内部调剂 贷:财政拨款结转——单位内部调剂
年末,转入财政拨款结余	按照有关规定将符合财政拨款结余性质的项目余额转入财政拨款结余		借:财政拨款结转——累计结转 贷:财政拨款结余——结转转入
年末冲销本科目有关明细科目余额		—	借:财政拨款结余——年初余额调整[该明细科目为贷方余额时] 贷:财政拨款结余——累计结余 借:财政拨款结余——累计结余 贷:财政拨款结余——年初余额调整[该明细科目为借方余额时] 　　——归集上缴 　　——单位内部调剂 借:财政拨款结余——结转转入 贷:财政拨款结余——累计结余

第五节 非财政拨款结转

一、非财政拨款结转的概念与核算科目设置

非财政拨款结转是指行政事业单位由财政拨款收支、经营收支以外各非同级财政拨款专项资金收支形成的结转资金。同级财政拨款的资金不形成非财政拨款结转资金,而形成财政拨款结转资金。非同级财政拨款的非专项资金也不形成非财政拨款结转资金,而形成非财政拨款结余资金。行政事业单位应当严格区分财政资金和非财政资金,对于非财政资金,应当进一步区分专项资金和非专项资金,对其分别进行会计核算。

为了核算非财政拨款结转业务,行政事业单位预算会计应设置"非财政拨款结转"总账科目。本科目核算单位在财政拨款收支、经营收支以外各非同级财政拨款专项资金的调整、结转和滚存情况。本科目应当设置下列明细科目:

(1) 年初余额调整。本明细科目核算因发生会计差错更正、以前年度支出收回等原因,需要调整非财政拨款结转的资金。年末结账后,本明细科目应无余额。

(2) 缴回资金。本明细科目核算按照规定缴回非财政拨款结转资金时,实际缴回的资金数额。年末结账后,本明细科目应无余额。

(3) 项目间接费用或管理费。本明细科目核算单位取得的科研项目预算收入中,按照规定计提项目间接费用或管理费的数额。年末结账后,本明细科目应无余额。

(4) 本年收支结转。本明细科目核算单位本年度非同级财政拨款专项收支相抵后的余额。年末结账后,本明细科目应无余额。

(5) 累计结转。本明细科目核算单位滚存的非同级财政拨款专项结转资金。本明细科目年末为贷方余额,反映单位非同级财政拨款滚存的专项结转资金数额。

"非财政拨款结转"科目还应当按照具体项目、《政府收支分类科目》中"支出功能分类科目"的相关科目等进行明细核算。

"非财政拨款结转"科目年末贷方余额,反映单位滚存的非同级财政拨款专项结转资金数额。

二、非财政拨款结转的核算

(一) 从科研项目预算收入中提取项目间接费用或管理费

按照规定从科研项目预算收入中提取项目管理费或间接费时,按照提取金额,在财务会计中,借记"单位管理费用"科目,贷记"预提费用——项目间接费用或管理费"科目;同时,在预算会计中,借记"非财政拨款结转"科目(项目间接费用或管理费),贷记"非财政拨款结余——项目间接费用或管理费"科目。

【例7-15】 某事业单位按照规定从科研项目的预算收入中提取管理费1 500元。该事业单位应编制的会计分录为:

在财务会计中:

借:单位管理费用　　　　　　　　　　　　　　　　　　　　　　　1 500
　　贷:预提费用——项目间接费用或管理费　　　　　　　　　　　　　　　1 500

同时,在预算会计中:

借:非财政拨款结转——项目间接费用或管理费　　　　　　　　　　1 500
　　贷:非财政拨款结余——项目间接费用或管理费　　　　　　　　　　　1 500

从财政拨款的科研项目预算收入中提取项目间接费用或管理费的核算请参见第二章"预提费用"的核算。

(二) 会计差错更正和以前年度支出收回

因会计差错更正收到或支出非同级财政拨款货币资金,属于非财政拨款结转资金的,按照收到或支出的金额,在财务会计中,借记或贷记"银行存款"科目,贷记或借记"以前年度盈余调整"科目;同时,在预算会计中,借记或贷记"资金结存——货币资金"科目,贷记或借记"非财政拨款结转"科目(年初余额调整)。

因收回以前年度支出等收到非同级财政拨款货币资金,属于非财政拨款结转资金的,按照收到的金额,在财务会计中,借记或贷记"银行存款"科目,贷记或借记"以前年度盈余调整"科目;同时,在预算会计中,借记"资金结存——货币资金"科目,贷记"非财政拨款结转"科目(年初余额调整)。

【例 7-16】 某事业单位上一年发生一笔业务活动费用 300 元,款项已通过开户银行支付。但上一年记账时将金额错误的记录为 3 000 元,即多记录 2 700 元(3 000－300)。这一错误导致上一会计年度的费用和支出多记录了 2 700 元。该事业单位本年度对这一错误予以更正。该项资金属于以前年度非财政拨款专项资金。该事业单位应编制的会计分录为:

在财务会计中:

借:银行存款　　　　　　　　　　　　　　　　　　　　　　　　2 700
　　贷:以前年度盈余调整　　　　　　　　　　　　　　　　　　　　　2 700

同时,在预算会计中:

借:资金结存——货币资金　　　　　　　　　　　　　　　　　　2 700
　　贷:非财政拨款结转——年初余额调整　　　　　　　　　　　　　　2 700

由于"业务活动费用""单位管理费用"等费用在年末都转入本期盈余,在退回以前年度发生的费用时,在增加银行存款数额的同时,应增加以前年度盈余调整的数额,而不是冲减当年的相关费用数额。同理,由于"行政支出""事业支出"等支出科目年末都转入相关结转结余科目,因此,在退回以前年度支出时,在增加资金结存数额的同时,增加相关结转结余科目的余额,而不是冲减当年的支出数额。

(三) 本年非财政拨款专项资金预算收支的结转

年末,在预算会计中,将事业预算收入、上级补助预算收入、附属单位上缴预算收入、非同级财政拨款预算收入、债务预算收入、其他预算收入本年发生额中的专项资金收入转入"财政拨款结转"科目的贷方;将行政支出、事业支出、其他支出本年发生额中的非财政拨款专项资金支出转入"非财政拨款结转"科目的借方。

【例 7-17】 年末,某事业单位有关非财政拨款专项资金收入与非财政拨款专项资金支出本年发生额的情况:"事业预算收入——专项资金收入"科目 30 000 元,"上级补助预算收入——专项资金收入"科目 27 800 元,"其他预算收入——专项资金收入"科目 5 600 元;"事业支出——非财政拨款专项资金支出"科目56 500元,"其他支出——非财政拨款专项资金支出"5 500元。年末,将非财政拨款专项资金预算收支科目的本年发生额转入"非财政拨款结转(本年收支结转)"科目。该事业单位应编制的会计分录为:

在预算会计中:

借:事业预算收入——专项资金收入　　　　　　　　　　　　　　　　30 000
　　上级补助预算收入——专项资金收入　　　　　　　　　　　　　　27 800
　　其他预算收入——专项资金收入　　　　　　　　　　　　　　　　 5 600
　　贷:非财政拨款结转——本年收支结转　　　　　　　　　　　　　　　　63 400

同时,

借:非财政拨款结转——本年收支结转　　　　　　　　　　　　　　　62 000
　　贷:事业支出——非财政拨款专项资金支出　　　　　　　　　　　　　　56 500
　　　　其他支出——非财政拨款专项资金支出　　　　　　　　　　　　　　5 500

年末,在完成非财政拨款专项资金预算收支的本年发生额结转后,该事业单位"非财政拨款结转(本年收支结转)"科目的贷方余额为1 400元(63 400－62 000)。

(四)按照规定缴回非财政拨款结转资金

按照规定缴回非财政拨款结转资金的,按照实际缴回资金数额,在财务会计中,借记"累计盈余"科目,贷记"银行存款"科目;同时,在预算会计中,借记"非财政拨款结转"科目(缴回资金),贷记"资金结存——货币资金"科目。

【例7-18】 某事业单位按规定应缴回非财政拨款结转资金1 000元,款项已通过银行存款缴回。该事业单位应编制的会计分录为:

在财务会计中:

借:累计盈余　　　　　　　　　　　　　　　　　　　　　　　　　　 1 000
　　贷:银行存款　　　　　　　　　　　　　　　　　　　　　　　　　　　1 000

同时,在预算会计中:

借:非财政拨款结转——缴回资金　　　　　　　　　　　　　　　　　1 000
　　贷:资金结存——货币资金　　　　　　　　　　　　　　　　　　　　　1 000

(五)年末冲销本科目相关明细科目金额

年末,在预算会计中,将"非财政拨款结转"科目明细科目(年初余额调整、项目间接费用或管理费、缴回资金、本年收支结转)余额转入"非财政拨款结转"科目(累计结转)明细科目。结转后,"非财政拨款结转"科目除了"累计结转"明细科目,其他明细科目应无余额。在财务会计中不做账务处理。

【例7-19】 年末,某事业单位"非财政拨款结转"科目相关明细科目的余额如下:"项目间接费用或管理费"借方余额1 500元,"年初余额调整"贷方余额2 700元,"本年收支结转"贷方余额1 400元,"缴回资金"借方余额1 000元。该事业单位应编制的会计分录为:

在预算会计中:

借：非财政拨款结转——年初余额调整　　　　　　　　　　　　　　　　　2 700
　　　　　　　　——本年收支结转　　　　　　　　　　　　　　　　　　1 400
　　贷：非财政拨款结转——项目间接费用或管理费　　　　　　　　　　　1 500
　　　　　　　　——缴回资金　　　　　　　　　　　　　　　　　　　　1 000
　　　　　　　　——累计结转　　　　　　　　　　　　　　　　　　　　1 600

在财务会计中不做账务处理。

年末，在冲销非财政拨款结转有关明细科目余额后，"非财政拨款结转（累计结转）"科目为贷方余额1 600元（4 100－2 500），表明该事业单位本年非财政拨款结转中的累计结转增加1 600元。本年增加的累计结转加上年初的累计结转，即为年末按规定转非财政拨款结余前的非财政拨款累计结转资金数额。

（六）非财政拨款专项剩余资金按规定转入非财政拨款结余

年末完成上述结转后，应当对非财政拨款专项结转资金各项目情况进行分析，将留归本单位使用的非财政拨款专项剩余资金（项目已完成）转入非财政拨款结余，在预算会计中，借记"非财政拨款结转"科目（累计结转），贷记"非财政拨款结余——结转转入"科目。在财务会计中不做账务处理。

【例7-20】 承[例7-19]，年末，该事业单位"财政拨款结转——累计结转"科目的贷方余额为1 600元。经分析查明，甲项目已完成，项目剩余资金300元，按规定留归单位使用，将其转入非财政拨款结余。该事业单位应编制会计分录为：

在预算会计中：

借：非财政拨款结转——累计结转　　　　　　　　　　　　　　　　　　300
　　贷：非财政拨款结余——结转转入　　　　　　　　　　　　　　　　　300

在财务会计中不做账务处理。

年末，在将留归本单位使用的非财政拨款专项剩余资金转入非财政拨款结余后，该事业单位本年非财政拨款结转中的累计结转余额为1 300元（1 600－300），即为年末该单位滚存的非财政拨款结转资金数额，应当在第二年按照专项资金的原规定用途继续使用。

非财政拨款结转的主要账务处理可概括如表7-4所示。

表7-4　　　　　　　　　　　非财政拨款结转的主要账务处理

业务事项和内容		财务会计	预算会计
按照规定从科研项目预算收入中提取项目管理费或间接费		借：单位管理费用 　贷：预提费用——项目间接费用或管理费	借：非财政拨款结转——项目间接费用或管理费 　贷：非财政拨款结余——项目间接费用或管理费
因购货退回、会计差错更正等发生以前年度调整事项	调整增加相关资产	借：银行存款等 　贷：以前年度盈余调整	借：资金结存——货币资金 　贷：非财政拨款结转——年初余额调整
	调整减少相关资产	借：以前年度盈余调整 　贷：银行存款等	借：非财政拨款结转——年初余额调整 　贷：资金结存——货币资金
按照规定缴回非财政拨款结转资金	按照实际缴回资金	借：累计盈余 　贷：银行存款等	借：非财政拨款结转——缴回资金 　贷：资金结存——货币资金

(续表)

业务事项和内容		财务会计	预算会计
年末结转	结转非财政拨款专项收入	—	借：事业预算收入/上级补助预算收入/附属单位上缴预算收入/非同级财政拨款预算收入/债务预算收入/其他预算收入 贷：非财政拨款结转——本年收支结转
	结转非财政拨款专项支出	—	借：非财政拨款结转——本年收支结转 贷：行政支出/事业支出/其他支出
年末冲销本科目相关明细科目金额		—	借：非财政拨款结转——年初余额调整[该明细科目为贷方余额时] 　　　　　　　　——本年收支结转[该明细科目为贷方余额时] 贷：非财政拨款结转——累计结转 借：非财政拨款结转——累计结转 贷：非财政拨款结转——年初余额调整[该明细科目为借方余额时] 　　　　　　　　——缴回资金 　　　　　　　　——项目间接费用或管理费 　　　　　　　　——本年收支结转[该明细科目为借方余额时]
将留归本单位使用的非财政拨款专项剩余资金转入非财政拨款结余		—	借：非财政拨款结转——累计结转 贷：非财政拨款结余——结转转入

第六节 非财政拨款结余

一、非财政拨款结余的概念与核算科目的设置

非财政拨款结余是指行政事业单位历年滚存的非限定用途的非同级财政拨款结余资金，主要为非财政拨款结余扣除结余分配后滚存的金额。

为了核算单位的非财政拨款结余业务，单位应设置"非财政拨款结余"总账科目。本科目应当设置下列明细科目：

（1）年初余额调整。本明细科目核算因发生会计差错更正、以前年度支出收回等原因，需要调整非财政拨款结余的资金。年末结账后，本明细科目应无余额。

（2）项目间接费用或管理费。本明细科目核算单位取得的科研项目预算收入中，按照规定计提的项目间接费用或管理费数额。年末结账后，本明细科目应无余额。

（3）结转转入。本明细科目核算按照规定留归单位使用，由单位统筹调配，纳入单位非财政拨款结余的非同级财政拨款专项剩余资金。年末结账后，本明细科目应无余额。

（4）累计结余。本明细科目核算单位历年滚存的非同级财政拨款、非专项结余资金。本明细科目年末贷方余额，反映单位非同级财政拨款滚存的非专项结余资金数额。

"非财政拨款结余"科目还应当按照《政府收支分类科目》中"支出功能分类科目"的相关

科目进行明细核算。

"非财政拨款结余"科目年末贷方余额,反映单位非同级财政拨款结余资金的累计滚存数额。

二、非财政拨款结余的核算

(一) 从科研项目预算收入中提取项目间接费用或管理费

按照规定从科研项目预算收入中提取项目间接费用或管理费时,在财务会计中,借记"单位管理费用"科目,贷记"预提费用——项目间接费用或管理费"科目;同时,在预算会计中,借记"非财政拨款结转——项目间接费用或管理费"科目,贷记"非财政拨款结余"科目(项目间接费用或管理费)。

在非财政拨款结余业务中,按照规定从科研项目预算收入中提取项目管理费用或间接费的会计核算举例,可参阅非财政拨款结转相关业务核算举例。

(二) 事业单位实际缴纳企业所得税

有企业所得税缴纳义务的事业单位实际缴纳企业所得税时,按照缴纳金额,在财务会计中,借记"其他应交税费"科目,贷记"银行存款"科目;同时,在预算会计中,借记"非财政拨款结余"科目(累计结余),贷记"资金结存——货币资金"科目。

缴纳企业所得税业务的会计核算举例可参阅所得税费用的相关业务核算举例。

(三) 会计差错更正和以前年度支出收回

因会计差错更正收到或支出非同级财政拨款货币资金,属于非财政拨款结余资金的,按照收到或支出的金额,在财务会计中,借记或贷记"银行存款"科目,贷记或借记"以前年度盈余调整"科目;同时,在预算会计中,借记或贷记"资金结存——货币资金"科目,贷记或借记"非财政拨款结余"科目(年初余额调整)。

因收回以前年度支出等收到非同级财政拨款货币资金,属于非财政拨款结余资金的,按照收到的金额,在财务会计中,借记或贷记"银行存款"科目,贷记或借记"以前年度盈余调整"科目;同时,在预算会计中,借记"资金结存——货币资金"科目,贷记"非财政拨款结余"科目(年初余额调整)。

在非财政拨款结余业务中,会计差错更正和以前年度支出收回业务的会计核算举例可参阅财政拨款结转或非财政拨款结转相关业务核算举例。

(四) 非财政拨款专项剩余资金转入非财政拨款结余

年末,在预算会计中,对非财政拨款结转各明细项目执行情况进行分析,将留归本单位使用的非财政拨款专项剩余资金(项目已完成)转入"非财政拨款结余"科目。在财务会计中不做账务处理。

【例7-21】 年末,某事业单位"非财政拨款结转——累计结转"科目贷方余额为1 850元。对各项目执行情况进行分析后,当年非财政拨款预算目标已经完成的项目(M项目)的余额为1 250元。按规定该项目专项剩余资金可留本单位使用,将其转入非财政拨款结余。该事业单位应编制的会计分录为:

在预算会计中:

借:非财政拨款结转——累计结转(M项目)　　　　　　　　　　　1 250
　　贷:非财政拨款结余——结转转入　　　　　　　　　　　　　　　1 250

在财务会计中不做账务处理。

(五)冲销本科目相关明细科目余额

年末,在预算会计中,将"非财政拨款结余"科目(年初余额调整、项目间接费用或管理费、结转转入)余额结转入"非财政拨款结余"科目(累计结余)。结转后,本科目除了"累计结余"明细科目,其他明细科目应无余额。

【例7-22】 年末,某事业单位"非财政拨款结余"科目的余额为750元,其中,"年初余额调整"明细科目的贷方余额2 500元,"结转转入"明细科目的贷方余额1 250元,"项目间接费用或管理费"的明细科目借方1 000元。年末冲销"非财政拨款结余"科目相关明细科目余额。该事业单位应编制的会计分录为:

在预算会计中:

借:非财政拨款结余——年初余额调整	2 500
——结转转入	1 250
贷:非财政拨款结余——项目间接费用或管理费	1 000
非财政拨款结余——累计结余	2 750

在财务会计中不做账务处理。

年末,在冲销非财政拨款结余有关明细科目余额后,该事业单位本年非财政拨款结余中的累计结余增加2 750元(2 500+1 250-1 000)。本年增加的累计结余加上年初累计结余,即为年末单位滚存的非财政拨款结余资金数额。

年末,"财政拨款结转""财政拨款结余""非财政拨款结转"和"非财政拨款结余"科目在冲销有关明细科目余额后,都是"累计结转"或"累计结余"明细科目有余额,其他明细科目无余额。

(六)其他结余和非财政拨款结余分配余额结转非财政拨款结余

年末,在预算会计中,行政单位将"其他结余"科目余额转入非财政拨款结余。"其他结余"科目为借方余额的,借记"非财政拨款结余"科目(累计结余),贷记"其他结余"科目;"其他结余"科目为贷方余额的,借记"其他结余"科目,贷记"非财政拨款结余"科目(累计结余)。

年末,在预算会计中,事业单位将"非财政拨款结余分配"科目余额转入非财政拨款结余。"非财政拨款结余分配"科目为借方余额的,借记"非财政拨款结余"科目(累计结余),贷记"非财政拨款结余分配"科目;"非财政拨款结余分配"科目为贷方余额的,借记"非财政拨款结余分配"科目,贷记"非财政拨款结余"科目(累计结余)。

其他结余和非财政拨款结余分配余额结转非财政拨款结余的举例详见本章[例7-24]和[例7-25]。

年末,行政事业单位将预算收入中的非同级财政、非专项资金收入以及预算支出中的非同级财政、非专项资金支出转入"其他结余"科目。然后,行政单位将"其他结余"科目余额转入"非财政拨款结余——累计结余"科目,事业单位将"其他结余"科目余额转入"非财政拨款结余分配"科目。事业单位在按规定对非财政拨款结余资金进行分配后,将"非财政拨款结余分配"科目余额转入"非财政拨款结余——累计结余"科目,形成事业单位非财政拨款累计结余的一种来源。非财政拨款累计结余的另一种来源是留归本单位使用的非财政拨款专项(项目已完成)剩余资金。

非财政拨款结余的主要账务处理可概括如表 7-5 所示。

表 7-5　　　　　　　　　　非财政拨款结余的主要账务处理

业务事项和内容		财务会计	预算会计
按照规定从科研项目预算收入中提取项目间接费用或管理费		借：单位管理费用 　贷：预提费用——项目间接费用或管理费	借：非财政拨款结转——项目间接费用或管理费 　贷：非财政拨款结余——项目间接费用或管理费
实际缴纳企业所得税		借：其他应交税费——单位应交所得税 　贷：银行存款等	借：非财政拨款结余——累计结余 　贷：资金结存——货币资金
因购货退回、会计差错更正等发生以前年度调整事项	调整增加相关资产	借：银行存款等 　贷：以前年度盈余调整	借：资金结存——货币资金 　贷：非财政拨款结余——年初余额调整
	调整减少相关资产	借：以前年度盈余调整 　贷：银行存款等	借：非财政拨款结余——年初余额调整 　贷：资金结存——货币资金
将留归本单位使用的非财政拨款专项剩余资金转入非财政拨款结余		—	借：非财政拨款结转——累计结转 　贷：非财政拨款结余——结转转入
年末冲销本科目相关明细科目余额		—	借：非财政拨款结余——年初余额调整[该明细科目为贷方余额时] 　　　　　　　——项目间接费用或管理费 　　　　　　　——结转转入 　贷：非财政拨款结余——累计结余 借：非财政拨款结余——累计结余 　贷：非财政拨款结余——年初余额调整[该明细科目为借方余额时] 　　　　　　　——缴回资金
年末结转	事业单位	非财政拨款结余分配为贷方余额	借：非财政拨款结余分配 　贷：非财政拨款结余——累计结余 若为借方余额作相反的会计分录
	行政单位	其他结余贷方余额	借：其他结余 　贷：非财政拨款结余——累计结余 若为借方余额做相反的会计分录

行政事业单位的年末财政拨款结转、财政拨款结余、非财政拨款结转、非财政拨款结余，即各项结转和结余资金是下一年单位预算资金的一种资金来源，安排用于开展专业业务活动及其辅助活动。

第七节　专用结余、经营结余、其他结余与非财政拨款结余分配

一、专用结余

(一) 专用结余的概念与核算科目的设置

专用结余是指事业单位按照规定从非财政拨款结余中提取的具有专门用途的资金。

为了核算专用结余业务,事业单位预算会计应设置"专用结余"总账科目。本科目应当按照专用结余的类别进行明细核算。本科目年末贷方余额,反映事业单位从非同级财政拨款结余中提取的专用基金的累计滚存数额。

(二)专用结余的主要账务处理

根据有关规定从本年度非财政拨款结余或经营结余中提取基金的,按照提取金额,在财务会计中,借记"本年盈余分配"科目,贷记"专用基金"科目;同时,在预算会计中,借记"非财政拨款结余分配"科目,贷记"专用结余"科目。

按规定使用从非财政拨款结余或经营结余中提取的专用基金时,在财务会计中,借记"业务活动费用"等费用科目,贷记"银行存款"等科目,并在有关费用科目的明细核算或辅助核算中注明"使用专用基金";同时,在预算会计中,借记"事业支出"等预算支出科目,贷记"资金结存"科目,并在有关预算支出科目的明细核算或辅助核算中注明"使用专用结余"。期末,事业单位应当将有关费用中使用专用基金的本期发生额转入专用基金,在财务会计中,借记"专用基金"科目,贷记"业务活动费用"等科目;年末,将有关预算支出中使用专用结余的本年发生额转入专用结余,在预算会计中,借记"专用结余"科目,贷记"事业支出"等科目。

若使用从非财政拨款结余或经营结余中提取的专用基金购置固定资产、无形资产的,在财务会计中,按照固定资产、无形资产成本金额,借记"固定资产""无形资产"科目,贷记"银行存款"等科目;并按照专用基金使用金额,借记"专用基金"科目,贷记"累计盈余"科目。同时,在预算会计中,借记"专用结余"科目,贷记"资金结存"科目。

根据有关规定从本年度非财政拨款结余或经营结余中提取和使用基金的核算举例请参阅[例7-26]和第六章"专用基金"。

二、经营结余

(一)经营结余的概念与核算科目的设置

经营结余是指事业单位本年度经营活动收支相抵后余额弥补以前年度经营亏损后的余额。

为了核算经营结余业务,事业单位预算会计应设置"经营结余"总账科目。本科目可以按照经营活动类别进行明细核算。年末结账后,本科目一般无余额;如为借方余额,反映事业单位累计发生的经营亏损。

(二)经营结余的主要账务处理

年末,将经营预算收入本年发生额转入本科目,借记"经营预算收入"科目,贷记"经营结余"科目;将经营支出本年发生额转入本科目,借记"经营结余"科目,贷记"经营支出"科目。年末,完成上述结转后,如本科目为贷方余额,将本科目贷方余额转入"非财政拨款结余分配"科目,借记"经营结余"科目,贷记"非财政拨款结余分配"科目;如本科目为借方余额,为经营亏损,不予结转。在财务会计中不做账务处理。

【例7-23】 年末,某事业单位"经营预算收入"科目本年贷方发生额为10 400元,"经营支出"科目本年借方发生额为8 400元。将以上经营预算收支科目的发生额结转至"经营结余"科目。在完成上述结转后,"经营结余"科目的贷方余额为2 000元(10 400-8 400),将其结转"非财政拨款结余分配"科目的贷方。该事业单位应编制的会计分录为:

在预算会计中：

（1）结转经营预算收入本年贷方发生额时。

借：经营预算收入　　　　　　　　　　　　　　　　　　　　　　　　　10 400
　　贷：经营结余　　　　　　　　　　　　　　　　　　　　　　　　　　　　10 400

（2）结转经营支出本年借方发生额时。

借：经营结余　　　　　　　　　　　　　　　　　　　　　　　　　　　　8 400
　　贷：经营支出　　　　　　　　　　　　　　　　　　　　　　　　　　　　8 400

（3）将"经营结余"科目贷方发生额转入"非财政拨款结余分配"科目时。

借：经营结余　　　　　　　　　　　　　　　　　　　　　　　　　　　　2 000
　　贷：非财政拨款结余分配　　　　　　　　　　　　　　　　　　　　　　　2 000

在财务会计中不做账务处理。

如果该事业单位年初"经营结余"科目有借方余额500元，为以前年度累计发生的经营亏损。当年实现经营结余2 000元，弥补以前年度经营亏损后累计实现经营结余1 500元（2 000－500），表现为"经营结余"科目年末贷方余额为1 500元。此时，该事业单位应当将"经营结余"科目的年末贷方余额1 500元转入"非财政补助结余分配"科目。

这里应当注意的是，事业单位的"经营预算收入"和"经营支出"科目都是按收付实现制核算的，因此，"经营结余"科目反映的结余或亏损数额也是按收付实现制核算的结果。

三、其他结余

（一）其他结余的概念和核算科目设置

其他结余是指单位本年度在财政拨款收支、非财政专项资金收支和经营收支以外各项收支相抵后的余额。

为了核算单位的其他结余业务，单位预算会计应设置"其他结余"总账科目。年末，将非财政非专项资金预算收支结转至其他结余。而后将"其他结余"转入"非财政拨款结余"（行政单位）或"非财政拨款结余分配"（事业单位）。

行政事业单位本年度财政拨款收支相抵后的余额通过"财政拨款结转"科目核算，本年度非同级财政专项资金收支相抵后的余额通过"非财政拨款结转"科目核算，本年度经营收支相抵后的余额通过"经营结余"科目核算。

（二）其他结余的核算

1. 本年非财政拨款非专项资金预算收支结转

年末，在预算会计中，将事业预算收入、上级补助预算收入、附属单位上缴预算收入、非同级财政拨款预算收入、债务预算收入、其他预算收入本年发生额中的非专项资金收入以及投资预算收益本年发生额转入本科目，借记"事业预算收入""上级补助预算收入""附属单位上缴预算收入""非同级财政拨款预算收入""债务预算收入""其他预算收入"科目下各非专项资金收入明细科目和"投资预算收益"科目，贷记"其他结余"科目（"投资预算收益"科目本年发生额为借方净额时，借记"其他结余"科目，贷记"投资预算收益"科目）；将行政支出、事业支出、其他支出本年发生额中的非同级财政、非专项资金支出，以及上缴上级支出、对附属单位补助支出、投资支出、债务还本支出本年发生额转入本科目,借记"其他结余"科目,贷记"行政支出""事业支出""其他支出"科目下各非同级财政、非专项资金支出明细科目和"上缴上级支出""对附属单位补助支出""投资支出""债务还本支出"科目。在财务会计中不做账务处理。

2. 年末结转非财政拨款结余或非财政拨款结余分配

年末,在预算会计中,完成相关收支结转后,行政单位将"其他结余"科目余额转入"非财政拨款结余——累计结余"科目;事业单位将"其他结余"科目余额转入"非财政拨款结余分配"科目。当"其他结余"科目为贷方余额时,借记"其他结余"科目,贷记"非财政拨款结余——累计结余"科目(行政单位)或"非财政拨款结余分配"科目(事业单位);当"其他结余"科目为借方余额时,借记"非财政拨款结余——累计结余"科目(行政单位)或"非财政拨款结余分配"科目(事业单位),贷记"其他结余"科目。在财务会计中不做账务处理。

【例 7-24】 年末,某行政单位结账前有关非财政拨款非专项资金的收支情况为:"其他预算收入——非专项资金收入"科目 5 000 元;"行政支出——其他资金支出"科目 3 800 元,"其他支出——其他资金支出"科目 1 150 元。年末结账时,该行政单位应编制的会计分录为:

(1) 将非财政拨款非专项资金的收支结转"其他结余"科目时。

在预算会计中:

借:其他预算收入——非专项资金收入   5 000
  贷:其他结余   5 000

同时,

借:其他结余   4 950
  贷:行政支出——其他资金支出   3 800
    其他支出——其他资金支出   1 150

在财务会计中不做账务处理。

(2) 将"其他结余"科目余额 50 元(5 000—4 950)结转"非财政拨款结余——累计结余"科目时。

在预算会计中:

借:其他结余   50
  贷:非财政拨款结余——累计结余   50

在财务会计中不做账务处理。

在行政单位中,由非财政非专项资金预算收支形成的其他结余不进行分配,"其他结余"科目余额直接转入"非财政拨款结余"科目,而不转入"非财政拨款结余分配"科目。

行政事业单位的非财政专项资金结余也不进行分配,因此,由"非财政拨款结转"科目余额直接转入"非财政拨款结余"科目,而不转入"非财政拨款结余分配"科目。

【例 7-25】 年末,某事业单位 20×2 年结账前有关预算收支科目本期发生额中的非财政拨款非专项资金收支科目的本年发生额如表 7-6 所示。该事业单位应编制的会计分录为:

表 7-6　　　　非财政拨款非专项资金事业活动预算收支科目本年发生额　　　　单位：元

非财政非专项资金事业活动相关预算收支项目	本年贷方发生额	本年借方金发生额
事业预算收入——非专项资金收入	125 000	
上级补助预算收入——非专项资金收入	16 000	
附属单位上缴预算收入——非专项资金收入	12 000	
其他预算收入——非专项资金收入	12 000	
事业支出——其他资金支出		123 000
上缴上级支出		10 000
对附属单位补助支出		12 000
其他支出——其他资金支出		10 000
合计	165 000	155 000

（1）将非财政拨款非专项资金事业活动预算收入科目和预算支出科目的本年发生额转入"其他结余"科目。

在预算会计中：

借：事业预算收入——非专项资金收入　　　　　　　　　　　　　125 000
　　上级补助预算收入——非专项资金收入　　　　　　　　　　　16 000
　　附属单位上缴预算收入——非专项资金收入　　　　　　　　　12 000
　　其他预算收入——非专项资金收入　　　　　　　　　　　　　12 000
　　贷：其他结余　　　　　　　　　　　　　　　　　　　　　　165 000

同时，

借：其他结余　　　　　　　　　　　　　　　　　　　　　　　　155 000
　　贷：事业支出——其他资金支出　　　　　　　　　　　　　　123 000
　　　　其他支出——其他资金支出　　　　　　　　　　　　　　10 000
　　　　上缴上级支出　　　　　　　　　　　　　　　　　　　　10 000
　　　　对附属单位补助支出　　　　　　　　　　　　　　　　　12 000

在财务会计中不做账务处理。

（2）在完成非财政非专项资金事业活动预算收入和预算支出的本年发生额结转后，该事业单位"其他结余"科目的贷方余额为 10 000 元(165 000－155 000)，将其全数转入"非财政拨款结余分配"科目的贷方。

在预算会计中：

借：其他结余　　　　　　　　　　　　　　　　　　　　　　　　10 000
　　贷：非财政拨款结余分配　　　　　　　　　　　　　　　　　10 000

在财务会计中不做账务处理。

在事业单位中，由非财政非专项资金预算收支形成的其他结余需要进行分配，"其他结余"科目余额应直接转入"非财政拨款结余分配"科目。

行政事业单位应当分别核算财政拨款资金、非同级财政专项资金、经营活动资金和其他资金。行政事业单位本年度财政拨款收支、非同级财政专项资金收支、经营收支以及上述收支以外的其他各项收支相抵后的余额分别通过"财政拨款结转""非财政拨款结转""经营结

四、非财政拨款结余分配

(一) 非财政拨款结余分配的概念和核算科目的设置

非财政拨款结余分配是指事业单位对本年非财政拨款结余进行的分配。

为了核算非财政拨款结余分配业务,事业单位预算会计应设置"非财政拨款结余分配"总账科目。本科目核算事业单位本年度非财政拨款结余分配的情况和结果。年末结账后,本科目应无余额。

(二) 非财政拨款结余分配的主要账务处理

年末,事业单位将"其他结余"科目余额转入"非财政拨款结余分配"科目。在预算会计中,当"其他结余"科目为贷方余额时,借记"其他结余"科目,贷记"非财政拨款结余分配"科目;当"其他结余"科目为借方余额时,做相反的会计分录。在财务会计中不做账务处理。

年末,事业单位将"经营结余"科目贷方余额转入"非财政拨款结余分配"科目,在预算会计中,借记"经营结余"科目,贷记"非财政拨款结余分配"科目;如本科目为借方余额,为经营亏损,不予结转。在财务会计中不做账务处理。

根据有关规定提取专用基金按照提取的金额,在财务会计中,借记"本年盈余分配"科目,贷记"专用基金"科目;同时,在预算会计中,借记"非财政拨款结余分配"科目,贷记"专用结余"科目。

年末,按照规定完成上述相关处理后,将"非财政补助结余分配"科目的余额转入非财政拨款结余。当"非财政拨款结余分配"科目为贷方余额时,借记"非财政拨款结余分配"科目,贷记"非财政拨款结余"科目;当"非财政拨款结余分配"科目为借方余额时,做相反的会计分录。在财务会计中不做账务处理。

【例 7-26】承[例 7-24]与[例 7-25],年末,该事业单位按规定将"经营结余"和"其他结余"科目贷方余额结转后,"非财政补助结余分配"科目的贷方余额为 12 000 元(2 000 + 10 000)。该事业单位根据有关规定从本年非财政拨款结余和经营结余中提取专用基金(职工福利基金)1 200 元。提取专用基金后,将"非财政拨款结余分配"科目的贷方余额 10 800 元(12 000 - 1 200)转入非财政拨款结余。该事业单位应编制的会计分录为:

(1) 按有关规定提取专用基金(职工福利基金)时。

在财务会计中:

借:本期盈余分配　　　　　　　　　　　　　　　　　　　　　　1 200
　　贷:专用基金　　　　　　　　　　　　　　　　　　　　　　　　　1 200

同时,在预算会计中:

借:非财政拨款结余分配　　　　　　　　　　　　　　　　　　　1 200
　　贷:专用结余——职工福利基金　　　　　　　　　　　　　　　　　1 200

(2) 年末,将"非财政拨款结余分配"科目余额转入非财政拨款结余。

在预算会计中:

借:非财政拨款结余分配　　　　　　　　　　　　　　　　　　 10 800
　　贷:非财政拨款结余——累计结余　　　　　　　　　　　　　　　 10 800

在财务会计中不做账务处理。

经过年末结转,事业单位"其他结余""经营结余"和"非财政拨款结余分配"科目均无余额,相应余额分别转入"非财政拨款结余(累计结余)"和"专用结余"科目。其中,非财政拨款结余应当安排用于开展专业业务活动及其辅助活动,专业结余安排用于职工福利等专门用途。

事业单位非财政拨款结余分配的主要账务处理可概括如表7-7所示。

表7-7　　　　　　　　非财政拨款结余分配的主要账务处理

业务事项和内容	财务会计	预算会计
年末其他结余贷方(或借方)余额转入	—	借:其他结余 　贷:非财政拨款结余分配 　[或做相反的会计分录]
年末经营结余贷方余额转入 (借方余额不结转)	—	借:经营结余 　贷:非财政拨款结余分配
从非财政拨款结余中计提专用基金	借:本期盈余分配 　贷:专用基金	借:非财政拨款结余分配 　贷:专用结余
将非财政拨款结余分配贷方(或借方)余额转入非财政拨款结余	—	借:非财政拨款结余分配 　贷:非财政拨款结余——累计结余 　[或做相反的会计分录]

本章小结

复习思考题

1. 什么是行政事业单位的预算结余?它主要包括哪些种类?
2. 行政事业单位的预算结余是按照什么会计基础进行核算的结果?
3. 什么是资金结存?它具体包括哪些内容?
4. 什么是财政拨款结转?什么是财政拨款结余?两者有什么区别和联系?
5. 什么是非财政拨款结转?什么是非财政拨款结余?两者有什么区别和联系?
6. 什么是专用结余?它与专用基金核算的内容有何不同?
7. 什么是其他结余?什么是经营结余?其他结余和经营结余在年末结账后是否还有余额?
8. 本年盈余分配和非财政拨款结余分配分别核算什么内容?

练习题

第八章　行政事业单位会计报表

行政事业单位会计报表是反映行政事业财务状况、运行情况以及预算执行情况等信息的书面文件,由单位财务报表和预算会计报表构成。行政事业单位应当按照《政府会计制度——行政事业单位会计科目和报表》的规定编制并提供真实、完整的会计报表。行政事业单位会计报表应当由单位负责人和主管会计工作的负责人、会计机构负责人或会计主管人员签字并盖章。

第一节　行政事业单位财务会计报表

财务会计报表是反映行政事业单位某一特定日期的财务状况和某一会计期间的业务活动成果、净资产变动以及现金流量等会计信息的文件,由会计报表及其附注构成。行政事业单位的会计报表至少应当包括资产负债表、收入费用表、净资产变动表、现金流量表以及报表附注。

一、资产负债表

(一) 资产负债表的性质和作用

资产负债表是指反映单位在某一特定日期的财务状况的报表。其中,财务状况是指单位在某一特定日期占有或者使用的资产、承担的负债以及剩余的净资产的数额及其结构和相互关系。

单位资产负债表的作用主要表现在以下几个方面:

(1) 提供某一特定日期资产总额及其构成情况的信息。例如,提供某一特定日期资产总额、流动资产总额、非流动资产总额等信息。

(2) 提供某一特定日期负债总额及其构成情况的信息。例如,提供某一特定日期负债总额、流动负债总额、非流动负债总额等信息。

(3) 提供某一特定日期净资产总额及其构成情况的信息。例如,提供某一特定日期净资产总额、累计盈余、专用基金数额、权益法调整的数额、无偿调拨净资产的数额、本期盈余的数额等信息。

(二) 资产负债表的格式

资产负债表以"资产＝负债＋净资产"的会计平衡等式为编制依据,采用账户格式,左边为资产,右边为负债和净资产,项目排列按流动性列示。行政事业单位资产负债表的格式如表 8-1 所示。

单位的资产负债表应当按照月度和年度编制。月度资产负债表的"无偿调拨净资产"和"本期盈余"项目有余额。年终转账时,将两者余额转入"累计盈余"科目,转账后两科目没有了余额,故年度资产负债表中"无偿调拨净资产"和"本期盈余"两个项目没有余额。

表 8-1 资产负债表

编制单位： 20×2年12月31日 单位：百元

资　　产	期末余额	年初余额	负债和净资产	期末余额	年初余额
流动资产：			流动负债：		
货币资金	44 000		短期借款	110 000	
短期投资	11 000		应交增值税	4 400	
财政应返还额度	0		其他应交税费		
应收票据	3 300		应缴财政款		
应收账款净额	13 200		应付职工薪酬		
预付账款	4 400		应付票据		
应收股利			应付账款	2 200	
应收利息			应付政府补贴款		
其他应收款净额	1 100		应付利息		
存货	50 600		预收账款	22 000	
待摊费用			其他应付款	4 400	
一年内到期的非流动资产			预提费用		
其他流动资产			一年内到期的非流动负债	44 000	
流动资产合计	127 600		其他流动负债		
非流动资产：			流动负债合计	187 000	
长期股权投资	44 000		非流动负债：		
长期债券投资			长期借款	176 000	
固定资产原值	770 000		长期应付款		
减：固定资产累计折旧	110 000		预计负债		
固定资产净值	660 000		其他非流动负债		
工程物资			非流动负债合计	176 000	
在建工程	220 000		受托代理负债		
无形资产原值	66 000		负债合计	363 000	
减：无形资产累计摊销	22 000				
无形资产净值	4 000				
研发支出					
公共基础设施原值					
减：公共基础设施累计折旧(摊销)					
公共基础设施净值					
政府储备物资					
文物资源					
保障性住房原值					

(续表)

资　产	期末余额	年初余额	负债和净资产	期末余额	年初余额
减：保障性住房累计折旧					
保障性住房净值					
PPP 项目资产			净资产：		
减：PPP 项目资产累计折旧（摊销）			累计盈余	506 000	
PPP 项目资产净值			专用基金	171 600	
长期待摊费用			权益法调整	66 000	
待处理财产损溢			PPP 项目净资产		
其他非流动资产	11 000		无偿调拨净资产		
非流动资产合计			本期盈余		
受托代理资产			净资产合计	743 600	
资产总计	1 106 600		负债和净资产总计	1 106 600	

（三）资产负债表的编制方法

资产负债表"年初余额"栏内各项数字，应当根据上年年末资产负债表"期末余额"栏内数字填列。资产负债表"期末余额"栏各项目的填列方法如下。

1. 资产项目的填列

（1）根据总账科目期末借方余额直接填列的资产项目。如短期投资、财政应返还额度、应收票据、预付账款、应收股利、应收利息、待摊费用、长期股权投资、固定资产原值、固定资产累计折旧、工程物资、在建工程、无形资产原值、无形资产累计摊销、公共基础设施原值、公共基础设施累计折旧(摊销)、政府储备物资、保障性住房原值、保障性住房累计折旧、文物文化资产、长期待摊费用、研发支出、待处理财产损溢（期末为贷方余额，以"－"号填列）等项目。

（2）根据总账科目期末借方余额计算合计填列的资产项目。如"货币资金"项目，应当根据"库存现金""银行存款""其他货币资金"科目的期末余额的合计数填列（若单位存在通过"库存现金""银行存款"科目核算的受托代理资产还应当按照前述合计数扣减"库存现金""银行存款"科目下"受托代理资产"明细科目的期末余额后的金额填列）；"存货"项目，应当根据"在途物品""库存物品""加工物品"科目的期末余额的合计数填列；"受托代理资产"项目，应当根据"受托代理资产"科目的期末余额与"库存现金""银行存款"科目下"受托代理资产"明细科目的期末余额的合计数填列；"其他流动资产"项目，反映单位期末其他流动资产的合计金额，应当根据有关科目期末余额的合计数填列。

（3）根据总账科目和明细科目的余额分析计算填列的资产项目。如"一年内到期的非流动资产"项目，反映单位期末非流动资产项目中将在 1 年内(含 1 年)到期的金额，如事业单位将在 1 年内(含 1 年)到期的长期债券投资金额。本项目应当根据"长期债券投资"等科目的明细科目的期末余额分析填列；"长期债券投资"项目，应当根据"长期债券投资"科目的期末余额减去其中将于 1 年内(含 1 年)到期的长期债券投资余额后的金额填列。

(4) 根据有关资产总账科目与其备抵科目抵销后的净额填列的资产项目。如"应收账款净额"项目,应当根据"应收账款"科目的期末余额,减去"坏账准备"科目中对应收账款计提的坏账准备的期末余额后的金额填列。这些项目还有"其他应收款净额""固定资产净值""无形资产净值""公共基础设施净值""保障性住房净值""PPP项目资产"等。

2. 负债项目的填列

(1) 直接根据总账科目期末贷方余额填列的负债项目。如短期借款、应缴财政款、应付职工薪酬、应付票据、应付账款、应付政府补贴款、应付利息、预收账款、其他应付款、预提费用、预计负债、受托代理负债、应交增值税(期末为借方余额,以"－"号填列)、其他应交税费(期末为借方余额,以"－"号填列)等项目。

(2) 根据总账科目期末贷方余额和明细科目的余额分析计算填列的负债项目。如"一年内到期的非流动负债"项目,应当根据"长期应付款""长期借款"等科目的明细科目的期末余额分析填列;"长期借款"项目和"长期应付款"项目,应当分别根据"长期借款"科目和"长期应付款"科目的期末余额减去其中将于1年内(含1年)到期的长期借款、长期应付款余额后的金额填列。

(3) 根据总账科目期末贷方余额计算合计填列的负债项目。如"其他流动负债"项目,反映单位期末其他流动负债的合计数,本项目应当根据有关科目的期末余额的合计数填列;"其他非流动负债"项目,反映期末单位其他非流动负债的合计数,本项目应当根据有关科目的期末余额合计数填列。

3. 净资产项目的填列

(1) "累计盈余""专用基金"项目,分别根据"累计盈余"和"专用基金"科目的期末余额填列。

(2) "权益法调整"项目,根据"权益法调整"科目的期末余额填列。如期末为借方余额,以"－"号填列。

(3) "无偿调拨净资产"项目,仅在月度报表中列示,年度报表中不列示。月度报表中本项目应当根据"无偿调拨净资产"科目的期末余额填列;若期末为借方余额时,以"－"号填列。

(4) "本期盈余"项目,仅在月度报表中列示,年度报表中不列示。月度报表中本项目应当根据"本期盈余"科目的期末余额填列;如期末为借方余额时,以"－"号填列。

(5) "净资产合计"项目,根据本表中"累计盈余""专用基金""权益法调整""无偿调拨净资产"(月度报表)、"本期盈余"(月度报表)项目金额的合计数填列。

【例8-1】 某事业单位20×2年12月31日结账后,资产、负债和净资产各科目的期末余额如表8-2所示。

表8-2　　某事业单位资产、负债和净资产科目的期末余额表

科目名称	借方余额	科目名称	贷方余额
库存现金	2 200	短期借款	110 000
银行存款	41 800	应交增值税	4 400
短期投资	11 000	应付账款	2 200
应收票据	3 300	预收账款	22 000

(续表)

科目名称	借方余额	科目名称	贷方余额
应收账款	13 600	其他应付款	4 400
预付账款	4 400	长期借款	220 000(其中一年内到期 44 000)
其他应收款	1 100	累计盈余	506 000
在途物品	600	专用基金	171 600
库存物品	50 000	权益法调整	66 000
长期股权投资	44 000	坏账准备	400
固定资产	770 000	固定资产累计折旧	110 000
在建工程	220 000	无形资产累计摊销	22 000
无形资产	660 000		
其他非流动资产	11 000		
合计	1 239 000	合计	1 239 000

12月31日编制年末资产负债表时,由于各项目口径没有变化,"年初余额"栏内各项数字,应当根据上年年末资产负债表"期末余额"栏内数字填列。"期末余额"栏各项目数字根据各科目的期末余额直接填列、合并填列或计算分析填列。几个重点项目的填列说明如下。

(1) 货币资金＝库存现金＋银行存款＋其他货币资金＝2 200＋41 800＝44 000(元)
(2) 应收账款净额＝应收账款－坏账准备＝13 600－400＝13 200(元)
(3) 存货＝在途物资＋库存物品＝600＋50 000＝50 600(元)
(4) 一年内到期的非流动负债＝44 000(元)
(5) 长期借款＝220 000－44 000＝176 000(元)

其他项目可根据科目余额表直接填列。流动资产合计、非流动资产合计、资产总计、流动负债合计、非流动负债合计、负债合计、净资产合计、负债和净资产总计等项目的数额按其内容汇总后填列即可。编制完成的20×2年度资产负债表如表8-1所示。

二、收入费用表

(一) 收入费用表的性质和作用

收入费用表是反映单位在某一会计期间内发生的收入、费用及当期盈余情况的报表。收入费用表中的数据与经批准的单位收支预算数据进行比较,可以全面了解和评价事业单位收支预算执行情况。

收入费用表的作用主要表现在以下几个方面:

(1) 反映某一会计期间各项收入的总额及其构成情况的信息,如单位实现的收入总额以及财政拨款收入等11项收入的构成情况。

(2) 反映某一会计期间各项费用的总额及其构成情况的信息,如耗费的费用总额以及业务活动费用等八项费用的构成情况。

(3) 反映某一会计期间经各项收入总额与各项费用总额配比的结果,即本期业务活动的成果本期盈余情况的信息。

按照规定,单位收入费用表应当按照月度和年度编制。

(二) 收入费用表的格式

行政事业单位收入费用表采用单步式格式,采用基本的计算公式:本期收入－本期费用＝本期盈余。该表还就各项目再分为"本月数"和"本年累计数"两栏分别列示。由此,单位收入费用表的格式如表8-3所示。

表8-3　　　　　　　　　　　　　收入费用表

编制单位:　　　　　　　　　　20×2年8月　　　　　　　　　　　　　单位:元

项　　目	本月数	本年累计数
一、本期收入	430 000	
(一) 财政拨款收入	250 000	
其中:政府性基金收入	0	
(二) 事业收入	150 000	
(三) 上级补助收入	6 000	
(四) 附属单位上缴收入	4 000	
(五) 经营收入	2 500	
(六) 非同级财政拨款收入	7 000	
(七) 投资收益	2 000	
(八) 捐赠收入	4 000	
(九) 利息收入	800	
(十) 租金收入	2 200	
(十一) 其他收入	1 500	
二、本期费用	426 000	
(一) 业务活动费用	255 000	
(二) 单位管理费用	152 000	
(三) 经营费用	2 000	
(四) 资产处置费用	9 000	
(五) 上缴上级费用	3 000	
(六) 对附属单位补助费用	2 900	
(七) 所得税费用	100	
(八) 其他费用	2 000	
三、本期盈余	4 000	

(三) 收入费用表的编制方法

1. "本月数"栏与"本年累计数"栏的名称与反映内容

收入费用表"本月数"栏反映各项目的本月实际发生数。编制年度收入费用表时,应当将本栏改为"本年数",反映本年度各项目的实际发生数。

收入费用表"本年累计数"栏反映各项目自年初至报告期期末的累计实际发生数。编制年度收入费用表时,应当将本栏改为"上年数",反映上年度各项目的实际发生数,"上年数"栏应当根据上年年度收入费用表中"本年数"栏内所列数字填列。

如果本年度收入费用表规定的项目的名称和内容与上年度不一致,应当对上年度收入费用表项目的名称和数字按照本年度的规定进行调整,将调整后的金额填入本年度收入费用表的"上年数"栏内。

如果本年度单位发生了因前期差错更正、会计政策变更等调整以前年度盈余的事项,还应当对年度收入费用表中"上年数"栏中的有关项目金额进行相应调整。

2. 收入费用表"本月数"栏各项目的内容和填列方法

(1)"本期收入"项目,反映单位本期收入总额。本项目应当根据本表中"财政拨款收入""事业收入""上级补助收入""附属单位上缴收入""经营收入""非同级财政拨款收入""投资收益""捐赠收入""利息收入""租金收入"和"其他收入"项目金额的合计数填列。上述各收入项目应当根据各收入科目的本期发生额填列。

(2)"本期费用"项目,反映单位本期费用总额。本项目应当根据本表中"业务活动费用""单位管理费用""经营费用""资产处置费用""上缴上级费用""对附属单位补助费用""所得税费用"和"其他费用"项目金额的合计数填列。上述各费用项目应当根据各费用科目的本期发生额填列。

(3)"本期盈余"项目,反映单位本期收入扣除本期费用后的净额。本项目应当根据本表中"本期收入"项目金额减去"本期费用"项目金额后的金额填列;如为负数,以"一"号填列。

【例8-2】 承[例6-2],编制该事业单位20×2年12月的收入费用表时,省略本年累计数,"本月数"主要项目的填列说明如下:本期收入为本月各项收入合计430 000元,本期费用为本月各项费用合计426 000元,本期盈余4 000元(430 000-426 000)。编制完成的该事业单位20×2年12月的收入费用表如前述表8-3所示。

三、净资产变动表

(一)净资产变动表的性质和格式

净资产变动表是反映单位在某一会计年度内净资产各项目增减变动情况的报表。净资产变动表不仅包括净资产总量的增减变动,还包括净资产增减变动的重要结构性信息,让报表使用者准确理解净资产增减变动的根源。

净资产变动表的作用主要表现在以下几个方面:

(1)反映某一会计年度内累计盈余增减变动情况的信息。
(2)反映某一会计年度内专用基金增减变动情况的信息。
(3)反映某一会计年度权益法调整增减变动情况的信息。
(4)反映某一会计年度净资产总量增减变动情况的信息。

按照规定,净资产变动表应当按照年度编制。

(二)净资产变动表的格式

为了清楚地表明构成净资产的各组成部分当期的增减变动情况,净资产变动表以矩阵的形式列示:一方面,列示导致净资产变动的业务活动;另一方面,按照净资产各组成部分(包括累计盈余、专用基金、权益法调整等)及其总额列示业务活动对净资产的影响。此外,还需要提供比较净资产变动表,各项目再分为"本年数"和"上年数"两栏分别填列。净资产变动表的具体格式如表8-4所示。

表 8-4　　　　　　　　　　　　　　　　净资产变动表

编制单位：　　　　　　　　　　　　　　20×2年度　　　　　　　　　　　　　　单位：元

项目	本年数					上年数				
	累计盈余	专用基金	权益法调整	PPP项目净资产	净资产合计	累计盈余	专用基金	权益法调整	PPP项目净资产	净资产合计
一、上年年末余额	20 000	16 000	12 000		48 000					
二、以前年度盈余调整(减少以"一"号填列)	0	—			0		—			
三、本年年初余额	20 000	16 000	12 000		48 000					
四、本年变动金额(减少以"一"号填列)										
（一）本年盈余	40 000	—			40 000		—			
（二）无偿调拨净资产										
（三）归集调整预算结转结余										
（四）提取或设置专用基金		—					—			
其中：从预算收入中提取										
从预算结余中提取										
设置的专用基金	—	70 000			70 000	—				
（五）使用专用基金										
（六）权益法调整	—	—	−2 000		−2 000	—				
五、本年年末余额	60 000	86 000	10 000		156 000					

注：表中"—"标识单元格不需填列。

（三）净资产变动表编制方法

1. 净资产变动表"本年数"栏的名称与反映内容

净资产变动表"本年数"栏反映本年度各项目的实际变动数。本表"上年数"栏反映上年度各项目的实际变动数，应当根据上年度净资产变动表中"本年数"栏内所列数字填列。

2. 净资产变动表"本年数"栏各项目的内容和填列方法

（1）"上年年末余额"行，反映单位净资产各项目上年年末的余额。本行各项目应当根据"累计盈余""专用基金""权益法调整"科目上年年末余额填列。

（2）"以前年度盈余调整"行，反映单位本年度调整以前年度盈余的事项对累计盈余进行调整的金额。本行"累计盈余"项目应当根据本年度"以前年度盈余调整"科目转入"累计盈余"科目的金额填列；如调整减少累计盈余，以"一"号填列。

（3）"本年年初余额"行，反映经过以前年度盈余调整后，单位净资产各项目的本年年初余额。本行"累计盈余""专用基金""权益法调整"项目应当根据其各自在"上年年末余额"和"以前年度盈余调整"行对应项目金额的合计数填列。

（4）"本年变动金额"行，反映单位净资产各项目本年变动总金额。本行"累计盈余""专用基金""权益法调整"项目应当根据其各自在"本年盈余""无偿调拨净资产""归集调整预算结转结余""提取或设置专用基金""使用专用基金""权益法调整"行对应项目金额的合计数填列。

（5）"本年盈余"行，反映单位本年发生的收入、费用对净资产的影响。本行"累计盈余"

项目应当根据年末由"本期盈余"科目转入"本年盈余分配"科目的金额填列;如转入时借记"本年盈余分配"科目,则以"一"号填列。

(6)"无偿调拨净资产"行,反映单位本年无偿调入、调出非现金资产事项对净资产的影响。本行"累计盈余"项目应当根据年末由"无偿调拨净资产"科目转入"累计盈余"科目的金额填列;如转入时借记"累计盈余"科目,则以"一"号填列。

(7)"归集调整预算结转结余"行,反映单位本年财政拨款结转结余资金归集调入、归集上缴或调出,以及非财政拨款结转资金缴回对净资产的影响。本行"累计盈余"项目应当根据"累计盈余"科目明细账记录分析填列;如归集调整减少预算结转结余,则以"一"号填列。

(8)"提取或设置专用基金"行,反映单位本年提取或设置专用基金对净资产的影响。本行"累计盈余"项目应当根据"从预算结余中提取"行"累计盈余"项目的金额填列。本行"专用基金"项目应当根据"从预算收入中提取""从预算结余中提取""设置的专用基金"行"专用基金"项目金额的合计数填列。

"从预算收入中提取"行,反映单位本年从预算收入中提取专用基金对净资产的影响。本行"专用基金"项目应当通过对"专用基金"科目明细账记录的分析,根据本年按有关规定从预算收入中提取基金的金额填列。

"从预算结余中提取"行,反映单位本年根据有关规定从本年度非财政拨款结余或经营结余中提取专用基金对净资产的影响。本行"累计盈余""专用基金"项目应当通过对"专用基金"科目明细账记录的分析,根据本年按有关规定从本年度非财政拨款结余或经营结余中提取专用基金的金额填列;本行"累计盈余"项目以"一"号填列。

"设置的专用基金"行,反映单位本年根据有关规定设置的其他专用基金对净资产的影响。本行"专用基金"项目应当通过对"专用基金"科目明细账记录的分析,根据本年按有关规定设置的其他专用基金的金额填列。

(9)"使用专用基金"行,反映单位本年按规定使用专用基金对净资产的影响。本行"累计盈余""专用基金"项目应当通过对"专用基金"科目明细账记录的分析,根据本年按规定使用专用基金的金额填列;本行"专用基金"项目以"一"号填列。

(10)"权益法调整"行,反映单位本年按照被投资单位除净损益和利润分配以外的所有者权益变动份额而调整长期股权投资账面余额对净资产的影响。本行"权益法调整"项目应当根据"权益法调整"科目本年发生额填列;若本年净发生额为借方时,以"一"号填列。

(11)"本年年末余额"行,反映单位本年各净资产项目的年末余额。本行"累计盈余""专用基金""权益法调整"项目应当根据其各自在"本年年初余额""本年变动金额"行对应项目金额的合计数填列。

(12)本表各行"净资产合计"项目,应当根据所在行"累计盈余""专用基金""权益法调整"项目金额的合计数填列。

【例8-3】 某事业单位20×1年12月31日的累计盈余20 000元,专用基金16 000元,权益法调整12 000元。20×2年年度增加的累计盈余为40 000元,设置专用基金70 000元,权益法调整-2 000元,本年度没有发生以前年度调整事项。据此编制的该事业单位20×2年度的净资产变动表如前述表8-4所示。

四、现金流量表

(一) 现金流量表的性质和格式

现金流量表是反映单位在某一会计年度内现金流入和流出的信息的报表。从编制原则上看,现金流量表按照收付实现制原则编制,将权责发生制下的盈余信息调整为收付实现制下的现金流量信息,便于信息使用者了解单位盈余的质量;从内容上看,现金流量表被划分为日常活动、投资活动和筹资活动三个部分,每类活动又分为各具体项目,这些项目从不同角度反映单位业务活动的现金流入与流出,弥补了资产负债表和收入费用表提供信息的不足。通过现金流量表,报表使用者能够了解现金流量的各个影响因素。

在现金流量表中,现金是指单位的库存现金以及其他可以随时用于支付的款项,包括库存现金、可以随时用于支付的银行存款、其他货币资金、财政应返还额度,以及通过财政直接支付方式支付的款项。现金流量表所指的现金流量,是指现金的流入和流出。

在现金流量表中,现金被视为一个整体,单位现金形式的转换不会产生现金的流入和流出。例如,单位从银行提取现金,是单位现金存放形式的转换,并未流出单位,不构成现金流量。根据单位业务活动的性质和现金流量的来源,现金流量表在结构上将单位一定期间产生的现金流量分为三类:日常活动产生的现金流量、投资活动产生的现金流量和筹资活动产生的现金流量,并考虑汇率变动对现金的影响。此外,还需要提供比较现金流量表,表中各项目再分为"本期金额"和"上期金额"两栏分别填列。现金流量表的具体格式如表 8-5 所示。

表 8-5 现金流量表

编制单位: 20×2年 单位:元

项目	本期金额	上期金额
一、日常活动产生的现金流量:		
财政基本支出拨款收到的现金	100 000	
财政非资本性项目拨款收到的现金	40 000	
事业活动收到的除财政拨款以外的现金	800	
收到的其他与日常活动有关的现金	200	
日常活动的现金流入小计	141 000	
购买商品、接受劳务支付的现金	1 080	
支付给职工以及为职工支付的现金	40 000	
支付的各项税费	160	
支付的其他与日常活动有关的现金	0	
日常活动的现金流出小计	41 240	
日常活动产生的现金流量净额	99 760	
二、投资活动产生的现金流量:		
收回投资收到的现金	20 000	
取得投资收益收到的现金	400	

(续表)

项　　目	本期金额	上期金额
处置固定资产、无形资产、公共基础设施等收回的现金净额	10 000	
收到的其他与投资活动有关的现金	0	
投资活动的现金流入小计	30 400	
购建固定资产、无形资产、公共基础设施等支付的现金	1 600	
对外投资支付的现金	20 000	
上缴处置固定资产、无形资产、公共基础设施等净收入支付的现金	1 000	
支付的其他与投资活动有关的现金	0	
投资活动的现金流出小计	22 600	
投资活动产生的现金流量净额	7 800	
三、筹资活动产生的现金流量：		
财政资本性项目拨款收到的现金	100 000	
取得借款收到的现金	20 000	
收到的其他与筹资活动有关的现金	0	
筹资活动的现金流入小计	120 000	
偿还借款支付的现金	16 000	
偿还利息支付的现金	200	
支付的其他与筹资活动有关的现金	0	
筹资活动的现金流出小计	16 200	
筹资活动产生的现金流量净额	103 800	
四、汇率变动对现金的影响额		
五、现金净增加额	211 360	

（二）现金流量表编制方法与编制说明

编制现金流量表时，列报日常活动现金流量的方法有两种，一种直接法，另一种是间接法。在直接法下，一般是以收入费用表中的收入为起算点，调节与日常活动有关的项目的增减变动，然后计算出日常活动产生的现金流量。在间接法下，将本期盈余调节为日常活动现金流量，实际上就是将按权责发生制原则确定的本期盈余调整为现金净流入，并剔除投资活动和筹资活动对现金流量的影响。

采用直接法编报的现金流量表，便于分析单位日常活动产生的现金流量的来源和用途；采用间接法编报现金流量表，便于将本期盈余与日常活动产生的现金流量净额进行比较，了解本期盈余与日常活动产生的现金流量差异的原因。所以，我国政府会计准则规定单位应当采用直接法编报现金流量表，同时要求在附注中提供以本期盈余为基础调节到日常活动现金流量的信息。按照规定，行政事业单位的现金流量表应当按年编制。

现金流量表"上年金额"栏反映各项目的上年实际发生数，应当根据上年现金流量表中"本年金额"栏内所列数字填列。"本年金额"栏反映各项目的本年实际发生数。"本年金额"栏各项目的填列方法如下所述。

1. 日常活动产生的现金流量

（1）"财政基本支出拨款收到的现金"项目，反映单位本年接受财政基本支出拨款取得的现金。本项目应当根据"零余额账户用款额度""财政拨款收入""银行存款"等科目及其所属明细科目的记录分析填列。

（2）"财政非资本性项目拨款收到的现金"项目，反映单位本年接受除用于购建固定资产、无形资产、公共基础设施等资本性项目以外的财政项目拨款取得的现金。本项目应当根据"银行存款""零余额账户用款额度""财政拨款收入"等科目及其所属明细科目的记录分析填列。

（3）"事业活动收到的财政拨款以外的现金"项目，反映事业单位本年开展专业业务活动及其辅助活动取得的财政拨款以外的现金。本项目应当根据"库存现金""银行存款""其他货币资金""应收账款""应收票据""预收账款""事业收入"等科目及其所属明细科目的记录分析填列。

（4）"收到的其他与日常活动有关的现金"项目，反映单位本年收到的除以上项目以外的与日常活动有关的现金。本项目应当根据"库存现金""银行存款""其他货币资金""上级补助收入""附属单位上缴收入""经营收入""非同级财政拨款收入""捐赠收入""利息收入""租金收入""其他收入"等科目及其所属明细科目的记录分析填列。

（5）"日常活动的现金流入小计"项目，反映单位本年日常活动产生的现金流入的合计数。本项目应当根据本表中"财政基本支出拨款收到的现金""财政非资本性项目拨款收到的现金""事业活动收到的除财政拨款以外的现金""收到的其他与日常活动有关的现金"项目金额的合计数填列。

（6）"购买商品、接受劳务支付的现金"项目，反映单位本年在日常活动中用于购买商品、接受劳务支付的现金。本项目应当根据"库存现金""银行存款""财政拨款收入""零余额账户用款额度""预付账款""在途物品""库存物品""应付账款""应付票据""业务活动费用""单位管理费用""经营费用"等科目及其所属明细科目的记录分析填列。

（7）"支付给职工以及为职工支付的现金"项目，反映单位本年支付给职工以及为职工支付的现金。本项目应当根据"库存现金""银行存款""零余额账户用款额度""财政拨款收入""应付职工薪酬""业务活动费用""单位管理费用""经营费用"等科目及其所属明细科目的记录分析填列。

（8）"支付的各项税费"项目，反映单位本年用于缴纳日常活动相关税费而支付的现金。本项目应当根据"库存现金""银行存款""零余额账户用款额度""应交增值税""其他应交税费""业务活动费用""单位管理费用""经营费用""所得税费用"等科目及其所属明细科目的记录分析填列。

（9）"支付的其他与日常活动有关的现金"项目，反映单位本年支付的除上述项目以外与日常活动有关的现金。本项目应当根据"库存现金""银行存款""零余额账户用款额度""财政拨款收入""其他应付款""业务活动费用""单位管理费用""经营费用""其他费用"等科目及其所属明细科目的记录分析填列。

（10）"日常活动的现金流出小计"项目，反映单位本年日常活动产生的现金流出的合计数。本项目应当根据本表中"购买商品、接受劳务支付的现金""支付给职工以及为职工支付的现金""支付的各项税费""支付的其他与日常活动有关的现金"项目金额的合计数填列。

(11)"日常活动产生的现金流量净额"项目,应当按照本表中"日常活动的现金流入小计"项目金额减去"日常活动的现金流出小计"项目金额后的金额填列;如为负数,以"-"号填列。

2. 投资活动产生的现金流量

(1)"收回投资收到的现金"项目,反映单位本年出售、转让或者收回投资收到的现金。本项目应该根据"库存现金""银行存款""短期投资""长期股权投资""长期债券投资"等科目的记录分析填列。

(2)"取得投资收益收到的现金"项目,反映单位本年因对外投资而收到被投资单位分配的股利或利润,以及收到投资利息而取得的现金。本项目应当根据"库存现金""银行存款""应收股利""应收利息""投资收益"等科目的记录分析填列。

(3)"处置固定资产、无形资产、公共基础设施等收回的现金净额"项目,反映单位本年处置固定资产、无形资产、公共基础设施等非流动资产所取得的现金,减去为处置这些资产而支付的有关费用之后的净额。由于自然灾害所造成的固定资产等长期资产损失而收到的保险赔款收入,也在本项目反映。本项目应当根据"库存现金""银行存款""待处理财产损溢"等科目的记录分析填列。

(4)"收到的其他与投资活动有关的现金"项目,反映单位本年收到的除上述项目以外与投资活动有关的现金。对于金额较大的现金流入,应当单列项目反映。本项目应当根据"库存现金""银行存款"等有关科目的记录分析填列。

(5)"投资活动的现金流入小计"项目,反映单位本年投资活动产生的现金流入的合计数。本项目应当根据本表中"收回投资收到的现金""取得投资收益收到的现金""处置固定资产、无形资产、公共基础设施等收回的现金净额""收到的其他与投资活动有关的现金"项目金额的合计数填列。

(6)"购建固定资产、无形资产、公共基础设施等支付的现金"项目,反映单位本年购买和建造固定资产、无形资产、公共基础设施等非流动资产所支付的现金;融资租入固定资产支付的租赁费不在本项目反映,在筹资活动的现金流量中反映。本项目应当根据"库存现金""银行存款""固定资产""工程物资""在建工程""无形资产""研发支出""公共基础设施""保障性住房"等科目的记录分析填列。

(7)"对外投资支付的现金"项目,反映单位本年为取得短期投资、长期股权投资、长期债券投资而支付的现金。本项目应当根据"库存现金""银行存款""短期投资""长期股权投资""长期债券投资"等科目的记录分析填列。

(8)"上缴处置固定资产、无形资产、公共基础设施等净收入支付的现金"项目,反映本年单位将处置固定资产、无形资产、公共基础设施等非流动资产所收回的现金净额予以上缴财政所支付的现金。本项目应当根据"库存现金""银行存款""应缴财政款"等科目的记录分析填列。

(9)"支付的其他与投资活动有关的现金"项目,反映单位本年支付的除上述项目以外与投资活动有关的现金。对于金额较大的现金流出,应当单列项目反映。本项目应当根据"库存现金""银行存款"等有关科目的记录分析填列。

(10)"投资活动的现金流出小计"项目,反映单位本年投资活动产生的现金流出的合计数。本项目应当根据本表中"购建固定资产、无形资产、公共基础设施等支付的现金""对外投资支付的现金""上缴处置固定资产、无形资产、公共基础设施等净收入支付的现金""支付的其他与投资活动有关的现金"项目金额的合计数填列。

（11）"投资活动产生的现金流量净额"项目，应当按照本表中"投资活动的现金流入小计"项目金额减去"投资活动的现金流出小计"项目金额后的金额填列；如为负数，以"－"号填列。

3. 筹资活动产生的现金流量

（1）"财政资本性项目拨款收到的现金"项目，反映单位本年接受用于购建固定资产、无形资产、公共基础设施等资本性项目的财政项目拨款取得的现金。本项目应当根据"银行存款""零余额账户用款额度""财政拨款收入"等科目及其所属明细科目的记录分析填列。

（2）"取得借款收到的现金"项目，反映事业单位本年举借短期、长期借款所收到的现金。本项目应当根据"库存现金""银行存款""短期借款""长期借款"等科目记录分析填列。

（3）"收到的其他与筹资活动有关的现金"项目，反映单位本年收到的除上述项目以外与筹资活动有关的现金。对于金额较大的现金流入，应当单列项目反映。本项目应当根据"库存现金""银行存款"等有关科目的记录分析填列。

（4）"筹资活动的现金流入小计"项目，反映单位本年筹资活动产生的现金流入的合计数。本项目应当根据本表中"财政资本性项目拨款收到的现金""取得借款收到的现金""收到的其他与筹资活动有关的现金"项目金额的合计数填列。

（5）"偿还借款支付的现金"项目，反映事业单位本年偿还借款本金所支付的现金。本项目应当根据"库存现金""银行存款""短期借款""长期借款"等科目的记录分析填列。

（6）"偿付利息支付的现金"项目，反映事业单位本年支付的借款利息等。本项目应当根据"库存现金""银行存款""应付利息""长期借款"等科目的记录分析填列。

（7）"支付的其他与筹资活动有关的现金"项目，反映单位本年支付的除上述项目以外与筹资活动有关的现金，如融资租入固定资产所支付的租赁费。本项目应当根据"库存现金""银行存款""长期应付款"等科目的记录分析填列。

（8）"筹资活动的现金流出小计"项目，反映单位本年筹资活动产生的现金流出的合计数。本项目应当根据本表中"偿还借款支付的现金""偿付利息支付的现金""支付的其他与筹资活动有关的现金"项目金额的合计数填列。

（9）"筹资活动产生的现金流量净额"项目，应当按照本表中"筹资活动的现金流入小计"项目金额减去"筹资活动的现金流出小计"金额后的金额填列；如为负数，以"－"号填列。

4. 汇率变动对现金的影响额

"汇率变动对现金的影响额"项目，反映单位本年外币现金流量折算为人民币时，所采用的现金流量发生日的汇率折算的人民币金额与外币现金流量净额按期末汇率折算的人民币金额之间的差额。

5. 现金净增加额

"现金净增加额"项目，反映单位本年现金变动的净额。本项目应当根据本表中"日常活动产生的现金流量净额""投资活动产生的现金流量净额""筹资活动产生的现金流量净额"和"汇率变动对现金的影响额"项目金额的合计数填列；如为负数，以"－"号填列。

【例 8-4】 某事业单位 20×2 年发生的日常活动、投资活动、筹资活动中涉及现金流量变动的相关业务事项如表 8-6 所示。该事业单位无汇率变动影响。

表 8-6　某事业单位 20×2 年相关业务事项涉及现金流入与现金流出的情况

序号	业务事项	金额	现金流入或流出
(1)	收到财政基本拨款	100 000	财政基本拨款收到的现金(流入)
(2)	支付职工薪酬	40 000	支付职工以及为职工支付的现金(流出)
(3)	从银行提现	2 000	不影响现金流量
(4)	收到财政非资本性项目拨款	40 000	财政非资本性项目拨款收到的现金(流入)
(5)	购入固定资产	1 600	购建固定资产支付的现金(流出)
(6)	事业活动收到现金	800	事业活动收到的除财政拨款以外的现金(流入)
(7)	收回应收账款	200	收到的其他与日常活动有关的现金(流入)
(8)	购买库存物品	1 080	购买商品、接受劳务支付的现金(流出)
(9)	支付相关税金	160	支付的各项税费(流出)
(10)	收到财政资本性项目拨款	100 000	财政资本性项目拨款收到的现金(流入)
(11)	购买政府债券	20 000	对外投资支付的现金(流出)
(12)	处置无形资产	10 000	处置无形资产收回的现金净额(流入)
(13)	取得投资收益	400	取得投资收益收到的现金(流入)
(14)	收回债券投资	20 000	收回投资收到的现金(流入)
(15)	上缴处置无形资产净额	1 000	上缴处置无形资产净收入支付的现金(流出)
(16)	取得银行短期借款	20 000	取得借款收到的现金(流入)
(17)	偿还借款利息	200	偿还利息支付的现金(流出)
(18)	偿还短期借款	16 000	偿还借款支付的现金(流出)

根据上述资料：日常活动的现金流入小计 141 000 元(100 000＋40 000＋800＋200)，日常活动的现金流出小计 41 240 元(1 080＋40 000＋160)，日常活动产生的现金流量净额 99 760 元(141 000－41 240)；投资活动的现金流入小计 30 400 元(20 000＋400＋10 000)，投资活动的现金流出小计 22 600 元(1 600＋20 000＋1 000)，投资活动产生的现金流量净额 7 800 元(30 400－22 600)；筹资活动的现金流入小计 120 000 元(100 000＋20 000)，筹资活动的现金流出小计 16 200 元(16 000＋200)，筹资活动产生的现金流量净额 103 800 元(120 000－16 200)。该事业单位 20×2 年的现金流量表请参见表 8-5。

五、附注

(一)会计报表附注的概念与作用

附注是对在会计报表中列示的项目所作的进一步说明，以及对未能在会计报表中列示项目的说明。附注是财务报表的重要组成部分。

会计报表附注的作用主要表现在以下几个方面：可以对会计报表中数字的形成基础进行解释和说明；可以对会计报表中的重要项目作较为具体详细的信息披露；可以对未能在会计报表中列示的项目做出说明。

(二)会计报表附注的主要内容

会计报表附注主要包括下列内容。

1. 单位的基本情况

单位应当简要披露其基本情况,包括单位主要职能、主要业务活动、所在地、预算管理关系等。

2. 会计报表编制基础

单位应披露报表编制遵循的会计报表编制基础。

3. 遵循政府会计准则、制度的声明

单位应在附注中列明遵循的政府会计准则、制度的声明。

4. 重要会计政策和会计估计

单位应当采用与其业务特点相适应的具体会计政策,并充分披露报告期内采用的重要会计政策和会计估计。它主要包括以下内容:

(1) 会计期间。

(2) 记账本位币,外币折算汇率。

(3) 坏账准备的计提方法。

(4) 存货类别、发出存货的计价方法、存货的盘存制度以及低值易耗品和包装物的摊销方法。

(5) 长期股权投资的核算方法。

(6) 固定资产分类、折旧方法、折旧年限和年折旧率;融资租入固定资产的计价和折旧方法。

(7) 无形资产的计价方法;使用寿命有限的无形资产,其使用寿命估计情况;使用寿命不确定的无形资产,其使用寿命不确定的判断依据;单位内部研究开发项目划分研究阶段和开发阶段的具体标准。

(8) 公共基础设施的分类、折旧(摊销)方法、折旧(摊销)年限,以及其确定依据。

(9) 政府储备物资分类,以及确定其发出成本所采用的方法。

(10) 保障性住房的分类、折旧方法、折旧年限。

(11) 其他重要的会计政策和会计估计。

(12) 本期发生重要会计政策和会计估计变更的,变更的内容和原因、受其重要影响的报表项目名称和金额、相关审批程序,以及会计估计变更开始适用的时点。

5. 会计报表重要项目说明

单位应当按照资产负债表和收入费用表项目列示顺序,采用文字和数据描述相结合的方式披露重要项目的明细信息。报表重要项目的明细金额合计,应当与报表项目金额相衔接。会计报表重要项目说明应包括但不限于下列内容:

(1) 货币资金的披露。

(2) 应收账款的披露。

(3) 存货的披露。

(4) 其他流动资产的披露。

(5) 长期投资(长期债券投资、长期股权投资)的披露。

(6) 固定资产披露。

(7) 在建工程的披露。

(8) 无形资产的披露。

(9) 公共基础设施的披露。
(10) 政府储备物资的披露。
(11) 受托代理资产的披露。
(12) 应付账款的披露。
(13) 其他流动负债的披露。
(14) 长期借款的披露。
(15) 事业收入的披露。
(16) 非同级财政拨款收入的披露。
(17) 其他收入的披露。
(18) 业务活动费用的披露。
(19) 其他费用的披露。
(20) 本期费用的披露。

例如,以固定资产的信息披露为例,披露的格式如表 8-7 所示。

表 8-7　　　　　　　　　　固定资产的披露格式　　　　　　　　　　单位:元

项　目	年初余额	本期增加额	本期减少额	期末余额
一、原值合计				
其中:房屋及构筑物				
通用设备				
专用设备				
文物和陈列品				
图书、档案				
家具、用具、装具及动植物				
二、累计折旧合计				
其中:房屋及构筑物				
通用设备				
专用设备				
家具、用具、装具				
三、账面价值合计				
其中:房屋及构筑物				
通用设备				
专用设备				
文物和陈列品				
图书、档案				
家具、用具、装具及动植物				

又如,以费用的信息披露为例,披露的格式如表 8-8 所示。

表 8-8   本期费用的披露格式   单位：元

项目	本年数	上年数
工资福利费用		
商品和服务费用		
对个人和家庭的补助费用		
对企业补助费用		
固定资产折旧费		
无形资产摊销费		
公共基础设施折旧(摊销)费		
保障性住房折旧费		
计提专用基金		
所得税费用		
资产处置费用		
上缴上级费用		
对附属单位补助费用		
其他费用		
本期费用合计		

注：单位在按照制度规定编制收入费用表的基础上，可以根据需要按照表 8-6 披露的内容编制收入费用表。

6. 本年盈余与预算结余的差异情况说明

为了反映单位财务会计和预算会计因核算基础和核算范围不同所产生的本年盈余数与本年预算结余数之间的差异，单位应当按照重要性原则，对本年度发生的各类影响收入（预算收入）和费用（预算支出）的业务进行适度归并和分析，披露将年度预算收入支出表中"本年预算收支差额"调节为年度收入费用表中"本期盈余"的信息。有关披露格式如表 8-9 所示。

表 8-9   本年盈余与预算结余的差异情况   单位：元

项目	金额
一、本年预算结余(本年预算收支差额)	
二、差异调节	
(一)重要事项的差异	
加：1. 当期确认为收入但没有确认为预算收入	
(1) 应收款项、预收账款确认的收入	
(2) 接受非货币性资产捐赠确认的收入	
2. 当期确认为预算支出但没有确认为费用	
(1) 支付应付款项、预付账款的支出	
(2) 为取得存货、政府储备物资等计入物资成本的支出	
(3) 为购建固定资产等的资本性支出	
(4) 偿还借款本息支出	

(续表)

项　目	金额
减：1. 当期确认为预算收入但没有确认为收入	
（1）收到应收款项、预收账款确认的预算收入	
（2）取得借款确认的预算收入	
2. 当期确认为费用但没有确认为预算支出	
（1）发出存货、政府储备物资等确认的费用	
（2）计提的折旧费用和摊销费用	
（3）确认的资产处置费用（处置资产价值）	
（4）应付款项、预付账款确认的费用	
（二）其他事项差异	
三、本年盈余（本年收入与费用的差额）	

7. 其他重要事项说明

（1）资产负债表日存在的重要或有事项说明。没有重要或有事项的，也应说明。

（2）以名义金额计量的资产名称、数量等情况，以及以名义金额计量理由的说明。

（3）通过债务资金形成的固定资产、公共基础设施、保障性住房等资产的账面价值、使用情况、收益情况及与此相关的债务偿还情况等的说明。

（4）重要资产置换、无偿调入（出）、捐入（出）、报废、重大毁损等情况的说明。

（5）事业单位将单位内部独立核算单位的会计信息纳入本单位财务报表情况的说明。

（6）政府会计具体准则中要求附注披露的其他内容。

（7）有助于理解和分析单位财务报表需要说明的其他事项。

第二节　行政事业单位预算会计报表

行政事业单位预算会计报表是反映单位预算执行结果等的书面文件，主要包括预算收入支出表、预算结转结余变动表和财政拨款预算收入支出表。

一、预算收入支出表

（一）预算收入支出表的性质与作用

预算收入支出表是反映单位在某一会计年度内各项预算收入、预算支出和预算收支差额的情况的报表。该表可以提供某一会计年度内预算收入总额及其构成情况、预算支出总额及其构成情况，以及预算收支差额的信息。

预算收入支出表的作用主要表现在以下几个方面：

（1）反映某一会计期间各项预算收入的总额及其构成情况的信息。例如，单位实现的预算收入总额以及财政拨款预算收入等11项预算收入的构成情况。

（2）反映某一会计期间各项预算支出的总额及其构成情况的信息。例如，各项支出总额以及行政支出或事业支出和其他等项支出的构成情况。

(3) 反映某一会计期间经各项预算收入总额与各项预算支出总额配比的结果,即反映本期业务活动预算收支差额情况的信息。

按照规定,单位收入费用表应当按照年度编制。

(二) 预算收入支出表的格式

预算收入支出表采用单步式格式,即采用基本的计算公式:本年预算收入－本年预算支出＝本年预算收支差额。预算收入支出表还就各项目再分为"本年数"和"上年数"两栏分别列示。由此,预算收入支出表的格式如表 8-10 所示。

表 8-10 预算收入支出表

编制单位： 20×2年12月 单位:元

项　　目	本年数	上年数
一、本年预算收入		
（一）财政拨款预算收入		
其中：政府性基金收入		
（二）事业预算收入		
（三）上级补助预算收入		
（四）附属单位上缴预算收入		
（五）经营预算收入		
（六）债务预算收入		
（七）非同级财政拨款预算收入		
（八）投资预算收益		
（九）其他预算收入		
其中：利息预算收入		
捐赠预算收入		
租金预算收入		
二、本年预算支出		
（一）行政支出		
（二）事业支出		
（三）经营支出		
（四）上缴上级支出		
（五）对附属单位补助支出		
（六）投资支出		
（七）债务还本支出		
（八）其他支出		
其中：利息支出		
捐赠支出		
三、本年预算收支差额		

（三）预算收入支出表编制方法

1. 预算收入支出表"上年数"栏反映的内容和填列方法

预算收入支出表"本年数"栏反映各项目的本年实际发生数。本表"上年数"栏反映各项目上年度的实际发生数，应当根据上年度预算收入支出表中"本年数"栏内所列数字填列。

2. 预算收入支出表"本年数"栏各项目的内容和填列方法

（1）"本年预算收入"项目，反映单位本年预算收入总额。本项目应当根据本表中"财政拨款预算收入""事业预算收入""上级补助预算收入""附属单位上缴预算收入""经营预算收入""非同级财政拨款预算收入""投资预算收益"和"其他预算收入"项目金额的合计数填列。本表中各预算收入项目金额应当根据各预算收入科目的本年发生额填列。

（2）"本年预算支出"项目，反映单位本年预算支出总额。本项目应当根据本表中"行政支出""事业支出""经营支出""上缴上级支出""对附属单位补助支出""投资支出""债务还本支出"和"其他支出"项目金额的合计数填列。本表中各支出项目金额应当根据各支出科目的本年发生额填列。

（3）"本年预算收支差额"项目，反映单位本年各项预算收支相抵后的差额。本项目应当根据本表中"本期预算收入"项目金额减去"本期预算支出"项目金额后的金额填列；如相减后金额为负数，以"－"号填列。

二、预算结转结余变动表

（一）预算结转结余变动表的性质与格式

预算结转结余变动表是反映单位在某一会计年度内预算结转结余的变动情况的报表。例如，通过预算结转结余表可以提供某一会计年度年初预算结转结余、年初余额调整、本年变动金额和年末预算结转结余等信息。

预算结转结余变动表采用的基本计算公式为：年初预算结转结余＋年初余额调整＋本年变动金额＝年末预算结转结余。预算结转结余变动表还就各项目再分为"本年数"和"上年数"两栏分别列示。由此，预算结转结余变动表的格式如表 8-11 所示。

表 8-11　　　　　　　　　　预算结转结余变动表

编制单位：　　　　　　　　　　20×2 年 12 月　　　　　　　　　　单位：元

项　　目	本年数	上年数
一、年初预算结转结余	50 400	
（一）财政拨款结转结余	41 400	
（二）其他资金结转结余	9 000	
二、年初余额调整（减少以"－"号填列）	9 900	
（一）财政拨款结转结余	4 950	
（二）其他资金结转结余	4 950	
三、本年变动金额（减少以"－"号填列）	35 100	
（一）财政拨款结转结余	31 500	
1. 本年收支差额	0	
2. 归集调入	35 100	

(续表)

项　　目	本年数	上年数
3. 归集上缴或调出	-3 600	
（二）其他资金结转结余	3 600	
1. 本年收支差额	4 050	
2. 缴回资金	-450	
3. 使用专用结余	0	
4. 支付所得税	0	
四、年末预算结转结余	95 400	
（一）财政拨款结转结余	77 850	
1. 财政拨款结转	67 500	
2. 财政拨款结余	10 350	
（二）其他资金结转结余	17 550	
1. 非财政拨款结转	11 700	
2. 非财政拨款结余	5 850	
3. 专用结余	0	
4. 经营结余（如有余额，以"-"号填列)	0	

（二）预算结转结余变动表编制说明

预算结转结余变动表中"本年数"栏反映各项目的本年实际发生数。预算结转结余变动表中"上年数"栏反映各项目的上年实际发生数，应当根据上年度预算结转结余变动表中"本年数"栏内所列数字填列。

预算结转结余变动表中"本年数"栏各项目的内容和填列方法如下。

1. "年初预算结转结余"项目

"年初预算结转结余"项目，反映单位本年预算结转结余的年初余额。本项目应当根据本项目下"财政拨款结转结余""其他资金结转结余"项目金额的合计数填列。

（1）"财政拨款结转结余"项目，反映单位本年财政拨款结转结余资金的年初余额。本项目应当根据"财政拨款结转""财政拨款结余"科目本年年初余额合计数填列。

（2）"其他资金结转结余"项目，反映单位本年其他资金结转结余的年初余额。本项目应当根据"非财政拨款结转""非财政拨款结余""专用结余""经营结余"科目本年年初余额的合计数填列。

2. "年初余额调整"项目

"年初余额调整"项目，反映单位本年预算结转结余年初余额调整的金额。本项目应当根据本项目下"财政拨款结转结余""其他资金结转结余"项目金额的合计数填列。

（1）"财政拨款结转结余"项目，反映单位本年财政拨款结转结余资金的年初余额调整金额。本项目应当根据"财政拨款结转""财政拨款结余"科目下"年初余额调整"明细科目的本年发生额的合计数填列；如调整减少年初财政拨款结转结余，以"-"号填列。

（2）"其他资金结转结余"项目，反映单位本年其他资金结转结余的年初余额调整金额。本项目应当根据"非财政拨款结转""非财政拨款结余"科目下"年初余额调整"明细科目的本年发生额的合计数填列;如调整减少年初其他资金结转结余,以"－"号填列。

3. "本年变动金额"项目

"本年变动金额"项目,反映单位本年预算结转结余变动的金额。本项目应当根据本项目下"财政拨款结转结余""其他资金结转结余"项目金额的合计数填列。

(1)"财政拨款结转结余"项目,反映单位本年财政拨款结转结余资金的变动。本项目应当根据本项目下"本年收支差额""归集调入""归集上缴或调出"项目金额的合计数填列。

"本年收支差额"项目,反映单位本年财政拨款资金收支相抵后的差额。本项目应当根据"财政拨款结转"科目下"本年收支结转"明细科目本年转入的预算收入与预算支出的差额填列;差额为负数的,以"－"号填列。

"归集调入"项目,反映单位本年按照规定从其他单位归集调入的财政拨款结转资金。本项目应当根据"财政拨款结转"科目下"归集调入"明细科目的本年发生额填列。

"归集上缴或调出"项目,反映单位本年按照规定上缴的财政拨款结转结余资金及按照规定向其他单位调出的财政拨款结转资金。本项目应当根据"财政拨款结转""财政拨款结余"科目下"归集上缴"明细科目,以及"财政拨款结转"科目下"归集调出"明细科目本年发生额的合计数填列,以"－"号填列。

(2)"其他资金结转结余"项目,反映单位本年其他资金结转结余的变动。本项目应当根据本项目下"本年收支差额""缴回资金""使用专用结余""支付所得税"项目金额的合计数填列。

"本年收支差额"项目,反映单位本年除财政拨款外的其他资金收支相抵后的差额。本项目应当根据"非财政拨款结转"科目下"本年收支结转"明细科目、"其他结余"科目、"经营结余"科目本年转入的预算收入与预算支出的差额的合计数填列;如为负数,以"－"号填列。

"缴回资金"项目,反映单位本年按照规定缴回的非财政拨款结转资金。本项目应当根据"非财政拨款结转"科目下"缴回资金"明细科目本年发生额的合计数填列,以"－"号填列。

"使用专用结余"项目,反映本年事业单位根据规定使用从非财政拨款结余或经营结余中提取的专用基金的金额。本项目应当根据"专用结余"科目明细账中本年使用专用结余业务的发生额填列,以"－"号填列。

"支付所得税"项目,反映有企业所得税缴纳义务的事业单位本年实际缴纳的企业所得税金额。本项目应当根据"非财政拨款结余"明细账中本年实际缴纳企业所得税业务的发生额填列,以"－"号填列。

4. "年末预算结转结余"项目

"年末预算结转结余"项目,反映单位本年预算结转结余的年末余额。本项目应当根据本项目下"财政拨款结转结余""其他资金结转结余"项目金额的合计数填列。

(1)"财政拨款结转结余"项目,反映单位本年财政拨款结转结余的年末余额。本项目应当根据本项目下"财政拨款结转""财政拨款结余"项目金额的合计数填列。上述两项结余项目,应当分别根据两项结余科目的本年年末余额填列。

(2)"其他资金结转结余"项目,反映单位本年其他资金结转结余的年末余额。本项目应当根据本项目下"非财政拨款结转""非财政拨款结余""专用结余""经营结余"项目金额的合计数填列。上述四项结余项目,应当分别根据四项结余科目的本年年末余额填列。

【例8-5】 某事业单位20×2年12月31日的结转后有关单位预算结转结余的年初

数、年末数和本年变动数如表 8-12 所示。

表 8-12　　　　　　　单位预算结转结余科目余额与发生额　　　　　　　单位：元

项　目	年初数	年末数	本年变动数（明细科目发生额）
财政拨款结转	36 000	67 500	31 500
——年初余额调整			
——归集调入			35 100
——归集调出			－1 350
——归集上缴			－2 250
——单位内部调剂			
——本年收支结转			
——累计结转	36 000	67 500	31 500
财政拨款结余	5 400	10 350	4 950
——年初余额调整			4 950
——归集上缴			
——单位内部调剂			
——结转转入			
——累计结转	5 400	10 350	4 950
非财政拨款结转	6 750	11 700	4 950
——年初余额调整			1 350
——缴回资金			－450
——项目间接费用或管理费			
——本年收支结转			4 050
——累计结转	6 750	11 700	4 950
非财政拨款结余	2 250	5 850	3 600
——年初余额调整			3 600
——项目间接费用或管理费			
——结转转入			
——累计结余	2 250	5 850	3 600
专用结余	0	0	0
经营结余	0	0	0
合计	50 400	95 400	45 000

根据表 8-12 的资料，年初预算结转结余 50 400 元[(36 000＋5 400)＋(6 750＋2 250)]，年初余额调整 9 900 元(4 950＋1 350＋3 600)，本年变动数 31 500 元[(35 100－3 600)＋(4 050－450)]，年末预算结转结余 95 400 元[(67 500＋10 350)＋(11 700＋5 850)]。编制该单位的预算结转结余变动表如前述表 8-11 所示。

三、财政拨款预算收入支出表

(一)财政拨款预算收入支出表的概念

财政拨款预算收入支出表是指反映单位在某一会计期间财政拨款预算收入、支出、结转及结余情况的报表。该表中的数据与预算结转结余变动表中的数据存在内在联系,是对预算结转结余变动表中的相关数据的详细展开。将该表中的数据与经批准的财政拨款预算收入支出预算数据进行比较,可以全面了解和评价单位财政拨款收支预算执行情况。

按照规定,事业单位的财政拨款预算收入支出表应当按照年度编制。

(二)财政拨款预算收入支出表的格式

单位财政拨款预算收入支出表需要详细反映各项财政补助资金由年初数额变化为年末数额的有关内容,其中包括年初数额的调整、本年归集调入、本年上缴、本年财政拨款预算收入、本年财政补助支出等内容。单位财政拨款预算收入支出表的格式如表8-13所示。

表 8-13   财政拨款预算收入支出表

编制单位: 20×2年度   单位:元

项目	年初财政拨款结转结余		调整年初财政拨款结转结余	本年归集调入	本年归集上缴或调出	单位内部调剂		本年财政拨款收入	本年财政拨款支出	年末财政拨款结转结余	
	结转	结余				结转	结余			结转	结余
一、一般公共预算财政拨款											
(一)基本支出											
1. 人员经费											
2. 日常公用经费											
(二)项目支出											
1. ××项目											
2. ××项目											
……											
二、政府性基金预算财政拨款											
(一)基本支出											
1. 人员经费											
2. 日常公用经费											
(二)项目支出											
1. ××项目											
2. ××项目											
……											
总计											

(三) 财政拨款预算收入支出表编制方法

财政拨款预算收入支出表各栏及其对应项目的内容和填列方法如下所述。

(1) "年初财政拨款结转结余"栏中各项目,反映单位年初各项财政拨款结转结余的金额。各项目应当根据"财政拨款结转""财政拨款结余"及其明细科目的年初余额填列。本栏中各项目的数额应当与上年度财政拨款预算收入支出表中"年末财政拨款结转结余"栏中各项目的数额相等。

(2) "调整年初财政拨款结转结余"栏中各项目,反映单位对年初财政拨款结转结余的调整金额。各项目应当根据"财政拨款结转""财政拨款结余"科目下"年初余额调整"明细科目及其所属明细科目的本年发生额填列;如调整减少年初财政拨款结转结余,以"-"号填列。

(3) "本年归集调入"栏中各项目,反映单位本年按规定从其他单位调入的财政拨款结转资金金额。各项目应当根据"财政拨款结转"科目下"归集调入"明细科目及其所属明细科目的本年发生额填列。

(4) "本年归集上缴或调出"栏中各项目,反映单位本年按规定实际上缴的财政拨款结转结余资金,及按照规定向其他单位调出的财政拨款结转资金金额。各项目应当根据"财政拨款结转""财政拨款结余"科目下"归集上缴"科目和"财政拨款结转"科目下"归集调出"明细科目,及其所属明细科目的本年发生额填列,以"-"号填列。

(5) "单位内部调剂"栏中各项目,反映单位本年财政拨款结转结余资金在单位内部不同项目等之间的调剂金额。各项目应当根据"财政拨款结转"和"财政拨款结余"科目下的"单位内部调剂"明细科目及其所属明细科目的本年发生额填列;对单位内部调剂减少的财政拨款结余金额,以"-"号填列。

(6) "本年财政拨款收入"栏中各项目,反映单位本年从同级财政部门取得的各类财政预算拨款金额。各项目应当根据"财政拨款预算收入"科目及其所属明细科目的本年发生额填列。

(7) "本年财政拨款支出"栏中各项目,反映单位本年发生的财政拨款支出金额。各项目应当根据"行政支出""事业支出"等科目及其所属明细科目本年发生额中的财政拨款支出数的合计数填列。

(8) "年末财政拨款结转结余"栏中各项目,反映单位年末财政拨款结转结余的金额。各项目应当根据"财政拨款结转""财政拨款结余"科目及其所属明细科目的年末余额填列。

第三节 行政事业单位合并财务报表

一、合并财务报表的概念和构成

合并财务报表是指反映合并主体和其全部被合并主体形成的报告主体整体财务状况与运行情况的财务报表。合并主体是指有一个或一个以上被合并主体的政府会计主体。合并主体通常也是合并财务报表的编制主体。被合并主体是指符合《政府会计准则第9号——财务报表编制和列报》规定的纳入合并主体合并范围的会计主体。

合并财务报表至少包括合并资产负债表、合并收入费用表和附注。

二、合并财务报表的分类和编制主体

合并财务报表按照合并级次分为部门(单位)合并财务报表、本级政府合并财务报表和行政区政府合并财务报表。

部门(单位)合并财务报表是指以政府部门(单位)本级作为合并主体,将部门(单位)本级及其合并范围内全部被合并主体的财务报表进行合并后形成的、反映部门(单位)整体财务状况与运行情况的财务报表。部门(单位)合并财务报表是政府部门财务报告的主要组成部分。

本级政府合并财务报表是指以本级政府财政作为合并主体,将本级政府财政及其合并范围内全部被合并主体的财务报表进行合并后形成的,反映本级政府整体财务状况与运行情况的财务报表。本级政府合并财务报表是本级政府综合财务报告的主要组成部分。

行政区政府合并财务报表是指以行政区本级政府作为合并主体,将本行政区内各级政府的财务报表进行合并后形成的,反映本行政区政府整体财务状况与运行情况的财务报表。行政区政府合并财务报表是行政区政府财务报告的主要组成部分。

部门(单位)合并财务报表由部门(单位)负责编制;本级政府合并财务报表由本级政府财政部门负责编制。各级政府财政部门既负责编制本级政府合并财务报表,也负责编制本级政府所辖行政区政府合并财务报表。

三、合并程序

(一) 一般合并程序

合并财务报表应当以合并主体和其被合并主体的财务报表为基础,根据其他有关资料加以编制。合并财务报表应当以权责发生制为基础编制。合并主体和其合并范围内被合并主体个别财务报表应当采用权责发生制基础编制,按规定未采用权责发生制基础编制的,应当先调整为权责发生制基础的财务报表,再由合并主体进行合并。编制合并财务报表时,应当将合并主体和其全部被合并主体视为一个会计主体,遵循政府会计准则制度规定的统一的会计政策。合并范围内合并主体、被合并主体个别财务报表未遵循政府会计准则制度规定的统一会计政策的,应当先调整为遵循政府会计准则制度规定的统一会计政策的财务报表,再由合并主体进行合并。

编制合并财务报表的程序主要包括以下环节:①根据上述有关编制基础和统一会计政策的要求,对需要进行调整的个别财务报表进行调整,以调整后的个别财务报表作为编制合并财务报表的基础;②将合并主体和被合并主体个别财务报表中的资产、负债、净资产、收入和费用项目进行逐项合并;③抵销合并主体和被合并主体之间、被合并主体相互之间发生的债权债务、收入费用等内部业务或事项对财务报表的影响。

在编制合并财务报表时,被合并主体除了应当向合并主体提供财务报表,还应当提供以下有关资料:①采用的与政府会计准则制度规定的统一的会计政策不一致的会计政策及其影响金额;②其与合并主体、其他被合并主体之间发生的所有内部业务或事项的相关资料;③编制合并财务报表所需要的其他资料。

（二）报告期内被合并主体变动的处理

对于在报告期内因划转而纳入合并范围的被合并主体，合并主体应当将其报告期内的收入、费用项目金额包括在本期合并收入费用表的本期数中，合并资产负债表的期初数不做调整。对于在报告期内因划转而不再纳入合并范围的被合并主体，其报告期内的收入、费用项目金额不包括在本期合并收入费用表的本期数中，合并资产负债表的期初数不做调整。合并主体应当确保划转双方的会计处理协调一致，确保不重复、不遗漏，并在合并财务报表附注中对划转情况及其影响进行充分披露。

在报告期内，被合并主体撤销的，其期初资产、负债和净资产项目金额应当包括在合并资产负债表的期初数中，其期初至撤销日的收入、费用项目金额应当包括在本期合并收入费用表的本期数中，其期初至撤销日的收入、费用项目金额所引起的净资产变动金额应当包括在合并资产负债表的期末数中。

四、部门（单位）合并财务报表

（一）合并范围

部门（单位）合并财务报表的合并范围一般应当以财政预算拨款关系为基础予以确定。有下级预算单位的部门（单位）为合并主体，其下级预算单位为被合并主体。合并主体应当将其全部被合并主体纳入合并财务报表的合并范围。部门（单位）所属的企业不纳入部门（单位）合并财务报表的合并范围。

（二）合并程序

部门（单位）合并资产负债表应当以部门（单位）本级和其被合并主体符合上述有关编制基础和统一会计政策要求的个别资产负债表或合并资产负债表为基础，在抵销内部业务或事项对合并资产负债表的影响后，由部门（单位）本级合并编制。编制部门（单位）合并资产负债表时，需要抵销的内部业务或事项包括部门（单位）本级和其被合并主体之间、被合并主体相互之间的债权（含应收款项坏账准备，下同）、债务项目，以及其他业务或事项对部门（单位）合并资产负债表的影响。

部门（单位）合并收入费用表应当以部门（单位）本级和其被合并主体符合上述有关编制基础和统一会计政策要求的个别收入费用表或合并收入费用表为基础，在抵销内部业务或事项对合并收入费用表的影响后，由部门（单位）本级合并编制。编制部门（单位）合并收入费用表时，需要抵销的内部业务或事项包括部门（单位）本级和其被合并主体之间、被合并主体相互之间的收入、费用项目。

1. 编制流程

单位应当根据《政府会计准则第9号——财务报表编制和列报》规定的程序，编制部门（单位）合并财务报表，具体流程如下：

（1）对需要进行调整的个别财务报表进行调整，以调整后的个别财务报表作为编制合并财务报表的基础。

（2）设置合并工作底稿。

（3）将合并主体和被合并主体个别财务报表中的资产、负债、净资产、收入和费用项目金额逐项填入合并工作底稿，并加总得出个别资产负债表、个别收入费用表各项合计金额。

（4）在合并工作底稿上编制抵销分录，将合并主体和被合并主体之间、被合并主体相互之间发生的内部业务或事项对财务报表的影响进行抵销处理。

（5）根据个别财务报表各项目合计金额、抵销分录发生额计算合并财务报表各项目的合并金额。抵销分录涉及收入、费用项目的，除了调整合并收入费用表相应项目，还应当结转调整合并资产负债表的净资产项目。

（6）根据合并工作底稿中计算确定的各项目合并金额，填列合并财务报表。

2. 抵消内部业务或事项

单位应当根据《政府会计准则第9号——财务报表编制和列报》的规定，抵销合并主体和被合并主体之间、被合并主体相互之间发生的债权债务、收入费用等内部业务或事项对财务报表的影响，在合并工作底稿上编制相应抵销分录。

1）一般情况下的抵销处理

（1）抵销部门内部单位之间的债权（含应收款项坏账准备）和债务项目。在编制抵销分录时，应当按照内部债权债务的金额，借记"应付账款""预收款项""其他应付款""长期应付款"项目，贷记"应收账款净额""预付账款""其他应收款净额"项目。其中，债权方对应收款项已计提坏账准备的，单位还应当分别以下情况编制抵销分录：①初次编制合并报表的，按照内部应收款项计提的坏账准备的金额，借记"应收账款净额——坏账准备""其他应收款净额——坏账准备"项目，贷记"其他费用"项目。②连续编制合并报表的，先按照上期抵销的内部应收款项计提的坏账准备的金额，借记"应收账款净额——坏账准备""其他应收款净额——坏账准备"项目，贷记"累计盈余——年初"项目，再按照本期个别资产负债表中期末内部应收款项相对应坏账准备的增加额，借记"应收账款净额——坏账准备""其他应收款净额——坏账准备"项目，贷记"其他费用"项目。本期个别资产负债表中期末内部应收款项所对应坏账准备金额减少的，作相反分录。

（2）抵销部门内部单位之间的上级补助收入和对附属单位补助费用项目。在编制抵销分录时，应当按照上级单位对附属单位补助的金额，借记"上级补助收入"项目，贷记"对附属单位补助费用"项目。

（3）抵销部门内部单位之间的上缴上级费用和附属单位上缴收入项目。在编制抵销分录时，应当按照附属单位向上级单位上缴的金额，借记"附属单位上缴收入"项目，贷记"上缴上级费用"项目。

（4）抵销部门内部单位之间的收入和费用项目。在编制抵销分录时，应当按照内部交易的金额，借记"事业收入""非同级财政拨款收入""经营收入""其他收入"项目，贷记按费用性质列示的收入费用表（以下称收入费用表1）中的"业务活动费用""单位管理费用""经营费用"项目；同时，贷记按费用经济分类列示的收入费用表（以下称收入费用表2）中的"商品和服务费用"项目。

2）特殊情况下的抵销处理

（1）付款方按实际支付的金额确认费用，收款方先确认预收账款、后续按合同完成进度转入事业收入的，单位应当抵销有关负债、收入和费用项目。在编制抵销分录时，应当按预收账款的余额借记"预收款项"项目，按确认的事业收入金额借记"事业收入"项目，按确认的费用金额贷记收入费用表1的"业务活动费用""单位管理费用""经营费用"项目；同时，贷记收入费用表2的"商品和服务费用"项目。

(2) 收款方按实际收到的金额确认收入,付款方先确认预付账款、后续按合同完成进度转入费用的,单位应当抵销有关收入和资产、费用项目。在编制抵销分录时,应当按确认的收入金额借记"事业收入"项目,按预付账款的余额贷记"预付账款"项目,按确认的费用金额贷记收入费用表1的"业务活动费用""单位管理费用""经营费用"项目;同时,贷记收入费用表2的"商品和服务费用"项目。

(3) 内部交易双方对应抵销项目的记账金额不一致的,应当按照其中较小的金额抵销。例如,收款方确认收入和增值税销项税额,付款方因增值税进项税额不得抵扣全额确认费用的,单位应当按照不含增值税的净额抵销收入和费用项目。

(4) 对于仅一方进行账务处理导致没有对应抵销项目的,单位应当遵循重要性原则分别处理:①单笔金额具有重要性的,应当逐笔核对查明原因,属于记账遗漏或差错的,应当按照《政府会计准则第7号——会计调整》相关规定对个别财务报表进行调整后,再进行抵销处理;相关账务处理符合政府会计准则制度规定的,除了按本解释规定不应抵销的内部业务或事项,应当按照单笔金额不具有重要性情况下的相关规定进行抵销处理。②单笔金额不具有重要性的,无需逐笔核对,可直接按照内部业务或事项的金额编制抵销分录,借记有关债务、收入项目,贷记"累计盈余"项目;借记"累计盈余"项目,贷记有关债权、费用项目。

3) 不应抵销的内部业务或事项

付款方计入费用、收款方计入应缴财政款的,在编制部门(单位)合并财务报表时,该费用项目不应抵销。

4) 暂不抵销的内部业务或事项

单位相互之间销售商品、提供劳务形成的存货、固定资产、工程物资、在建工程、无形资产等所包含的未实现内部销售损益,在国务院财政部门做出抵销处理的规定之前,单位在编制部门(单位)合并财务报表时暂不抵销。

(三) 合并财务报表格式

部门(单位)合并资产负债表的格式参见《政府会计制度》规定的资产负债表格式。部门(单位)合并收入费用表中"本期收入"类项目的列示参见《政府会计制度》规定的收入费用表格式,但"本期费用"类项目应当按照费用的性质进行分类列示,具体参见《政府会计制度》规定的财务报表附注中"本期费用按经济分类的披露格式"。

拓展练习 8-1

本章小结

复习思考题

1. 什么是单位财务报表?单位的会计报表主要包括哪些种类?
2. 什么是单位资产负债表?单位资产负债表采用什么平衡等式?
3. 什么是单位收入费用表?事业单位收入费用表采用什么计算公式?

4. 什么是单位净资产变动表？其格式有什么特点？
5. 什么是事业单位的现金流量表？日常活动的现金流量有几种列报方法？
6. 什么是会计报表附注？单位会计报表附注至少应当披露哪些内容？
7. 什么是预算收入支出表？其性质与作用如何？它应如何编制？
8. 什么是预算结转结余变动表？其基本计算公式是什么？它应如何编制？
9. 什么是财政拨款预算收入支出表？它应如何编制？
10. 什么是行政事业单位合并会计报表？它应如何编制？

练习题